权威·前沿·原创

皮书系列为

“十二五”“十三五”国家重点图书出版规划项目

智库成果出版与传播平台

河北青年发展报告（2020）

THE DEVELOPMENT REPORT ON HEBEI YOUTH (2020)

共青团河北省委员会／编
主　　编／侯贵松
执行主编／李永琴　樊雅丽

社会科学文献出版社
SOCIAL SCIENCES ACADEMIC PRESS (CHINA)

图书在版编目(CIP)数据

河北青年发展报告. 2020 / 共青团河北省委员会编. -- 北京：社会科学文献出版社，2020.9（2021.10 重印）
（河北青年蓝皮书）
ISBN 978-7-5201-6585-3

Ⅰ. ①河… Ⅱ. ①共… Ⅲ. ①青年工作-研究报告-河北-2020 Ⅳ. ①D432.6

中国版本图书馆 CIP 数据核字（2020）第 071334 号

河北青年蓝皮书
河北青年发展报告（2020）

编　　者 / 共青团河北省委员会

出 版 人 / 王利民
责任编辑 / 桂　芳
责任印制 / 王京美

出　　版 / 社会科学文献出版社 · 皮书出版分社（010）59367127
地址：北京市北三环中路甲 29 号院华龙大厦　邮编：100029
网址：www.ssap.com.cn
发　　行 / 市场营销中心（010）59367081　59367083
印　　装 / 天津千鹤文化传播有限公司

规　　格 / 开　本：787mm × 1092mm　1/16
印　张：28.25　字　数：422 千字
版　　次 / 2020 年 9 月第 1 版　2021 年 10 月第 2 次印刷
书　　号 / ISBN 978-7-5201-6585-3
定　　价 / 198.00 元

编　委　会

主编简介

侯贵松 河北河间人，清华大学社会学博士，现任共青团河北省委副书记。主要研究领域：社会治理研究、青年研究等。主要研究成果：《知识管理与创新》专著、《创新》译著、《双轨参政——以私营企业主政治参与为例》（论文）、《从招聘信息中体现的不同所有制企业的人才观异同》（论文）、《中国商业行业协会自组织机制的案例研究——中西监督机制的差异》（论文）。

李永琴 河北涉县人，中央党校研究生，现任共青团河北省委常委、办公室主任。主要研究成果：在《青年发展论坛》发表《河北省青年发展状况综述》，参与编制完成《河北省中长期青年发展规划（2018－2025年）》，在《中国青年报》《中国改革报》《中国共青团》刊物等发表多篇文章，《河北团组织探索建立共青团改革督察机制》被中国青年报社评为2018年共青团创新工作传播案例。

樊雅丽 河北肃宁人，湖南师范大学研究生，美国杜克大学政治学院访问学者。现任河北省社会科学院社会发展所副所长。主要研究领域：社会发展研究、社会治理研究等。主要研究成果：主持国家社会科学基金课题“生态文明的社会学研究”，出版《新型城镇化与生态文明建设研究》专著、发表《走向治理：农村基层社区能力建设的问题与策略》（论文）等。

本书顾问简介

廉思，中国新兴群体的瞭望者，首创“蚁族”“工蜂”“洄游”“蜂鸟”等社会学概念，提出“拐点一代”“战疫一代”等青年世代划分称谓。对外经济贸易大学教授，博士生导师。

中宣部文化名家暨“四个一批”理论人才，国家“万人计划”首批“青年拔尖人才”，教育部“新世纪优秀人才”。担任：全国青联常委兼社会科学界别秘书长、中国青少年研究会副会长、中国青年志愿者协会副会长、国家《中长期青年发展规划（2016－2025 年）》专家委员、国家保密战略专家咨询委员、中央统战高端智库特约研究员、河北省青少年发展研究会名誉会长等。发表学术论文百余篇，主持国家和省部级课题数十项。撰写的研究报告，数十次得到中央领导同志的批示和高度重视。

摘　要

在任何一个时代，青年都是社会上最富有朝气、最富有创造性、最富有生命力的群体。城镇化、信息化深刻改变着青年的社会生存和发展状态，新时代全面建设经济强省、美丽河北新征程，对河北省青年的发展提出更高要求，对共青团服务青年成长、在更广阔的领域发挥青年生力军作用提出了新的更高要求。为摸清河北省青年发展总体状况，2019 年共青团河北省委组织委托“零点有数”公司，在全省范围内针对青年进行抽样调查和数据分析，联合河北省社会科学院进行调研报告分析与撰写，以客观反映河北省青年发展的真实状况。本次调查共覆盖 14～35 岁的中学生、高校学生、农村青年、新媒体从业青年、快递小哥等 10 余个青年群体、8 万余人，有效掌握了河北省青年的发展状况。本报告主要包括对中学生、高校学生、党政机关和事业单位青年、企业青年、农村青年、进城务工青年、新兴领域从业青年 7 个分报告，还针对青年意识形态、青年就业创业、农村视频媒体从业青年三个部分进行了专题研究。本研究通过对河北青年发展状况的充分把握，分析了河北省青年发展的新需求和新特点，深入分析和研究河北青年发展存在的问题，尝试就河北青年发展相关公共政策制定提出智库建议，以解决河北青年发展面临的问题，并进一步发挥河北青年在经济社会发展中的作用。

关键词： 河北青年　就业创业　新兴青年

Abstract

Young people are always the most dynamic, creative and vital group in the society in any era. The urbanization and informatization of this era have obviously changed the social survival and development status of young people. How to build a stronger economic province and a more beautiful province in current era is pretty an important question, which not only puts forward a higher requirements for youth work in Hebei, but also puts forward new and higher requirements for the Hebei Provincial Communist Youth League to further service for youth and play the role of youth in more fields.

Hebei Provincial Committee of the Communist Youth League, aiming to find out the overall situation of youth development, in 2019, entrusted the Zero Point Dataway Company to carry out sampling survey and data analysis on youth in Hebei, within the scope of the whole province, then also cooperated with Hebei Academy of Social Sciences to submit a series of research reports, which might objectively reflect the real situation of youth development in Hebei Province. The survey covers 19 types of youth groups, between the age of 14 – 35, including middle school students, college students, rural youth, off – farmed works (also called "Young rural migrant workers"), young people engaged in new media, and the express delivery, with the total sample size of 85000. This survey could effectively master the general development of youth in Hebei province. This report provides in – depth studies of the main seven typical groups out of 19 types groups mentioned above. In addition to these classified reports, it also concludes three special reports on the entrepreneurship and employment of young people, the employment of young people in new media, and the ideology of young people.

This study, based on fully grasping the situation of youth development in Hebei Province, analyzes what are those new needs and characteristics of youth development, studies the existing problems of youth development, and attempts to provide a series of think tank suggestions in youth development to public policy - making departments of Hebei, so as to solve the current problems of youth development, and to further play the important role of youth in economic and social development in Hebei Province.

Keywords: Hebei Youth; Employment and Entrepreneurship; Emerging Youth

序：正确认识青年是服务引导青年的前提和基础

郗杰英*

摆在我们面前的这部蓝皮书，是共青团河北省委发布的第一部《河北青年发展报告》。报告时代气息强，调研对象广泛，数据分析深入，对策建议有针对性和建设性，很有价值。

其一，这是一项共青团组织的基本建设和常项工作。共青团是党的助手和后备军，是国家政权的重要社会支柱，是党和政府联系青年群众的桥梁和纽带，要完成好这三项职责，用马克思主义的青年观正确认识和深入了解青年，搞好调查研究，是履行好职责的前提和基础。

其二，这是一件党政领导关注的大事。青年是时代的晴雨表。青年对世界、国家、社会、生活、职业乃至人生的态度与行为，不但深刻影响着现实，在某种程度上也决定着世界、国家和民族的未来。有远见的政党，一定会把关注的目光和殷切的希望寄托在青年身上。青年发展蓝皮书的发布，会对领导决策有所裨益。

其三，党的十九大指出，我国新时代的主要矛盾是包括青年在内的人民日益增长的美好生活需要和不平衡不充分的发展之间的矛盾。调研青年的发展状况，了解他们的所思所盼、优势与特长、问题与困难，可为全社会关注、关心、关爱青少年健康成长，提供政策导向和努力目标。

---

* 郗杰英（1952～），研究员。曾任中国青少年研究中心主任、中国青年出版总社社长、中国青少年发展基金会常务副秘书长、团中央研究室副主任等职。曾参与主持我国未成年人保护法起草工作，为“希望工程”创始人之一，获政府特殊津贴，中共十六大代表，第十一届全国政协委员。2013 年 9 月被聘任为国务院参事室特约研究员。

这部蓝皮书向读者展现了河北省中学生、高校学生、党政机关和事业单位青年、企业青年、农村青年、进城务工青年、新兴领域从业青年等七个青年群体的发展状况，并附有“意识形态”、“就业创业”、“农村视频媒体从业青年”三方面的专题报告，内容丰富翔实，重点和特色突出。

总体上看，河北青年同全国青年一样，具有鲜明的时代特征。现在35岁以下的青年，出生于改革开放的岁月里，成长于国家不断强大起来的进程中，他们处在完全不同于前辈的环境和条件下，他们的物质生活水平及其他许多习以为常的事可能是前辈做梦都想不到的。因此，他们的时代特征明显。

一是受教育程度高。他们是我国受教育水平空前提高的一代，平均受教育年限已接近11年。二是视野开阔。对外开放促进青年了解世界，科学技术的发展极大提高了青年的信息获取能力。随着传媒业的发展，丰富、即时的信息拓宽了青年的视野。三是民主法治意识强。新中国建国70年特别是改革开放以来的民主法治建设、人权事业的发展，增强了青年的法律意识、权利意识和依法维权的能力。四是广泛频繁流动。改革开放打开了社会流动的通道，使人们特别是青年有了更多的选择机会，求学、择业、居住、旅游等流动广泛频繁。青年人在流动中接受教育和培训，学习掌握生活和工作技能，积累了经验。五是自信务实。成长于改革开放和国家强盛进程中的新青年，是友好自信的爱国者，是务实进取的奋斗者，在某些领域已成为先进生产力的代表。六是能熟练使用网络。与互联网同生同行的青年，他们的学习、就业、人际交往、娱乐和日常生活，无不同网络紧密相连，他们有掌握信息技术的优势，对社会的观察更加自主，思想表达更为自由，形成了新的社会组织和动员方式，会更有力地影响社会。七是分化明显，面对的生活与发展压力较大。当代青年的阶层分化不但有代际传承的原因，也受自身受教育程度、职业岗位、收入水平、人际交往等因素的较大影响，不同阶层的青年都存在求学、就业、住房、成家和养育后代的压力，他们对美好生活的向往更为强烈和迫切。

对青年人来说，“青春是用来奋斗的”。今天的年轻人，有幸赶上了距实现中华民族伟大复兴的“中国梦”最近的时候。这一阶段也恰恰是他们人生中最绚丽的青春年华。他们对党和国家“以人民为中心”的执政理念高度认同，对实现“两个一百年”的宏伟目标热切渴望，而且已同他们自己和家庭过上美好生活、实现人生价值的追求高度融合在一起。他们的理想根植于现实的土壤之中，他们与党和人民的共同奋斗，已经并将不断结下累累硕果。无论是在高科技领域拼搏创新的年轻科技人员、在生产流通和服务领域辛勤劳作的年轻劳动者，还是为保卫祖国不怕吃苦、勇于献身的年轻军人，抑或是在校园苦读的莘莘学子，特别是近段时间奋战在抗击新冠肺炎疫情一线的80后、90后及00后医生、护士和其他工作人员，我们从当代青年身上展现的奋斗牺牲精神和对更加美好生活的憧憬，看到了为实现伟大中国梦持续奋斗的生生不息的青春力量。

我认为，奋斗的青春需要倡导和鼓励，更需要褒扬和呵护。青年既有时代的特征，更有青年时期的基础性、成长性、可塑性、过渡性等普遍性特点和成长规律。因此，特别需要党、政府和社会各方面的关心和帮助。为青年人顺利完成求学、就业创业、成家和抚育后代等阶段性任务铺路搭桥，为他们的生活、学习和工作创造日益高质量的环境和条件。

2017年4月，在习近平总书记亲自提议、亲自推动下，中央出台了《中长期青年发展规划（2016—2025年)》。这是我国第一部关于青年发展的规划。规划里明确的“党管青年”和“国家要发展，首先青年要发展”的原则至关重要。现在包括河北省在内，全国各地都有了自己的青年中长期发展规划，与此相关的各个方面，都在自觉按照党中央的要求，为规划的落实做出切实的努力。共青团在落实规划过程中，承担着重要职责，而做好调查研究，是其中的一项重要任务，相信河北团省委开展的青年发展状况大调研和河北第一部青年发展蓝皮书的发布，会成为竭诚做好这一工作的新起点。

目 录

Ⅰ 总报告

Ⅱ 分报告

Ⅲ 专题报告

皮书数据库阅读**使用指南**

CONTENTS 

I General Report

II Topical Reports

Ⅲ Special Reports

总报告

General Report

B.1 新时代河北青年的成长际遇与使命担当

樊雅丽　张　丽　李永琴*

摘　要： 青年是国家的未来和民族的希望。为摸清河北省青年发展总体状况，共青团河北省委委托“零点有数”公司，在全省范围内针对全省青年进行抽样调查和数据分析，并委托河北省社会科学院进行调研报告分析撰写，以全面客观反映河北省青年发展的真实状况。本研究报告包含青年思想道德、教育学习、身体健康、婚恋家庭、就业创业、社会融入与社会参与、文化生活、权益保障等8个方面，并从不同性别、不同收入、不同学历、不同职业等维度进行深度分析。调查分析表明，河北青年政治立场坚定、有正确

* 樊雅丽，硕士，河北省社会科学院社会发展研究所副所长，研究员，研究方向为社会治理。张丽，硕士，河北省社会科学院社会发展研究所，副研究员，研究方向为青年社会学。李永琴，研究生，共青团河北省委办公室主任，河北省青少年发展研究会会长，研究方向为青年发展。

的价值观和人生观、社会参与度较高、注重个人身心素养的提升，仍面临就业创业压力大、权益保障不足等问题。河北旗帜鲜明讲政治，紧跟中央部署，编制出台河北省历史上首部中长期青年发展规划，在新的历史起点上对全省青年工作进行改革创新，聚焦机制建设，聚焦青年需求，把促进青年发展放在更加重要的战略位置，推动全省青年发展事业稳步前进。

关键词： 河北青年　就业创业　青年发展规划　改革创新

党的十八大以来，以习近平同志为核心的党中央高度重视青年的健康成长，鲜明提出：青年一代有理想、有本领、有担当，国家就有前途，民族就有希望，实现中华民族伟大复兴就有源源不断的强大力量。2017 年 4 月，在习近平总书记的亲自关怀、指导下，党中央、国务院颁布了新中国历史上第一个中长期青年发展规划，从顶层设计的角度对青年发展做出了战略擘画，把我国青年发展事业提到了新的历史阶段。

2018 年 5 月，河北省委、省政府印发了《河北省中长期青年发展规划（2018～2025 年）》，从思想道德、教育等 10 个领域提出了青年的具体发展目标，明确了 13 个重点项目。为推动中长期青年发展规划落地实施，全面掌握河北青年发展的第一手资料，深入研究各类青年群体生存、生活、发展的内在机理和规律，为制定青年政策、开展青年项目提供理论和数据支撑，共青团河北省委委托“零点有数”公司在全省范围内开展青年抽样调查和数据分析，联合河北省社会科学院进行调研分析。

一　河北省青年发展状况问卷调查情况

本研究抽样方案通过两种方式确定样本量：一是针对学生、农村青年、党政机关和事业单位青年、企业青年等掌握确切群体规模数据的群体，按照0.3%的抽样比例确定群体样本量；二是针对进城务工青年、社会组织从业青年、快递小哥、网约车司机、归国留学青年、创业青年、新媒体从业青年等难以确定准确群体规模数据的群体，按照统计学最低代表性样本要求，确定群体样本量。其中，计划样本量为64900份，考虑一定废卷比例，在计划发放问卷总量基础上，设置5%的上浮比例，剔除废卷后，实际回收有效样本量为81937份。调研范围涉及88所初中、42所高中、22所中职和36所本专科高校，以及14个地区、732个行政村、379家企业和86个县（区）的党政机关、事业单位。

表1　河北青年发展状况调查样本量

单位：%

群体类别	分类样本量(计划/有效样本)
中学生	13680/13724
高校学生	5010/7046
党政机关和事业单位青年	2580/7779
大学生村官	400/607
企业青年	11370/15568
农村青年	21960/22797
进城务工青年	4400/5317
社会组织从业青年	500/2169
快递小哥	500/744
网约车司机	500/506
归国留学青年	500/437
创业青年	1700/3311
新媒体从业青年	1800/1932
合计	64900/81937

二　河北省青年总体状况调查分析

（一）河北青年的思想道德状况

河北青年坚决拥护党的领导，拥护国家的大政方针政策，91%的人认同社会主义核心价值观，学历越高者认同度越高，对祖国和河北当前的发展较为满意，对未来在各个领域的建设充满信心和希望。人生观明确，对未来个人发展有信心。拥有良好的道德观念，敢于与不道德行为或言论作斗争。总体而言，虽然新时期河北青年在成长发展中遇到了各种各样的新困惑和新问题，但他们在理想信念、责任担当上是坚定和积极的，是心怀梦想又脚踏实地的，是勇于创新而又追求卓越的。

1. 九成以上青年认同社会主义核心价值观，非常关注国家大事，并对祖国和河北在各个领域的建设表示满意度较高，并对未来各项建设充满期待

在认同社会主义核心价值观方面，调查数据显示，91%的青年表示认同。从学历层次看，小学及以下、初中、高中/职高或中专、高职/大专、大学本科和硕博研究生认同社会主义核心价值观的比例依次为75.8%、84.8%、89.4%、92.3%、95.6%、93.45%。问及“是否能说出社会主义核心价值观的全部内容”时，调查数据显示，33.8%的青年能完整地说出全部内容；27.9%只记住一部分，能说出6~11条；17.7%只听说过，能说出1~5条。从群体看，党政机关和事业单位青年、社会组织从业青年、进城务工青年、企业青年、归国留学青年、网约车司机、农村青年、创业青年、大学生村官、新媒体从业青年和快递小哥能完整地说出全部内容的比例依次为42.8%、31.1%、26.4%、30.2%、42.1%、7.7%、33.1%、29.7%、55.4%、44.2%、26.9%。高校学生和中学生能完整地说出全部内容的占比分别为59.0%和79.6%。

在关注国家大事方面，调查数据显示，84.4%的青年表示关注。在关注国家大事的渠道方面，54.7%的青年首选通过政府官方的广播或电视节目

(如新闻联播)，其次选择“政府官方报纸或政府发布的公告”(38.4%)，“微信账号推送或朋友圈转发的内容”(31.6%)、“新浪、网易等媒体门户网站”(31.5%)、“微博”(24.6%)、“政府机构官方的门户网站”(21.0%)，最后选择“与熟人、朋友、家人的交谈”“自媒体门户网站”“贴吧、BBS或各大论坛网站”“国外媒体或港澳台媒体报道”，占比分别为16.8%、11.1%、4.6%、3.3%。在关注国家大事的内容方面，调查数据显示，63.4%的青年最关注政治，选择经济、医疗、教育、军事、科技、文化、社会、外交的比例分别为50.0%、40.6%、45.0%、31.3%、23.1%、26.2%、24.5%、17.4%。

在国家发展信心方面，调查数据显示，青年对我国在未来几十年内会成为世界第一强国、我国必将完成祖国统一大业、未来我国将涌现出更多的诺贝尔奖获得者并在科研/人文领域取得世界领军者的地位、未来我们的社会将更加文明/公正和平等、未来几十年内我国人民的生活水平将大幅度提高、到21世纪中叶我国将彻底解决看病难/看病贵的问题、在不久的将来河北省将彻底打赢脱贫攻坚战、在不久的将来河北省的经济发展/京津冀一体化建设和雄安新区的建设都会得到重大进展、在不久的将来河北省能彻底解决环境污染问题等9个描述表示有信心，占比分别为84.4%、86.5%、85.3%、84.7%、84.2%、76.0%、78.0%、81.5%、74.7%。

调查数据显示，河北青年对当前我国的经济建设、文化建设、民主建设、法治建设、生态文明建设、社会建设、国际地位7个描述表示满意，占比分别为89.8%、87.8%、86.7%、87.3%、86.2%、88.4%、89.1%。对河北当前的经济建设、文化建设、生态文明建设和社会建设的满意度调查显示，河北青年表示满意的比例分别是86.2%、85.3%、83.7%、86.4%。

调查数据显示，河北青年认为在未来十年内，我国会在经济建设、文化建设、民主建设、法治建设、生态文明建设、社会建设、国际地位的变化情况7个方面变好的占比分别为92.8%、92.0%、91.3%、91.5%、91.7%、91.9%、93.6%。调查数据显示，河北青年认为，在未来十年内，河北会在经济建设、文化建设、社会建设和生态文明建设 4 个方面变好的比例分别是 92.6%、92.6%、92.4%、92.3%。

2. 河北青年有明确的人生观，八成左右青年认为生活幸福，认为未来阶层上升的可能性较大

调查数据显示，河北青年对近 10 个方面的人生观描述表示同意，分别为："我善待身边的每一个人""诚信是做人的基础""现代社会仍需要互助友爱和奉献精神""奋斗成就人生""生活条件好了，但节俭仍需要提倡""人生就是要及时行乐""每个人都有平等的机会取得学业上的成功""每个人都有平等的机会变得富有"，占比分别为 93.2%、93.3%、92.3%、92.2%、91.6%、63.1%、86.4%、81.4%。

关于河北青年的生活幸福感，81.8%的觉得生活幸福。关于河北青年的幸福观，生活幸福的重要指标前 3 项分别是健康的身体（81.9%）、温馨的家庭关系（53.1%）、美满的婚姻（35.0%）。

关于未来阶层上升的可能性，青年中 34.7%选择非常可能，44%选择比较可能，14.5%选择不太可能，2.5%选择完全不可能，4.3%选择说不清。

3. 大部分青年拥有良好的道德观念，敢于与不道德行为或言论作斗争

调查数据显示，河北青年对"乘坐公交都会主动让座""外出购物或搭乘公共交通工具时会自觉排队""遇到在马路上摔倒的老人或小孩会主动帮忙扶起""在电影院等需要安静的地方总是将手机静音""见到破坏公共设施的行为会上前制止或报警""很清楚自己的工作职责并能够全神贯注地工作""愿意主动承担更多工作职责""常常帮助同事解决工作上的难题"等 8 个方面的描述表示相符，占比分别为 92.2%、92.3%、82.4%、89.6%、74.9%、88.9%、85.1%、84.8%等。对于网络上的谣言、虚假信息，青年中 45.7%选择愿意站出来反驳、激浊扬清，23.3%选择"不去管它，与我无关"，24.3%选择"很反感但不愿给自己惹麻烦"，6.7%选择"这些言论有时也有一些道理"。

（二）河北青年的教育学习状况

河北青年对教育培训、能力培养认可度很高，能准确认识到这对个人发

展和能力提升的重要性。不同学历、不同收入、不同职业青年之间在教育学习方面存在显著差异，主要表现在学历越高、收入越高、从事职业含金量越高的青年对教育培训和能力培养的重视程度、参与程度越高，二者呈正相关关系。面临的问题是七成以上青年闲暇时间读书（看报）每周不足 3 小时。学历越低的青年看书时间越短，学历越高的青年看书时间越长，收入越低或收入不固定的青年看书时长越短，收入越高看书时间越长。

1. 学历高低、收入多少、职业不同的青年对现有知识可以满足（未来）工作需要的态度存在正相关，学历越高、收入越多、从事职业知识含量越高的青年满足认同度越高

学历与知识满足认同程度基本呈正相关关系，学历越高者满足认同度越高，学历越低者满足认同度越低。调查数据显示，小学及以下、初中、高中/职高或中专、高职或大专、大学本科和硕/博研究生认为知识可以满足工作需要的比例依次为 31.4%、34.2%、40.9%、46.7%、54.5%和 61.0%。

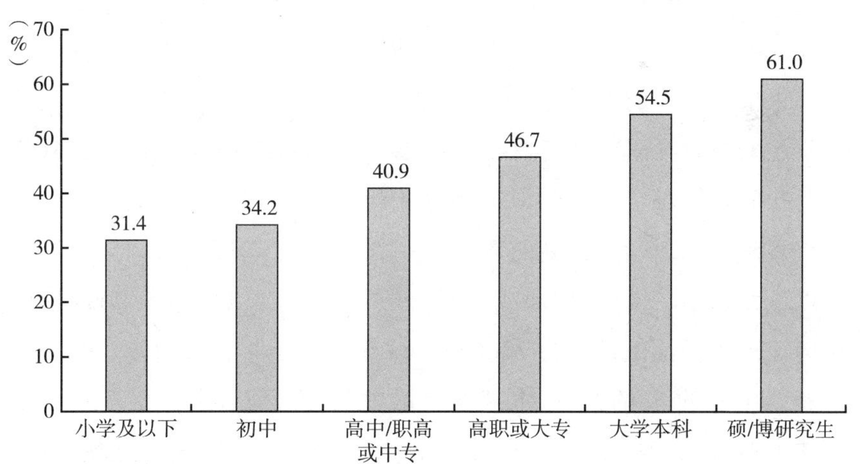

图 1　不同学历青年对现有的知识可以满足（未来）工作的需要的认同度

收入高低与知识满足认同度成正相关关系，收入越高者知识满足认同度越高。调查数据显示，无固定收入、低收入、中等收入、高收入的青年认为知识可以满足工作需要的比例依次为 32.4%、41.7%、48.3%、55.4%。

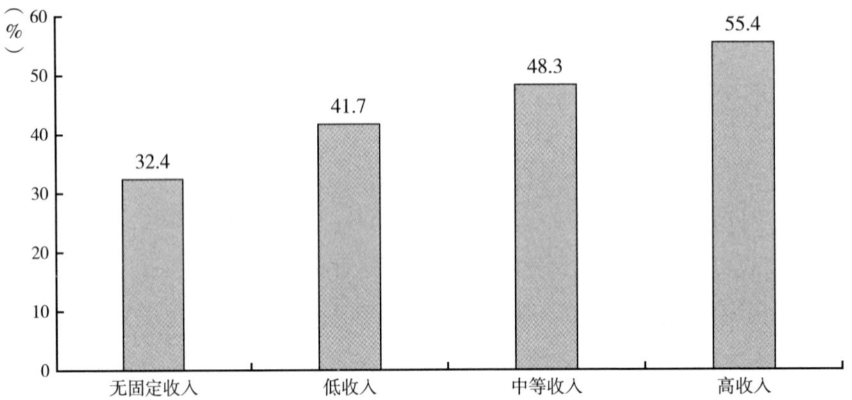

图2　不同收入青年对现有的知识可以满足（未来）工作的需要的认同度

从事职业知识含量较高的青年，对现有知识可以满足（未来）工作的需要的认同度也较高。调查数据显示，排名前三的分别为归国留学青年（64.5%）、大学生村官（58.2%）、党政机关和事业单位青年（53.6%）。排名后三位的是农村青年、进城务工青年和创业青年，占比依次为42.1%、40.9%、40.1%。可见，可发展的空间越窄，对现有的知识可以满足（未来）工作的需要的认同度越低。

2. 近九成青年认同“终身学习”的重要性，并将终身学习贯穿全生命周期

近九成青年对“终身学习”理念十分认同，调查数据显示，89.3%的青年表示认同。学历较高的青年对“终身学习”理念认同度更高，小学及以下，初中，高中/职高或中专，高职/大专，大学本科和硕/博研究生认同该理念的比例依次为75.6%、81.9%、86%、91.8%、95.6%和93.4%。中等收入的青年对“终身教育”理念认同度最高，占比为91.5%，其次是高收入、无固定收入、低收入青年，占比依次为90.8%、86.2%、84.3%。党政机关和事业单位青年、大学生村官对“终身学习”认同度最高，网约车司机认同度相对较低，但认同度占比均在80%以上。

3. 青年认为交往能力和逻辑思维能力关乎个人发展

四成以上青年认为“交往能力”的培养对个人发展比较重要，其次是

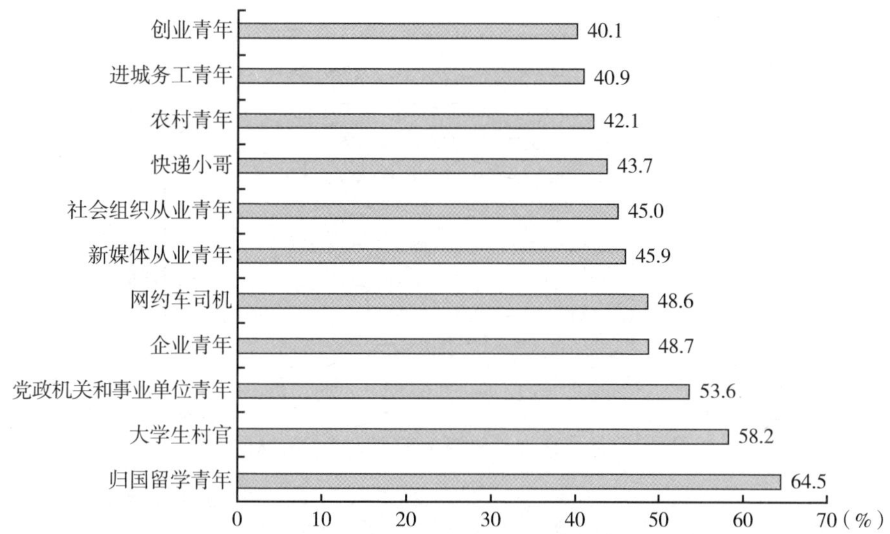

图 3　不同职业青年对现有的知识可以满足（未来）工作的需要的认同度

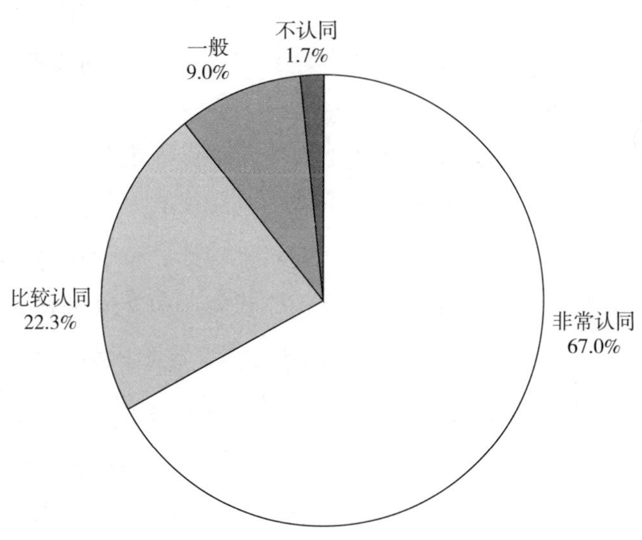

图 4　青年对终身学习的理念的认同度

逻辑思维能力、文字表达能力、知识储备能力。调查数据显示，在选择重要能力培养方面，备选的 17 种能力（外语能力、文字表达能力、逻辑思维能

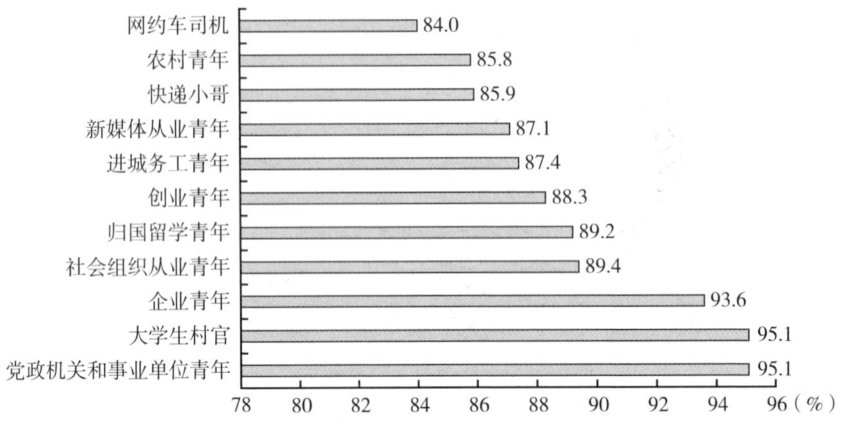

图5　不同职业青年对终身学习的理念的认同度

力、交往能力、知识储备能力、口头表达能力、创新能力、执行能力、合作能力、应变能力、审美能力、减压调适能力、办公软件实操、专业知识、时间管理能力、快速学习能力、动手实践操作能力）中，40.9%的青年选择“交往能力”、33.3%的青年选择“逻辑思维能力”、28.1%和26.5%的青年分别选择“文字表达能力”和“知识储备能力”。学历不同者对能力培养的选择有所差异，逾四成本科以上学历青年认为“逻辑思维能力”的培养对个人发展比较重要，本科以下学历青年则普遍认为“交往能力”比较重要，占比在40%左右。职业（社会身份）不同对能力培养的选择略有差异，大部分职业青年选择“交往能力”更重要，仅归国留学青年、中学生、新媒体从业青年更倾向于选择“逻辑思维能力”。从不同职业看，党政机关和事业单位青年、社会组织从业青年、进城务工青年、企业青年、归国留学青年、农村青年、创业青年、大学生村官、新媒体从业青年、快递小哥、高校学生首选“交往能力”，占比均在40%左右。另外，45.3%的归国留学青年、39.9%的中学生和42.7%的新媒体从业青年选择了逻辑思维能力。

4. 四成以上青年认同大学教育对自己的学习能力、知识储备能力、工作技能影响力最大

调查数据显示，青年对各个时期教育影响力的认同度从高到低依次为

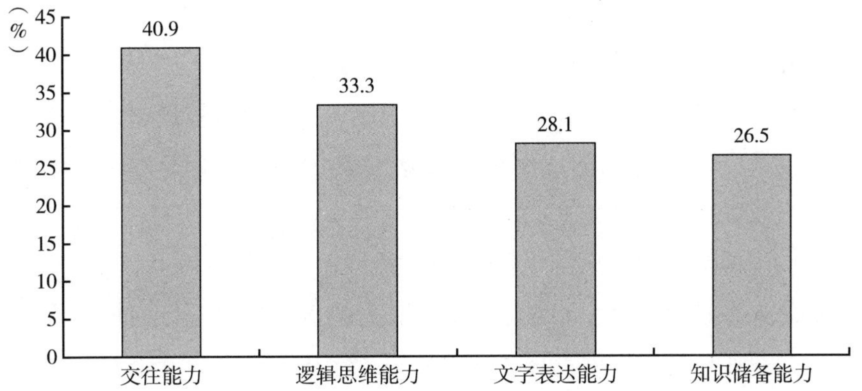

图6　青年对于个人发展而言比较重要的能力的倾向情况

"大学时期""高中时期"和"初中时期"，占比分别为41.9%、38.7%和19.3%。从就业群体看，党政机关和事业单位青年、社会组织从业青年、企业青年、归国留学青年、创业青年、大学生村官、新媒体从业青年均认为大学教育影响力最大，归国留学青年占比最高，为73%，而进城务工青年、网约车司机、农村青年、快递小哥则认为高中教育对自己影响最大。

5. 七成以上青年闲暇时间读书（看报）每周不足3小时，学历、收入越低者看书时间越短

调查数据显示，68.8%的就业青年在工作之余每周读书（看报）学习的时间在3小时以内，24.4%的在3小时及以上，6.8%的就业青年从未在工作之余读书（看报）。从学历来看，学历越低看书时间越短，学历越高看书时间越长，23.6%的小学及以下学历就业青年从未在工作之余读书（看报），初中，高中/职高或中专，高职/大专，大学本科和硕/博研究生的这一比例分别为12.5%、7.6%、5.3%、3.1%和4.4%，小学及以下、初中、高中/职高或中专、高职/大专、大学本科和硕/博研究生业余每周读书（看报）学习的时间在3小时以内的比例依次为64.2%、70.7%、70.8%、69.2%、66.7%和61.2%，时间在3小时及以上的比例依次为12.1%、16.8%、21.6%、25.6%、30.3%和34.4%。从收入水平看，收入越低或不固定的青年看书时长越短，收入越高看书时间越长。11.9%的无固定收入

就业青年从未在工作之余读书（看报）学习，低收入、中等收入和高收入就业青年在工作之余读书（看报）学习的分别为8.8%、5.7%和4.7%，无固定收入、低收入、中等收入和高收入就业青年业余每周读书（看报）学习的时间在3小时以内的比例依次为64.2%、73.3%、68.5%和62.0%，在3小时及以上的比例依次为24.0%、17.8%、25.7%和33.4%。从职业看，仅归国留学青年、大学生村官、大学生中各有30%每周读书（看报）时间能在3小时及以上，大部分职业青年每周读书（看报）时间均在3小时之内，快递小哥、农村青年、进城务工青年从不读书（看报）的比例高于其他职业青年，其中快递小哥从不看书的比例达到12.1%。

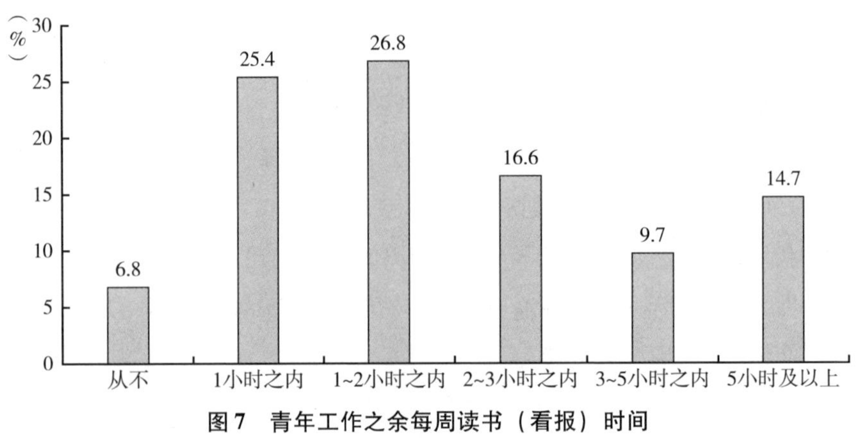

图7　青年工作之余每周读书（看报）时间

（三）河北青年的身体健康状况

近八成河北青年对自身健康状况表示肯定，认为自己身体健康状况良好，并能够养成良好的健身习惯、作息习惯、体检习惯，学历、收入越高者越注重锻炼身体和身体健康检查。但是青年身体健康状况仍存在隐患，普遍有近视、睡眠质量不佳、肥胖等健康问题。

1. 近八成青年人认为自己身体健康状况良好，不同职业者的健康自评略有差异

调查数据显示，76.1%的河北青年认为自己身体健康。中学生、大学生

村官、大学生认为自己身体健康的占比为86.4%、84.2%、83.8%。党政机关和事业单位青年、社会组织从业青年、进城务工青年、企业青年、归国留学青年、网约车司机、农村青年、创业青年、新媒体从业青年、快递小哥这些群体认为自己身体健康的比例在70%~80%。

2. 近九成青年坚持每天锻炼，时长不等，学历、收入越高者越注重锻炼身体

从锻炼的时长看，67.9%的青年日均锻炼时长在3小时之内，日均锻炼在3小时以上的占比21.2%，从不锻炼的比例为10.9%。从学历看，学历越高者越注重锻炼，90%的大专及以上学历的青年每天都锻炼，80%的初中到高中学历者每天都锻炼。小学及以下学历者每天锻炼比例最低，占比仅为68.8%。从收入角度看，收入越高者越注重锻炼，90%以上中高收入者每天会锻炼，低收入和无固定收入者每天会锻炼的比例在90%以下。

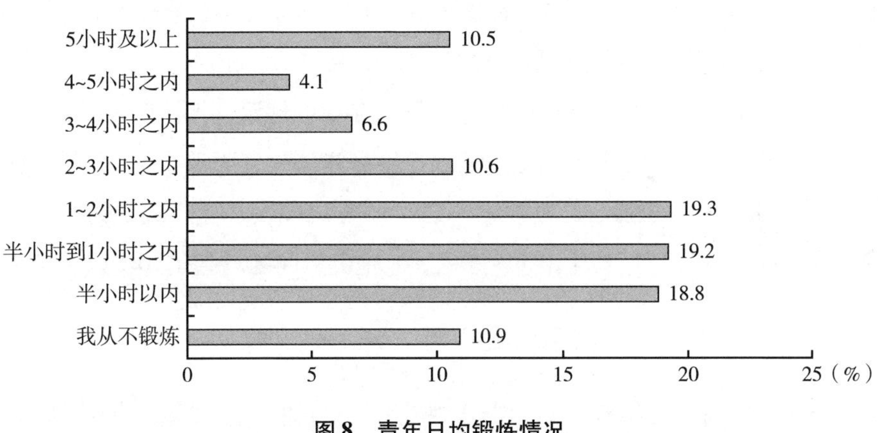

图8　青年日均锻炼情况

3. 青年作息时间较为规律，学历越高者休息时间相对较晚

问及“每日上床睡觉时间”时，68.4%的青年工作日休息时间在21~23点，53.9%的青年周末休息时间在21~23点。从学历看，学历越高者熬夜越多。小学及以下学历者工作日休息时间在21点前最多，周末休息时间在22~23点最多；初中学历者工作日休息时间在21~22点最多，周末休息时间在22~23点最多；高中/职高或中专学历者工作日与周末休息时间均以22~23点为最多；高职/大专学历者工作日占周末休息时间也均以22~23

点为最多；大学本科学历者工作日与周末休息时间均以22～23点最多；硕/博研究生学历者工作日休息时间在22～23点最多，周末休息时间在23～24点最多。

4. 学历、收入越高者更注重定期进行身体健康检查

问及“体检频率”时，调查数据显示，选择一年一次的青年占比为48.1%。从学历上看，学历越高者越注重体检，学历越低者越不注重体检，31.5%的小学及以下学历者从不体检，其他学历者选择一年一次体检的占比最高，分别为初中学历者33.6%、高中/职高或中专学历者43%、高职/大专学历者51.2%、本科学历者59.2%、硕/博研究生学历者61.9%。从收入看，低收入者选择最多的也是一年一次体检，占比为38.5%；中等收入者选择最多的是一年一次体检，占比为53.0%；高收入者选择最多的也是一年一次体检，占比为56.1%；无固定收入者选择最多的是不定期体检，占比31.8%。

5. 青年身体健康状况存在很大隐患

近视、肥胖、睡眠质量不佳是青年普遍存在的健康问题。问及“过去一年中，自己存在的主要健康问题”时，青年整体认为较为严重的比例最高的是近视（24.2%），肥胖、睡眠质量不佳、脱发或掉发、牙痛或龋齿、焦虑、腰椎或颈椎等问题，占比为10%～20%，其他健康问题占比在10%以下。

（四）河北青年的婚恋家庭状况

93.4%的河北青年有正确的婚恋观，有明确的择偶标准和结婚计划，八成以上青年择偶时更注重对方的修养和秉性；学历低者已婚率更高；27～29岁是青年期望的结婚年龄。生育意愿显著，选择生育1～2个孩子为佳。养育孩子方面，更加关注其身心健康成长，注重给予孩子尊重与民主。赡养父母方面，比较认同家庭养护方式。

1. 八成以上青年在择偶标准上更看重对方人品，物质是其次；学历低者已婚率更高；27～29岁是青年期望的结婚年龄

调查数据显示，在择偶中对于细分的20项要素中，青年最注重的十项要素依次为：孝顺老人、责任、人品、心理健康、身体健康、上进心、感

情、价值观、性格、能交流，占比均在80%以上。问及被访对象的婚恋状态时，青年中61.2%已婚，25.9%未婚单身，11.4%未婚有男/女朋友，1.5%离异、丧偶。从学历看，总体而言，学历低者已婚率明显高于学历高者，62.6%小学及以下学历青年已婚，75.5%初中学历青年已婚，62.3%高中/职高或中专学历青年已婚，58.7%高职/大专学历青年已婚，54.6%大学本科学历青年已婚，54%的硕/博研究生学历青年已婚。问及期望结婚年龄时，44.4%的青年选择27～29岁，32.2%选择24～26岁，14.1%选择30～35岁，6.2%选择23岁及以下，1.2%选择36岁及以上，1.9%选择不婚。

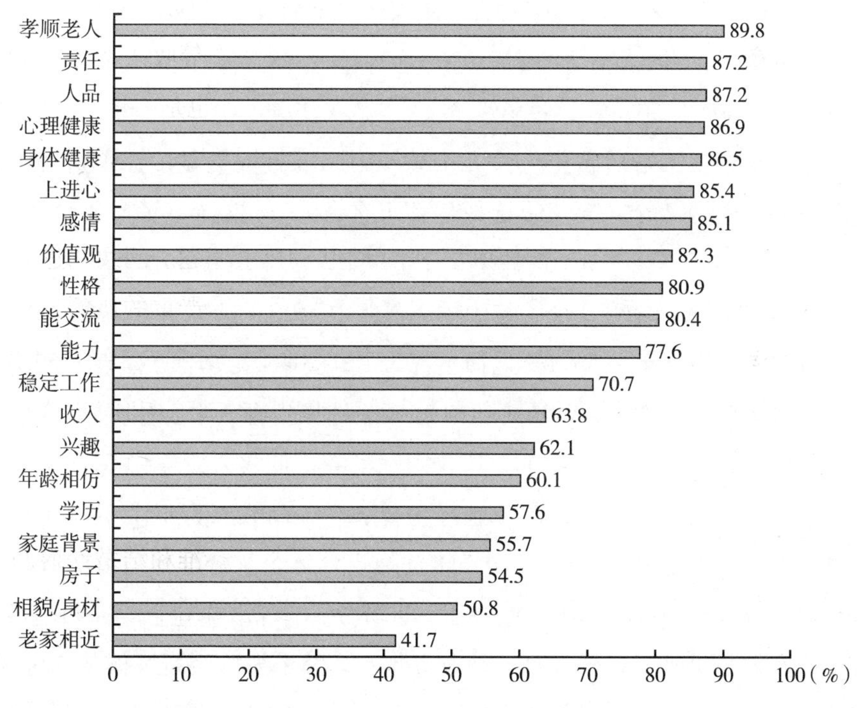

图9　青年择偶看重的要素选择

2. 生育1～2个孩子是大部分青年的选择

问及已婚青年目前生育几个孩子时，调查数据显示，45.8%选择生育1个，37.8%选择生育2个，2.2%不想生育，3.5%暂未考虑生育子女，7.3%有生育计划但还没有实现，3.4%选择其他。从学历看，在小学及以下学历青年中38.9%选择生育2个，在初中学历青年中57.7%选择生育2个，在高中/职高或中专学历青年中45.6%选择生育2个，高职/大专学历青年52.8%选择生育1个，大学本科学历青年57.3%选择生育1个，硕/博研究生学历青年55%选择生育1个。从收入水平看，低收入青年43.2%选择生育2个，中收入青年49.6%选择生育1个，高收入青年46.1%选择生育1个，无固定收入青年56.8%选择生育2个。从群体看，农村青年中47.7%选择生育2个，创业青年中47.1%选择生育2个，其余群体青年：党政机关和事业单位青年、社会组织从业青年、进城务工青年、企业青年、归国留学青年、网约车司机、大学生村官、新媒体从业青年、快递小哥选择生育1个的占比最高，依次分别为52.3%、47.9%、48.2%、53.7%、55.5%、51.1%、56.8%、50.8%、49.6%。

问及未婚青年婚后希望生育几个孩子时，调查数据显示，未婚青年中53.3%选择生育2个，36.5%选择生育1个，6.0%选择不考虑生育子女，2.9%选择生育3个，1.3%选择生育3个以上。从学历看，小学及以下学历青年中40.4%选择生育2个，初中学历青年中55.3%选择生育2个，高中/职高或中专学历青年中55.1%选择生育2个，高职/大专学历青年中52.5%选择生育2个，大学本科学历青年中52.6%选择生育2个，硕/博研究生学历青年中54.5%选择生育2个。从收入水平看，低收入青年中51.1%选择生育2个，中收入青年中53.4%选择生育2个，高收入青年中54.1%选择生育2个，无固定收入青年中56.5%选择生育2个。从群体看，党政机关和事业单位青年、社会组织从业青年、进城务工青年、企业青年、归国留学青年、网约车司机、农村青年、创业青年、大学生村官、新媒体从业青年、快递小哥选择生育1个的比例最高，分别为：53.7%、53.1%、51.7%、51.6%、53.7%、56.4%、54.5%、55.4%、58.9%、50.4%、54.0%，大学生期望生育2个孩子的比例为55.9%。

3. 青年在养育孩子时，更关心孩子身心成长，充分尊重孩子意见，给予适度指导

调查数据显示，53.5%的青年最关注子女的身心健康方面，15.2%最关

注子女的快乐成长，11.8%最关注子女的学习成绩。问及孩子教育方面更认同的方式时，70.3%的人选择尊重孩子的选择，给予适度的指导；12.8%的人选择严加管教；7.6%的人选择尽量满足孩子的需求；7.6%的人选择自然放养；1.7%的人选择其他。

4. 90.2%的青年与父母关系密切，青年对父母养老方式的选择呈现多样化

调查数据显示，青年中59.2%认为与父母的关系非常亲密，31.0%认为比较亲密，8.7%认为一般，0.9%和0.2%分别认为不太亲密、根本不亲密。最近一年内，河北青年每个月看望或通过电话等方式联系父母的平均次数为11.9次。在父母未来养老方面，30.3%的青年会与父母协商，尊重父母的选择；11.3%的青年认为父母可以独居在家养老且不需要任何人或机构帮助；33.8%的青年选择子女照料、在家养老，不依托任何养老机构的服务；15.6%的青年选择父母在家养老并接受社区养老机构的服务；7.4%的青年认为父母需要接受养老机构的托老服务，即白天基本在养老机构度过，晚上回家；1.6%的青年选择让父母入住养老机构。

（五）河北青年的就业创业状况

河北青年在就业创业方面比较重视收入、安全性、个人价值实现三个要素。近七成的河北青年有过职业流动，不同性别、不同学历、不同工作的河北青年在职业流动性方面差异显著，男性高于女性，学历低者职业流动性更强，工作稳定性低的职业者流动性更强。近七成河北青年对工作的满意度较高，普遍认为个人能力是工作职位升迁的关键，职业选择倾向于事业单位、党政机关、国有企业，约七成河北青年对未来职业发展有规划。半数河北青年一直有创业的打算，男青年的创业意愿明显强于女青年，收入越低者创业意愿越强，职业越不稳定的创业意愿越强。九成河北青年感觉就业或创业压力大，学历越低、收入越低者对未来事业的担忧越多。相关机构对于青年在职业培训等方面的就业创业帮扶仍有待提升。

1. 高收入是青年就业创业考虑的首要因素

调查数据显示，47.4%的青年认为“高收入”是最重要的因素，

33.8%的人选择了“良好的工作安全性”，33.7%的人选择了“能实现个人的价值”。不同性别、不同学历、不同收入、不同职业的青年之间首选因素的差异不显著，选择基本相同。

2. 近七成的青年换过工作，男青年换工作的比例略高于女青年，学历越低的人换工作频率越高，大学生村官换工作频率最低，快递小哥换工作频率最高

调查数据显示，26.0%的青年在做当前这份工作之前，换过1次工作，28.3%的换过2次，14.7%的换过3次及以上，31.0%的表示“这是第一份工作，未换过”。其中，72.1%的男青年换过工作，65.8%的女青年换过工作。小学及以下学历青年换过工作的比例最高，为82.8%；硕/博研究生换过工作的比例最低，占比为45.7%。大学生村官换过工作的比例最低，占比为40%；快递小哥换过工作的比例最高，占比为91.4%。

3. 近七成青年对当前工作较为满意，认为个人能力是影响工作职位升迁的主要因素，青年工作时长与职业特点相关性很大。青年职业选择倾向于事业单位、党政机关、国有企业。约七成青年对自己未来发展有规划

调查数据显示，66.7%的青年对当前的工作表示满意。从职业看，党政机关和事业单位青年对工作满意度最高，占比为76.7%，网约车司机、进城务工青年、快递小哥和农村青年对当前工作满意度较低，占比分别为63.4%、62.7%、62.4%、59.9%。问及影响因素，64.8%的认为工作能力是影响工作职位升迁的主要因素，45.7%的认为学历是影响工作职位升迁的主要因素，33.6%的认为人际关系是影响工作职位升迁的主要因素，除此之外，家庭背景、年龄性别、身高样貌、个人品质、良好心态、机遇等都是可能出现的影响因素。

约半数青年工作意愿选择前三位的是事业单位、党政机关、国有企业。调查数据显示，50.1%的青年选择了事业单位工作，48.3%的青年选择了党政机关工作，48.2%的青年选择了国有企业工作。从学历角度看，硕/博研究生、小学及以下学历青年更愿意选择党政机关工作，初中到大专学历青年更愿意选择到国有企业工作，大学本科学历青年更愿意选择事业单位。

约七成青年对自己未来发展进行过规划。在问及是否对自己的未来发展进行过规划时，调查数据显示，24.6%的青年“有清晰而长远的目标（长

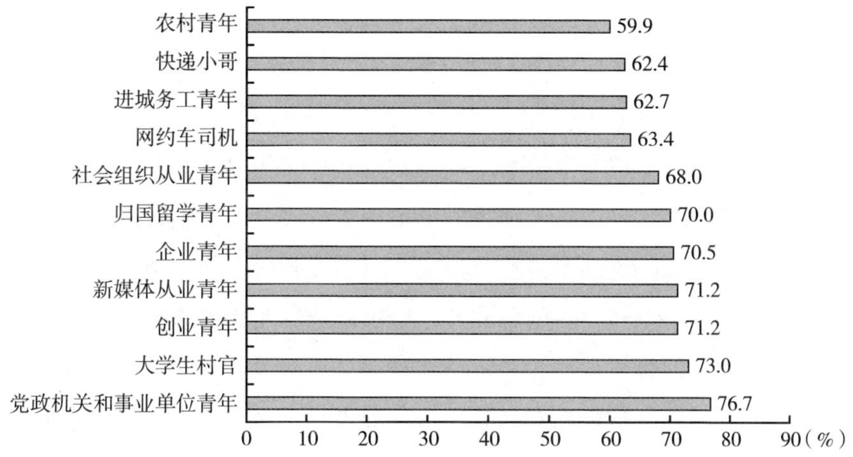

图 10　不同职业青年对当前工作的满意度

期奋斗的人生方向）”，45.3%的“有清晰但比较短期的目标（3～5年的阶段性目标）”，25.5%的“目标模糊，没有仔细考虑过”，4.6%的“从来没想过相关问题”。从职业角度看，73.5%的党政机关和事业单位青年、69.8%的社会组织从业青年、65.0%的进城务工青年、72.5%的企业青年、81.7%的归国留学青年、71.6%的网约车司机、65.6%的农村青年、78.5%的创业青年、81.1%的大学生村官、74.7%的新媒体从业青年、64.2%的快递小哥、76.6%的大学生对自己的未来发展有清晰的目标。

4. 五成河北青年一直有创业的打算，男青年的创业意愿明显强于女青年，收入与创业意愿成反比，职业越不稳定的青年创业意愿越强，主要是为了收入更高、生活更好

调查显示，49.3%的河北青年一直有创业的打算，待时机成熟就会创业；25.8%的考虑过创业，但因不知道如何操作而不再考虑；17.0%的没有考虑过；7.8%的已经创业。从性别看，男性青年中，53.0%有创业打算，待时机成熟就会创业；24.8%考虑过创业，因不知如何操作而放弃。女性青年中，45.5%的有创业打算，待时机成熟就会创业；26.9%考虑过创业，因不知如何操作而放弃。从收入看，收入越低的青年创业意愿越高，51.9%的低收入青年、48.9%的中等收入青年、47.6%的高收入青年、50%的无固定收入青年

有创业打算，待时机成熟就会创业。从职业群体看，创业意愿从高到低为快递小哥（63.4%）、网约车司机（58.3%）、农村青年（54.3%）、社会组织从业青年和进城务工青年（均为54.2%）、新媒体从业青年（52.7%）、企业青年（50.5%）、归国留学青年（49.4%）、党政机关和事业单位青年（45.7%）、大学生（44.3%）、大学生村官（43.3 %）。

5. 青年就业创业压力仍然较大，各界帮扶服务有待提升

调查数据显示，90.8%的就业青年表示就业创业压力大。从群体看，党政机关和事业单位青年、社会组织从业青年、进城务工青年、企业青年、归国留学青年、网约车司机、农村青年、创业青年、大学生村官、新媒体从业青年和快递小哥感觉压力大的占比分别为94.5%、89.7%、90.3%、92.7%、89.2%、86.0%、88.8%、90.1%、93.3%、91.2%和88.8%。对于自己面临的主要生活压力，就业青年整体选择最多的是收入太低，占比为59.1%；39.0%选择买不起房；24.5%选择工作压力太大。

77.5%的就业青年对自己未来的事业发展感到担心，学历越低、收入越低者对未来事业的担忧越多。其中，从学历看，小学及以下学历就业青年、初中学历就业青年、高中/职高或中专学历就业青年、高职/大专学历就业青年、大学本科学历就业青年和硕/博研究生学历就业青年感到担心的比例分别为84.0%、79.9%、79.1%、78.6%、73.9%和72.3%。从收入看，低收入、中等收入、高收入和无固定收入就业青年感到担心的比例分别为83.2%、75.8%、68.9%和82.0%。从群体看，党政机关和事业单位青年、社会组织从业青年、进城务工青年、企业青年、归国留学青年、网约车司机、农村青年、创业青年、大学生村官、新媒体从业青年和快递小哥感到担心的比例分别为69.0%、75.5%、78.9%、77.7%、72.7%、83.0%、79.9%、76.4%、69.7%、81.4%和78.6%。

青年就业创业帮扶服务工作仍不到位。调查数据显示，分别有16.9%和6.5%的青年表示专门为青年就业创业提供帮助的机构的作用不显著，认为“帮助不太大”和“形同虚设”，17.8%的表示没有相应机构。就业青年普遍参加职业培训的频率较低、时长较短。就业青年实际参加过“专业知

识培训”、“交往能力培训”、“学历提升培训”和“文字表达能力培训”的仅分别占27.2%、20.3%、18.7%和17.6%。在参加教育培训投入时间方面，调查显示，53.5%的就业青年平均每周参加教育培训的时间在3小时及以内。从性别、学历、收入、职业等不同维度看，均有五成以上青年每周参加培训时间在3小时及以内。

（六）河北青年的社会融入与社会参与状况

河北青年对政府出台政策的社会作用十分关心并有自己的看法，但基本不会在公开场合发表自己的观点。大部分河北青年认为入党机制较为完善，入党意愿强烈，入党动机是实现社会理想、服务社会和人民。半数以上河北青年愿意参加志愿活动，首选环保类、公益类活动，认为这能对健康成长、拓宽视野、增长技能起到积极作用。92.3%的河北青年在工作和生活中的人际关系和谐融洽，最信任的是家人，同学是朋友圈的主体。河北青年对房价、贫富分化、就业三大社会问题关注度最高，应引起高度重视。

1. 八成以上青年没有在公开场合或电话、网络渠道发表自己对政府某些政策的看法，但会与家人或朋友就某些政策进行讨论

调查数据显示，85.6%的青年没有“就政府的某些政策方针公开发表自己的看法”；也没有通过微博、微信朋友圈等渠道“就政府的某些政策方针公开发表自己的看法”，占比为82.1%。在是否通过“拨打市长热线/监督热线、在政府网站发帖等方式对国家方针政策、社会现象等方面表达自己的意见”方面，88.5%的青年表示“没做过”。在问及是否“与家人、朋友讨论对政府的某些政策方针的看法”时，47.4%的青年表示“做过”，52.6%的“没做过”。其中，学历越高者与家人或朋友讨论过的比例越高，初中及以下学历青年讨论比例不足四成，大学本科及以上学历青年讨论的比例在50%以上。从职业角度看，50%以上的党政机关和事业单位青年、归国留学青年、网约车司机、大学生村官、新媒体从业青年与家人或朋友讨论过，其他职业者做过此事的比例均在50%以下。

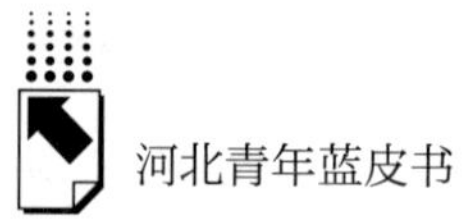

2. 八成以上青年对党团组织的认同度很高，70%以上青年志愿加入中国共产党、服务社会和人民

调查数据显示，80.3%的青年对中国共产党/共青团组织认同度很高。其中，大专及以上学历青年认同度在80%以上，初中、高中青年认同度在70%以上，小学及以下学历青年认同度为64.5%。党政机关和事业单位青年对党团组织的认同度最高，为86.4%；快递小哥对党团组织的认同度相对其他职业青年低，为69.4%。

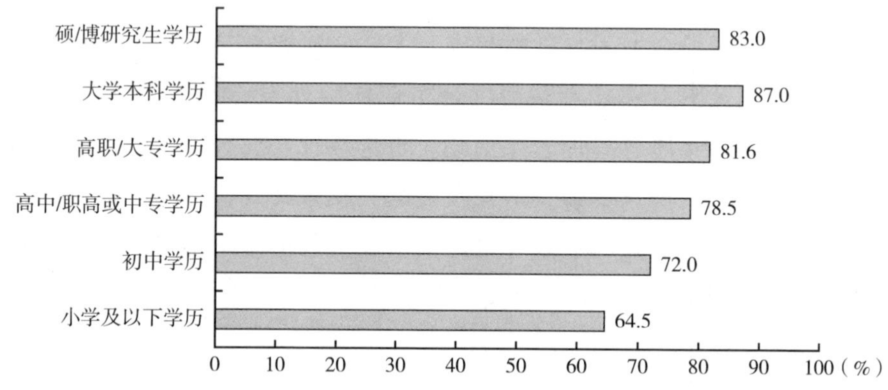

图11　不同学历青年对党团组织的认同度

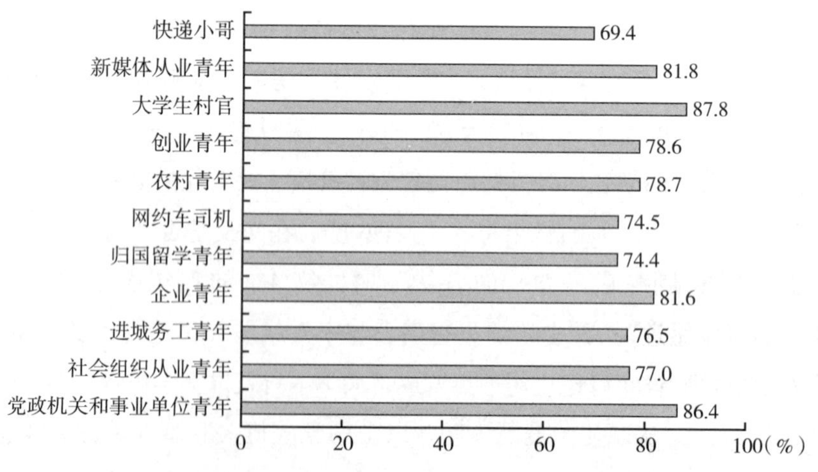

图12　不同职业青年对党团组织的认同度

在被访者中，71.2%的青年表示有机会一定会入党。其中，从学历看，高中/职高或中专学历青年以及高职/大专学历青年志愿入党比例最高，分别为77.2%、77.0%；其次是大学本科学历青年、初中学历青年，占比分别为76.2%、74.6%；硕/博研究生学历青年、小学及以下学历青年计划入党的比例分别为65.4%、65.3%。从群体看，大学生村官的入党意愿最高，占比为83%；归国留学青年入党意愿最低，占58.1%；其他职业青年入党意愿均在70%以上。问及“入党原因”，71.2%的青年选择了“实现社会理想，服务社会和人民”。

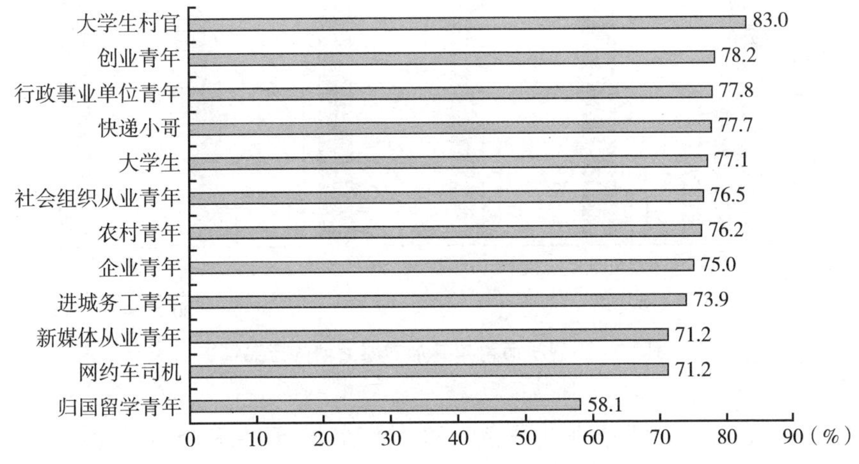

图13　不同职业青年入党意愿

3. 约六成青年愿意参加志愿者活动和社团活动，学历、收入越高者参与志愿活动意愿越强

调查数据显示，56.9%的青年愿意参加志愿者活动。从学历看，小学及以下学历青年愿意参加志愿者活动的占比28.9%，初中学历者占比46.5%，高中/职高或中专学历者占比53.7%，高职/大专学历者占比58.7%，大学本科学历者占比66.0%，硕/博研究生学历者占比63.3%。从收入看，低收入青年愿意参加的占比49.7%，中等收入青年愿意参加的占比59.2%，高收入青年愿意参加的占比60.3%，无固定收入青年愿意参加的占比54.4%。

从群体看，党政机关和事业单位青年愿意参加志愿者活动的占比 64.6%，社会组织从业青年占比 57.0%，进城务工青年占比 51.1%，企业青年占比 58.9%，归国留学青年占比 57.2%，网约车司机占比 48.6%，农村青年占比 52.8%，创业青年占比 56.3%，大学生村官占比 72.3%，新媒体从业青年占比 60.2%，快递小哥占比 46.0%，大学生占比 62.4%。

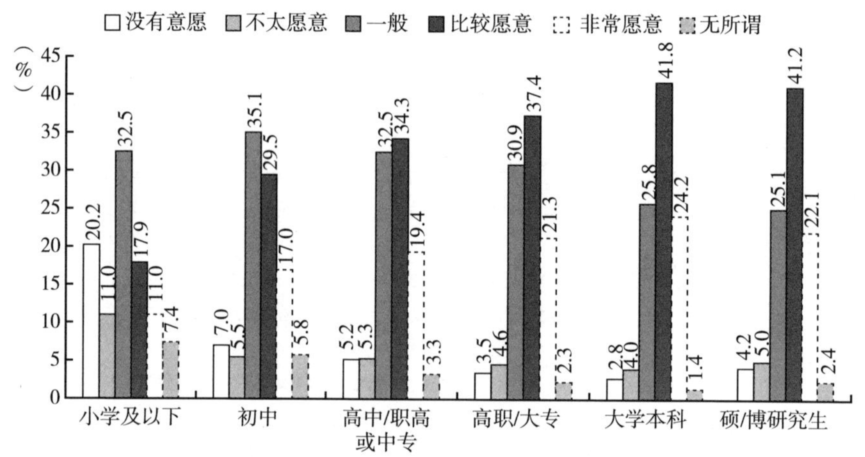

图 14 不同学历青年参加志愿活动的意愿情况

四成以上青年愿意参加志愿活动和社团活动，环保和公益类为首选，半数以上青年认同社团活动对自己发展有帮助。调查数据显示，最近两年，在参加志愿活动频次方面，47.1% 的青年参加过“以环境保护为主题的志愿服务”，33.2% 的青年参加过“社会突发事件的志愿服务”，30.5% 的青年参加过“青少年（俱乐部、少年宫）指导服务”，31.1% 的青年参加过“妇女、儿童权益保护服务”，44.6% 的青年参加过“帮助孤、寡、残疾人的社区服务”，40.1% 的青年参加过“帮助低收入阶层、贫困阶层的生活服务”，19.3% 的青年参加过“为艾滋病、吸毒等特定人员的志愿服务”，35.1% 的青年参加过“大型会展、大型活动志愿服务”，16.4% 的青年参加过“赴西部、边远（贫困）地区支教服务”。在选择参加社团组织类型方面，33% 的青年愿意加入“公益类（如青年志愿者协会/自然之友）”，26.7% 的青年愿意加入兴趣爱好协会/俱乐部/沙龙（如摄影/书画/体育健身/汽车俱乐部/旅游等）。在参与社团所能提供帮助方面，56.4%的青年选择了“引导青年人形成积极向上的生活方式”，47.2%的青年选择了“开阔青年人的视野，提高青年人的知识技能”。

4. 大部分青年能够与单位领导和同事相处融洽、人际关系和谐，父母是自己最信任的人，朋友结构以同学为主

调查数据显示，32.0%的青年认为自己跟单位里所有同事都很亲密，44.2%的认为自己跟大多数同事比较亲密，16.2%的认为自己只跟单位里部分同事比较亲密，6.1%的认为自己只跟单位里少数同事比较亲密，1.5%的认为自己与单位里的同事都不亲密。34.9%的青年认为自己与单位所有领导关系很好，38.6%的认为与单位大多数领导关系很好，14.9%的认为与单位部分领导关系很好，9.7%的认为与单位少数几个领导关系很好，1.9%的认为与单位所有领导关系都不好。在人际信任方面，青年对父母的信任度最高，占比为95.3%。54.1%的表示“同学”在朋友中最多，22.9%的表示“同事”在朋友中最多，16.8%的青年表示“同乡”在朋友中最多，6.2%的表示“邻居”在朋友中最多。在遇到困难或紧急情况时，78.5%的河北青年认为家人对自己的帮助最大。

5. 房价、贫富分化、就业是当今青年关注度最高的三大社会问题

调查数据显示，在备选的28项社会问题方面，关注度最高的前三项是，36.3%的青年关注房价问题，32.6%的青年关注贫富分化问题，31.7%的青年关注就业问题。从学历看，学历为初中、大专及以上的青年最关注的是房价问题，小学及以下、高中/职高或中专最关注的是贫富分化问题，小学及以下学历青年将反腐败问题列为重点关注问题。从职业看，党政机关和事业单位青年、社会组织从业青年、进城务工青年、企业青年、大学生村官对房价问题关注度最高，归国留学青年、网约车司机、农村青年、新媒体从业青年对就业问题关注度最高，创业青年、快递小哥对贫富分化问题关注度最高。

（七）河北青年的文化生活状况

河北青年休闲娱乐的主流方式趋向于网络化，现实生活中的户外活动和

人际交往弱化。在最感兴趣的文体活动方面，73.2%的青年更倾向于体育赛事和科技类活动，对传统文化很感兴趣，最关注各类时事、政治新闻类信息，对国家大事关注度很高。面临的问题是现实文化供给不能完全满足青年的文化需求，青年接触传统文化机会不多，河北在文化设施完善性、文化类型丰富性、文化特色打造、文化信息获取畅通性、文化活动创新性和文化活动的亲民性方面有待提升。

1. 青年休闲娱乐的方式主要是追网剧、听音乐、健身、刷视频，男性青年更注重健身，不同学历、不同职业者的选择各有不同，差异化特征不显著

调查显示，在备选的26项日常主要休闲娱乐方式中，“在网上看电视剧/电影”“听音乐”“健身、锻炼身体”“用手机刷抖音、快手等短视频”成为青年日常主要休闲娱乐活动，选择占比依次为27.2%、26.6%、22.4%、20.8%。从性别看，男青年首选的是“健身、锻炼身体”，女青年首选的是“在网上看电视剧/电影”。从学历看，小学及以下学历青年主要以“上网聊天”为主，初中、高中学历青年以“听音乐”为主，高职/大专及以上学历青年以“在网上看电视剧/电影”为主。从职业看，党政机关和事业单位青年、社会组织从业青年、进城务工青年、企业青年、网约车司机、大学生村官、新媒体从业青年首选是“在网上看电视剧/电影”，农村青年、快递小哥、大学生首选的是“听音乐”，归国留学青年、创业青年首选的是“健身、锻炼身体”，占比均在30%左右。

2. 青年最感兴趣的文体活动是以观众身份看体育赛事、参与科学活动、参与科普讲座、参观书画展览

调查数据显示，河北青年对“观看歌舞表演”“参观书画展览”“参加文艺演出”“报名参加知识竞答”“以运动员身份参加体育竞技”“以观众身份观看体育赛事”“参与科普讲座”“亲身参与读书沙龙”“参与科学创新、航模制作等科学活动”感兴趣的占比分别为36.5%、42.3%、37.0%、33.6%、35.7%、46.3%、44.6%、40.3%、44.7%。从学历看，小学及以下学历青年最感兴趣的文化活动是“观看歌舞表

演”，初中到大学本科学历青年最感兴趣的文化活动是“以观众身份观看体育赛事”，硕/博研究生学历的青年最感兴趣的文化活动是“参与科普讲座”。从职业看，社会组织从业青年、大学生村官最感兴趣的文体活动是“参与科普讲座”，占比分别为45.1%和57.5%，党政机关和事业单位青年、进城务工青年、企业青年、归国留学青年、网约车司机、农村青年、创业青年、快递小哥最感兴趣的文体活动是“以观众身份观看体育赛事”，占比在40%～51%，新媒体从业青年则对“参观书画展览”更感兴趣。

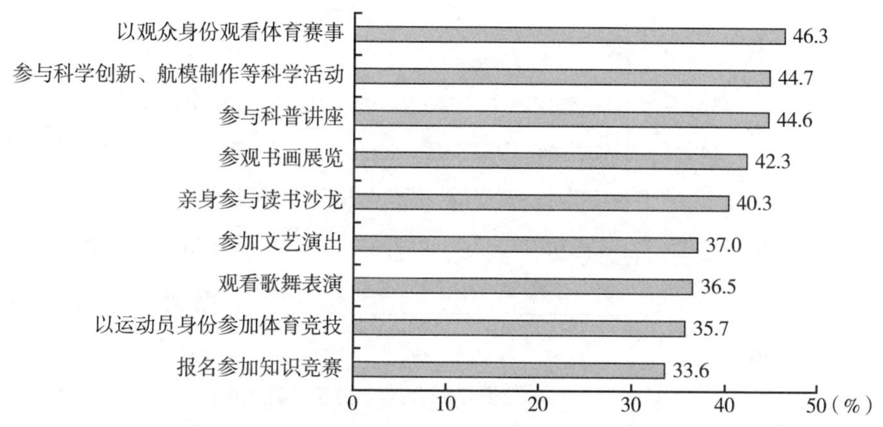

图15　青年对文体活动的兴趣程度

3. 七成以上青年对传统文化感兴趣，学历越高者感兴趣程度越高，不同职业者兴趣程度也存在差异

调查显示，70%的河北青年对传统文化感兴趣。从学历看，小学及以下学历青年感兴趣的占比为55.3%，初中学历青年感兴趣的占比为57.1%，高中/职高或中专学历青年感兴趣的占比为66.9%，高职/大专学历青年感兴趣的占比为72.1%，大学本科学历感兴趣的占比为79.0%，硕/博研究生学历感兴趣的占比为79.4%。从职业看，大学生村官感兴趣程度最高，占比在80%以上；党政机关和事业单位青年、中学生、归国留学青年、新媒体从业青年、企业青年、网约车司机感兴趣程度在70%以上；创业青年、

社会组织从业青年、农村青年、进城务工青年、快递小哥感兴趣的占比在60%以上。

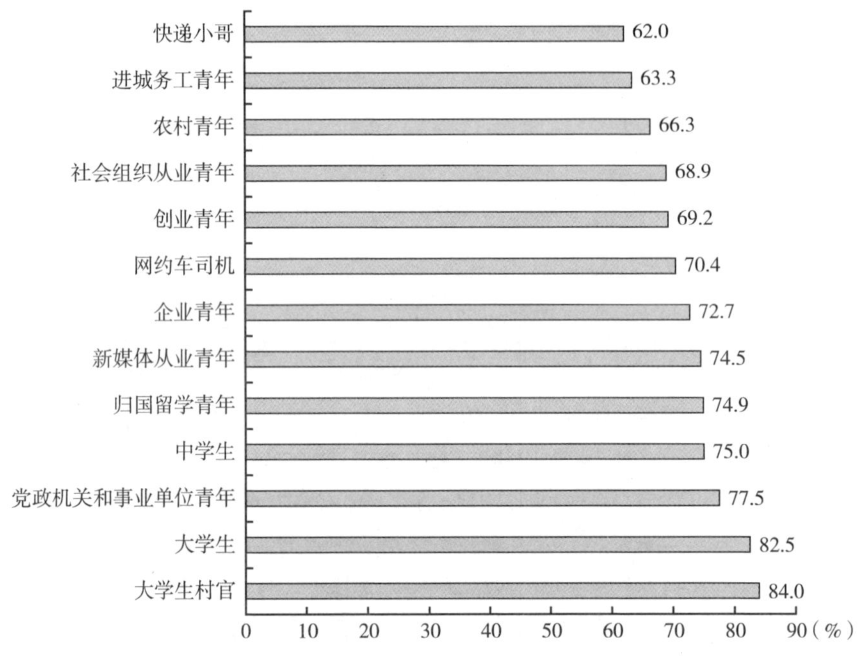

图 16　不同职业青年对传统文化感兴趣程度

4. 青年最关注的“各类时事、政治新闻（信息）”、“社会文化新闻”和“内地电影/电视剧”三类信息

在关注信息类型方面，在备选的 15 个选项中，河北青年关注度列前三的是“各类时事、政治新闻（信息）”、“社会文化新闻”和“内地电影/电视剧”，占比分别为 46. 0%、26. 5% 和 24. 7%，没有明显的群体差异。

5. 现实文化供给不能完全满足青年的文化需求

调查数据显示，在实际接触传统文化机会方面，26. 5% 的河北就业青年认为机会并不多，45. 5% 的就业青年认为一般，仅有 28. 0% 的青年认为机会是多的。37. 5% 的青年认为当前居住地的文化资源并不能满足自身的需求。以 10 分制为衡量标准，河北青年整体认为河北省的文化建设水平为

7.87分，认为河北在文化设施完善性（36.2%）、文化类型丰富性（30.1%）、文化特色打造（25.9%）、文化信息获取畅通性（23.1%）、文化活动创新性（23.0%）和文化活动的亲民性（22.6%）方面存在不足。

（八）河北青年的权益保障状况

河北青年认为权益保障水平中等偏上，国家法定的劳动合同、社会保险、休假等权益或福利保障较好。收入低者享有的权益保障和福利较少，说明当前从业青年的权益保障状况不容乐观，这也从侧面反映了河北青年承受的工作压力比较大。青年维权主要依靠自己，寻求其他渠道帮助的并不多，因此，青年获得的支持仍然主要来自家庭和朋友，对维护合法权益的渠道不了解。青年较为关注住房公积金、医保报销、养老等问题，但普遍认为社会能提供的保障在一定程度上不到位。

1. 七成青年能够享有劳动合同、社会保险，约六成青年享有带薪休假、体检，不足五成的青年能享有住房公积金。无固定收入和低收入者享有的权益保障和福利较少

调查数据显示，就业青年权益保障情况：78.9%签订了劳动合同，73.3%拥有养老、医疗、生育、失业保险，69.2%拥有正常节假日休息，62.3%拥有带薪休假和年度员工体检，49.5%拥有住房公积金。从收入角度看，无固定收入者、低收入者享有的权益保障低于中高收入者。

2. 近五成青年维权以自己想办法为主，选择其他渠道的比例相对较低

当权益遭受损害，青年选择权益保障渠道时，选择最多的是“自己想办法解决问题”，占比为48.0%；选择“打电话、写信或发邮件向劳动保障部门投诉等”“自己到劳动保障部门或信访部门上访”的比例分别为28.3%和25.0%；其他渠道还有“上法院或上级部门控告劳动保障部门”“向亲友、同事或邻居诉说抱怨”“向新闻单位曝光，寻求媒体支持”，占比在10%~20%；选择比例在10%以下的是“在网络上抱怨，如发帖跟帖、写博客等”“参加集体上访、请愿或游行示威等集体行动”；选择比例最低的是2.9%，即选择“不采取任何方式”。

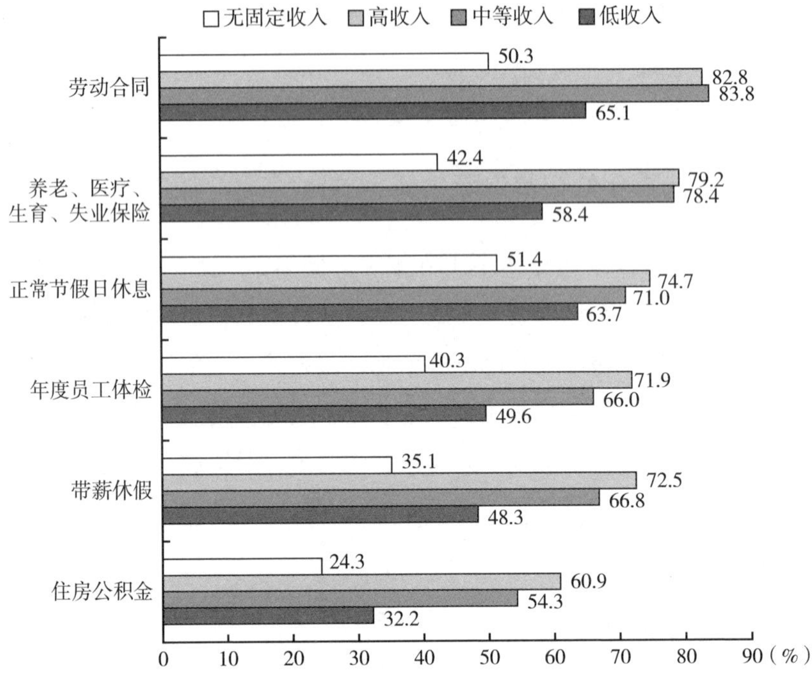

图 17　不同收入青年拥有相应权益保障情况

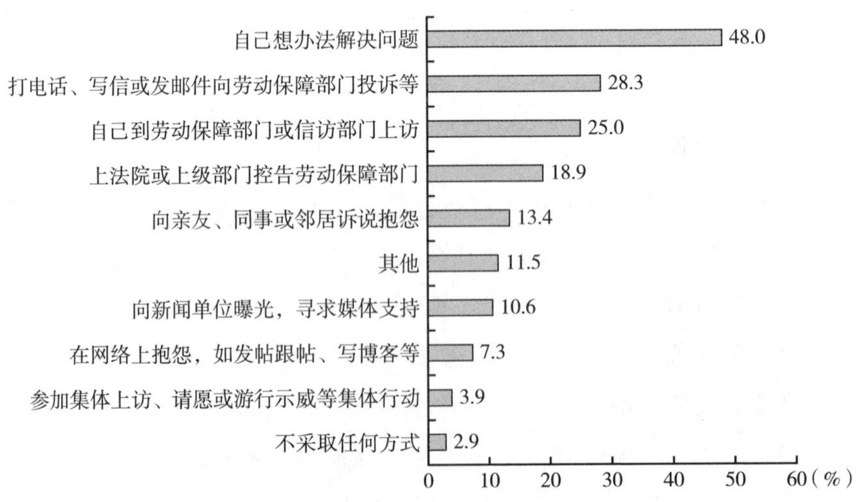

图 18　青年选择权益的保障渠道选择

3. 就业青年拥有各种权益保障程度仍不足，住房公积金、医保报销、养老是其最为关注的问题

调查数据显示，青年选择缺少住房公积金的占比最高，党政机关和事业单位青年占比为67.1%、社会组织从业青年占比为33.0%、进城务工青年占比为34.3%、企业青年占比为57%、归国留学青年占比为68.4%、网约车司机占比为37.5%、创业青年占比为26.1%、大学生村官占比为28.2%、新媒体从业青年占比为36.2%、快递小哥占比为23.1%。

医保报销问题、养老问题也是青年关注的焦点。调查数据显示，问及医保报销中存在的问题时，青年选择比例最高的是“医保报销面太窄”，占比30.7%；选择“医保报销手续烦琐，报销时间太长”的占比27.7%。问及养老存在的问题时，选择“没有基本养老保险”“养老金或退休金不够基本吃喝”“无人照顾老人”“找不到合适的养老院”“不能办医保或办理非常麻烦”的占比在10%～20%。选择“养老金或退休金发放不及时”的占比为7.5%。

总体来看，河北青年政治意识强，学习意愿高，身体健康，有着正确的婚恋家庭观，对就业状况普遍感到满意，参与志愿活动积极踊跃，对体育赛事、科技文化等表现出浓厚兴趣，这反映出《河北省中长期青年发展规划（2018～2025年）》出台后，青年群体在各方面的发展状况有显著提升，是新时代建设河北“可堪大任、大有作为”的“强冀”一代。但同时也要看到，七成以上青年闲暇读书每周不足3小时；普遍存在近视、睡眠质量不佳、肥胖等健康问题；九成感觉就业或创业压力大，尤其是学历越低、收入越低者对未来事业的担忧越多。同时，在社会问题上，对房价、贫富分化、就业关注度高；在自身问题上，对住房公积金、医保报销、养老关注度高。现实文化供给也不能完全满足青年的文化需求。此外，青年权益保障状况亦不容乐观，收入低的青年权益保障和福利水平也较低，维权渠道较窄。可见，河北青年也是需要“加强关心、持续帮扶”的“新冀”一代。

三 河北青年在助力打赢疫情防控阻击战中筑起“青春长城”

在本书即将交稿之际，新型冠状肺炎疫情防控战疫打响，河北广大青年积极响应党委号召，在人民召唤和祖国需要的时刻挺身而出，积极参加青年突击队、青年志愿者等“青”字头队伍投身战“疫”，在医疗救护、物流配送、物资生产、交通运输、项目施工、科研攻关、应急服务保障、城乡社区农村防控等重点领域发挥了生力军和突击队作用，用实际行动展现出了新时代河北青年勇于担当的磅礴青春力量。

（一）青年医护工作者在救护一线冲锋在前、勇挑重担

河北省医疗系统的团员青年义无反顾参加河北援鄂医疗队、奔赴武汉，全省由 1100 人组成的援鄂医疗队中 35 周岁以下青年团员 619 人，占比 56.27%。石家庄市第一医院重症医学科护士、共青团员陶晓琳第一时间报名，把向组织递交的入党志愿书作为送给自己的第一份新年礼物；石家庄市妇产医疗领域 5 名团员青年参加第七批医疗队，被网友称为“最美逆行者”。邢台、邯郸、保定等各地市的一批批共青团员医务工作者前赴后继陆续参加“战役”。

（二）多方青年群体在防控一线勇于担当、不畏艰难

河北省 12.9 万个团组织、1 万多名专职团干部齐上阵，组织动员青年志愿者、青年突击队踊跃投身防疫知识普及、人员排查、卫生消杀、卡点执勤等各项工作中。中国电信涿鹿分公司的青年突击队仅用 10 小时完成县中医院疫区隔离病房信号全覆盖、病房保障专线开通任务，为疫情防控赢得了宝贵时间；张家口市赤城县健康计划青年志愿者冀鑫伟从大年三十起到本文交稿止没有回过家，战斗在疫情排查一线；在全省各地涌现出的最美逆行“送餐人”、日夜奋战的“90 后”好青年等一大批优秀青年典型默默奉献，

坚守在抗疫一线。石家庄西兆通镇团委动员百名青年当起“快递员”“勤务员”，为辖区 3000 多名学生打印学习资料，助力停学不停课。

（三）青年机关单位和社会团体全力相助、共克时艰

河北省积极做好后方物资保障工作，河北省青少年发展基金会直接对口湖北省青基会和各地市青基会进行定向快速划拨，无论是上百万元还是 10 元的指标，捐款使用都第一时间在团属官微、官网进行公示。对各级青联、青企协会员捐赠物资按照个人意愿协调物流送到湖北及河北省疫情防控一线。河北省青企协会长、津西钢铁董事长韩力代表企业捐款 1000 万元；河北省青联常委、丛台酒业有限公司总经理李鹏亮代表企业捐款 1035 万元。在驰援湖北方面，截至 2020 年 3 月 20 日 24 时，河北省青少年发展基金会先后 5 次对口拨付湖北青基会公募基金 342. 78 万元，其中支援襄阳 117. 83 万元；神农架林区被确定为河北省对口支援对象后，定向拨付神农架团委防疫专项资金 30. 29 万元。河北省青联委员及会员团体单位定向捐赠防护服 300 套、体温计 1 万支以及口罩、消毒用酒精等防护物资；廊坊市青联委员为武汉火神山和雷神山医院建设无偿捐赠价值 180 万元的塑制品及配套辅材产品；保定青联委员企业捐赠口罩 1 万只、大型空气净化器 100 台等总价值 200 万元的物资支援武汉；衡水市青联委员企业捐赠医疗床 150 张，消毒车 50 辆，货运推车 20 辆。同时，“河北省青少年权益在线” 12355 心理咨询热线与神农架林区进行连线，及时为有需求者送上关爱。

截至 2020 年 3 月 8 日 24 时，河北省在重点领域组建 1758 支青年突击队，3. 5 万余名行业青年骨干冲锋在防疫一线；全省共有 1. 3 万余名返乡大学生向所在地团组织或社区（村）报到，科学有序参与联防联控；“志愿汇” App 河北首页 1 月 28 日发出倡议至今，报名登记应急志愿者 1. 93 万人，其中，中共党员（含预备党员）占 16. 57%，共青团员占 53. 66%，全省共 3. 48 万余名志愿者参与服务达 5818 场 40. 7 万人次，服务时长 271. 6 万小时；全省共青团累计募集防疫物资达 9101. 53 万元，其中省青基会募集社会善款 5. 34 万笔、386. 22 万元，除刚募集到账的 9. 31 万元外全部拨付

疫情防控一线；全省各级青联、青企协捐款达5868.88万元，捐赠防疫物品可统计价值达2846.43万元。

四 河北青年事业的创新与发展

党和国家历来重视青年、关怀青年、信任青年。习近平总书记在纪念五四运动100周年大会上指出："各级党委和政府、各级领导干部以及全社会都要充分信任青年、热情关心青年、严格要求青年、关注青年愿望、帮助青年发展、支持青年创业，做青年朋友的知心人、青年工作的热心人、青年群众的引路人。"学习贯彻习近平总书记关于青年工作的重要思想，把树牢"四个意识"、坚定"四个自信"、坚决做到"两个维护"的政治要求具体化，坚持"党管青年"原则和"青年优先发展"理念，通过促进青年发展赢得我国在长期国际竞争中的战略主动。河北旗帜鲜明讲政治，紧跟中央部署，编制出台河北省历史上首部中长期青年发展规划，在新的历史起点上对全省青年工作进行改革创新，是河北省青年发展事业进程中的重要里程碑。2018年5月以来，全省各级各部门认真贯彻落实《河北省中长期青年发展规划（2018～2025年）》（以下简称《规划》），各负其责、积极配合，推出一系列富有成效的落实举措，推动一系列惠及青少年的服务项目实施，全社会共同关爱青年成长发展蔚然成风，为新时代"经济强省 美丽河北"建设汇聚起强大的青春力量。

一是高举伟大旗帜，深入学习宣传习近平新时代中国特色社会主义思想和党的十九大精神，推动党的最新理论在团员青年中落地生根。青年处于人生发展的起步阶段，既需要加强思想政治引领"走对路"，又需要解决成长成才中的问题"走好路"。从近些年国际正反两方面经验和香港"修例"风波看，青年发展的问题解决不好，就可能引发社会矛盾，甚至危害国家安全。广泛开展宣传教育工作，抓思想引领，引导河北广大青年坚定不移听党话、跟党走。通过多种活动方式，如深化新时代学校思想政治理论课改革创新的若干措施、实施青年社会主义核心价值观培养工程、开展"担当复兴大任、做时代新人”主题教育实践活动等，强化价值引领，大力培育和践行社会主义核心价值观，选树“青年五四奖章”获得者与“向上向善好青年”“燕赵最美青年”等先进典型，引导青年崇德向上向善向美。开展青年马克思主义者培养工程，在培养大学生骨干的基础上，向国有企业、农业农村以及非公企业、社会组织等领域优秀青年群体延伸，为党培养和输送青年政治骨干人才。开展“冀青之星”新时代优秀青年典型选树活动，开展“争做新时代向上向善好青年”主题活动，开展国企青年评优推先和技能大赛，激励企业青年立足岗位争先创优。

二是聚焦机制建设，把促进青年发展放在更加重要的战略位置，推动全省青年发展事业稳步前进。重视程度进一步提高，各地各部门深入学习贯彻习近平总书记关于青年工作的重要论述，对青年发展的战略意义有了更加深刻的认识，省、市、县三级全部召开联席会议，全面加强组织领导，推动各方有力有序实施规划；政策措施进一步完善，在改革创新学校思政课、提升青年职业技能、综合防控青少年近视、加强校园安全等方面制定出台了一系列政策文件，为全省青年发展提供了政策指引；工作载体进一步丰富，围绕青年思想道德、教育、健康、婚恋、就业创业、文化、法治等领域任务目标，推出了一批针对性、操作性强的重点项目和工作举措，促进了规划落细落实；推动机制进一步健全，河北在全国率先建立省、市、县三级青年工作联席会议机制，统计监测、试点示范等取得阶段性进展，为规划的落地见效提供了有力保障。

三是聚焦青年需求，加快青年发展重点项目实施，让广大青年有更多获得感。青年发展关系青年对美好生活的新期待。当前，我国社会主要矛盾已经转化为人民日益增长的美好生活需要和不平衡不充分的发展之间的矛盾，青年群体利益诉求日益多样化，与当前社会所能提供的资源和服务之间也存在较大矛盾，青年在就业创业、教育、健康、婚恋交友等方面还存在不少困难和问题，需要给予更多的关注。近年来，河北共青团坚持服务青年这一工作生命线，突出维护青年发展权这一重要职能，不断巩固和扩大党执政的青年群众基础。组织实施青年拔尖人才支持计划、农村青年人才开发工程、

“名校英才入冀”计划。实施高校毕业生就业创业、基层成长、青年见习、就业起航等专项计划；实施高校毕业生“三支一扶”计划；开展针对建档立卡贫困青年的就业创业培训，提供培训补贴；积极开展残疾人互联网就业培训。在青年创业担保贷款方面，对符合申请条件的青年自主创业者提供担保贷款政策支持，进一步强化对青年就业创业的服务功能；加快建设一批集孵化、培训、实训、输出于一体的多功能示范创业园，打造全方位、全链条、多层次的创业服务平台。落实就业创新扶持政策，组织开展专项就业服务活动，支持青年多渠道就业创业，实施集体协商“稳就业促发展构和谐”行动计划。深入实施“筑梦计划”，增强同各类新兴青年群体的联系，建立新的社会阶层青年人士重点人物库、骨干人才库和后备人才库，探索建立青年代表人士作用发挥机制。深化青少年权益保护和预防犯罪工作，推进法制化维权进程，开展禁毒宣传教育活动，构建社会化维权体系，深化“青少年零犯罪受害社区（村）”创建工作，推动石家庄新华区等 5 个县（市、区）成为全国第二期试点，加强“青少年维权岗”建设，建立激励考核机制、开展专题培训，24 家单位被命名为全国“青少年维权岗”。围绕“促进快递配送从业青年的职业发展和社会融入”主题承办“团中央与人大代表、政协委员面对面”活动，举办世界读书日、街舞快闪等活动，丰富新兴青年群体文化生活；实施青年网络文明发展工程，开通“冀 e 青春”青少年服务云平台，通过互联网与团员青年建立直接联系，推动工作上网、服务上网、活动上网，目前平台注册用户突破 523 万人。组建以“百名青年讲师团”“千名团干部”“万名冀青之星”组成的“百千万”冀青网络文明志愿者队伍，在网上发声“亮剑”。“河北共青团”官微关注数突破 600 万，影响力稳居省直政务第一、长期位居全团省级前列。“青年回家”工程让共青团的服务对象到平台注册，截至 2020 年 4 月 10 日，平台注册用户达 523 万，其中团员身份注册人数 292 万；青少年宫等阵地建设不断深化。

进入新时代，我们必须清醒地认识到在法律和政策层面，全省青年群体住房、就业创业、社会保障等重点领域的工作仍需加强；各类青年政策需要配套的组织保障、数据监测和评估反馈仍需加强；有的地方或部门重视程度不够，有的政策制定系统性不强，有的统筹协调机制还不够完善，有的落实措施还不够具体、不够有力等等，这些都直接制约着青年群体的全面、高质量发展。新时代全面建设“经济强省　美丽河北”新征程，对全省各级各部门服务青年成长、在更广阔的领域发挥青年生力军作用提出了新的更高要求；青年思想的独立性、选择性、多边性、差异性日益增强，城镇化深刻改变着青年流动、分布和聚集形态，信息化深刻改变着联系、服务、引领、凝聚青年的方式和手段，这些都对全省青年发展事业提出了更高要求。

习近平总书记指出：“贯彻落实好规划，共青团责无旁贷，必须加强统筹协调，压实牵头和参加单位责任，一项一项加以推进，务必落地见效。”青年是国家的未来，民族的希望。关心和爱护青年，为他们实现人生出彩搭建舞台是基础性、战略性工程。如果说中国是一艘大船，那么激发广大青年面向浩瀚大海的动力就来自全省各级共青团组织的积极努力，发挥好各级青年工作联席会议办公室协调督促职能作用，推动相关部门以及全社会都能俯下身来，站在青年的立场和角度尊重、爱护他们，让青年有为美好生活打拼的动力和对未来人生的无限憧憬。我们要进一步关注河北青年发展中的战略性问题，从培养中国特色社会主义事业建设者和接班人的高度，把促进青少年政治引领、思想道德教育和身心健康等转化为具体政策措施。要进一步关注河北省青年发展中的短板，聚焦各类青年特殊群体、困难群体等，努力让所有青年都能实现健康发展，能够共享全面建成小康社会的发展成果。要进一步关注河北省青年最普遍、最关心的发展诉求，聚焦教育质量、就业质量等关键要素，帮助青年缓解生存发展等各方面压力。“以党管青年”为原则，推动党委政府、社会各界关心青年、关爱青年、关注青年所思，在社会转型的大背景下，面对其所忧、所盼，帮助青年解决好操心事、烦心事，切实服务好青年的成长发展，把广大青年更加紧密地团结在党的周围。面对复杂多变的河北青年发展形势，要创新传统治理方式和治理手段，不断加快国家治理体系和治理能力现代化，提升河北青年工作的现代化水平。

分 报 告

Topical Reports

B.2 河北省中学生群体调查报告

侯建华 梅秋慧*

摘 要： 本报告基于河北青年群体抽样调查数据，对中学生的学习教育、身心健康、社会融入与社会参与、价值观念、亲子关系、权益保障等方面的群体特征进行了分析，提出了中学生群体存在学习压力大、网络使用缺乏有效引导、阅读时间少、思想政治教育与中学生需求契合度不高、社会实践不足等问题，并在此基础上提出了减轻中学生学习负担、引导中学生正确使用网络、营造良好的中学生阅读环境、加强中学生思想政治引领、多渠道增强中学生社会实践能力等对策建议。

关键词： 中学生 思想状况 学习压力 身心健康

* 侯建华，河北省社会科学院社会发展研究所副研究员，研究方向为农村社会学。梅秋慧，中国外文局海豚出版社新知编辑部主任，研究方向为青少年文化国际传播。

中学阶段是从儿童向成年人转变的过渡时期，中学生正处在知识储备和世界观、人生观、价值观养成关键阶段，中学生的健康发展不仅关系到家庭的幸福，更关系到国家的未来和民族的希望。现在的中学生是21世纪出生成长起来的一代人，了解他们在学习教育、文化生活、社会参与、身心健康、思想观念上有什么新特征，有什么需要社会关注的问题，如何解决这些问题，对于促进中学生群体的全面发展、促进社会良性运行具有重要意义。

一 河北省中学生群体总体概况

（一）调查对象

本次调查的中学生群体指在河北境内就读的初中、普通高中和中等职业学校学生。据2018年教育统计数据，河北省有初中学校2367所，在校生283.15万人；普通高中学校655所，在校生133.49万人；中等职业学校604所，在校生72.43万人。

（二）抽样方法

本次调查范围涵盖河北省内石家庄、唐山、保定等11个设区市与辛集市、定州市、雄安新区。调查主要通过随机抽样/分层抽样方法进行，根据各地市的中学生分布情况，按在校生人数0.3%的比例进行抽样，计划发放13680份调查问卷，其中初中发放问卷7920份、高中发放3780份、中职发放1980份，考虑存在一定比例的废卷，在计划发放问卷总量的基础上，设置5%的上浮比例，剔除废卷后，回收有效问卷13724份（见表1），其中初中7984份，占58.2%；高中3838份，占28.0%；中职1902份，占13.9%（见图1）。

表 1　各地市样本分布

地区	样本数量(人)	百分比(%)
石家庄	1811	13.2
唐山	1169	8.5
保定	1619	11.8
沧州	1181	8.6
承德	658	4.8
邯郸	1889	13.8
衡水	1110	8.1
廊坊	725	5.3
秦皇岛	455	3.3
邢台	1350	9.8
张家口	754	5.5
辛集	365	2.7
定州	368	2.7
雄安新区	270	2.0
合计	13724	100.0

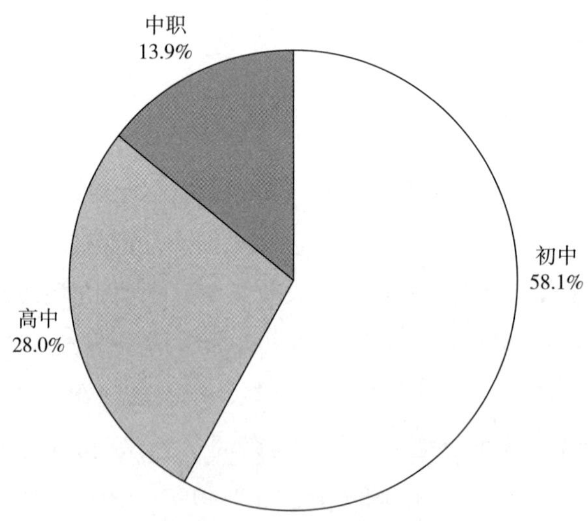

图 1　样本学校类型分布

（三）总体状况

1. 受访中学生群体的城乡分布

在本次调查中，设区市市辖区、县级市/县城、农村受访中学生分别为4940人、5526人和3258人（见图2）。其中初中生在市辖区就读的占36.0%，在县级市/县城就读的占40.3%，在农村就读的占23.7%；普通高中与中职学生均分布于县城和设区市，这与河北省中学阶段各类学校布局总体一致。

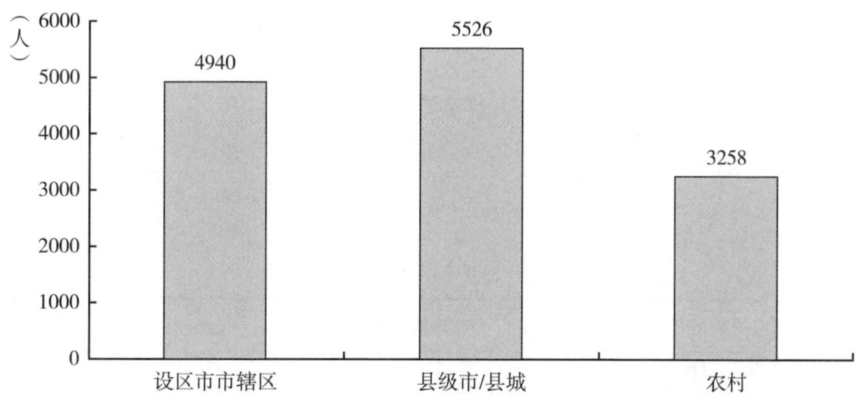

图2　样本城乡分布

注：有效样本量为13534个。

2. 受访中学生群体的性别分布

剔除未作答学生，受访中学生中男生6668人，占48.9%；女生6958人，占51.1%（见图3）。受访中学生性别比为96∶100。

3. 受访中学生群体的户籍状况

剔除未作答学生，受访中学生中河北省非农户籍3954人，占29.2%；外省非农户籍285人，占2.1%；河北省农业户籍8911人，占65.9%；外省农业户籍379人，占2.8%。从总体上看，受访中学生中农业户籍人数较多。

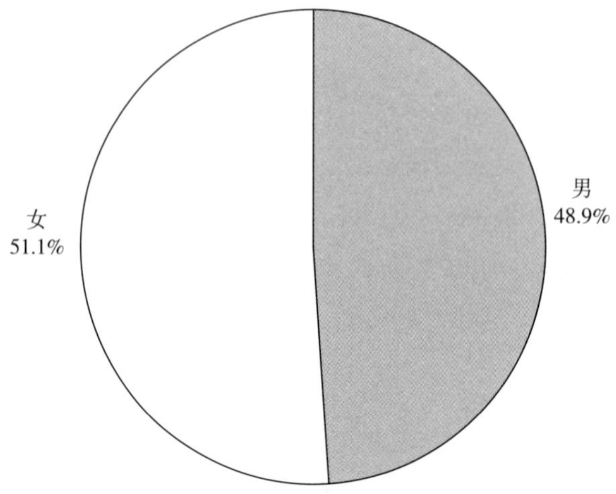

图3　样本的性别分布

注：有效样本量为13626个。

表2　受访中学生户籍状况

户籍类型	数量	占比(%)
河北省非农户籍	3954	29.2
外省非农户籍	285	2.1
河北省农业户籍	8911	65.9
外省农业户籍	379	2.8
总计	13529	100.0

4. 受访中学生父母生育子女状况

如图4所示，在回答“父母有几个子女”问题时，剔除未作答学生，2841个中学生回答有“1个”，占20.9%；8439个中学生回答有“2个”，占62.1%；1950人回答有“3个”，占14.3%；369人回答有“4个及以上”，占2.7%。随着生育政策的调整，从农业户籍人口符合条件的可以生育“二孩”、“双独二孩”、“单独二孩”到“全面二孩”政策的实施，现在的中学生群体中独生子女数量占比有所下降。

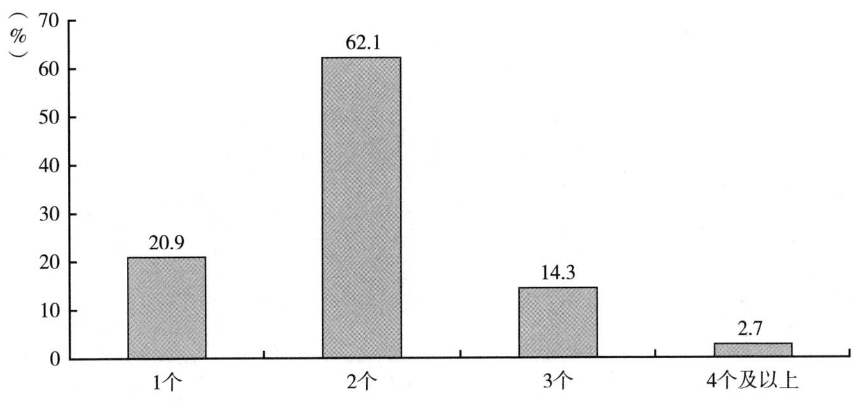

图4　父母有几个子女

注：有效样本量为13599个。

二　中学生群体的基本特征

（一）学习教育

1. 个人学习状况

调查数据显示，70.1%的中学生对自己学习成绩满意，其中认为“非常满意”、“比较满意”和“基本满意”的分别占7.0%、25.3%和37.8%；29.9%的中学生对学习成绩不满意，其中“比较不满意”和“非常不满意”的分别占25.6%和4.3%（见图5）。从不同学校类型来看，中职学生学习成绩满意度高于初中学生和普通高中学生，其满意度分别为81.7%、72.3%和59.7%，其原因主要是不同学段学生面对的升学压力不同，对自己学习成绩的要求存在差异。从性别来看，男生对学习成绩的满意度略高于女生，二者分别为71.6%、68.8%。从家庭子女数量来看，父母有1个、2个、3个、4个及以上子女的学生对自身学习成绩满意度分别为69.9%、70.2%、70.3%和71.1%，独生子女对自身学习成绩满意度略低（见图6）。

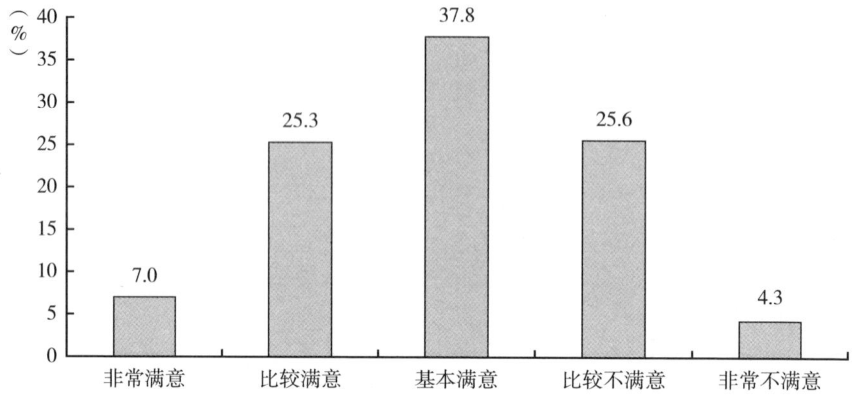

图5　对个人学习成绩满意度

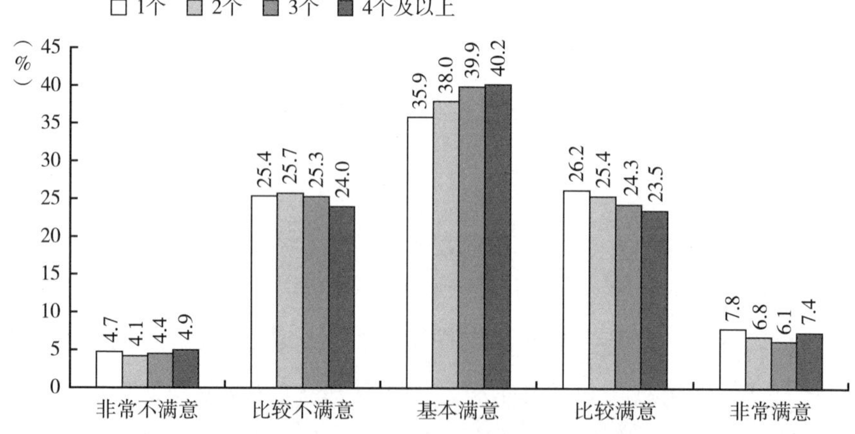

图6　父母子女个数差异与学习成绩满意度

对自身学习能力评价方面，78.5%的中学生对自己的学习能力满意，其中"非常满意"、"比较满意"和"基本满意"的分别占10.3%、27.9%和40.3%；21.4%的中学生对自己的学习能力不满意（见图7）。从不同学校类型看，初中生、高中生和中职生对自己学习能力满意的比例分别为79.6%、73.4%、84.6%，中职生高于初中生和高中生。从性别看，男生、女生对自身学习能力满意的比例分别为80.6%、76.6%，男生高于女生。从户籍状况看，非农户籍学生略高于农业户籍学生，其中河北省非农户籍学生满意度为79.4%，河北省农业户籍学生满意度为78.4%。从家庭子女数量来看，独生子女对自身学习能力满意度最高，达到80.8%；父母有2个、3个、4个及以上子女的学生对自身学习能力满意度分别为78.6%、76.5%、75.3%（见图8）。

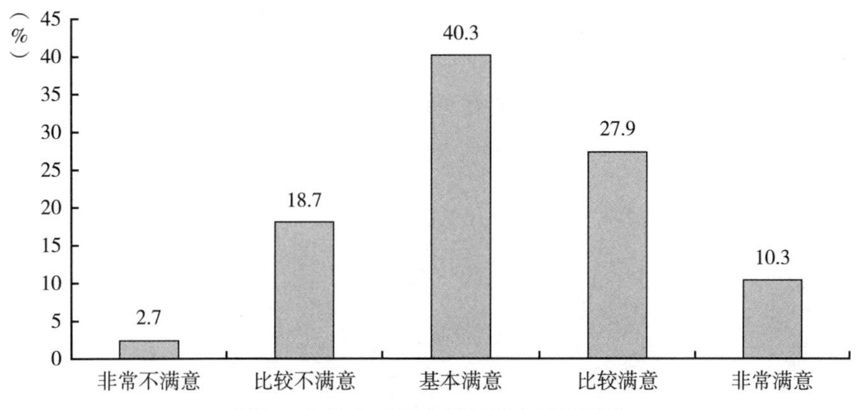

图7　中学生对自身学习能力是否满意

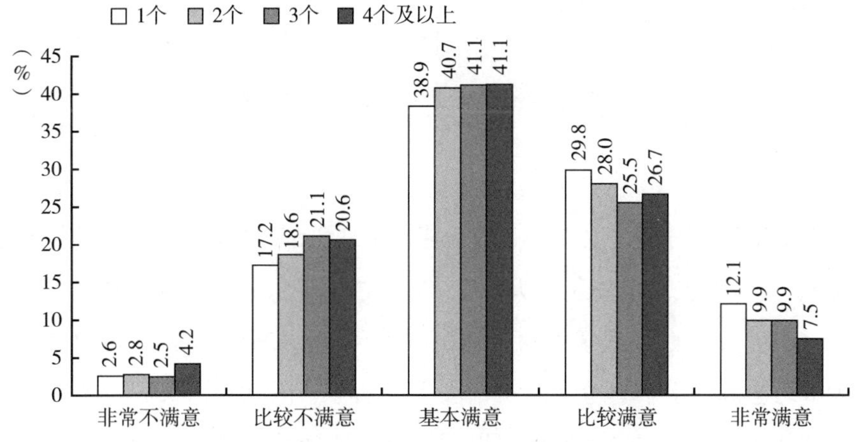

图8　父母子女个数差异与学习能力满意度

在对自身学习态度评价方面，75.2%的中学生对自己的学习态度满意，其中“非常满意”、“比较满意”和“基本满意”的分别占11.6%、26.1%、37.5%；24.7%的中学生对自己的学习态度不满意，其中“比较不满意”的占20.4%，“非常不满意”的占4.3%（见图9）。从不同学校类型看，75.4%的初中生、71.3%的高中生、82.4%的中职生对自己的学习态度满意。从性别看，男生、女生对自己学习态度满意的比例相当，分别为75.2%、75.1%。从户籍状况看，非农户籍学生略高于农业户籍学生，其中河北省非农户籍学生满意度为75.8%，河北省农业户籍学生满意度为75.4%。从家庭子女数量来看，独生子女对自身学习态度满意度为74.0%，父母有2个、3个、4个及以上子女的学生满意度分别为75.2%、75.7%、73.3%。

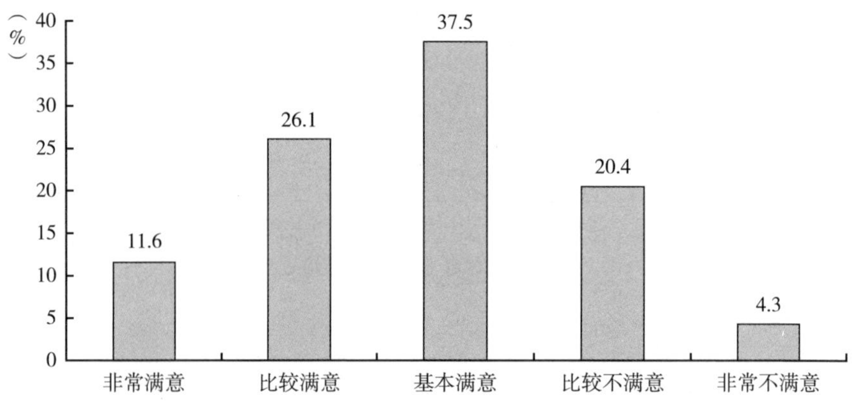

图9　中学生对个人学习态度满意程度

2. 学习动力

中学生的学习动力主要是“未来能过上自己理想中的生活”“远大理想的实现”“未来能考上一所好大学”。调查数据显示，中学生中有46.0%选择“未来能过上自己理想中的生活”，19.1%的选择“远大理想的实现”，11.9%的选择“未来能考上一所好大学”，9.0%的选择“父母的要求与期望”，8.8%的选择“自身素质的提高”，5.1%的选择“学习是一件幸福而快乐的事情”（见图10）。从城乡分布来看，设区市市辖区、县级市/县城和农村选择“未来能过上自己理想中的生活”的学生比例分别为47.7%、46.8%和42.1%，选择“自身素质的提高”的学生比例分别为10.6%、8.5%和6.6%，选择“未来能考上一所好大学”的学生比例分别为10.8%、

12.0%和13.6%，选择“父母的要求与期望”的学生比例分别为7.4%、8.5%和12.4%，存在一定的城乡差异（见图11）。分性别来看，男生、女生在选择“未来能过上自己理想中的生活”“未来能考上一所好大学”“远大理想的实现”“父母的要求与期望”“自身素质的提高”等方面均存在一定差异（见图12）。

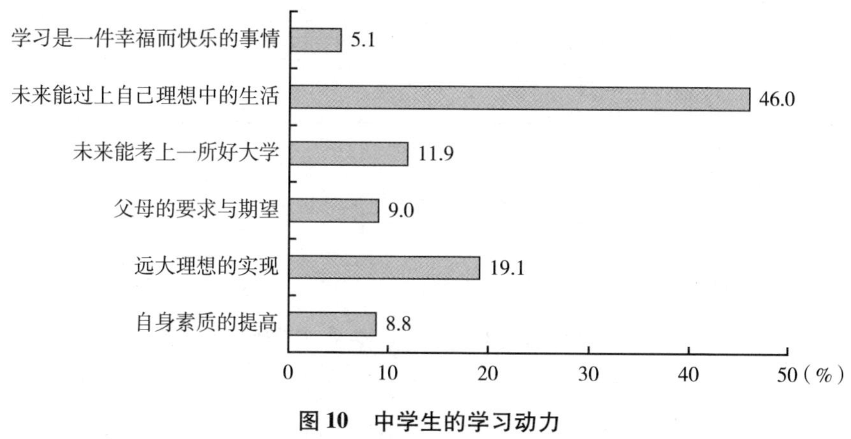

图10 中学生的学习动力

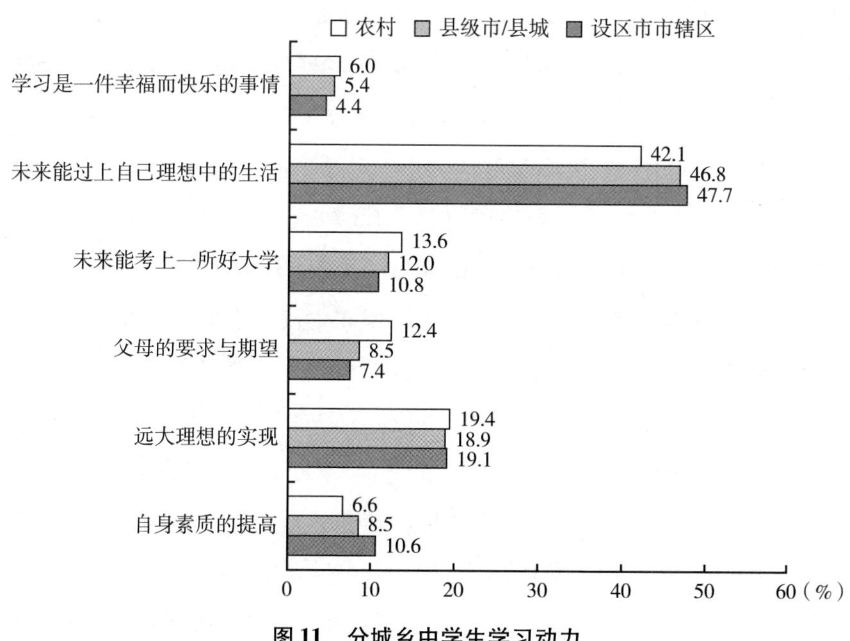

图11 分城乡中学生学习动力

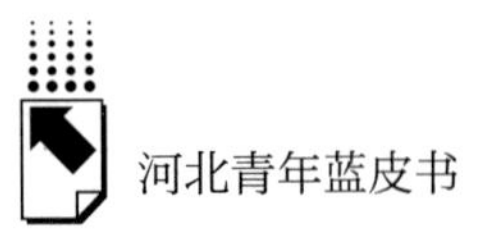

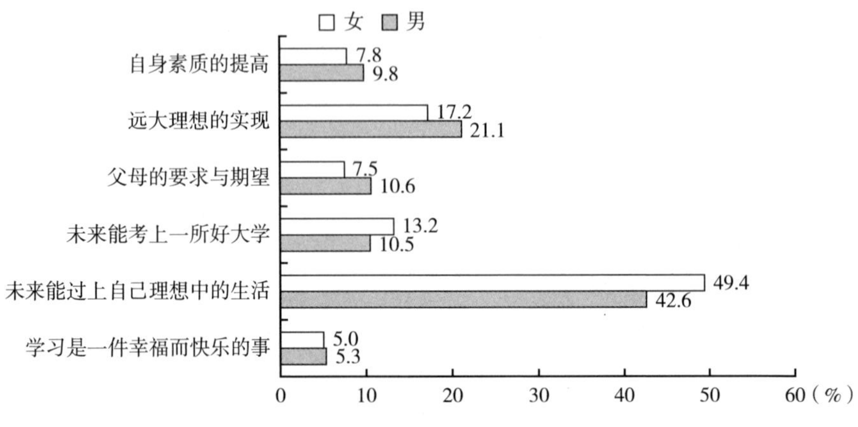

图 12　分性别中学生学习动力

3. 个人发展所需能力

中学生认为个人发展所需要的能力主要是“逻辑思维能力”“交往能力”“创新能力”“外语能力”“应变能力”。在回答“哪些能力的培养对个人发展比较重要”的问题时，中学生中 39.9% 选择“逻辑思维能力”、37.0% 选择“交往能力”、25.9% 选择“创新能力”或“外语能力”。选择“文字表达能力”“知识储备能力”“口头表达能力”“执行能力”“合作能力”“应变能力”“审美能力”“减压调适能力”“办公软件实操”“专业知识”“时间管理能力”“快速学习能力”“动手实践操作能力”的比例分别为 15.1%、14.1%、23.9%、10.3%、12.4%、25.5%、6.0%、4.9%、2.8%、8.4%、15.2%、12.7%、12.7%（见图 13）。

从不同学校类型来看，初中、高中、中职学校学生对个人发展所需要的能力认知存在一定差异。初中生选择的前三位是“逻辑思维能力”“交往能力”“外语能力”，其比例分别为 42.8%、32.9%、27.7%；高中生选择的前三位是“交往能力”“逻辑思维能力”“创新能力”，其比例分别为 43.1%、39.8%、30.0%；中职生选择的前三位是“交往能力”“口头表达能力”“逻辑思维能力”，其比例分别为 41.6%、28.8%、28.5%。

从性别看，男生、女生对个人发展所需能力的认知也略有差异。针对

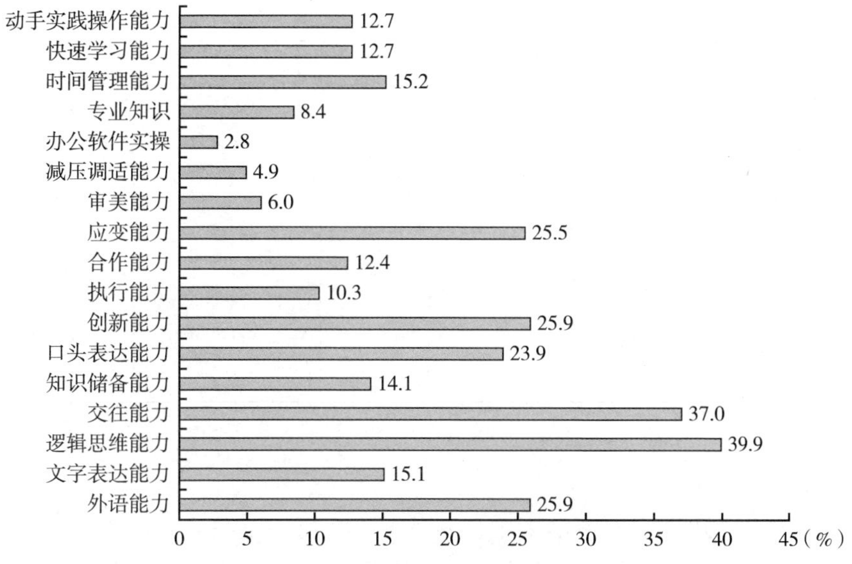

图 13　哪些能力的培养对个人发展比较重要

“哪些能力的培养对个人发展比较重要”这一问题，男生选择的前三位是“逻辑思维能力”“交往能力”“创新能力”，其比例分别为 41.1%、36.8%、29.5%；女生选择的前三位是“逻辑思维能力”“交往能力”“外语能力”，其比例分别为 38.8%、37.0%、30.0%（见表 3）。

表 3　分性别个人发展所需能力

单位：%

哪些能力的培养对个人发展比较重要	总体	男	女
外语能力	25.9	21.7	30.0
文字表达能力	15.2	13.9	16.4
逻辑思维能力	39.9	41.1	38.8
交往能力	36.9	36.8	37.0
知识储备能力	14.1	13.3	14.9
口头表达能力	23.9	24.5	23.4
创新能力	26.0	29.5	22.6
执行能力	10.3	10.4	10.2
合作能力	12.3	14.7	10.1

续表

哪些能力的培养对个人发展比较重要	总体	男	女
应变能力	25.5	24.6	26.5
审美能力	6.0	4.4	7.5
减压调适能力	4.9	5.0	4.8
办公软件实操	2.8	3.9	1.7
专业知识	8.4	7.7	9.0
时间管理能力	15.2	14.7	15.7
快速学习能力	12.7	11.3	14.1
动手实践操作能力	12.7	14.6	10.9

4. 学习压力

在压力感知方面，中学生中，69.5%认为压力不大，其中选择“压力适中”“压力比较小”“基本没有压力”的比例分别为54.9%、10.5%和4.1%；27.7%的人认为压力较大，其中选择“压力比较大”和“压力非常大”的比例分别为22.3%和5.4%（见图14）。

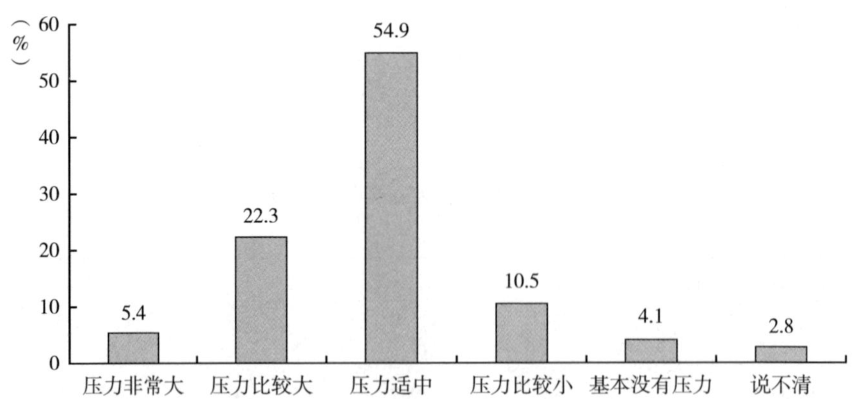

图14　中学生的学习压力

从不同学校类型看，高中生由于面临高考，压力最大。71.5%的初中生、62.0%的高中生、76.6%的中职生认为压力不大。从性别看，男生压力稍高于女生，其中男生、女生认为压力不大的比例分别为68.1%、70.9%。分城乡看，县级市/县城的中学生压力相对较小，其中设区市市辖区、县级市/县城、农村中学生压力适中、较小或基本没有压力的比例之和分别为70.8%、68.2%和69.9%。从户籍状况看，农业户籍学生压力相对较小，其中河北省非农户籍、省外非农户籍、河北省农业户籍、省外农业户籍学生压力适中、较小或基本没有压力的比例之和分别为68.5%、66.7%、70.0%、70.3%。

在当前学习压力对自身能力发展的影响上，70.4%的中学生认为其影响是积极的，其中选择"非常积极"和"比较积极"的分别占9.9%和60.5%；20.1%认为是消极的，其中选择"非常消极"和"比较消极"的分别占1.8%和18.3%。从不同学校类型看，初中生、高中生、中职生认为学习压力对自身能力发展存在积极影响的比例分别为70.3%、71.0%、69.5%。从性别看，男生、女生认为当前学习压力对自身能力发展存在积极影响的比例分别为69.5%、71.3%，女生稍高于男生。从城乡看，设区市市辖区、县级市/县城、农村中学生中认为当前学习压力对自身发展存在积极影响的比例分别为70.4%、72.4%和67.2%，存在一定城乡差异（见图16）。

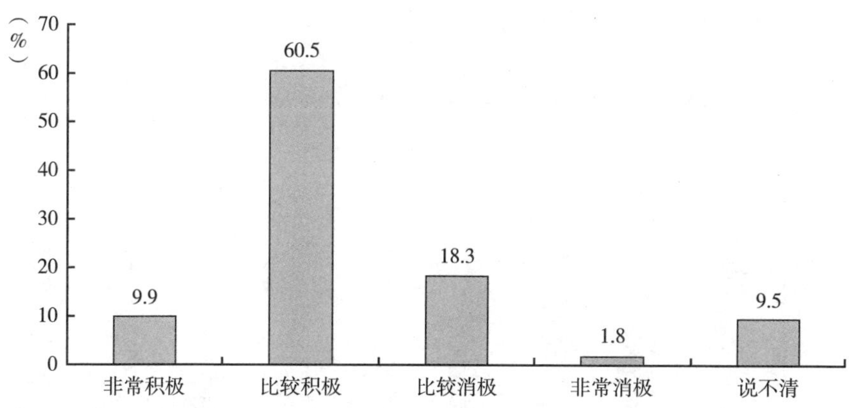

图15　中学生选择学习压力对自身能力发展的影响

5. 课外阅读

调查结果表明，多数中学生会主动阅读课外书籍。91.3%的中学生表示自己会主动读课外书，其中选择"偶尔会"和"经常会"的比例分别为

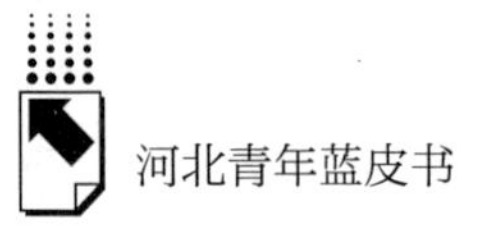

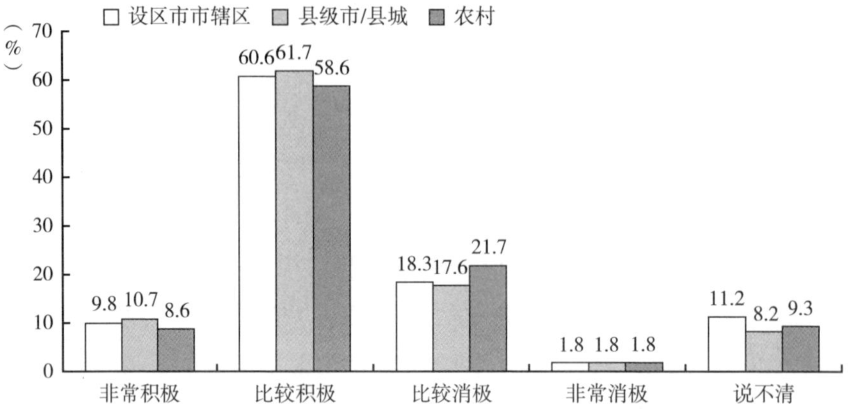

图16　分城乡中学生选择学习压力对自身能力发展的影响

57.4%和33.9%；8.7%的中学生表示不会主动阅读课外书籍，其中选择“基本不会”和“根本不会”的比例分别为7.3%和1.4%。从不同学段看，92.4%的初中生、89.1%的高中生、90.5%的中职学生表示会主动读课外书。从性别看，男生、女生表示自己会主动阅读课外书的比例为89.6%和92.9%，女生高于男生3.3个百分点（见图17）。

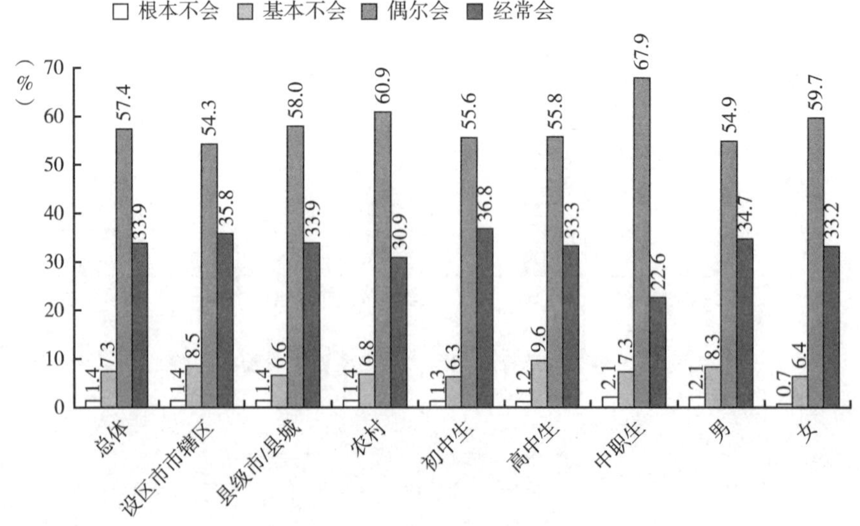

图17　中学生的课外阅读意向

中学生最感兴趣的图书分别是文学小说类、历史人文类和成功励志类，其比例分别为34.0%、12.5%和9.5%（见图18）。初中生和高中生最感兴趣的图书均为文学小说类、历史人文类、成功励志类，中职学生有所区别，最感兴趣的图书分别是文学小说类、历史人文类和时尚娱乐类。分性别看，男生最感兴趣的图书分别是文学小说类、历史人文类、战争军事类，其比例分别为22.4%、16.4%、10.7%；女生最感兴趣的图书分别是文学小说类、成功励志类、时尚娱乐类，其比例分别为44.8%、11.2%、9.5%。

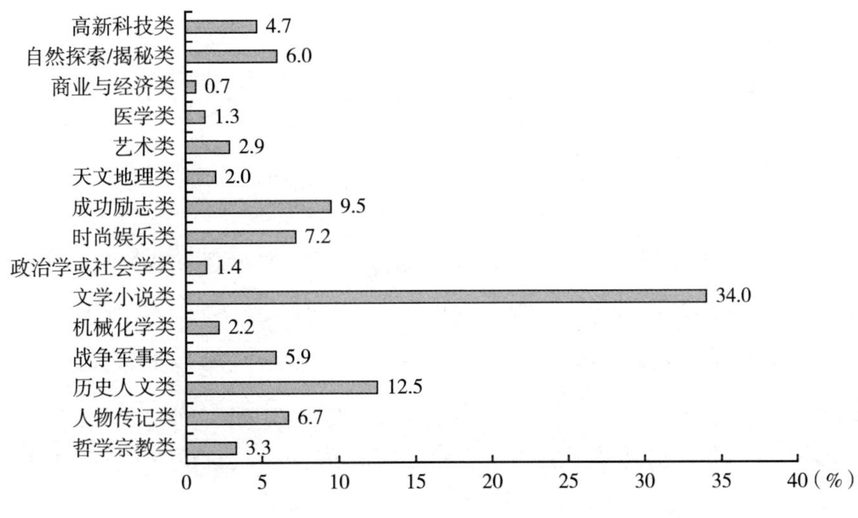

图18 中学生感兴趣的图书类型

（二）文化生活

1. 文化活动参与

中学生对各类文化活动的兴趣度，按高低排序依次是“参与科学创新航模制作等科学活动”“以观众身份观看体育赛事”“观看歌舞表演”“参观书画展览”“参加文艺演出”“参与科普讲座”“亲身参与读书沙龙”“以运动员身份参加体育竞技” “参加知识竞答”，其比例分别为54.2%、45.4%、42.3%、40.9%、39.1%、36.3%、36.3%、31.7%、27.2%，从调查结果可见，中学生对科技创新等要求动手能力强的活动及休闲娱乐文化活动比较感兴趣（见图19）。

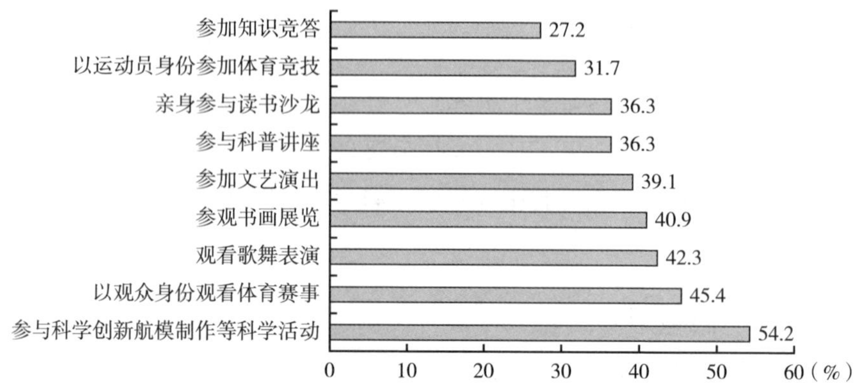

图19　中学生感兴趣的文化活动

中学生经常参加的文化活动，按高低排序依次为“观看歌舞表演”“以观众身份观看体育赛事”“参观书画展览”“参加文艺演出”“参与科普讲座”“以运动员身份参加体育竞技”“参与科学创新航模制作等科学活动”“参加知识竞答”“亲身参与读书沙龙”，比例分别为49.8%、46.1%、38.5%、38.3%、35.0%、33.3%、33.2%、26.9%、26.6%（见图20）。

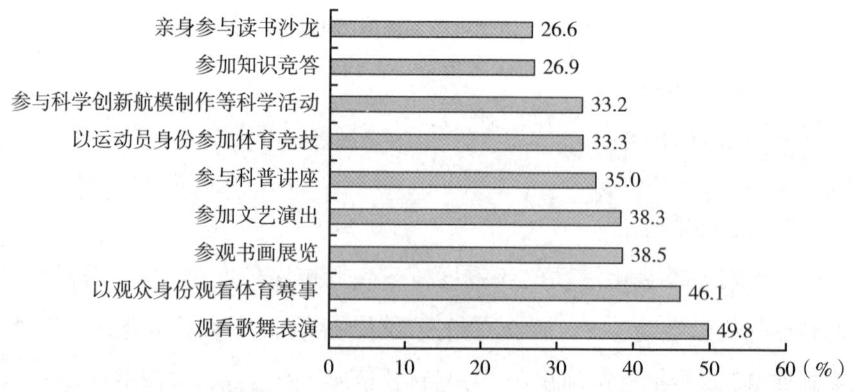

图20　中学生经常参加的文化活动

2. 对传统文化的认识

调查数据显示，多数中学生对传统文化比较感兴趣。受访中学生中对传统文化“非常感兴趣”和“比较感兴趣”的比例分别为 30.0% 和 44.9%，仅有 2.9% 和 0.8% 的中学生分别对传统文化“不太感兴趣”和“完全不感兴趣”，21.4% 的中学生认为“一般”。初、高中生比中职学生对传统文化更感兴趣，三者比例分别为 75.3%、76.3%、70.9%。从性别看，女生比男生对传统文化更感兴趣，男生、女生该比例分别为 73.1% 和 76.8%（见图 21）。

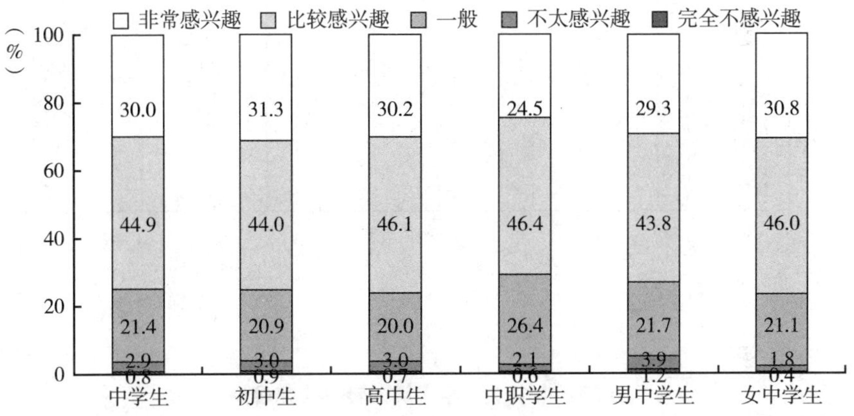

图 21　中学生对传统文化的兴趣

中学生最感兴趣的传统文化领域是“传统服饰”“古代建筑”“传统历法与风俗”，其他感兴趣的领域还包括“书法”“国画”“古代文化典籍”“中医中药”“民乐”“武术”“古典舞蹈/民族舞”等，各领域比例分别为 47.4%、44.9%、36.5%、32.7%、30.3%、25.1%、18.9%、24.1%、29.9%、21.9%（见图 22）。各学段中学生最感兴趣的传统文化领域差别不大，均为“古代建筑”“传统服饰”“传统历法与风俗”三类，其中初中生最感兴趣的依次是“古代建筑”“传统服饰”“传统历法与风俗”，比例分别为 43.7%、43.5%、35.6%；高中生最感兴趣的依次是“传统服饰”“古代建筑”“传统历法与风俗”，比例分别为 55.7%、49.4%、37.4%；中职生最感兴趣的依次是“传统服饰”“古代建筑”“传统历法与风俗”，比例分别为46.9%、41.3%、38.4%。从性别看，男生最感兴趣的传统文化领域分别为“古代建筑”“武术”“传统历法与风俗”，其比例分别为48.0%、45.8%、36.1%；女生最感兴趣的传统文化领域分别为“传统服饰”“古代建筑”“传统历法与风俗”，其比例分别为70.7%、42.0%、36.9%。

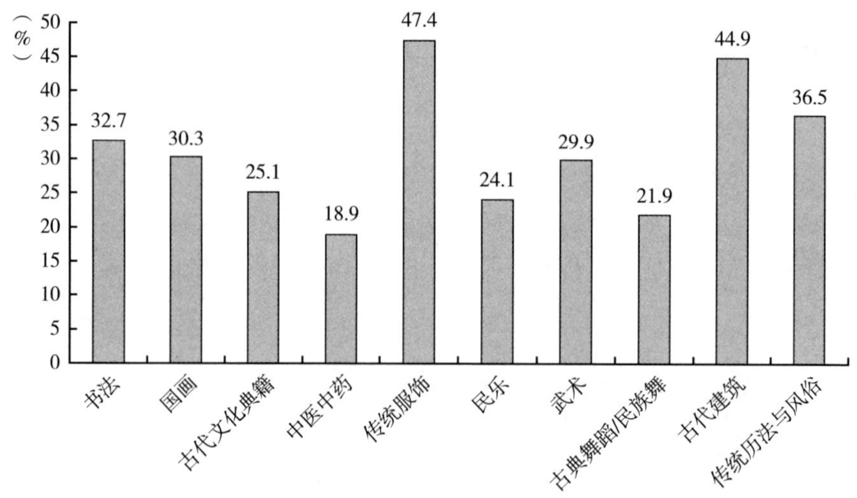

图22　中学生最感兴趣的传统文化领域

3. 休闲娱乐活动

中学生平时主要的休闲娱乐活动是听音乐，打游戏，上网聊天，用手机刷抖音、快手等短视频，在网上看电视剧、电影，健身，找朋友到家里玩/聊天，看动漫/漫画，看电视，睡懒觉等，其中听音乐、打游戏、上网聊天是中学生平时最主要的娱乐活动，比例分别为53.0%、37.7%、25.2%（见图23）。初中生平时最主要的休闲娱乐活动是听音乐，打游戏，用手机刷抖音、快手等短视频，比例分别为53.6%、37.1%、23.3%；高中生平时最主要的休闲娱乐活动是听音乐、打游戏、上网聊天，比例分别为53.1%、37.0%、26.5%；中职生平时最主要的休闲娱乐活动是听音乐、打游戏、上网聊天，比例分别为50.1%、42.3%、33.4%。男生平时最主要的休闲娱乐活动是打游戏、听音乐、上网聊天，比例分别为 62.4%、44.9%、24.3%；女生平时最主要的休闲娱乐活动是听音乐，用手机刷抖音、快手等短视频，上网聊天，比例分别为 60.9%、27.4%、25.9%。

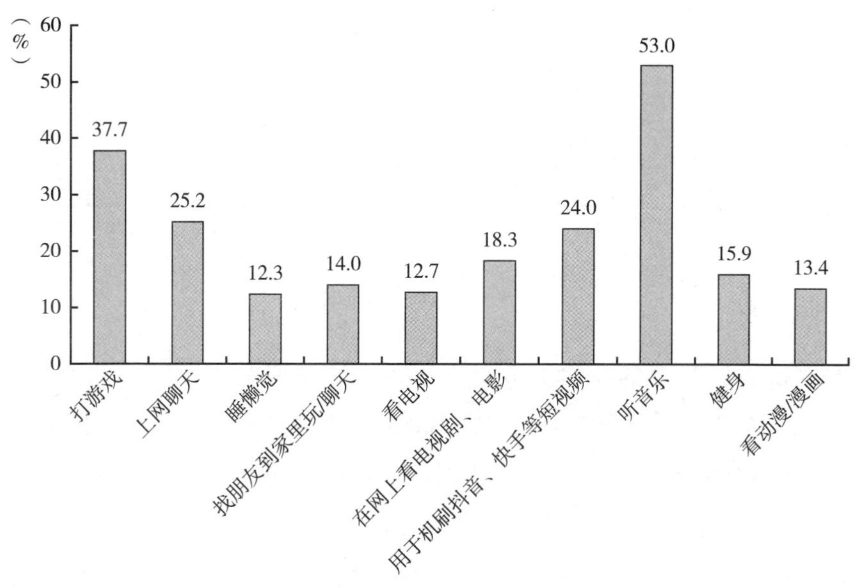

图 23　中学生平时的休闲娱乐活动

4. 明星崇拜

调查结果显示，近六成中学生有自己特别喜欢的明星，且所喜欢的明星数量不等。41.6% 的中学生表示自己没有喜欢的明星，58.4% 的中学生有喜欢的明星，其中喜欢的明星数量是 1 位、2 位、3 位、4 位、4 位以上的比例分别为 22.2%、18.7%、7.5%、1.6%、8.4%（见图 24）。调查结果还显示中学生在明星崇拜上存在比较明显的性别差异，53.8% 的男生表示自己没有喜欢的明星，30.3% 的女生表示自己没有喜欢的明星；男生、女生在喜欢明星的数量上也存在一些差异，女生喜欢的明星数量高于男生。

中学生在明星身上的花费，包括去看明星演唱会产生的门票、交通费用，购买明星唱片与周边产品，在各音乐、视频平台充值会员以欣赏明星的歌曲或影视作品等方面的花费，总体上不高，追星行为比较理性。80.5% 的

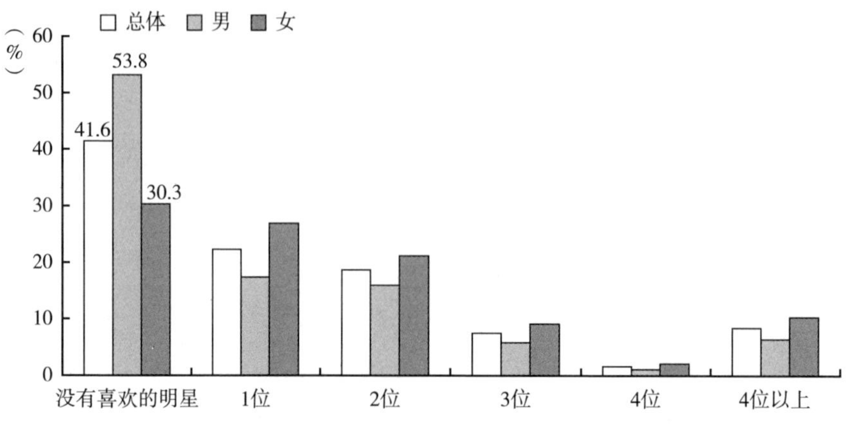

图 24　喜欢的明星数量

中学生在明星身上的花费为 0 元，16. 8% 的花费金额在 500 元及以下，2. 6% 的中学生在明星身上的花费在 500 元以上。性别差异方面，男生在明星身上有花费的比例低于女生，相比较来看，女生更愿意花钱去追星，但在 500 元以上的追星花费中，男生比例要高于女生。84. 2% 的男生在明星身上的花费为 0 元，12. 4% 的花费金额在 500 元及以下；77. 0% 的女生在明星身上的花费为 0 元，21. 1% 的花费金额在 500 元及以下（见图 25）。

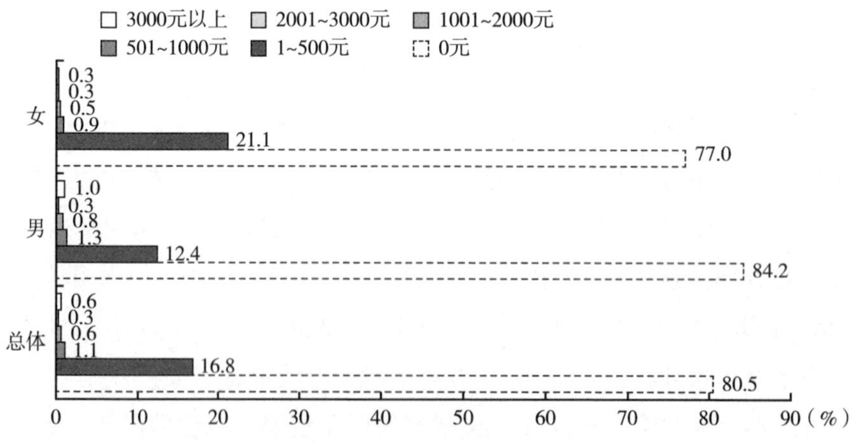

图 25　在明星身上的花费

（三）社会融入与社会参与

1. 对共青团组织的认识与评价

中学生对团组织印象比较好。调查结果显示，中学生中对团组织“印象非常好”和“印象比较好”的比例分别为47.4%和29.3%，印象“一般”的占15.6%，印象“比较差”和“非常差”的比例分别为1.3%和0.5%，另有5.9%的中学生对共青团组织“没什么印象”（见图26）。从不同学段看，74.7%的初中生、81.5%的高中生、75.5%的中职生表示对共青团组织印象好（含“印象比较好”和“印象非常好”）。

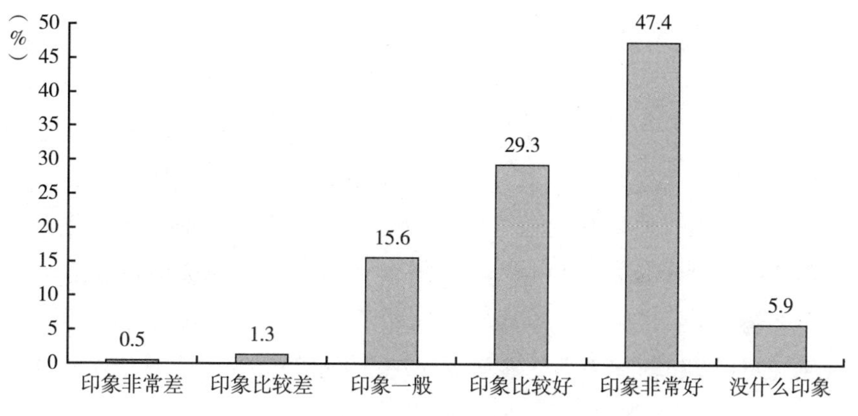

图26　对团组织的印象

中学生入团意识较强。中学时期是青少年成长的重要阶段，也是青年加入共青团组织的主要时间段，被调查中学生中41.9%选择“申请并加入了”共青团，18.1%选择“申请了，还没加入”，40.0%的中学生没有申请加入共青团。从不同学段看，高中生入团意识更强。23.5%的初中生“申请并加入了”共青团，20.7%的初中生“申请了，还没加入”；75.5%的高中生“申请并加入了”共青团，11.7%的高中生“申请了，还没加入”；50.8%的中职生“申请并加入了”共青团，20.0%的中职生“申请了，还没加入”。从性别看，女生较男生入团意识更强。男生中“申请并加入了”“申请了，还没加入”的比例分别为39.4%、18.4%；女生中

“申请并加入了”“申请了，还没加入”的比例分别为 44.2%、17.8%（见图 27）。

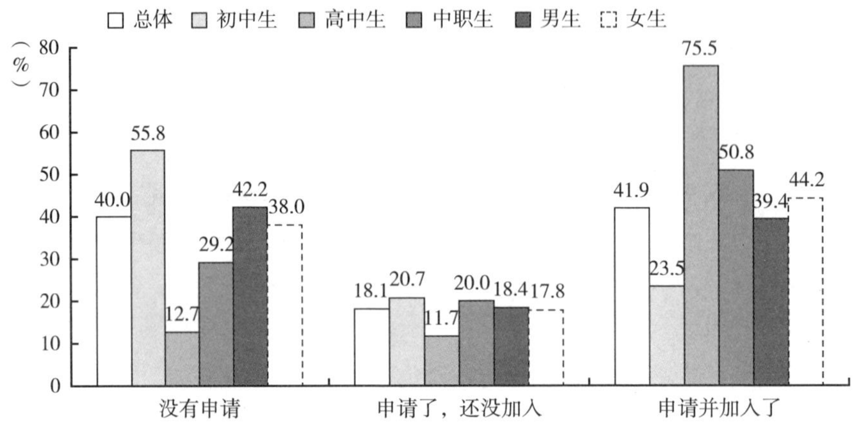

图 27　是否申请过或已经加入共青团

中学生团组织活动参与情况良好。被调查学生所在学校共青团知识培训或组织活动开展得比较普遍，“经常进行”和“偶尔”活动的比例分别为 33.8%、38.5%，选择“从没有”和“不知道”的中学生分别占 10.5% 和 17.3%（见图 28）。在中学生参加学校共青团组织活动的心态方面，74.4% 的中学生以参与者的心态参加学校共青团组织的活动，分别有 3.1%、4.8%、10.6%、7.0% 的中学生持有牵头者、组织者、旁观者（不关心活动的形式，可参加可不参加）、局外者（几乎不参加活动）等心态（见图 29）。从性别看，学校的团组织活动，女生的参与性更强，男生的牵头、组织能力更强。70.5% 的男生以参与者的心态参加学校共青团组织的活动，以牵头者、组织者、旁观者、局外者等心态参加活动的比例分别为 4.2%、5.5%、11.6%、8.2%；78.1% 的女生以参与者的心态参加学校共青团组织的活动，以牵头者、组织者、旁观者、局外者等心态参加活动的比例分别为 2.1%、4.2%、9.7%、5.9%。

中学生认为共青团教育对学生的影响力较大，且影响力正在增强，对学校共青团活动满意度较高。在回答“你认为共青团教育对学生的影响力大

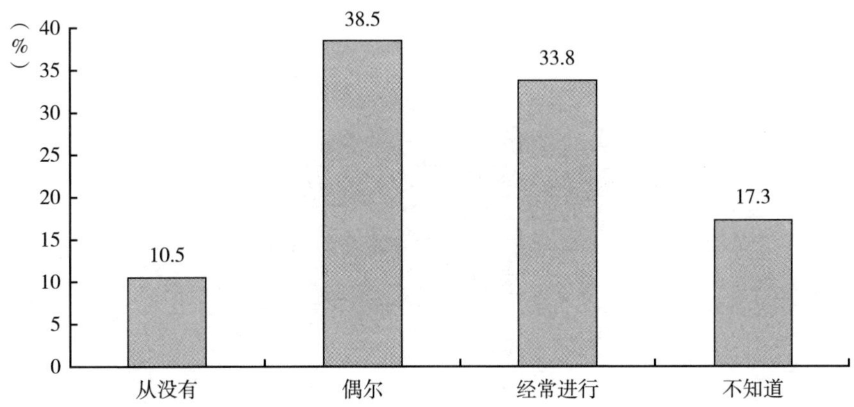

图 28　学校平时是否有共青团的知识培训和共青团组织的活动

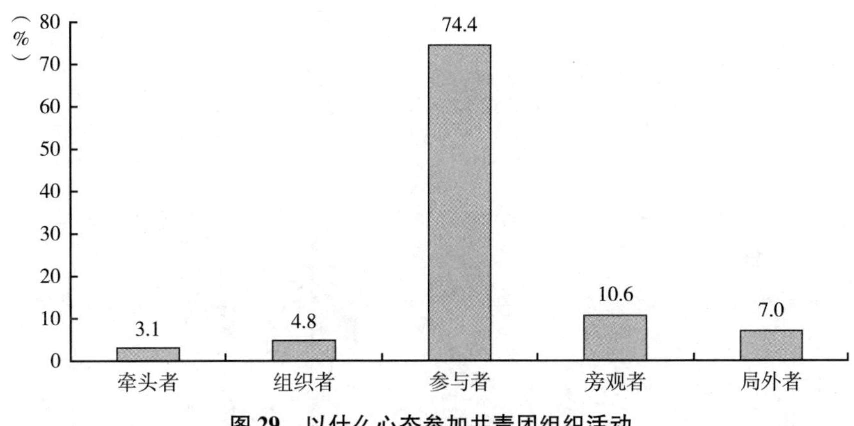

图 29　以什么心态参加共青团组织活动

不大”的问题时，66.5%的中学生认为共青团教育的影响力比较大（选择“比较大”和“非常大”），21.9%的中学生认为不太大，3.8%认为“完全没有影响”。关于共青团教育对学生的影响力变化，61.2%的中学生认为共青团教育的影响力正在增强，23.8%的认为没有明显变化，2.1%的认为正在减弱，12.9%的选择说不清（见图30）。在对学校组织的共青团活动满意度方面，38.4%的中学生非常满意，37.3%的中学生比较满意，2.7%的中学生表示“不太满意”或“非常不满意”，21.5%的中学生选择“一般”（见图31）。

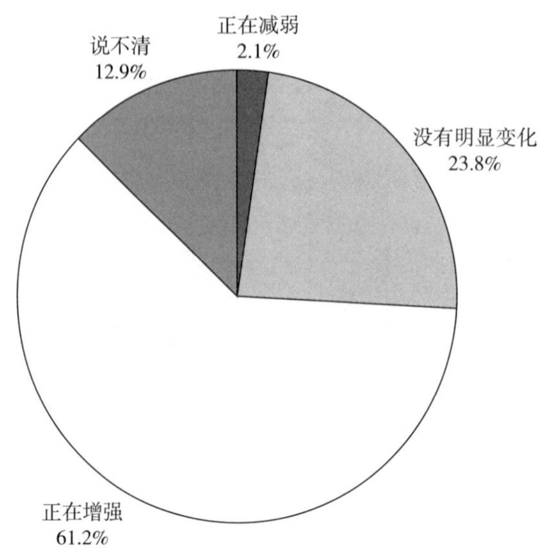

图30　共青团教育对中学生的影响力变化

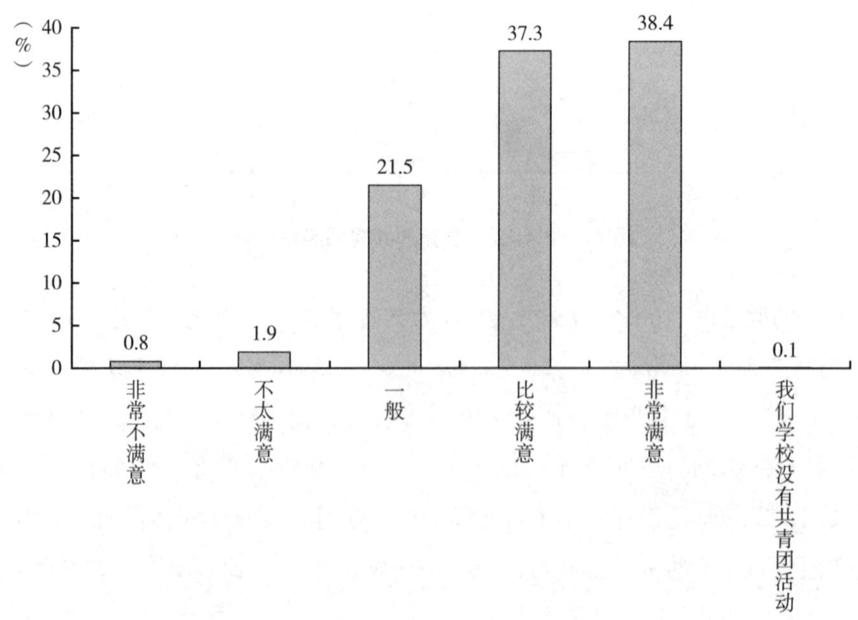

图31　对学校的共青团活动是否满意

2. 与同学、老师的关系

中学生与同学、老师相处比较融洽。在与同班同学关系方面，47.0%的中学生认为自己“跟班级里大多数同学都比较亲密”，28.0%的认为“只跟班里部分同学比较亲密”，12.4%的认为“跟班级里所有的同学都很亲密”，11.4%的认为“只跟班里少数同学比较亲密”，1.3%的表示“跟班级里的同学都不亲密”（见图32）。在与同学交往的表现方面，41.3%的中学生

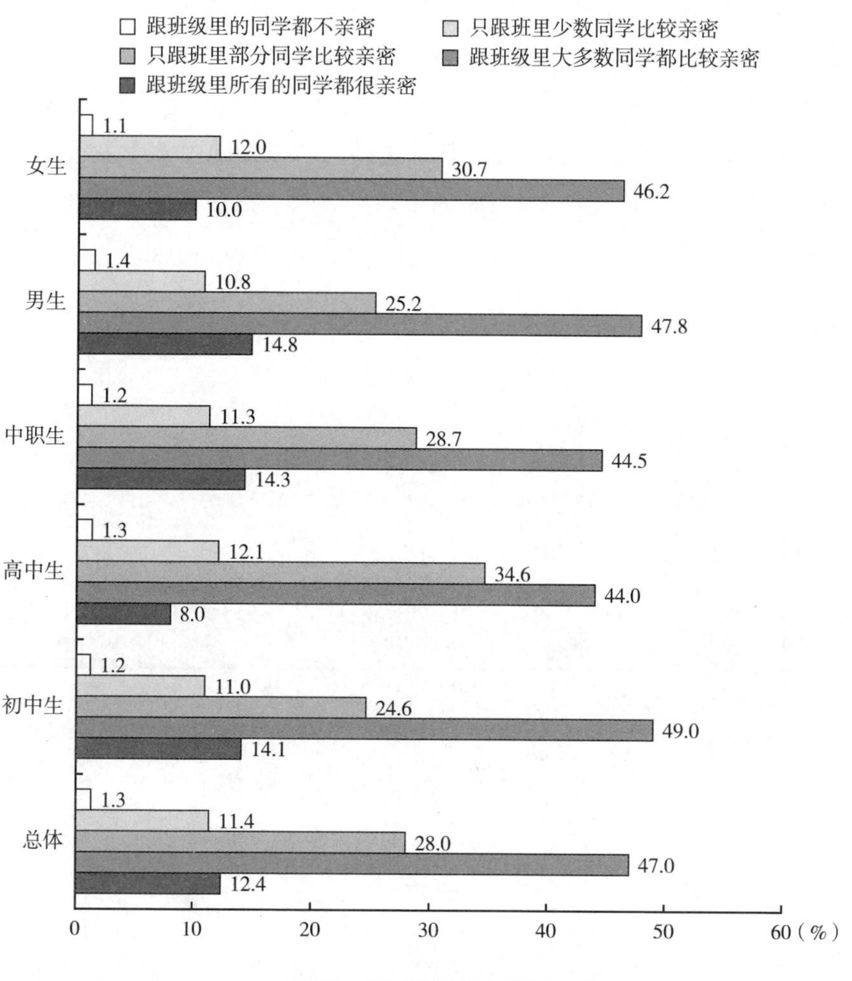

图32　与同班同学的关系

生表示“同学们会偶尔征求我的意见，我的想法在同学们心中有一定的分量”，5.4%的中学生表示“我在班里很有号召力，老师和同学都会主动征求我的意见”，15.9%的中学生认为“同学们会经常征求我的意见，大多数同学会赞同我的想法”，20.4%的中学生表示“我在班里的影响力有限，只有关系要好的几个同学会支持我的想法”，11.6%的中学生表示“我在班里的存在感比较低，虽然我很想表达自己的想法，但很少有人会主动征求我的意见”，5.4%的中学生表示“老师和同学从来不会征求我的意见，我也不想参与班里的事情”。在师生关系方面，41.5%的中学生表示自己“对任课的大多数老师都很喜欢”，35.1%认为“对任课的所有老师都很喜欢”，14.6%的中学生表示“只喜欢部分任课老师”，7.7%的中学生表示“只喜欢少数几个任课老师”，只有1.1%的中学生表示“对所有的任课老师都不喜欢”（见图33）。

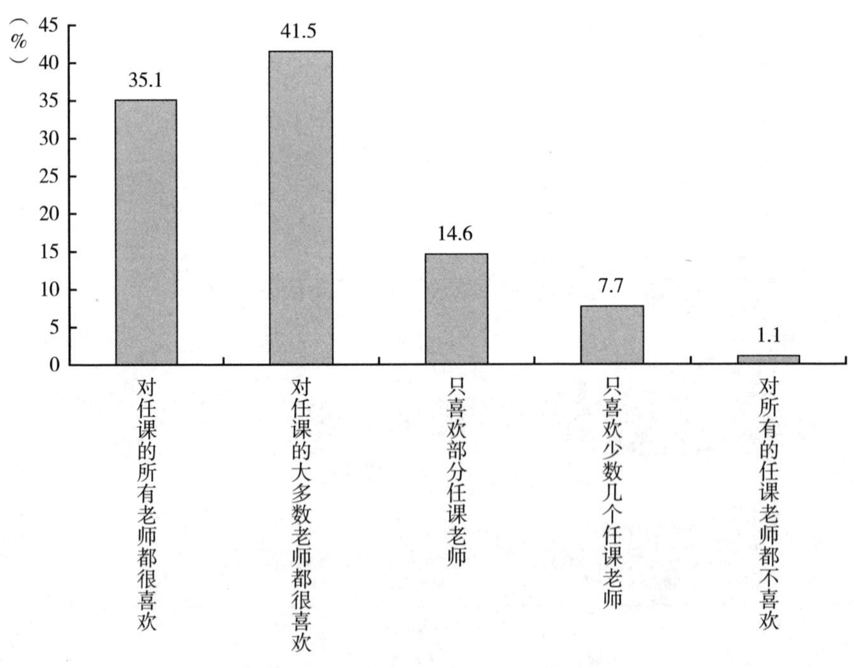

图33　中学生与班级任课老师之间的关系

3. 对不同职业/社会角色/机构的信任程度

中学生对父母、军人/武装警察、警察、教师、法官、朋友的信任度（选择“比较信任”或“非常信任”）最高，依次为97.0%、90.4%、89.6%、86.9%、86.0%、81.4%；其次为医生（77.9%）、政府官员或普通公务员（76.3%）、亲戚（71.0%）、农民（58.8%）、同学（57.7%）、政府官方媒体（56.2%）；最后是邻居（36.5%）、体育明星/运动员（29.7%）、商人（20.4%）、影视明星/歌星（18.3%）、网络媒体（18.0%）、陌生人（3.9%）。在不同学段和性别等方面，对不同职业/社会角色/机构的信任程度差异不大，初中生、高中生、中职生、男生、女生最信任的均为父母、军人/武装警察、警察。中学生在回答“遇到困难或紧急情况时谁给的帮助最大”问题时，77.4%的中学生认为是“父母”，13.2%的中学生认为是“朋友”，4.3%的中学生认为是“学校老师”，3.6%的认为是“同学”，其他选择“亲戚”“网友”“邻居”“居委会/村委会工作人员”“社会公益机构”的比例均不足1%（见图34）。

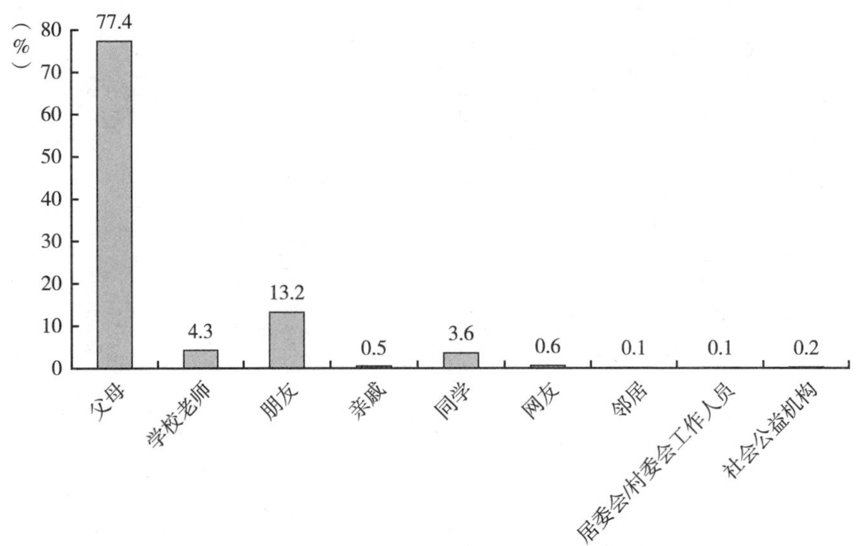

图34　遇到困难或紧急情况时中学生认为谁给的帮助最大

4. 未来发展规划

在回答“是否对自己未来的发展有过规划时”，多数学生表示有未来发展目标。其中，46.3%的中学生表示自己“有清晰但比较短期的目标（3～5年的阶段性目标）”，31.2%的中学生表示“有清晰而长远的目标（长期奋斗的人生方向）”，20.8%的中学生表示“目标模糊，没有仔细考虑过”，还有1.7%的中学生表示“从来没想过相关问题”（见图35）。从不同学校类型来看，初中生有未来规划目标的比例最高。初中生中表示自己“有清晰但比较短期的目标”和“有清晰而长远的目标”的比例分别为44.5%、36.4%；高中生中表示自己“有清晰但比较短期的目标”“有清晰而长远的目标”的比例分别为49.7%、22.7%；中职生中表示自己“有清晰但比较短期的目标”“有清晰而长远的目标”的比例分别为47.1%、26.7%。从不同性别来看，43.1%的男生表示自己“有清晰但比较短期的目标”，33.3%的男生表示自己“有清晰而长远的目标”；49.5%的女生表示自己“有清晰但比较短期的目标”，29.1%的女生表示自己“有清晰而长远的目标”。

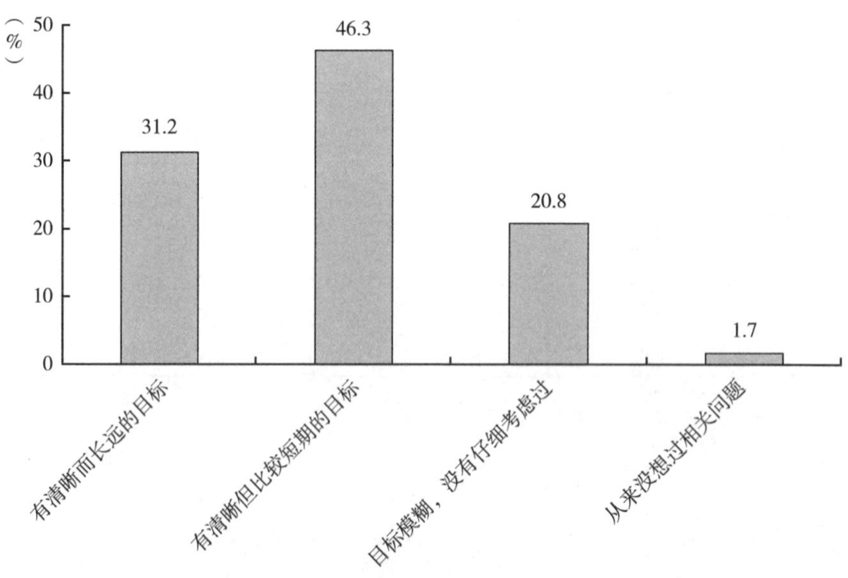

图35　是否对自己未来的发展有过规划

（四）思想道德与价值观

1. 对社会主义核心价值观的认知

在对社会主义核心价值观内容的知晓程度方面，95.8%的中学生对社会主义核心价值观有不同程度的了解，其中79.6%的中学生表示“能完整地说出全部内容”，10.5%的中学生表示“只记住一部分，能说出6～11条”，5.7%的中学生表示“只听说过，能说出1～5条”。从不同学段学生来看，高中生对社会主义核心价值观了解程度高于初中生和中职生。高中能全部和部分说出社会主义核心价值观内容的学生占98.3%，初中能全部和部分说出社会主义核心价值观内容的学生占95.2%，中职生能全部和部分说出社会主义核心价值观内容的学生占93.8%。从城乡看，和城镇中学生相比，农村中学生对社会主义核心价值观的了解程度稍低。农村中学生中能完整地说出全部内容的学生占61.0%，而设区市市辖区和县级市/县城的中学生中此比例分别为87.9%和83.2%（见图36）。

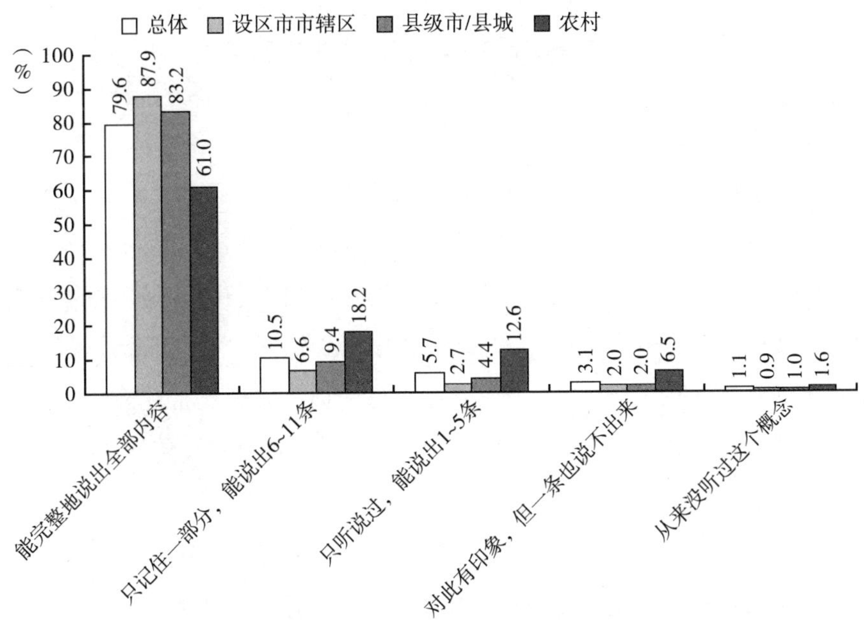

图36　是否能说出社会主义核心价值观的内容

在对我国社会主义核心价值观的认同程度上，93.9%的中学生表示认同，其中选择“非常认同”的占71.7%，选择“比较认同”的占22.2%（见图37）。其中，初、高中学生认同比例较高，中职生认同比例稍低。初中、高中学生认同我国社会主义核心价值观的比例分别为94.4%、95.2%，中职生认同比例为89.3%。分性别来看，女生比男生的认同比例稍高，其中女生认同比例为95.2%，男生认同比例为92.7%。

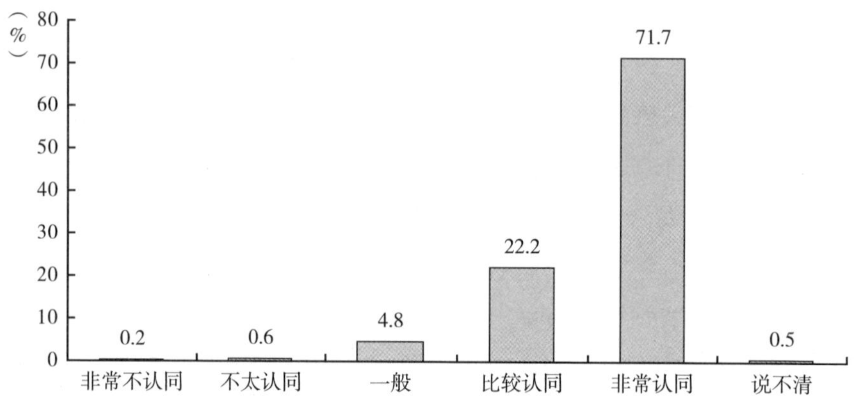

图37　是否认同我国社会主义核心价值观

2. 对党和国家的看法

中学生热爱祖国、拥护中国共产党的领导。当别人说自己的国家不好的时候，有96.8%的中学生“感到很气愤”。升国旗、唱国歌时，有88.6%的中学生会“感觉到无比自豪”。95.7%的中学生认同“中国共产党的领导是中国发展和稳定的根本保证”，88.5%的中学生认同“我国政治体制高效、完善”，95.5%的中学生认同“如果在国外的话，我会非常注意自身言行，维护中国人的整体形象”，88.0%的中学生认同“我对中国传统文化非常有兴趣，有机会的话我会去观看传统戏曲演出或游览名胜古迹”（见图38）。

3. 对我国未来发展的信心

中学生对河北及全国的未来发展有信心。在对河北及全国未来发展的几种说法中，中学生最有信心的前三位是“我国必将完成祖国统一大业”“未

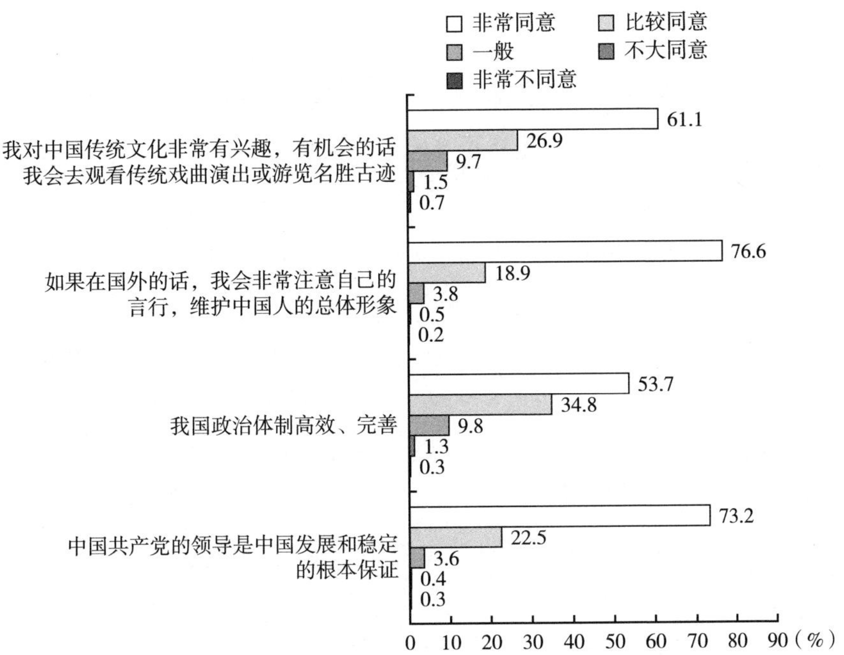

图 38　是否同意这些说法

来几十年内，我国人民的生活水平将大幅度提高”“我国在未来几十年内会成为世界第一强国”，其认同比例分别为 93.8%、93.6%、92.8%；其后依次为“未来我国将涌现出更多的诺贝尔奖获得者，我国将在科研、人文领域取得世界领军者的地位”“未来我们的社会将更加文明、公正和平等”“我认为在不久的将来，河北省的经济发展、京津冀协同发展和雄安新区的建设都会取得重大进展”“在不久的将来河北省将彻底打赢脱贫攻坚战”“到 21 世纪中叶，我国将彻底解决看病难、看病贵的问题”“在不久的将来河北省能彻底解决环境污染问题”，比例分别为 92.0%、91.8%、90.0%、84.1%、77.2%、69.2%。

中学生对我国未来发展目标的实现有信心。关于“到 2020 年国内生产总值和城乡居民人均收入在 2010 年的基础上翻一番，全面建成小康社会”的目标，93.6% 的中学生选择“有信心”；关于“到 21 世纪中叶建成富强民主文明和谐美丽的社会主义现代化国家，实现中华民族伟大复兴的中国梦”的目标，95.4%的中学生选择“有信心”；关于“到2020年确保我国现行标准下农村贫困人口实现脱贫，贫困县全部摘帽，解决区域性整体贫困”的目标，88.2%的中学生选择“有信心”。

4. 道德观念

中学生道德观念和价值观基本形成，总体状况良好。90.0%的中学生认同自己“善待身边的每一个人”，97.6%的中学生认同“诚信是做人的基础”，96.4%的中学生认同“现代社会仍需要互助友爱和奉献精神”，93.9%的中学生认同“奋斗成就人生”，92.8%的中学生认同“生活条件好了，但节俭仍需要提倡”，85.1%的中学生认同“每个人都有平等的机会取得学业上的成功”，73.4%的中学生认同“我们社会中每个人都有平等的机会变得富有”，71.5%的中学生不认同“只要能赚到钱什么都可以干”。

中学生道德素质较高，在家中和公共场所能保持良好的行为习惯。89.6%的中学生“乘坐公交遇到需要帮助的人，会主动让座”，86.1%的中学生在“家里来客人时，会主动问好打招呼”，86.5%的中学生“过马路时，没有交警和车辆我也会遵守交通规则，即使当时有急事要办”，86.5%的中学生“犯错误后会主动承认，并敢于承担相应后果”，87.4%的中学生“犯错误后会主动想办法解决问题，将损失降到最低”，84.6%的中学生“感觉父母很辛苦，所以会经常帮助家长做家务”，83.0%的中学生“认为作弊是不光彩的行为，绝不会作弊”，93.4%的中学生“外出购物或搭乘公共交通工具时，都会自觉排队”，78.7%的中学生选择“遇到在马路上摔倒的老人或小孩，会主动帮忙扶起”，87.1%的中学生选择“在电影院等需要安静的地方总是将手机静音”，56.8%的中学生选择“见到破坏公共设施的行为，都会上前制止或报警”，62.0%的中学生认为“见到有人遇到困难或危险，即使需要承担一定风险，也会提供力所能及的帮助”，79.9%的中学生表示“如果中国发生自然灾害，愿意为受灾的同胞提供捐款或加入到救灾志愿者队伍中”。

5. 幸福感

87.2%的中学生认为“比较幸福”或“很幸福”，认为“不幸福”的比例为1.7%。分城乡看，农村中学生幸福感高于城镇中学生，51.1%的农村中学生认为自己“很幸福”，48.7%的县级市/县城中学生认为自己很幸福，46.5%的生活在设区市市辖区的中学生认为自己“很幸福”。从不同学校类型看，初中生幸福感高于高中生和中职学生，53.4%的初中生觉得自己“很幸福”，40.0%的高中生和44.9%的中职生认为自己“很幸福”。分性别看，女生幸福感高于男生，认为自己“很幸福”的男、女生比例分别为45.7%和51.0%（见图39）。中学生认为生活幸福最重要的指标是“健康的身体”和“温馨的家庭关系”，选择比例分别为76.6%和74.4%。

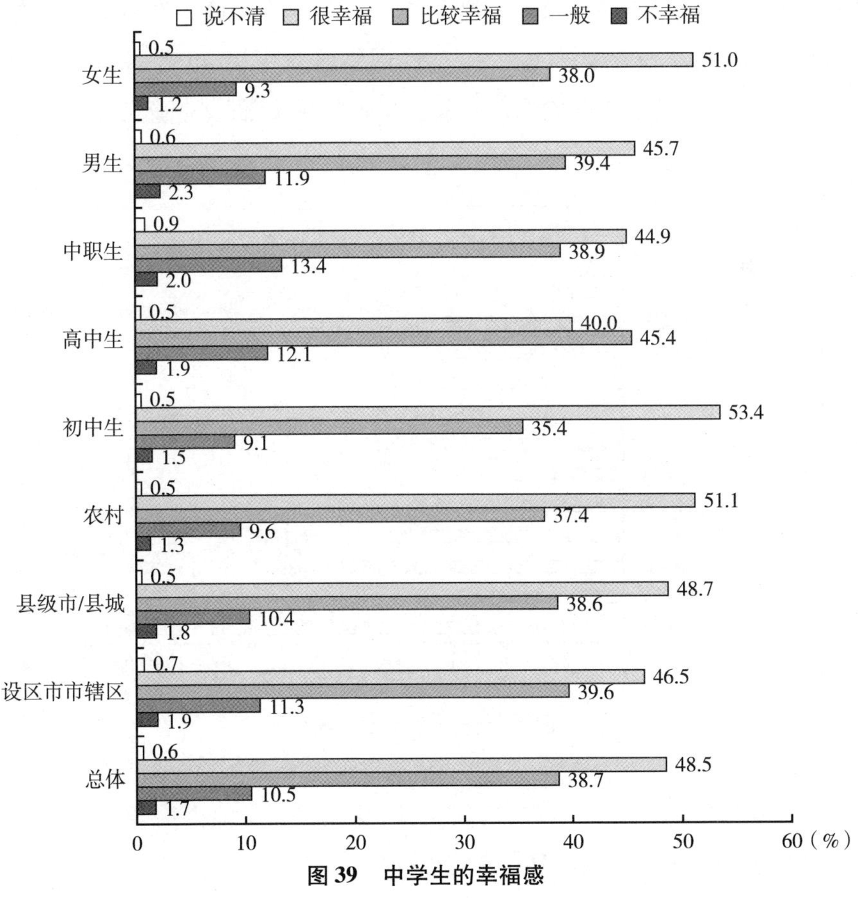

图39　中学生的幸福感

6. 中学生的理想

中学生理想比较多元化，根据调查结果，中学生最大的理想是成为商人或企业家，然后是教师、军人/警察和企业白领。18.5%的中学生长大后想成为商人/企业家，11.5%的想成为教师，10.6%的想成为军人/警察，10.3%的想成为企业白领，仅1.6%的中学生想成为企业的普通工人，0.4%的想成为农民（见图40）。从不同学段看，初中生选择前三位的是商人/企业家、教师和军人/警察，比例分别为16.1%、12.1%和10.5%；高中生选择前三位的是商人/企业家、企业白领和军人/警察，比例分别为19.7%、11.6%和9.9%；中职生选择前三位的是商人/企业家、教师和军人/警察，比例分别为26.5%、12.6%和11.9%。从不同性别看，男生、女生存在一定差异，这跟各自性别特点相关。24.4%、14.5%和10.5%的男生分别选择商人/企业家、军人/警察和网络游戏主播/电竞选手；18.3%、14.4%和12.8%的女生分别选择教师、企业白领和商人/企业家。

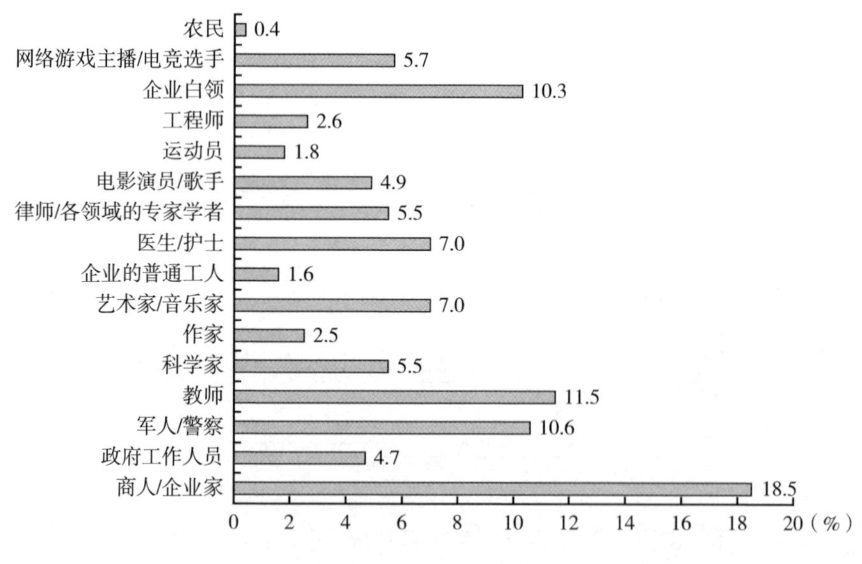

图40　想成为什么样的人

7. 网络参与

中学生使用网络比较普遍，在上网频率上，24.3%的中学生“一天多次”

上网，13.2%的中学生“一天一次”上网，25.3%的中学生“一周多次”上网，19.2%的中学生“一周一次”上网，10.4%的中学生“一月一次”，7.7%的中学生“从来或基本不上网”（见图41）。中职学生学习压力相对较小，网络使用频率也较初中、高中学生高，43.5%的中职生“一天多次”上网，初中、高中生“一天多次”上网的比例分别是19.0%和25.7%。

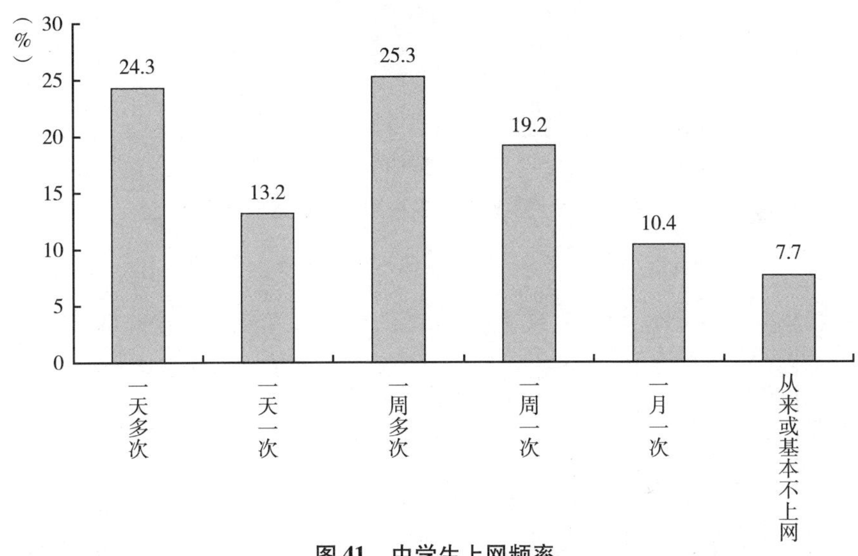

图41　中学生上网频率

在辨别网络谣言和虚假信息的能力上，80.2%的中学生认为自己辨别网络谣言和虚假信息的能力“比较强”和“非常强”（见图42）。从性别看，84.4%的男生认为自己辨别网络谣言和虚假信息的能力“比较强”和“非常强”，女生的相应比例为76.1%。面对网络上的谣言、虚假信息，中学生中有49.1%的人选择“愿意反驳，激浊扬清”，12.8%的人选择“不去管它，与我无关”，31.8%的人选择“反感，但不愿给自己惹麻烦”，6.4%的人认为“这些言论有时也有一些道理”。对于网络上的声援、签名、声讨等活动，中学生参与率不高。在“近一年来是否参与网络声援、网络签名、网络声讨等网上活动?”这一问题的调查结果上，55.0%的中学生选择“基本不关注”，21.9%的选择“关注过但不参与行动”，15.8%的选择“只是分享、转发一些信息”，3.6%的选择“积极参与”，3.6%的选择“参与过组织这些活动”（见图43）。

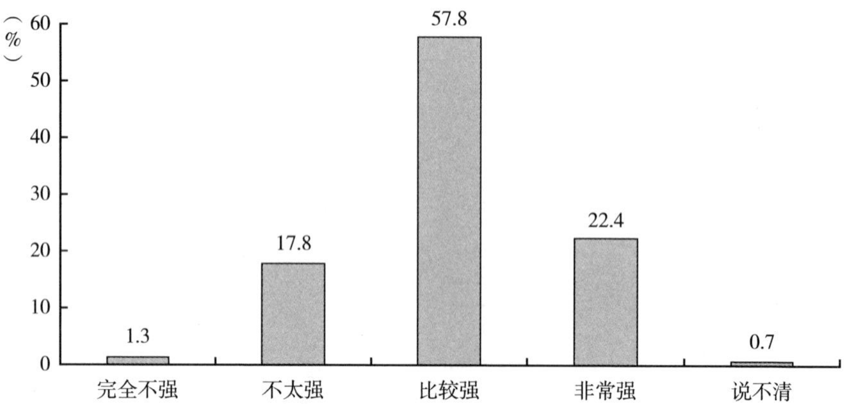

图 42　中学生辨别网络谣言和虚假信息的能力

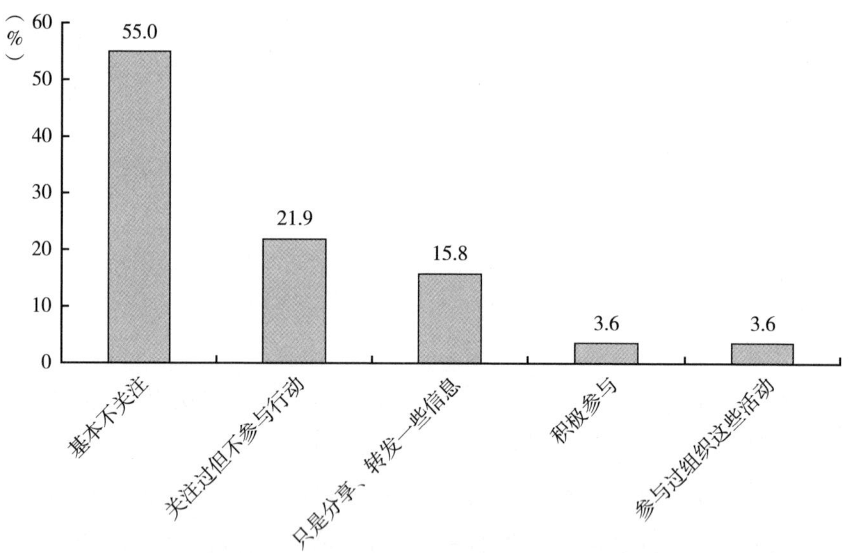

图 43　近一年来是否参与网络声援、网络签名、网络声讨等网上活动

（五）身心健康

1. 身体健康状况

在身体健康状况上，中学认为自己身体“非常健康”的比例为 38. 1%，认为“比较健康”的占48.3%，认为自己健康状况“一般”的占11.2%，有0.4%的认为自己的健康状况“非常差”（见图44）。从不同学校类型来看，初中生对自己健康状况评价较高。89.1%的初中生认为自己的身体“比较健康”和“非常健康”，81.1%的高中生、85.9%的中职生认为自己身体“比较健康”和“非常健康”。

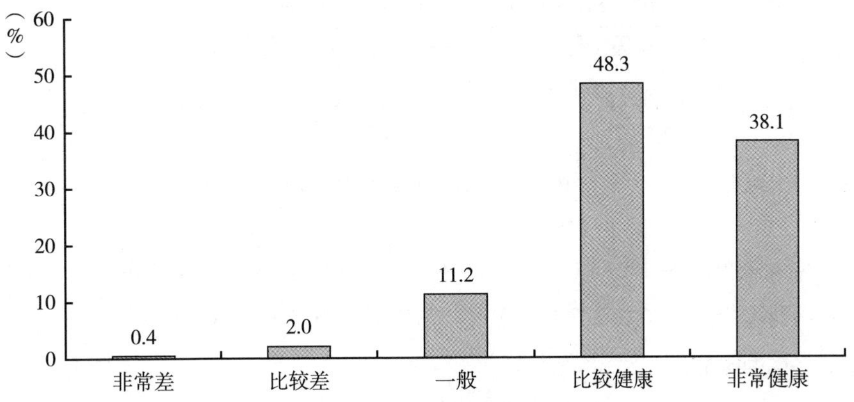

图44　中学生的健康状况

在每周锻炼时间上，有10.9%的中学生每周锻炼5小时及以上，4.2%的锻炼4～5小时，8.0%的锻炼3～4小时，11.7%的锻炼2～3小时，23.2%的锻炼1～2小时，18.1%的锻炼半小时到1小时，18.0%的锻炼半小时以内，6.0%的从不锻炼（见图45）。从不同性别来看，女生锻炼时间总体上少于男生。分别有13.9%、15.5%和23.6%的男生选择每周锻炼半小时以内、半小时到1小时和1～2小时，分别有21.8%、20.7%和22.8%的女生选择每周锻炼半小时以内、半小时到1小时和1～2小时。

在学校体育成绩方面，31.9%的中学生“成绩很好，完全能达到体育测试要求”，49.6%的中学生“成绩尚可，勉强能达到体育测试要求”，11.7%的中学生“成绩不理想，需要多次测试才能达标”，6.8%的中学生表示“学校没有进行过类似的体育达标测试”（见图46）。从不同学校类型来看，高中生体育成绩高于初中生和中职生。高中生中“成绩很好，完全

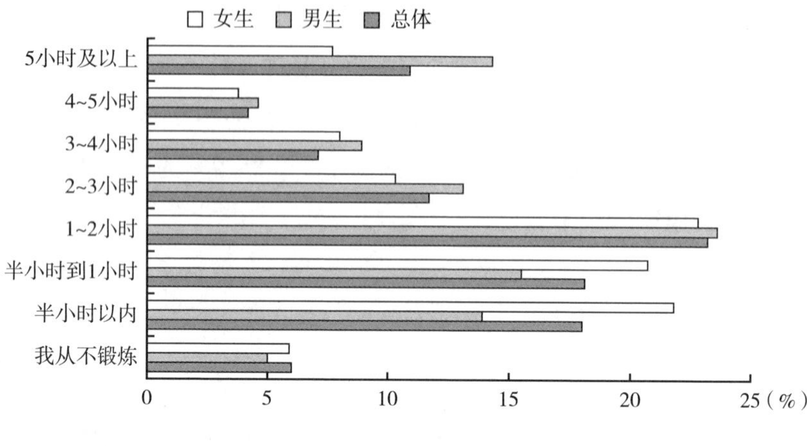

图 45　中学生每周锻炼时间

能达到体育测试要求”和“成绩尚可，勉强能达到体育测试要求”的学生占比分别为 36.5% 和 52.3%，初中生分别为 29.1% 和 49.2%，中职生分别为 34.6% 和 45.4%。

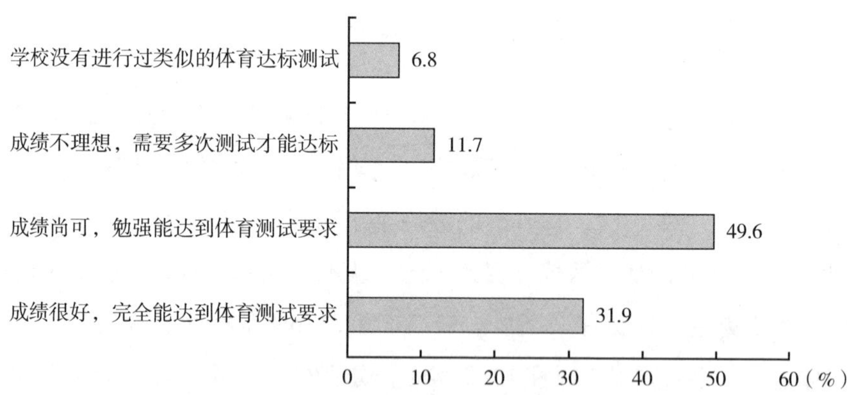

图 46　中学生最近一年学校体育达标测试成绩

在视力健康上，中学生近视现象比较普遍。24.7% 的中学生“不存在近视或远视等眼科疾病”，41.4% 的中学生“轻微近视，度数在 300 度以下”，29.3% 的中学生“中度近视，度数在 300 ~ 600 度”，3.5% 的中学生“高度近视，度数在 600 度以上”，1.1% 的中学生“有除近视外的其他眼科疾病”。从不同学校类型看，中职学校学生视力健康状况好于基础教育学校学生。中职生中“不存在近视或远视等眼科疾病”和“轻微近视，度数在300度以下”的比例分别为33.6%和37.8%，初中生的该比例分别为26.8%和43.4%；高中生中“不存在近视或远视等眼科疾病”的比例仅为15.9%，轻微近视、中度近视、高度近视的比例分别为38.9%、37.3%、6.6%（见图47）。

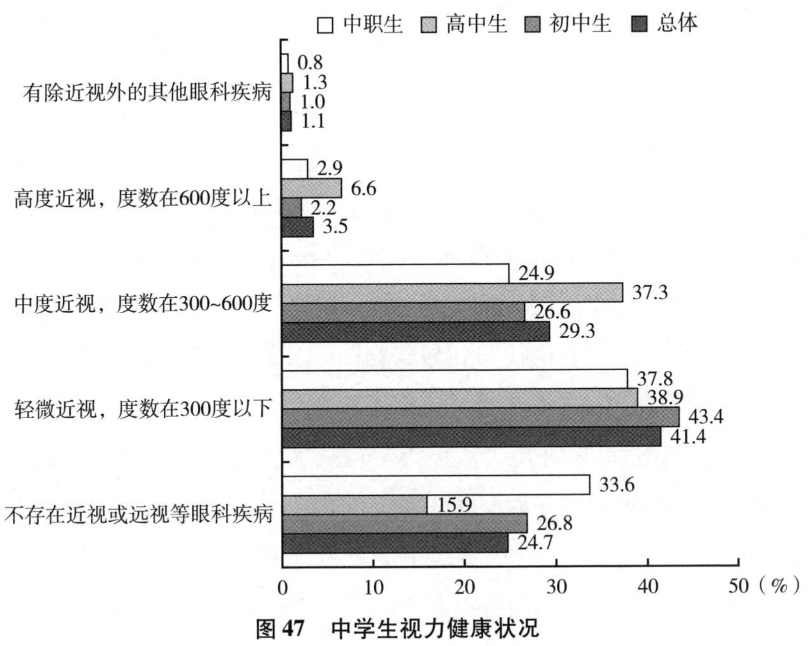

图47　中学生视力健康状况

2. 心理健康

中学生中有39.2%感到乐观，33.4%心情愉快，24.7%感觉平淡，22.8%感到紧张，22.3%感到劳累，20.5%认为最近心情无聊，19.0%感到浮躁，16.6%感到不够自信，14.8%感到有压力，13.3%感到烦恼，11.5%感到郁闷，11.8%感到焦虑，中学生心理健康值得关注。

（六）亲子关系

在对“我觉得父母对我的管教很得体，很有章法”的评价上，34.9%

的中学生选择“非常符合”，40.4%选择“比较符合”，20.6%选择“一般”，2.9%选择“比较不符合”，1.1%选择“完全不符合”，说明大部分中学生比较认可父母对自己的管教。在对“我觉得父母很尊重我”的评价上，42.5%的中学生选择“非常符合”，34.9%选择“比较符合”，17.3%选择“一般”，3.8%选择“比较不符合”，1.5%选择“完全不符合”。在对“父母喜欢让我自己拿主意”的评价上，29.5%的中学生选择“非常符合”，35.8%选择“比较符合”，24.8%选择“一般”，6.9%选择“比较不符合”，3.0%选择“完全不符合”。在对“父母对我保护过度”的评价上，9.7%选择“非常符合”，14.9%选择“比较符合”，38.7%选择“一般”，22.3%选择“比较不符合”，14.3%选择“完全不符合”。在对“父母总是对我很严厉”的评价上，11.4%选择“非常符合”，18.8%选择“比较符合”，40.4%选择“一般”，19.4%选择“比较不符合”，9.9%选择“完全不符合”。在对“父母很少过问我的生活或学习”的评价上，6.7%的中学生选择“非常符合”，10.5%选择“比较符合”，24.9%选择“一般”，28.3%选择“比较不符合”，29.6%选择“完全不符合”。

中学生中有68.0%的人“从小跟父母长大，父母会经常抽出时间来陪孩子”，23.3%的人“从小跟父母长大，但由于工作等原因，父母没办法经常陪孩子”，6.8%的人“从小不是由父母带大的，但父母会经常回来看孩子”，1.9%的人“从小不是由父母带大的，父母也很少来看孩子”。82.8%的中学生跟父母关系亲密，其中43.4%跟父母关系“比较亲密”、39.4%跟父母关系“非常亲密”；0.7%的中学生跟父母“根本不亲密”，2.4%的中学生跟父母“不太亲密”，14.1%的中学生跟父母关系“一般”。

（七）不良行为

中学生身边存在旷课、欺凌、抽烟、打架斗殴等不良行为，但并不普遍。对于“旷课”行为，有47.4%的中学生选择“不存在”，29.0%选择“不太普遍”，16.5%选择“一般”，4.6%选择“比较普遍”，2.6%选择“非常普遍”。对于“欺凌”行为，有48.8%的中学生选择“不存在”，

27.1%选择“不太普遍”，15.7%选择“一般”，5.4%选择“比较普遍”，3.1%选择“非常普遍”。对于“抽烟”行为，有41.8%的中学生选择“不存在”，23.4%选择“不太普遍”，18.0%选择“一般”，10.6%选择“比较普遍”，6.2%选择“非常普遍”。对于“携带管制刀具”行为，有58.8%的中学生选择“不存在”，25.3%选择“不太普遍”，10.8%选择“一般”，3.1%选择“比较普遍”，2.0%选择“非常普遍”。对于“打架斗殴”行为，有58.8%的中学生选择“不存在”，25.3%选择“不太普遍”，10.8%选择“一般”，3.1%选择“比较普遍”，2.0%选择“非常普遍”。对于“辱骂他人”行为，有35.8%的中学生选择“不存在”，23.5%选择“不太普遍”，19.1%选择“一般”，12.2%选择“比较普遍”，9.4%选择“非常普遍”。对“偷窃”行为，有64.1%的中学生选择“不存在”，23.2%选择“不太普遍”，8.8%选择“一般”，2.1%选择“比较普遍”，1.8%选择“非常普遍”。对于“故意毁坏财物”的行为，有63.5%的中学生选择“不存在”，22.5%选择“不太普遍”，9.6%选择“一般”，2.5%选择“比较普遍”，1.9%选择“非常普遍”。对于“赌博”行为，有76.4%的中学生选择“不存在”，15.6%选择“不太普遍”，5.6%选择“一般”，1.2%选择“比较普遍”，1.2%选择“非常普遍”。对于“观看、收听色情淫秽音像制品”行为，有68.5%的中学生选择“不存在”，17.6%选择“不太普遍”，7.7%选择“一般”，2.9%选择“比较普遍”，3.3%选择“非常普遍”。对于“去营业性歌舞厅等场所”行为，有64.7%的中学生选择“不存在”，19.5%选择“不太普遍”，9.9%选择“一般”，3.4%选择“比较普遍”，2.5%选择“非常普遍”。对于“酗酒”行为，有64.1%的中学生选择“不存在”，19.0%选择“不太普遍”，10.2%选择“一般”，3.9%选择“比较普遍”，2.8%选择“非常普遍”。对于“冷暴力，孤立同学”行为，有63.4%的中学生选择“不存在”，20.5%选择“不太普遍”，9.7%选择“一般”，3.8%选择“比较普遍”，2.7%选择“非常普遍”。对于文身行为，有70.7%的中学生选择“不存在”，18.2%选择“不太普遍”，7.1%选择“一般”，2.1%选择“比较普遍”，1.9%选择“非常普遍”。

（八）权益保障

当权益受到侵害时，中学生最常求助的渠道是家人、学校老师、同学或朋友及公检法等司法机构。权益受到侵害时，82.3%的中学生选择寻求家人的保护，79.2%的中学生选择寻求学校老师的保护，44.7%的中学生选择寻求同学或朋友的保护，23.9%的中学生选择寻求法院、检察院、公安等司法机构的保护，3.7%的中学生选择通过共青团、妇联等人民团体寻求保护，1.1%选择通过传统媒体（报刊、电视等）寻求保护，3.2%选择通过网络媒体寻求保护（见图48）。

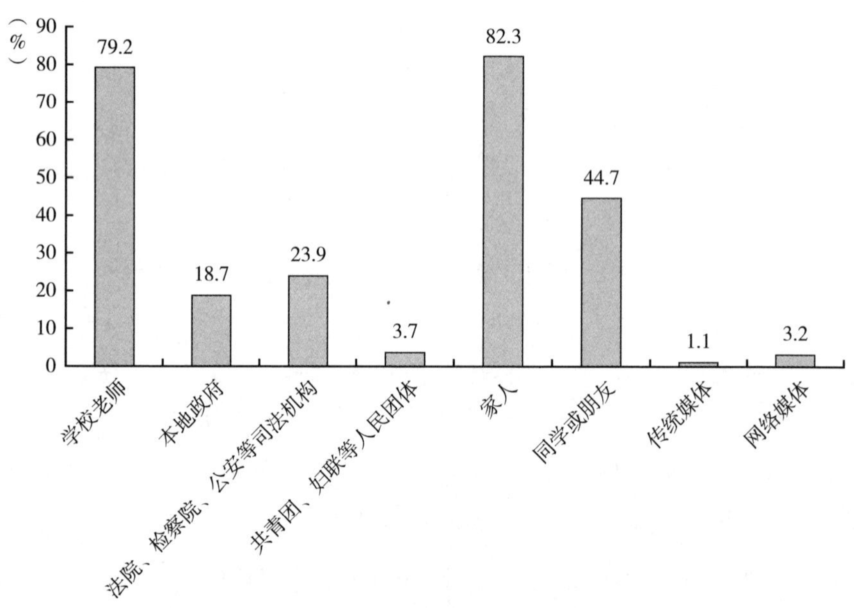

图48　权益受到侵害时会向谁求助

三　存在的问题

（一）学习负担重，学习压力大

中学生学习科目较多，校内学习课业负担本就不轻，又面对中考、高考的升学压力，在社会、家长、个人普遍焦虑的状态下，主动或被动地增加了许多课外学习辅导任务，需要投入大量时间、精力，学习负担进一步加重。调查结果显示，初中生每天完成校内作业的时间在30分钟以内的占7.4%，0.5～1个小时的占26.3%，1～2小时的占40.0%，2小时及以上的占26.3%；高中生每天完成校内作业的时间在30分钟以内的占4.3%，0.5～1个小时的占15.9%，1～2小时的占33.7%，2小时及以上的占46.1%（见图49）。中学生中每周参加1～2次课外学习辅导的占29.1%，3～4次的占8.3%，5～6次的占1.7%，7次及以上的占1.9%。周末奔波在各校外辅导机构成了部分中学生的常态，除了上课之外，还要拿出时间和精力来完成课外辅导作业。参加课外辅导的中学生每天有32.6%能在30分钟之内完成课外辅导作业，31.6%能在0.5～1小时完成，9.8%能在1～2小时完成，还有3.8%的要2小时及以上才能完成（见图50）。

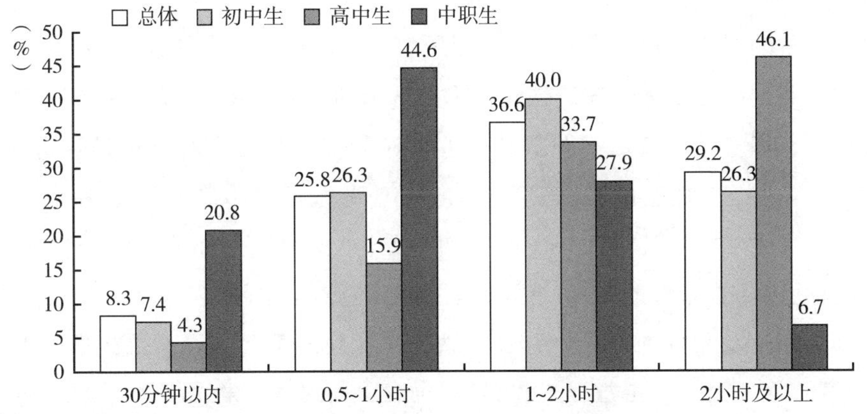

图49　中学生每天完成校内作业时间

中学生正处于身体发育时期，一般来说初中生需要保证每天9小时睡眠时间，高中生要保证每天8小时睡眠时间，但通过调查和访谈我们发现，初中、高中学生睡眠时间普遍不足，特别是初三、高三学生群体睡眠时间严重不足。调查结果显示，正常工作日中学生22点以后睡觉的占46.3%，初中生一般6：00～6：30起床，高中生一般5：30～6：00起床，大部分学生睡

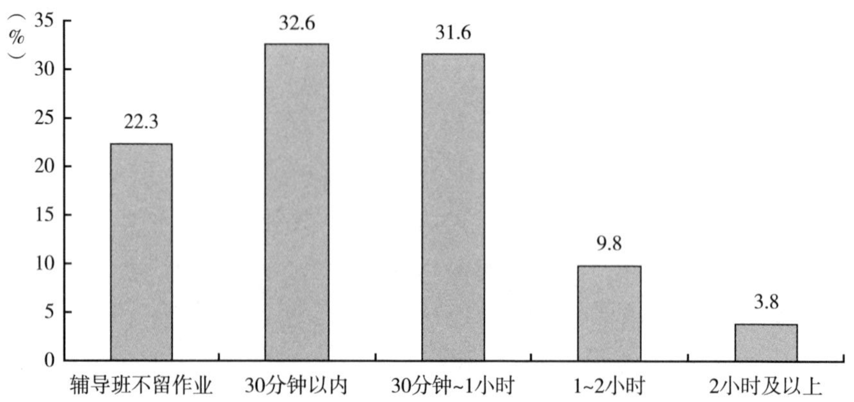

图 50　中学生每天完成课外辅导班作业时间

眠时间在 7 小时左右。初三、高三学生面临中考、高考，晚上熬夜写作业、刷题是常态，23 点之后睡觉的分别占 15.6%、28.3%。长期睡眠不足，对学生学习效率、精神状态有较大影响。

繁重的课业负担造成中学生学习压力增大，31.9% 的中学生表示学习压力大，有人已经出现焦虑、强迫、抑郁等心理问题。在“经常想一些没必要的事，如多次检查已经写好的作业，过分担心自己衣着打扮是否得体”问题上，18.7% 的选择“比较严重”，9.8% 的选择“非常严重”；在“跟父母关系紧张，不喜欢与父母交流”问题上，9.5% 的选择“比较严重”，4.6% 的选择“非常严重”；在“无法很好地控制情绪，乱发脾气，甚至与老师、同学发生冲突”上，8.7% 的选择“比较严重”，4.7% 的选择“非常严重”；在“对所有事都提不起兴趣”问题上，9.1% 的选择“比较严重”，4.5% 的选择“非常严重”；在“莫名其妙地觉得身边同学对自己不友好，或者老师对自己不够关心，对自己不公”问题上，10.8% 的选择“比较严重”，5.9% 的选择“非常严重”；在“心情时好时坏，起伏较大”问题上，17.3% 的选择“比较严重”，12.2% 的选择“非常严重”。

（二）网络使用率高，缺乏有效引导

随着互联网技术的发展和广泛应用，网络作为一种信息获取和社会交往

平台，已经深度融入人们的日常生活和工作、学习中。中学生成长在信息社会，网络已经深度融入中学生的学习、交流、游戏、阅读等方方面面，但由于中学生正处在学习成长的关键阶段，其人格、心理还不成熟，过度使用网络、游戏成瘾等问题已经成为一个社会问题，深受家长、教育者及社会各界关注。本次调查结果表明，中学生平均每天花在网络上的时间，34.7%的为1小时以下，27.9%的为1~2小时，16.0%的为2~3小时，12.2%的为3~5小时，5.0%的为5~8小时，4.2%的为8小时及以上（见图51）。被调查中职学校学生上网时间明显长于普通中学学生，平均每天花在网络上的时间在2小时及以上的达到58.1%，高于初中和高中学生的该比例。究其原因，主要是中职学生面临就业或对口招生，其学习压力、学习习惯、学习态度等与普通中学学生存在较大差异，部分中职生对自己要求不高，所以沉迷网络不能自拔。

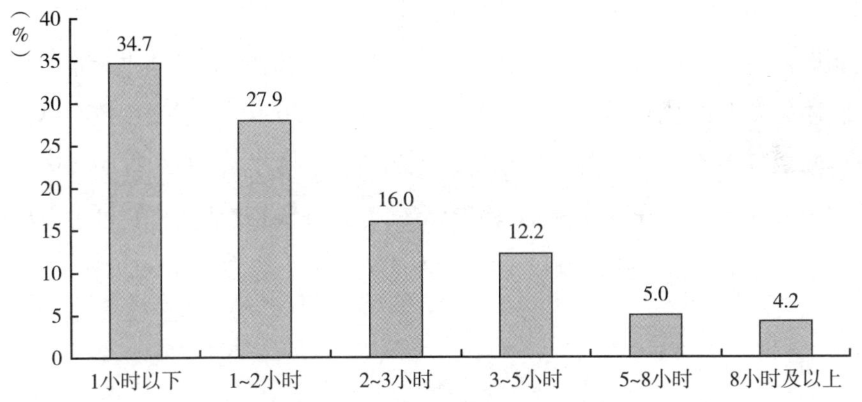

图51　中学生每天花在网络上的时间

另外，从中学生网络活动内容来看，其上网活动主要是打游戏，聊天，刷抖音、快手等短视频，浏览动漫网站，看网络文学等，而接受线上教育或搜索学习资料的时间并不多。不可否认，随着网络技术的发展，互联网已经成为人们获取知识和信息的重要渠道，网络在中学生获取教育资源、拓宽视野中发挥了积极作用，但中学生好奇心强、自我控制能力较弱，易沉迷于游戏、聊天、浏览不健康网站等上网行为。调查结果显示，2.9%的中学生认为“网络对学习及身心健康产生了一定的负面影响”，7.4%的中学生表示“不能很好地把握网络与现实的界限”，6.5%的中学生表示“不能督促自己学习，避免过多地受网络影响”，18.6%的中学生认为“在网络上才能找到乐趣，愿意生活在网络世界里”，10%的中学生表示“网络生活才是自己的所有，不喜欢现实中的生活”，这都表明过度使用网络已经对部分中学生的生活、学习形成了不可忽视的消极影响，需要持续给予关注并加以有效引导。

（三）阅读时间少，易受流行文化影响

中学生每周读书看报时间较少，57.6%的中学生每周读书看报时间在2小时以内。中学生中选择“从不”“1小时以内”“1～2小时”“2～3小时”“3～5小时”“5小时及以上”的比例分别为7.1%、18.2%、32.3%、14.8%、10.9%、16.7%（见图52）。分学段看，初中、高中学生每周读书看报时间略长于中职学生，初中生、高中生、中职学生每周读书看报时间在2小时及以上的比例分别为43.9%、42.1%和36.9%。分性别看，男生、女生每周读书看报时间在2小时及以上的比例分别为44.0%和41.0%，男生情况好于女生。分城乡看，地级市市辖区、县级市/县城、农村中学生每周读书看报时间在2小时及以上的分别为43.7%、42.7%和39.9%。

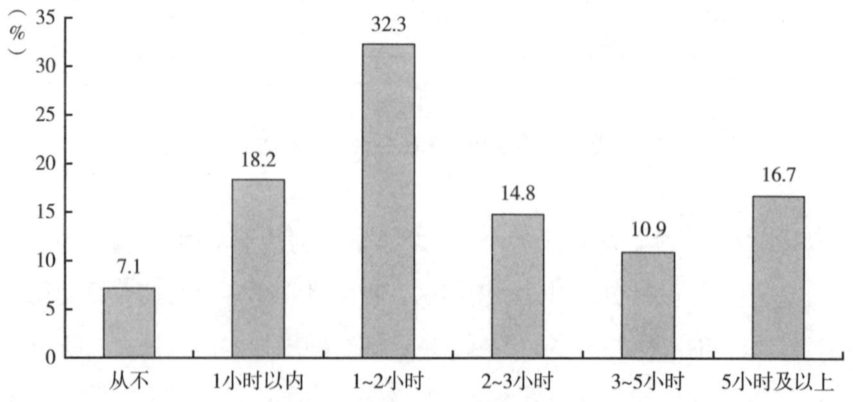

图52　中学生每周读书看报时间

中学生的阅读内容，除学校规定的经典名著之外，网络文学占有重要地位。中学生喜爱的网络文学主要集中在校园青春、都市言情、仙侠穿越、玄幻惊悚、科幻悬疑等类型上，同人文、动漫等作品在中学生群体中也很受欢迎。这些作品在中学生群体中流行，主要是由于中学生群体中存在从众行为及猎奇、寻求刺激、缓解压力、青春萌动等心理需要，但是网络文学作品质量参差不齐，而中学生的价值观还没有完全形成，很容易受到这些作品潜移默化的影响。

（四）教育与需求契合度不高，思想政治教育有待加强

思想政治课是中学生思想政治教育的重要渠道，长期以来，中学思想政治课基本上是灌输式教育，理论与实践结合不强，缺乏必要的教育内容、方法、手段创新，教育存在与学生需求契合度不高的问题。在回答“当前思想政治课教学中存在的主要问题有哪些?”时，65.8%的中学生认为主要问题在于“教学形式过于偏重课堂，课堂外实践体验缺乏”，28.1%的中学生认为“教育模式偏重灌输式，学生参与度低”，24.3%的中学生认为“教材过于偏重理论，与现实结合不足”，21.4%的中学生认为“任课教师照本宣科，缺乏趣味性、创造性和必要解读”，23.1%的中学生认为“学生对思政课程的认识和兴趣度不足，只为了应试”（见图53）。中学生乐于接受的思想教育活动主要是读书观影会、典型人物现身说法、交流研讨会和参观访问，其比例分别为33.5%、17.1%、16.9%和16.0%，此外，选择课堂教学和专题讲座的比例分别为8.9%和7.6%（见图54），可见中学生对思想教育活动的需求是多样性的，而学校普遍存在的灌输式、说教式的教育活动与之存在错位，教育效果得不到有效保障。

（五）参与面较窄，社会实践不足

中学生的社会实践，是指中学生通过参与社会活动，达到了解或掌握某些知识或技能、锻炼社会适应和参与能力、提高社会责任感的目的。社会实践是中学生提高综合素质的重要途径，是认识社会、服务社会的重要载体，但课外

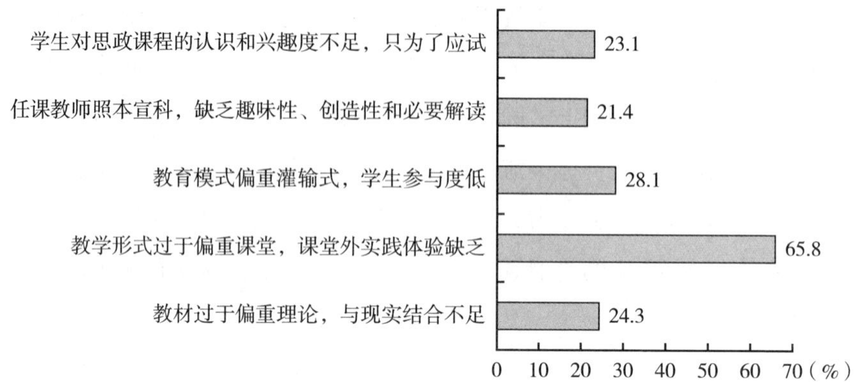

图 53　思想政治教学中存在的问题

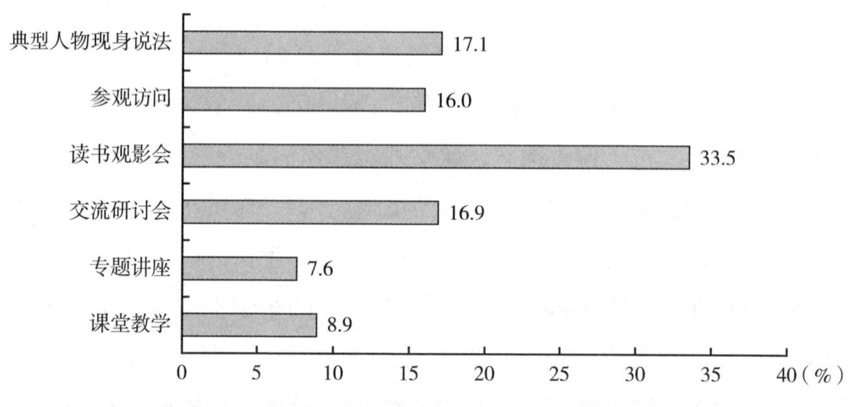

图 54　中学生乐于接受的思想教育活动

时间有限、组织渠道不畅等原因，造成中学生社会实践参与不足。调查结果表明，32.5%的中学生没参加学习外的社会实践，选择“到农村地区参加过劳动体验”“到光荣院做过志愿者”“曾走上街头，以志愿者身份协助交警维持交通秩序”“去过养老院/医院等地方做过义工”“参加过关爱小动物的志愿者活动”“参加过公益性的演出或组织、参与过街头募捐活动”“参加过其他形式的社会志愿者活动”的比例分别为34.2%、6.4%、5.7%、13.0%、10.2%、14.6%、30.9%（见图55）。92.9%的中学生没有过出国旅行或交流的经验；31.1%的初中生表示“还没有出过河北省”，没有省外交流、旅行经验。

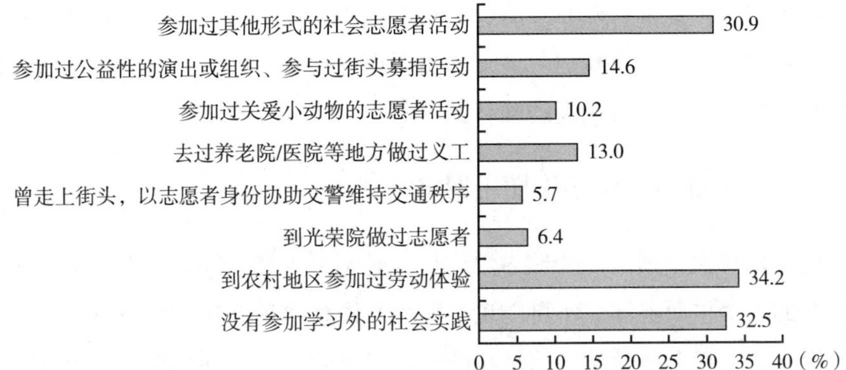

图 55　中学生的社会实践经历

四　对策建议

（一）切实减轻中学生学习负担

过重的学习负担不仅会损害学生身心健康，而且会扼杀学生的创造力和想象力。学习负担过重看似教育问题，实际上是社会问题在教育上的集中体现。现行的高考招生制度导致考试竞争压力不可避免，由此引发学校、教师、家长的普遍焦虑，这种焦虑传导到学生身上最直接的表现就是增大作业量、延长学习时间及铺天盖地的课外辅导。所以，减轻学生负担是一项系统工程，需要政府、学校、家庭和社会多方努力。从学校来说，要深入开展素质教育，关注学生核心素养培养，积极开发多样化的课程供学生自主选择，在相对自由的环境中让每个受教育者都能够主动地、最大限度地发展自己的天赋，培养思维能力、创新能力、实践能力、合作精神等关键能力与必备品质。教师要从关注学生学习成绩本身转向关注学生学习的全过程，对学生进行个性化的指导和精准助学。从家庭来说，面对社会竞争环境和社会评价体系，家长要树立科学的家庭教育观念，加强与孩子的交流互动，关注孩子心理健康，引导孩子正确对待学习成绩。政府相关部门要加强对校外培训机构的规范和管理，加强民办教育培训机构准入制度建设，并从办学条件、师资力量、教学内容、课业负担等多方面对培训机构进行监管，改变校外培训机构水平参差不齐、盲目拔高的辅导乱象。

（二）正确引导中学生使用网络

信息化时代，网络已经成为现代社会必不可少的一部分，中学生作为现代社会的一个重要群体，不可能也不应该与网络隔离开来，要引导中学生合理使用网络，提升中学生的信息技能和信息素养，发挥网络在中学生学习生活中的积极作用。引导中学生客观看待网络，正确认识网络的工具属性，将网络作为学习、生活的工具来使用。引导中学生适当控制游戏、短视频、交友等网络使用行为，弱化网络在中学生情感联结中的作用，减弱对网络的情感依赖。加强对网络媒体、网络游戏、网络交友、网络文学平台等互联网应用的监管，防止黄、赌、毒等不良信息危害未成年学生。丰富在线科普和学习资源，增强在线学习的趣味性和互动性，增强其对中学生的吸引力，引导中学生健康、高效地利用网络。家庭、学校、社会要为中学生提供丰富的生活体验和实践锻炼的机会，引导他们在现实生活中寻求认同感与归属感。

（三）营造良好的中学生阅读环境

中学生的阅读状况不仅关系到个体知识储备、社会认知的增加，也关系到我国整个书香社会、学习型社会建设。近年来，随着互联网的迅猛发展，便捷可得的海量网络信息对传统阅读特别是中学生群体阅读习惯产生了很大冲击，网络阅读在视觉效果、互动性等方面相对传统纸质图书来说优势明显，中学生更倾向于多媒体数字化阅读。当前，应基于中学生阅读需求和阅读本身的发展规律，政府、学校、家庭、社会各方携手，引导中学生群体阅读走上良性发展的轨道。政府要加强各级图书馆、阅览室等公共文化服务机构建设，多举办丰富多彩的读书活动，在整个社会营造浓厚的全民阅读氛围。图书馆、社区和社会课外培训机构可以定期组织针对中学生的读书活动，调动中学生阅读兴趣。教育部门要结合中学阶段教学需要，策划中学生课外阅读推广活动，为中学生推荐阅读书目。出版发行机构要多关心中学生群体阅读需要，为中学生提供优质阅读资源。学校要注重孩子阅读习惯的培养，针对在调查中发现的作业过多、阅读时间不足的情况，学校可以考虑利用专设时间保障学生阅读，并对学生进行阅读指导。家长要以身作则多读书，为孩子做出榜样，也应适当增加家庭藏书量，为孩子营造良好读书环境。

（四）加强中学生思想政治引领

学校要注意平衡教学目标追求与学生期待，从教学内容供给、教师教学方式及技巧、教学工具等入手，提高思想教育质量，还应充分考虑学生的成长发展需求和期待，谋求思想政治理论课的教学目标与学生个体成长发展的协调统一。加强德育教育，教育引导学生树立正确的世界观、人生观和价值观。加强社会主义核心价值观教育，通过典型引领和形式多样的课外活动，促使中学生群体深刻认识、理解和掌握社会主义核心价值观的内涵，做到入脑、入心，自觉践行社会主义核心价值观。改进思想政治教育内容，增强学生的学习主动性；加强对思想政治理论课程、培训的教学手段和教学工具的创新，提升课堂效率。另外，要加强中学共青团组织建设，不断丰富工作载体、创新工作方式，充分发挥共青团在中学生群体中的思想引领作用。利用“三会两制一课”、主题团日、志愿服务活动、社团活动等多种形式，打造共青团教育阵地，强化团组织影响力。做好中学生团员的管理和培养工作，引导中学生团员增强先锋意识，强化团员的组织荣誉感、组织归属感。

（五）多渠道增强中学生社会实践能力

学校在学生综合素质测评中，要把学生社会实践活动作为重要内容，建立学生社会实践档案，作为学生综合素质测评的重要考察因素和三好学生、优秀学生干部等评比活动的重要参考指标。要加强教师指导学生社会实践能力的培训，提高教师社会实践指导的专业性，鼓励教师积极组织参与学生社会实践。教育部门要重视社会实践基地建设，充分挖掘所在地机关、企事业单位、社区的教育资源，建立联合教育实践基地，拓宽社会实践渠道。家长在学生成长的过程中，要有意识地培养其实践能力，多鼓励孩子参加各种社会实践，体验社会生活。

B.3 河北高校学生群体研究报告

张　丽*

摘　要： 高校大学生是青年群体中的中坚力量，肩负着实现国家富强、民族复兴、人民幸福的时代重任。本研究针对高校学生群体从信念与价值观、教育现状与就业倾向、政治参与与社团参与、恋爱婚姻与家庭、健康休闲与志愿服务等5个方面展开调查分析，发现有部分课程设置与学生多元化需求间存在差异、闲暇时间读书看报较少、学习和就业压力较大、身体健康素质有待提高、志愿服务活动参与机制亟待规范等问题，提出如下建议：统一思想固根基，筑牢广大高校学生理想信念的坚强基石；充分发挥各方作用，积极推动高校学生就业创业；注重人文关怀，加强大学生身心健康教育和引导；创新激励机制，推动高校学生志愿服务活动持续进行；多元合力促发展，构建“政府+高校+家庭+社会”协同育人平台。

关键词： 高校学生　价值观　就业创业　健康休闲　志愿服务

当前社会进入转型期，各种思想文化相互碰撞、相互交织、相互融合，各种社会思潮和文化形态纷纷呈现，信息传播和社会交往方式出现新的发展

---

* 张丽，河北省社会科学院社会发展研究所副研究员，主要研究方向为青年社会学。

趋势，高校学生身处的社会环境更为复杂多变，他们树立怎样的价值观和理想信念，攸关国家和民族未来发展。

一 河北高校学生群体问卷调查情况

（一）调查对象及样本分布

本次调查选取的学校样本主要涵盖河北省内 11 个地级市的 36 所高校，其中有本科一批 8 所、本科二批 11 所、专科学校 17 所。从中选取研究生、贫困生可执行样本学校 10 所，主要包括燕山大学、河北大学、河北师范大学、河北农业大学、河北医科大学、河北科技大学、石家庄铁道大学、华北理工大学、河北经贸大学、河北地质大学。

本次调查的高校学生为 1984 年以后出生（35 周岁以下）的在河北高校读书的本专科生、硕士研究生及博士研究生，其中高校贫困学生指来自河北省建档立卡贫困家庭的在高校就读的学生①。

（二）调查抽样方案

本次调查按照统计学最低代表性样本要求，确定了群体样本量。群体样本量按照 0.3% 的抽样比例确定，高校学生计划执行样本量 5010 份，其中，普通本科生 2280 份、普通专科生 1530 份、研究生 600 份、高校贫困学生 600 份，考虑会存在一定比例的废卷，在计划发放问卷总量的基础上，设置 5% 的上浮比例，剔除废卷后，实际共回收问卷 7166 份，其中有效问卷 7046 份。

---

① 根据《河北经济年鉴 2017》和《2015 年河北省 1% 人口抽样调查》数据推算，河北省高校学生中，普通本科生［1984 年以后出生（35 周岁以下）的在河北高校读书的本科生］数量为 77.5 万人，普通专科生［1984 年以后出生（35 周岁以下）的在河北高校读书的专科生］56.8 万人，研究生为［1984 年以后出生（35 周岁以下）的在河北高校读书的硕士及博士研究生］为 4 万人。

表 1　河北省高校学生样本量选取和执行情况

<table>
<tr><th colspan="2">群体类别</th><th>群体界定标准</th><th>数量
（万人）</th><th>总样本量
（计划/有效样本）（份）</th></tr>
<tr><td rowspan="4">高校学生</td><td>普通本科生</td><td>1984 年以后出生（35 周岁以下）的在河北高校读书的本科生</td><td>77.5</td><td rowspan="4">5010/7046</td></tr>
<tr><td>普通专科生</td><td>1984 年以后出生（35 周岁以下）的在河北高校读书的专科生</td><td>56.8</td></tr>
<tr><td>研究生</td><td>1984 年以后出生（35 周岁以下）的在河北高校读书的硕士及博士研究生</td><td>4.0</td></tr>
<tr><td>高校贫困学生</td><td>河北省建档立卡贫困家庭中在高校就读的学生</td><td>—</td></tr>
</table>

（三）被调查对象基本情况

从性别看，高校男生占比为 45.7%，高校女生占比为 54.3%。

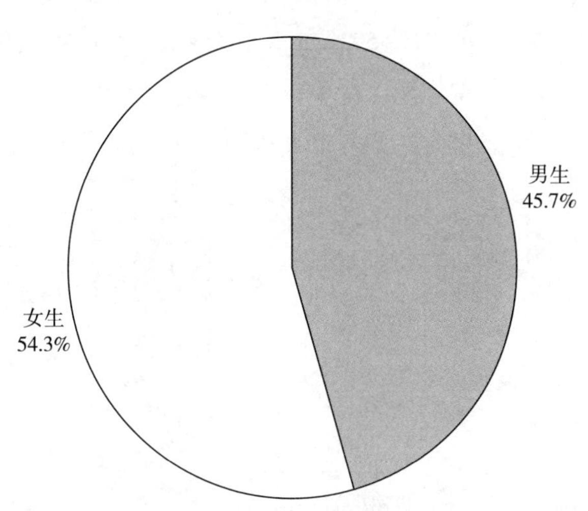

图 1　被调查高校学生性别比例

从学历看，普通专科学生占比为29.5%，普通本科生占比为62.3%，研究生占比为8.2%。

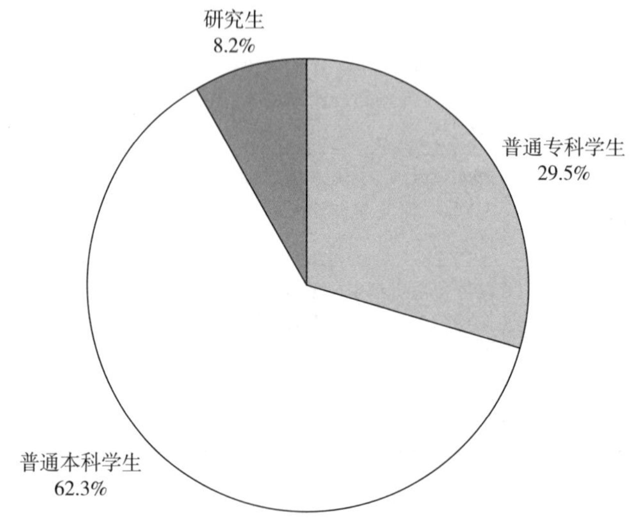

图2　被调查高校学生学历情况

从户籍看，河北省非农户籍的占比24.0%，外省非农户籍的占比为8.9%，河北省农业户籍的占比57.2%，外省农业户籍的占比9.9%。

非独生子女占比较高。被访者中，家有独生子女的占比28.7%，家有二孩的占比为56.9%，家有三个及以上孩子的占比为14.4%。

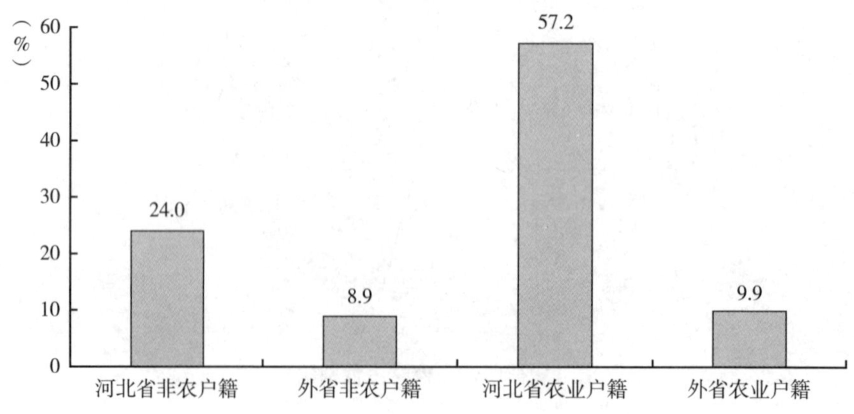

图3　被调查高校学生户籍情况

从入党情况看，被调查的高校学生中，11.3%的已经加入中国共产党，48.4%的目前是团员，但已经递交入党申请。

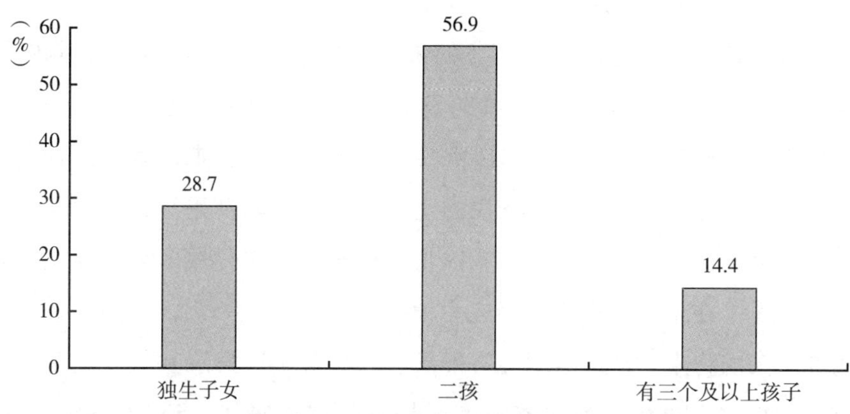

图4　被调查高校学生家庭子女状况

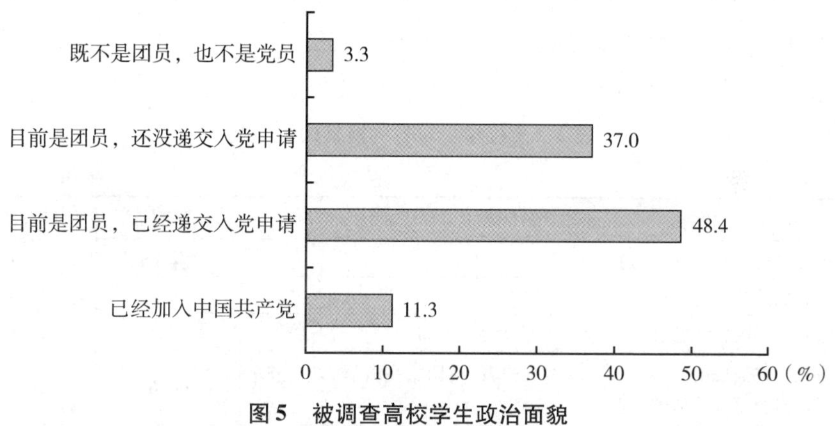

图5　被调查高校学生政治面貌

二　河北省高校学生问卷调查结果与综合分析

（一）信念与价值观分析

1. 大多数高校学生坚决拥护中国共产党的领导

多数高校学生在思想上、行动上自觉与党中央保持一致，关心国家的前途和命运，对党和政府的重大决策及其对重大事件的处理，能够表示理解、赞同和支持，对国家和河北未来的发展充满信心。同时在政治思想上积极要求进步，认同思想政治课的重要性和引领作用。

大多数高校学生对国家和河北的未来发展前景充满信心，认为政治、经济、社会、生态、文化等领域的发展都将越来越好。调查数据显示，90%以上的高校学生认为我国必将完成祖国统一大业，未来我们的社会将更加文明、公正和平等，我国人民的生活水平将大幅度提高，未来我国将涌现出更多的诺贝尔奖获得者，我国将在科研、人文领域取得世界领军者的地位，我国在未来几十年内会成为世界第一强国。80%以上的高校学生认为在不久的将来，河北省的经济发展、京津冀协同发展和雄安新区的建设都会取得重大进展，河北省将彻底打赢脱贫攻坚战，到 21 世纪中叶，我国将彻底解决看病难、看病贵的问题。70%以上的高校学生认为，在不久的将来河北省能彻底解决环境问题。

表 2　高校学生对各种前景的信心度

单位：%

对各种前景的信心度	非常有信心	比较有信心
我国必将完成祖国统一大业	72.8	20.5
未来我们的社会将更加文明、公正和平等	68.2	23.0
未来几十年内，我国人民的生活水平将大幅度提高	67.4	24.7
未来我国将涌现出更多的诺贝尔奖获得者，我国将在科研、人文领域取得世界领军者的地位	66.6	25.6
我国在未来几十年内会成为世界第一强国	60.5	31.2
不久的将来河北省的经济发展、京津冀协同发展和雄安新区的建设都会取得重大进展	58.2	29.4
在不久的将来河北省将彻底打赢脱贫攻坚战	54.0	28.3
到 21 世纪中叶，我国将彻底解决看病难、看病贵的问题	50.7	29.8
不久的将来河北省能彻底解决环境问题	45.4	28.1

绝大多数高校学生对党的执政能力充满信心。调查数据显示，约 95%的高校学生对党全面从严治党的能力、应对国际形势和处理国际事务的能

力、建设社会主义先进文化的能力、社会治理的能力、发展社会主义民主政治的能力以及领导社会主义市场经济的能力均充满信心。

表 3　高校学生对党执政能力的信心度

单位：%

对党执政能力的信心度	非常有信心	比较有信心
全面从严治党的能力	70. 8	24. 1
应对国际形势和处理国际事务的能力	70. 9	24. 0
建设社会主义先进文化的能力	69. 2	25. 3
社会治理的能力	69. 0	25. 7
发展社会主义民主政治的能力	68. 3	26. 3
领导社会主义市场经济的能力	67. 0	28. 1

高校学生对我国各项建设的满意度很高。调查数据显示，“五位一体”总体布局包括经济建设、政治建设、文化建设、社会建设、生态文明建设，高校学生对经济建设满意的占 95%，对社会建设满意的占 93. 6%，对政治建设满意的占 92. 7%，对文化建设满意的占 91. 9%，对生态文明建设满意的占 87. 5%。

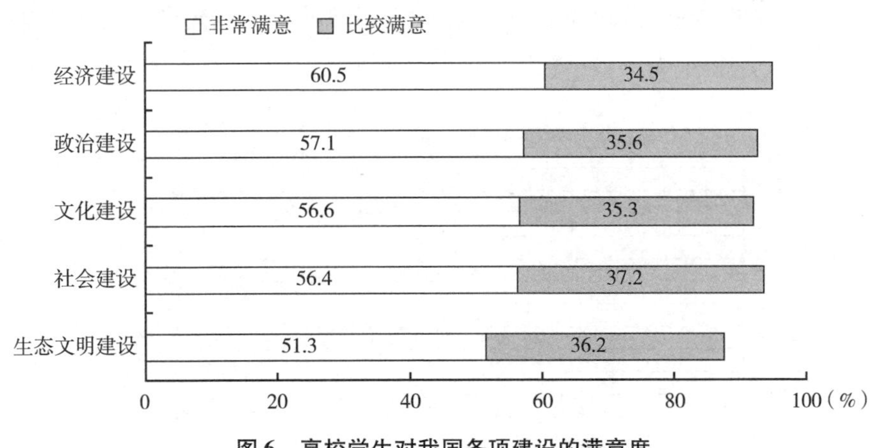

图 6　高校学生对我国各项建设的满意度

八成以上高校学生对河北当前的经济建设、政治建设、文化建设、社会建设和生态文明建设满意。调查数据显示，高校学生对河北社会建设满意的占比最高，为90.3%；其后是经济建设和文化建设，为86.4%，对政治建设满意的占85.6%；对生态文明建设满意的占比略低，为78.7%。

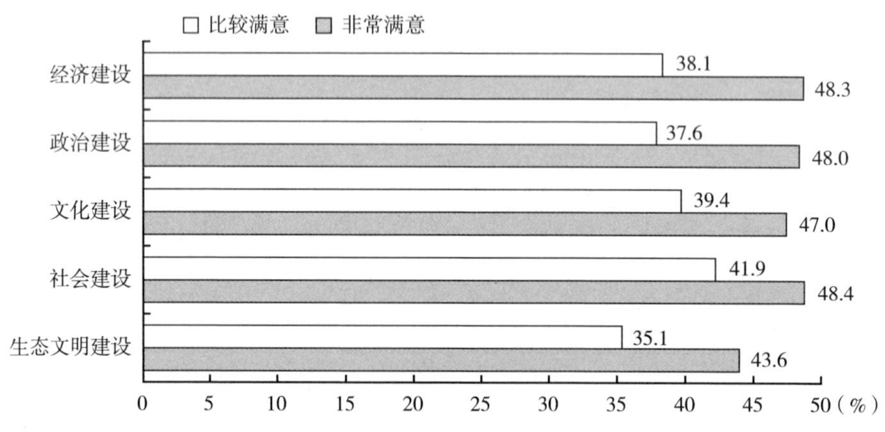

图7　高校学生对河北各项建设的满意度

高校学生认为国家和河北未来十年的发展会越来越好。调查数据显示，95%以上的高校学生认为，未来十年，国家在经济建设、政治建设、文化建设、社会建设、生态文明建设方面均会变好。94%以上的高校学生认为，未来十年，河北省在经济建设、政治建设、文化建设、社会建设、生态文明建设方面均会取得很大进步，总体发展变好。

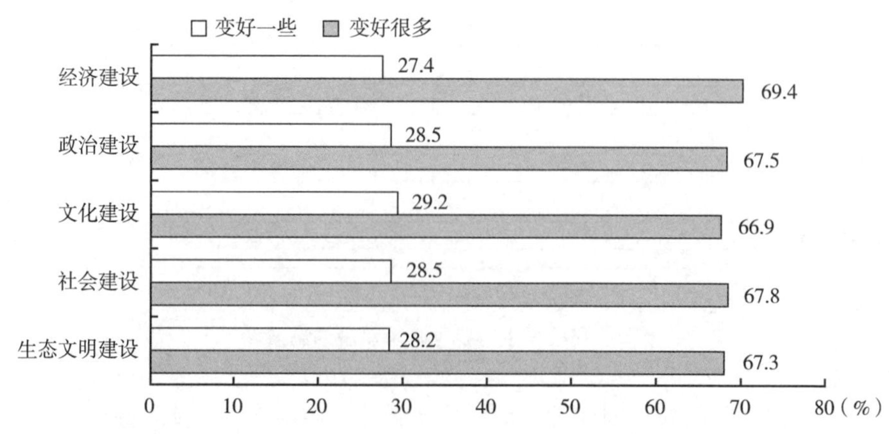

图8　高校学生对国家各项建设的期望值

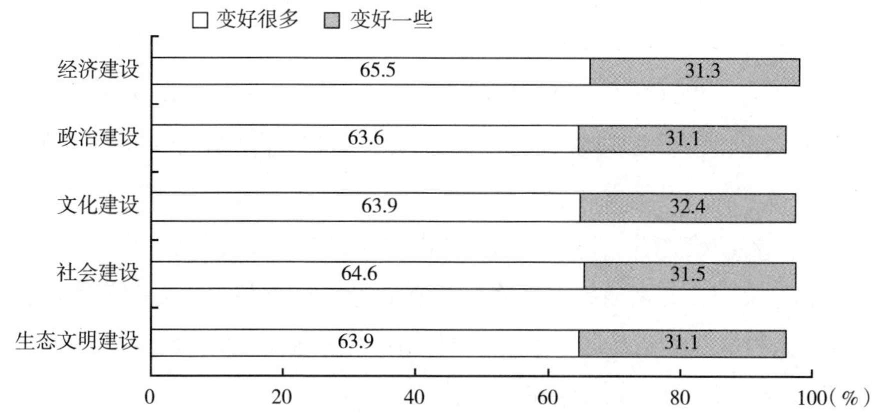

图9　高校学生对河北各项建设的期望值

2. 高校学生高度认同社会主义核心价值观

高校学生有正确的价值取向，主流是进取的、向上的，具备对国家和社会的责任担当意识。对人生价值的看法与选择，许多高校学生有自己的见解，普遍对“奋斗进取、遵纪守法、敢于担当、对社会有所作为”等人生价值观持认可态度。

九成以上高校学生认同社会主义核心价值观，并能说出主要内容。调查数据显示，高校学生中 68.2% 的人对社会主义核心价值观非常认同，26.6% 的比较认同。高校学生中，59.0% 的人能完整地说出社会主义核心价值观的全部内容，26.7% 的人只记住一部分，能说出 6～11 条。

高校学生富于进取心、责任感、正义感，善良又诚信，越来越追求完美的人格。调查数据显示：97% 的人认为诚信是做人的基础；96.1% 的人认为奋斗成就人生；95.7% 的人认为要善待身边的每个人；95.4% 的人认为生活条件好了，但节俭仍需提倡；93.6% 的人认为现代社会仍需要互助友爱和奉献精神；88.7% 的人认为我们社会中每个人都有平等的机会取得学业上的成功；81.5% 的人认为我们社会中每个人都有平等的机会变得富有。

高校学生普遍具备维护社会秩序、危难时刻助人、遵守行为规范、尊长爱幼敬亲、勇于认错止错的优秀品质。调查数据显示：95.1% 的人乘坐公交遇到需要帮助的人，都会主动让座；91.9%的人家里来客人时，会主动问好打招呼；92.7%的人过马路时，没有交警和车辆也会遵守交通规则，即使当时有急事要办；93.6%的人犯错误后会主动承认，并敢于承担相应后果；94.5%的人犯错误后会主动想办法解决问题，将损失降到最低；91.6%的人认为父母很辛苦，会经常帮助家长做家务；89.3%的人认为作弊是不光彩的行为，自己绝不会作弊；95.7%的人外出购物或搭乘公共交通工具时，都会自觉排队；85.4%的人遇到在马路上摔倒的老人或小孩，会主动帮忙扶起；95.1%的人在电影院等需要安静的地方总是将手机静音；73.1%的人见到破坏公共设施的行为，都会上前制止或报警；79.5%的人见到有人遇到困难或危险，即使需要承担一定风险，也会提供力所能及的帮助；90.3%的人认为如果中国发生自然灾害，愿意为受灾的同胞提供捐款或加入救灾志愿者队伍。

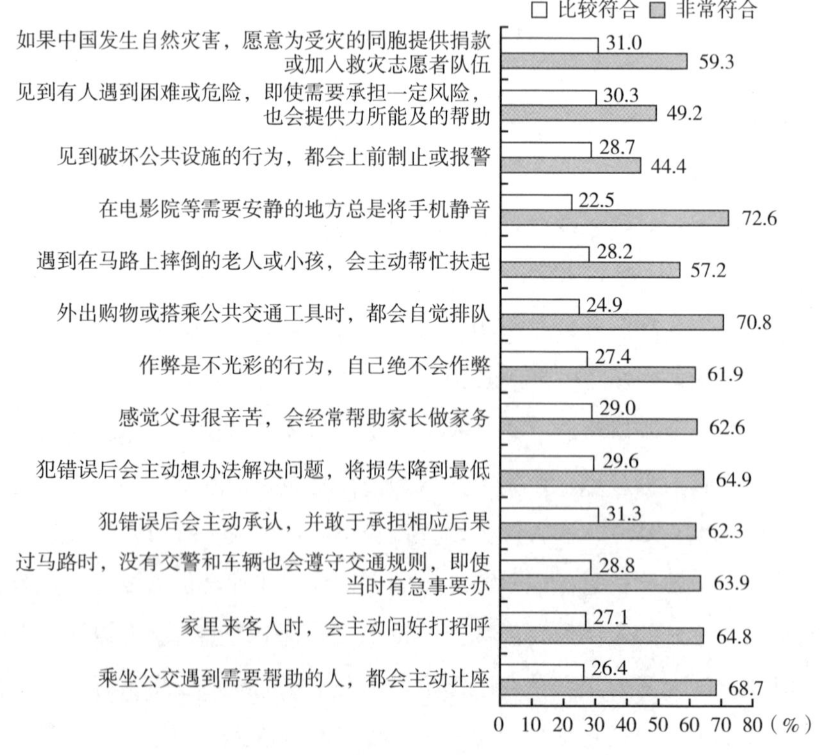

图10　高校学生的行为规范程度

（二）教育现状与就业倾向分析

1. 高校学生对自身学习成绩、学习能力和学习态度的满意度较高

多数高校学生对中国传统文化知识兴趣浓厚。

高校学生对自身的学习成绩、学习能力和学习态度的满意度均在80%以上，占比分别为84.1%、87.3%、84.7%。

调查数据显示，高校学生认为在个人发展中最重要的三种能力分别为交往能力（46.9%）、逻辑思维能力（41.6%）和外语能力（38.7%）。

大部分高校开设了各类学习课程，并且也能基本满足学生需求。近七成的高校学生认为学校开设的军事类课程、就业择业课程、心理学课程、计算机应用课程、时事政治类课程可以满足需求。近六成的高校学生认为学校开设的文学类课程、语言类课程、通识教育类课程可以满足需求，近五成的高校学生认为经济管理类课程、艺术鉴赏与审美课程可以满足需求，42.4%的高校学生认为基础医学类课程、科技课程可以满足需求。有35.7%的学生认为学校开设的娱乐类课程可以满足需求。

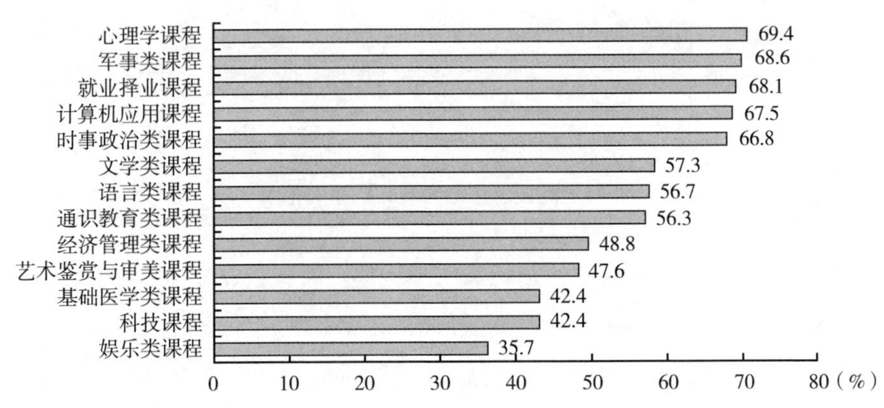

图11　高校所开设各类课程对学生需求的满足程度

八成以上高校学生对思想政治理论课程感兴趣。调查数据显示，高校学生中，93.3%认为思想政治理论课中讲述的理想信念应该得到坚持和发扬，

描绘的美好蓝图也必将实现。83.2%认为思想政治理论课内容与实际联系紧密，对这门课程也充满兴趣。90.1%认为思想政治理论课任课老师很有水平，讲课时能做到深入浅出，而且能举出生动的事例，上思想政治理论课时会感到很轻松。89.3%认为思想政治理论课不仅仅关系到自身成绩，也对自己未来的为人处世有重要的指导意义，上课时会认真听讲。89.2%认为学校与任课老师曾经专门讲过开设思想政治理论课的重要意义以及相关方面的知识。88.3%认为思想政治理论课中的经济学、法律和社会等方面的常识可以拓展自身知识面，喜欢学习相关知识。

高校进行思想政治理论教育的主要形式仍是课堂教学（见图12）。读书观影会是高校学生最乐于接受的思想政治教育活动形式（见图13）。

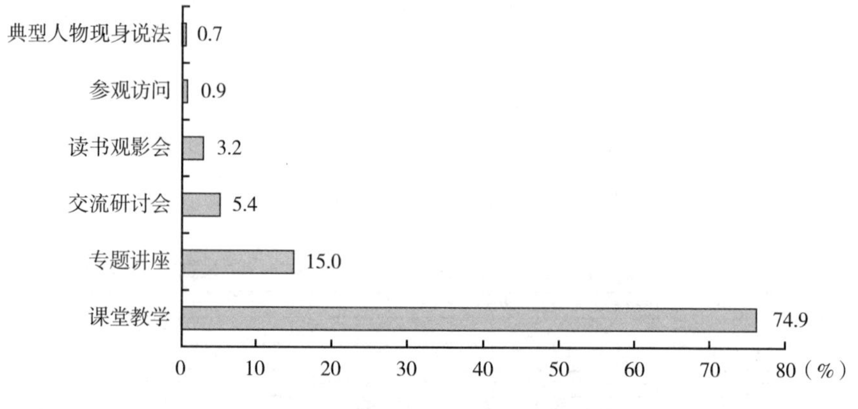

图12　高校思想政治教育的主要形式

88.9%的高校学生对中国传统文化感兴趣。调查数据显示，高校学生对中国传统文化感兴趣的程度由高到低依次为：40%以上的学生对书法、传统服饰感兴趣，30%以上的学生对传统礼仪、国画、古代建筑感兴趣，20%以上的学生对中医中药、传统历法与风俗、古代文化典籍、古典舞蹈/民族舞、武术、民乐感兴趣。

2. 近八成高校学生对自己未来的发展有清晰的目标和理想

高校学生就业选择更偏向于国有企业、事业单位、党政机关。七成以上

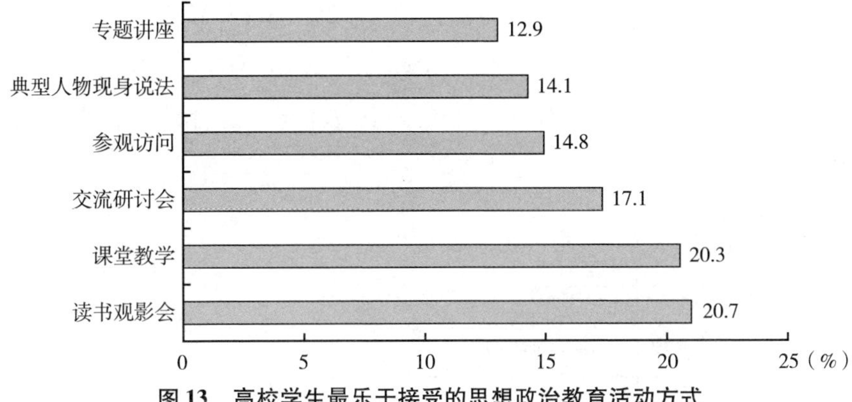

图 13　高校学生最乐于接受的思想政治教育活动方式

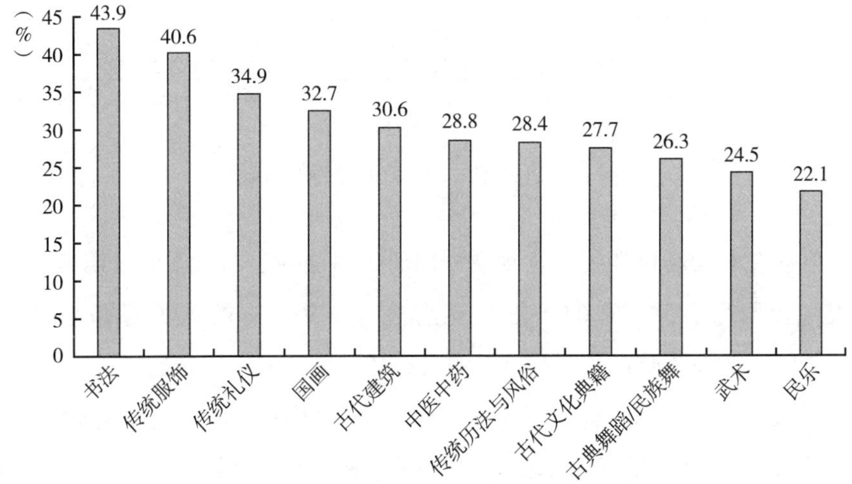

图 14　高校学生对中国传统文化的感兴趣程度

的高校学生考虑过自主创业，更倾向于在互联网领域、教育培训行业进行创业。

高收入、工作安全性强和能实现个人的价值是高校学生寻找工作时最先考虑的三个因素。调查数据显示，高校学生在寻找工作时，选择高收入的占比 51.0%，选择工作安全性强的占比 37.9%，选择能实现个人的价值的占比 34.8%，选择能发挥自己的能力的占比 26.9%，选择没有太大的压力的占比 23.8%，选择稳定的占比 18.6%，选择时间安排灵活的占比 17.5%，选择能提升能力的占比 17.2%，选择符合个人兴趣的占比 15.7%，选择职业声望好、受人尊敬的占比 13.4%，选择能够积累经验的占比 11.0%，选择工作氛围好的占比 7.0%，选择地理位置便利的占比 3.9%。

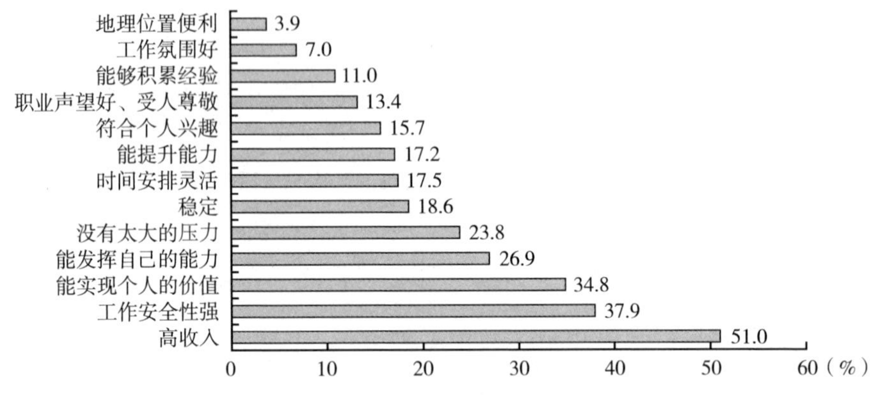

图 15　高校学生找工作时考虑的因素

五成左右的高校学生就业意愿偏向于国有企业、事业单位、党政机关。调查数据显示，58.5% 的人选择国有企业、46.4% 的人选择事业单位、45.2% 的人选择党政机关，22.1% 的人选择高等院校，还有选择其他一些职业的，如选择自主创业、外资企业、中小学、民营企业、自由职业（如自由撰稿人等）、各类社会组织、混合所有制企业、农林牧渔业、新兴职业（如网络主播等）的占比均在 20% 以下。

76.6% 的高校学生对自己未来的发展有清晰的目标，坚定自己的理想信念并为之努力。问及“对自己的未来的发展是否进行过规划”时，调查数据显示：57.8% 的高校学生表示有清晰但比较短期的目标（3～5 年的阶段性目标）；18.8% 表示有清晰而长远的目标（长期奋斗的人生方向）；22.4% 表示目标模糊，没有仔细考虑过；1.0% 表示从来没想过相关问题。问及“理想与现实存在较大差距时的做法”时，31.8% 会坚定自己的信念，不达目的誓不罢休；53.4% 会仍把理想作为前进的动力，但不在意实现与

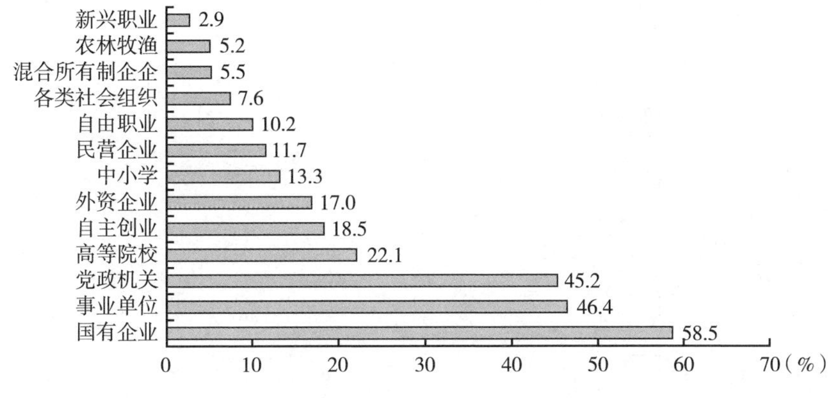

图 16　高校学生就业意愿

否；12.7% 会认为自己不适合这个理想，选择其他理想去实现；2.0% 会灰心丧气、陷入迷茫。

七成以上的高校学生考虑过自主创业，男生比女生的创业意愿更强烈，专科生比本科及以上学生自主创业意愿更明显。问及“是否会自主创业”时，调查数据显示，高校学生中 44.3% 表示考虑过，一直有这个打算，时机成熟时会付诸行动；33.2% 表示考虑过，但不知道怎么操作，不再考虑了；22.2% 表示没有考虑过，觉得还是就业比较稳妥、踏实；0.4% 表示已经创业。51.7% 的高校男生和 38.0% 的高校女生表示考虑过，一直有这个打算，时机成熟时会付诸行动。39.3% 的本科学生和 56.2% 的专科学生表示考虑过，一直有这个打算，时机成熟时会付诸行动。

高校学生更倾向于在互联网产业领域进行创业，其次是教育培训行业。调查数据显示，高校学生打算进行创业的行业，除互联网产业（25.6%）和教育培训行业（14.4%）外，对于其他行业的创业意愿均在 10% 以下，其中，在家政服务领域创业意愿最低，选择比例不足 1%。

高校学生想要创业的原因主要有三个，一是为了得到更高的收入，使自己和家人的生活更好，占比为 48.3%；二是挑战自我，实现人生价值，占比为 47.4%；三是主宰自己的生活，不受制于人，占比为 42.0%。值得注意的是，家里支持的比例不足 1%。

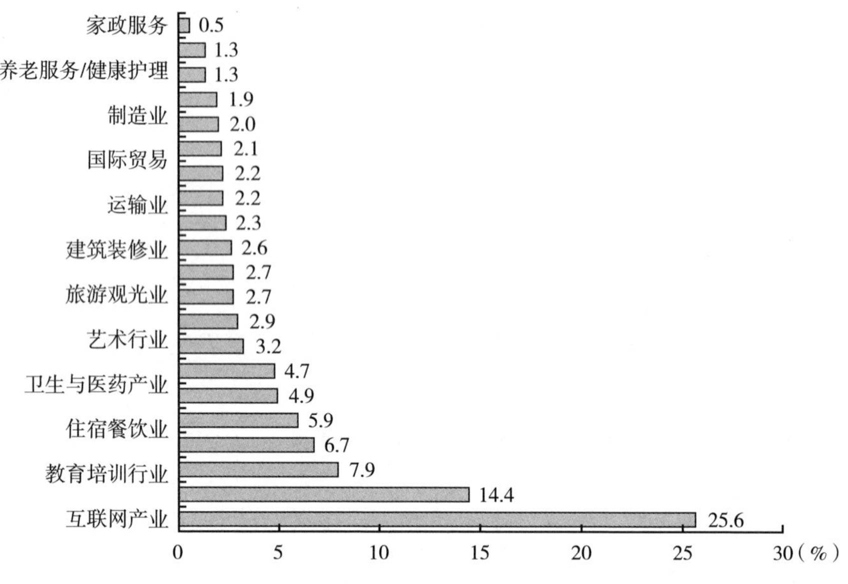

图 17　高校学生倾向的创业领域

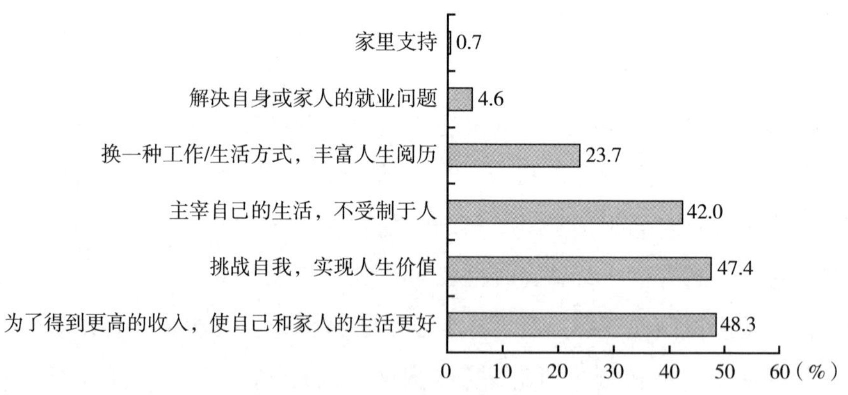

图 18　高校学生创业的原因分析

（三）政治参与与社团参与状况分析

1. 高校学生政治参与对学生政治素养培养和我国民主政治建设极具价值

河北省高校学生的政治态度积极向上、务实，政治评价趋于正面。对于时事、政治关注度较高，政治参与热情较高，入党意愿显著，愿意参加党团组织的各项活动。

高校学生对各类时事、政治新闻等信息的关注度最高，占比为49.8%，对民生新闻，财经类信息，港澳台地区电影/电视剧，婚恋、交友信息的关注度较低，占比均在10%以下。

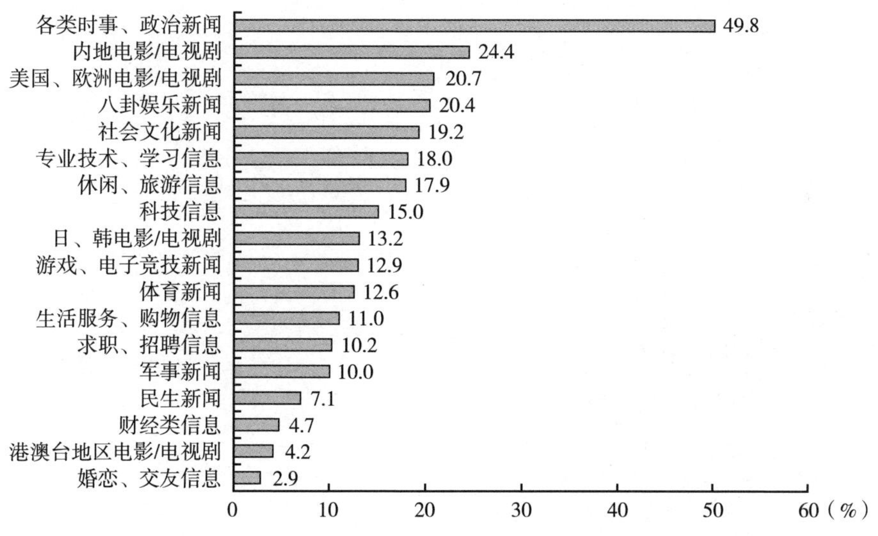

图19　高校学生对各类信息的关注度

高校学生主动表达对社会政策看法的意愿显著。调查数据显示，63.1%的高校学生愿意就社会政策公开发表自己的看法。54.6%的高校学生愿意在网上通过微博、微信朋友圈等渠道就政府的某些政策方针公开发表自己的看法。63.3%的高校学生愿意私下里与家人、朋友讨论对社会政策的看法。73.0%的高校学生愿意通过拨打市长热线、监督热线，在政府网站发帖等方式对国家方针政策、社会现象等表达自己的意见。

就业问题和贫富分化问题是高校学生最关注的社会问题。调查数据显示，在30类社会问题中，高校学生最为关心的前10类社会问题依次为就业问题（49.8%）、贫富分化问题（30.8%）、社会稳定问题（26.2%）、反腐败问题（25.1%）、社会风气和道德问题（24.3%）、房价问题（17.2%）、

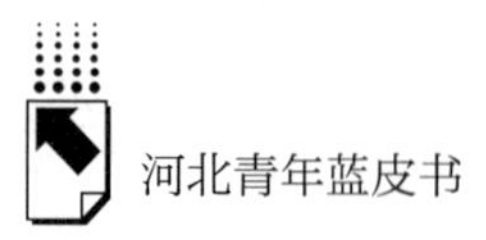

教育体制改革问题（15.6%）、青少年教育问题（9.6%）、医疗制度改革问题（9.6%）、食品药品安全问题（9.2%）。

问题	%
就业问题	49.8
贫富分化问题	30.8
社会稳定问题	26.2
反腐败问题	25.1
社会风气和道德问题	24.3
房价问题	17.2
教育体制改革问题	15.6
青少年教育问题	9.6
医疗制度改革问题	9.6
食品药品安全问题	9.2
与周边国家领土纷争…	6.9
犯罪与社会治安问题	5.8
社会保障问题	5.4
军事问题	4.8
中国对外关系与国际…	4.4
能源与环境保护问题	3.9
物价问题	3.8
弱势群体权益保护问题	3.7
祖国统一问题	3.0
国家经济发展问题	2.9
民族宗教问题	2.7
养老问题	1.9
知识产权保护问题	1.4
股市问题及国家相关…	1.3
政府体制改革	1.3
人口问题	1.0
户籍管理改革	0.9
政府民主化发展与政…	0.9
区域协同发展问题	0.8
法治建设及司法系统…	0.7

0　10　20　30　40　50　60（%）

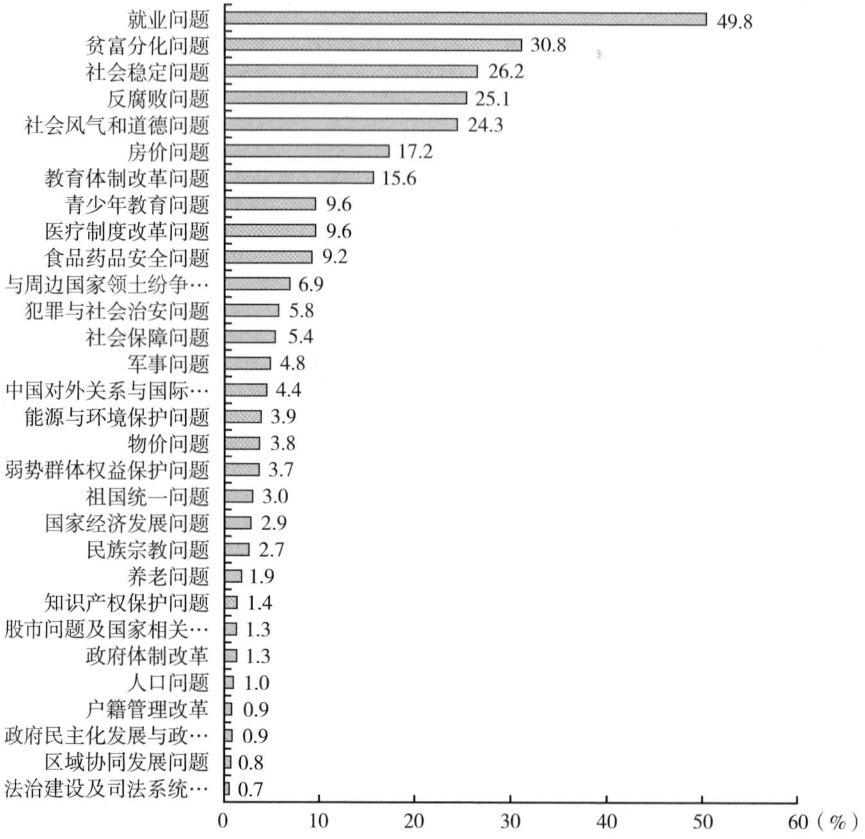

图 20　高校学生目前最关注的社会问题

近八成高校学生有明显的入党意愿。调查数据显示，从入党意愿看，高校学生中，有 77.1% 表示有机会一定会加入。高校学生加入党组织的主要原因是认同党的纲领和章程，希望能实现社会理想、服务社会和人民。

高校学生对党/团组织活动的主要印象是活动内容丰富，形式新颖，很吸引人，选择比例为 33.4%；活动现场气氛好，大家能很好地进行互动沟通，选择比例为 21.5%；对自己学习相关理论知识有很大帮助作用，选择比例为 18.9%。

2. 高校学生参与社团志愿服务活动的意愿显著

社团活动内容丰富，能引导高校学生形成积极向上的生活方式、开阔视野、提高知识技能水平、结交更多朋友，对其成长大有裨益。

六成以上的高校学生参与社团志愿服务活动的意愿显著。从参加过志愿服务活动的情况看，参加以环境保护为主题的志愿服务的比例最高，占比为65.4%；参加社会突发事件的志愿服务比例为42.5%；参加青少年（俱乐部、少年宫）指导服务的比例为48.9%；参加妇女、儿童权益保护服务的比例为38.9%；参加帮助孤、寡、残疾人等的社区服务的比例为61.1%；参加帮助低收入阶层、贫困阶层的生活服务的比例为42.8%；帮助为艾滋病、吸毒等特定人员的志愿服务的比例为30.0%；参加大型会展、大型活动志愿服务的比例为55.7%；参加赴西部、边远（贫困）地区支教服务的比例为24.1%。

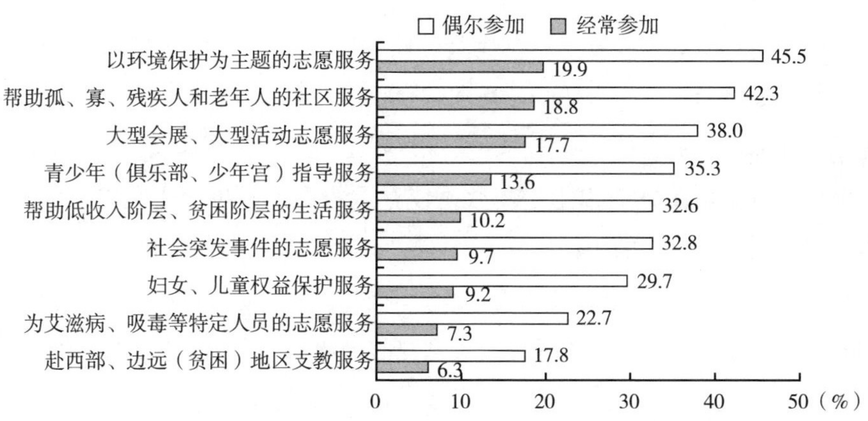

图21　高校学生参与社团志愿服务活动情况

74.1%的高校学生认为在学校参加社团活动、担任学生干部对自身发展的帮助大，22.6%的人认为帮助一般，3.3%的人认为帮助很小或几乎没有帮助。

高校学生参与大学社团活动起到明显的积极作用。调查数据显示，从愿意参与社团组织的类型看，高校学生最愿意参加的社团组织是公益类（如青年志愿者协会/自然之友）(31.5%)、兴趣爱好协会/俱乐部/沙龙（如摄影/书画/体育健身/汽车俱乐部/旅游等）(31.5%)。从大学社团所起作用看，高校学生认为大学社团为青年提供的主要帮助是：引导青年人形成积极向上的生活方式（52.3%)、开阔青年的视野，提高青年的知识技能水平(46.6%)、帮助青年结交更多的朋友（43.4%)、引导青年开展更多的公益活动（31.5%)、丰富青年的业余生活（30.5%)、为青年的成长和发展提供更多的机会（24.4%)、缓解青年在工作和生活中的压力（13.2%)、为青年提供更多的精神安慰和感情支持（7.3%)。

（四）恋爱婚姻与家庭状况分析

1. 高校学生择偶首先考虑的是对方个人素养高低

不太注重物质条件，崇尚财务独立，理想的结婚年龄是30岁之前，生育意愿强烈，以生育1~2个孩子为佳。

个人素养良好是高校学生在择偶过程中最看重的要素。调查数据显示，人品好、孝顺老人、有责任心、心理健康状况良好、有积极的价值观、有上进心、性格好、重感情、身体健康情况良好是高校学生在择偶过程中最看重的要素，占比均在90%以上；其后比较看重的要素还包括能交流、个人能力、兴趣爱好、稳定的工作、收入/经济基础、学历、年龄相仿、家庭背景、相貌/身材、有房子、老家相近等。由此可见，物质基础并不是高校学生择偶时主要看重的要素，个人品德修养和身心健康状况更为高校学生择偶时所看重。

24~29岁是80%以上高校学生期望的结婚年龄。调查数据显示，高校学生中3.3%期望23岁及以下结婚，39.9%期望24~26岁结婚，46.5%期望27~29岁结婚，7.7%期望30~35岁结婚，0.5%期望36岁及以上结婚，2.2%期望不婚。

调查数据显示，高校学生中7.0%不考虑生育子女，34.1%希望生育1个，55.9%希望生育2个，1.8%希望生育3个，1.2%希望生育3个以上。

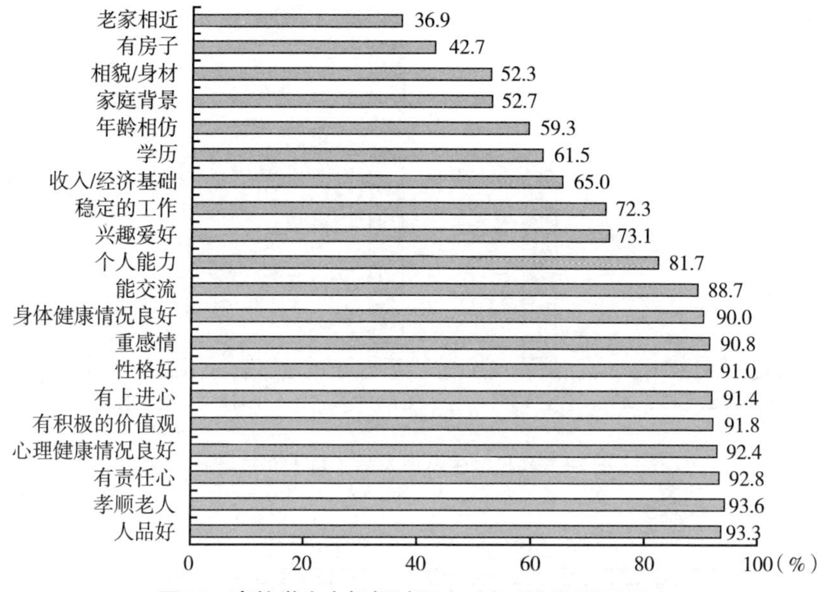

图 22　高校学生在择偶过程中对各项指标看重程度

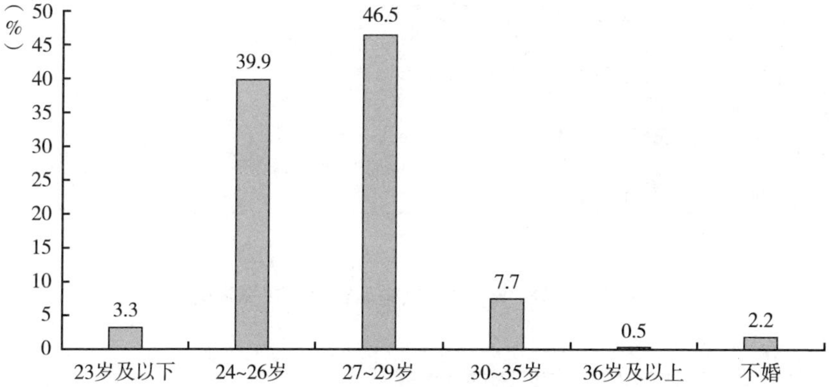

（%）
50
45
40
35
30
25
20
15
10
5
0

23岁及以下 3.3
24~26岁 39.9
27~29岁 46.5
30~35岁 7.7
36岁及以上 0.5
不婚 2.2

图 23　高校学生期望的结婚年龄

调查数据显示，高校学生接受程度高的现象是婚前财产公证、谈恋爱AA制，占比分别为43.4%和38%；其后较能接受的现象是相亲、婚前同居、子女随母姓、网恋，占比分别为28.8%、26.5%、24.8%、23.7%；接受程度较低的现象是同性恋、未婚生子、一夜情、婚外情等，占比均在20%以下。

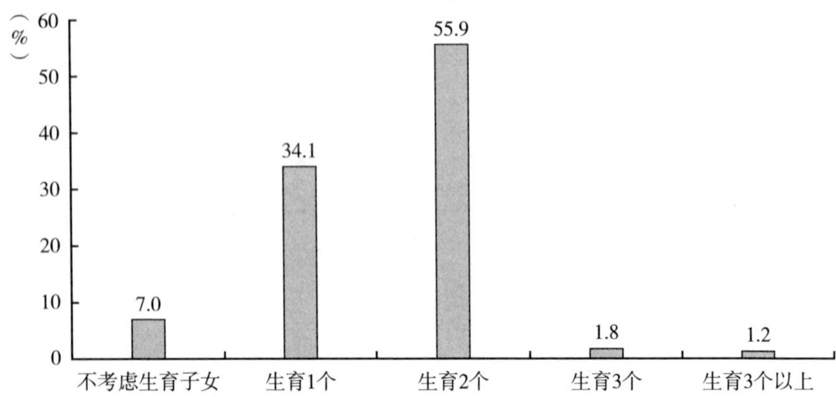

图 24　高校学生希望婚后生育子女数量

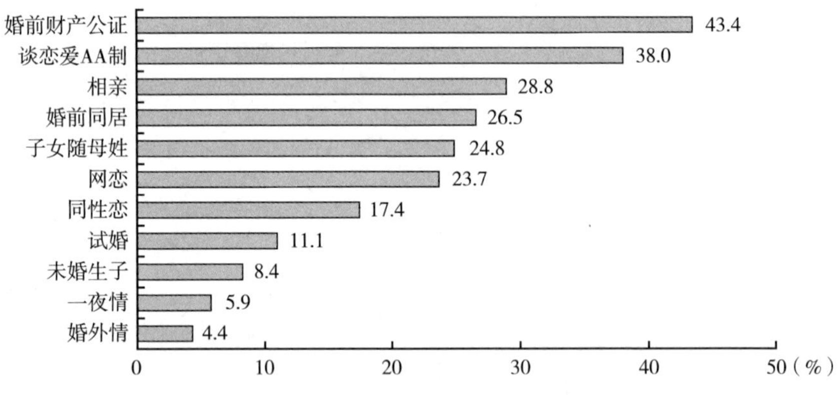

图 25　高校学生对各类婚恋行为的接受程度

2. 大多数高校学生原生家庭生活幸福

大多数高校学生是在父母陪伴下长大，家庭关系和谐融洽，对父母的信任度很高，能够经常与父母交流，并在困难时第一时间寻求父母帮助。

88.3%的高校学生是由父母陪伴长大的。调查数据显示，被访高校学生中59.5%从小跟父母长大，父母会经常抽出时间来陪自己；28.8%从小跟父母长大，但出于工作等原因，父母没办法经常陪自己；8.9%从小不是由父母带大的，但父母会经常回来看自己；2.8%从小不是由父母带大的，父母也很少来看自己。还有调查数据显示，89.3%的高校学生表示与父母关系亲密，73.1%的人表示爷爷奶奶或姥姥姥爷是除父母以外照顾自己最多的人。

大多数高校学生与父母关系较为融洽，能够做到互相理解、彼此尊重、对错分明。调查数据显示，70%以上的人表示父母对自己很尊重，遇事让自己拿主意，不干涉过多；68.5%以上的人表示父母对自己的惩罚是公平、适当的；60%以上的人表示父母对自己是关心的。

表4　高校学生与父母的关系

单位：%

对父母的看法	完全符合	比较符合	一般	比较不符合	完全不符合
父母对我的惩罚是公平的、适当的	27.5	41.0	27.0	3.0	1.5
父母总是左右我该穿什么衣服或该打扮成什么样子	6.9	16.9	40.0	20.7	15.5
我觉得父母很尊重我	39.3	38.6	19.0	2.3	0.8
父母喜欢让我自己拿主意	33.7	39.8	21.3	4.1	1.1
父母对我保护过度	8.6	19.6	46.7	16.6	8.5
父母总是对我很严厉	8.3	23.8	48.2	13.7	6.0
父母让我觉得自己是可有可无的	3.5	6.8	22.7	22.8	44.2
父母很少过问我的生活或学习	4.9	10.9	31.9	25.7	26.6

高校学生每月看望或与父母联系频率较高，月均9.51次/人。45.9%选择自己主动联系父母的次数比较多，34.6%选择双方次数差不多，19.6%选择父母主动联系自己的次数比较多。

高校学生对父母的信任度最高（96.3%），其后是警察（85.7%），教师（85.4%），朋友（84.9%），法官（82.7%），医生（81.6%），亲戚（74.1%），农民（69.6%），政府官员或普通公务员（69.2%），政府官方媒体（66.4%），同学（63.5%），体育明星、运动员（35.9%），邻居（46.4%），网络媒体（25.6%），商人（23.4%），影视明星、歌星（19.7%），陌生人（10.1%）。

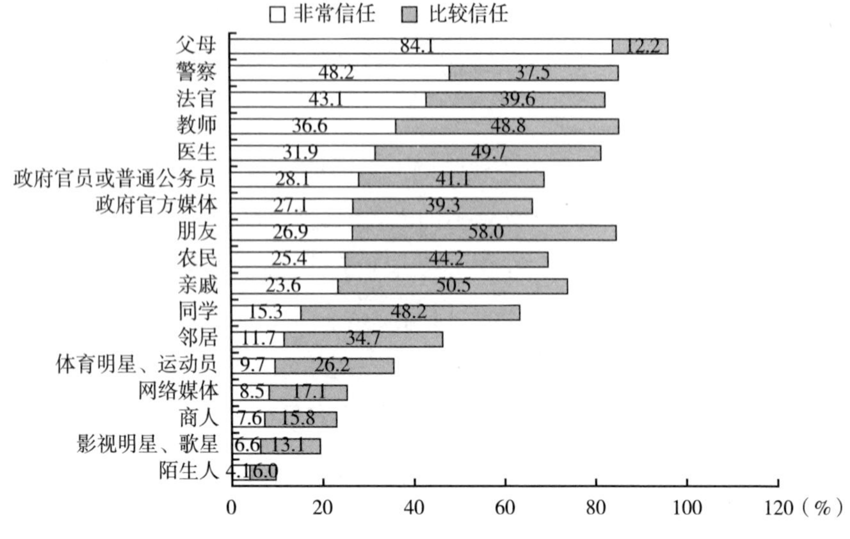

图 26 高校学生对各类人群的信任程度

高校学生认为家人和朋友给予自己的帮助最大。在遇到困难或紧急情况时，给予高校学生帮助最大的由高到低依次是：家人（76.1%）、朋友（13.2%）、同学（3.1%）、老师（2.5%）、亲戚（2.3%）、共青团/党组织（0.6%）、学校领导（0.6%）、老乡（0.6%）、资助我生活/学习的人（0.4%）、邻居（0.3%）、居委会/村委会工作人员（0.2%）、社会公益机构（0.1%）。

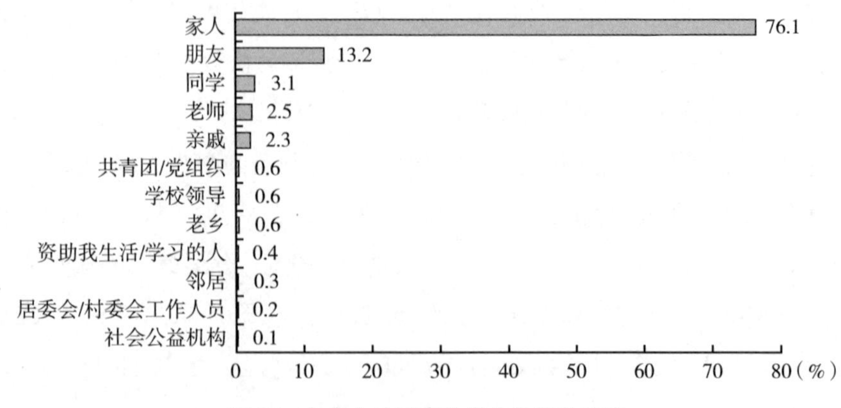

图 27 各类人给予高校学生的帮助程度

（五）健康休闲与志愿服务状况分析

1. 高校学生健康状况总体良好

打羽毛球、打篮球、健步走是高校学生最常参加的体育运动。网络已深深嵌入高校学生的学习和日常生活，对其学习、思维方式以及生活方式、兴趣爱好产生诸多方面的影响。

高校学生自我健康测评总体状况良好。调查数据显示，31.5%的人认为目前身体非常健康，52.3%的人认为目前身体比较健康。

高校学生最常参加的体育运动是打羽毛球、打篮球、健步走。调查数据显示，除羽毛球、打篮球、健步走之外，田径、打乒乓球、骑车、打排球、健身操（舞）、踢足球、跳绳、游泳、登山、打太极拳、打网球、踢毽子、练武术、滑雪、滑冰、打高尔夫球等运动项目也是高校学生经常参加的体育运动项目。高校男生最常参加的体育运动是打篮球、打羽毛球、打乒乓球，占比分别为45.8%、30.4%、23.7%，高校女生最常参加的体育运动是打羽毛球、健步走、打篮球，占比分别为33.6%、30.2%、18.7%。

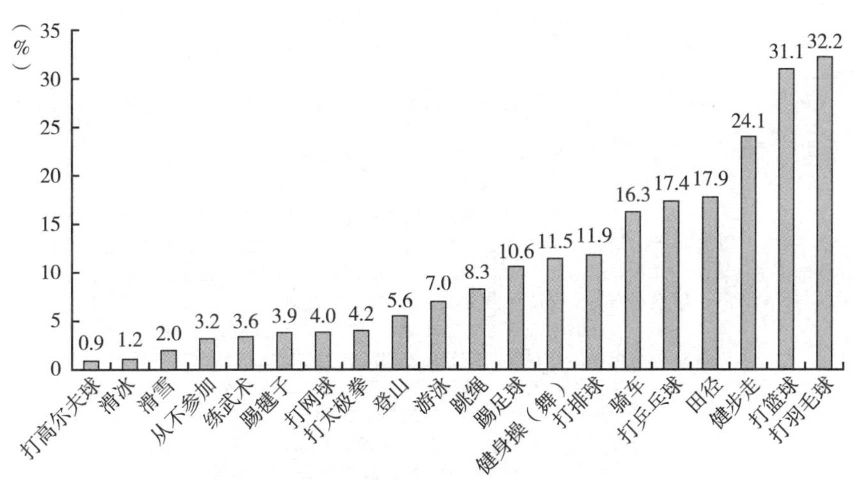

图28　高校学生参加的体育运动项目情况

高校学生最主要的休闲娱乐活动是听音乐（37.6%）、在网上看电视剧/电影（35.0%）、上网聊天（31.7%）。

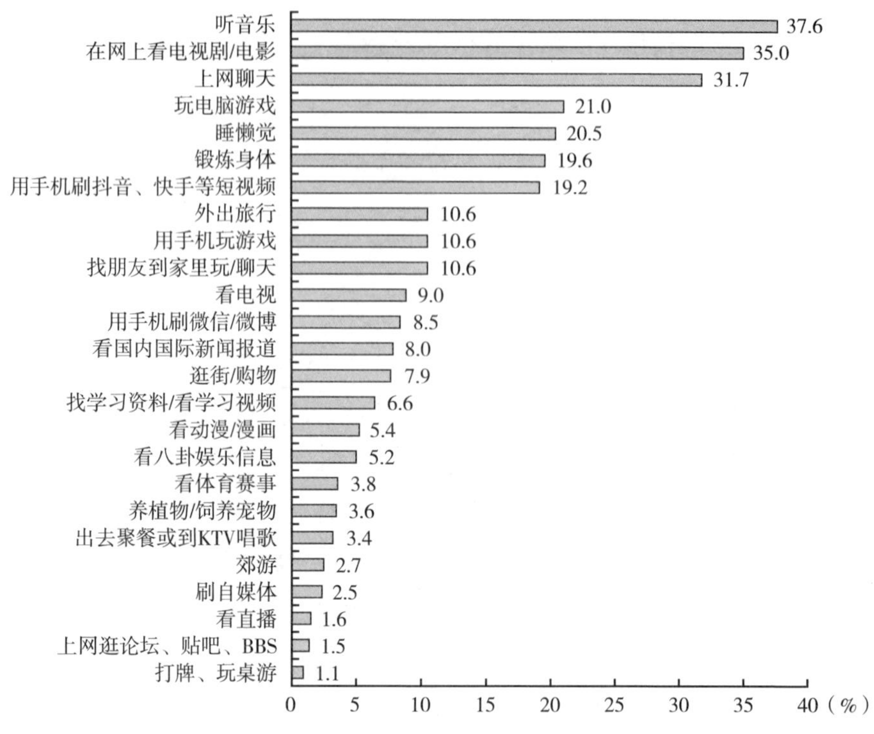

图 29　高校学生休闲娱乐方式

高校学生最感兴趣的文化活动为摄影活动（67.2%）、参加各类民间的民俗活动（66.2%）和参加学校统一组织的观看爱国影片活动（63.4%）。

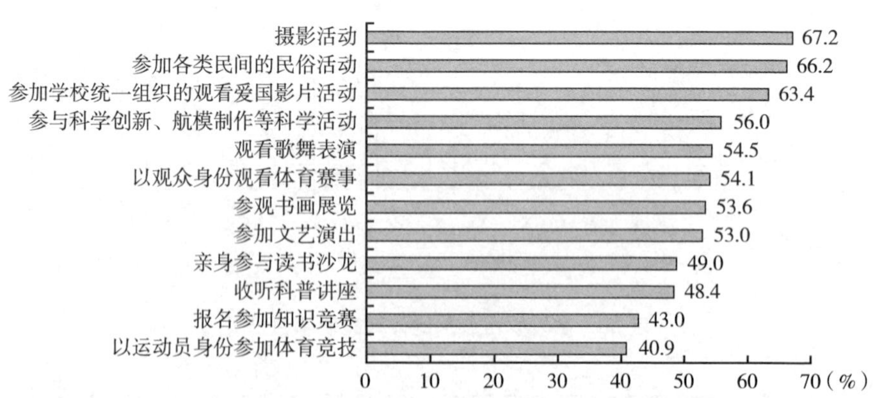

图 30　高校学生对文化体育活动的兴趣程度

高校学生日常生活网络化特征十分显著。调查数据显示，高校学生每天多次上网的频率很高，64.4%人每天上网多次。

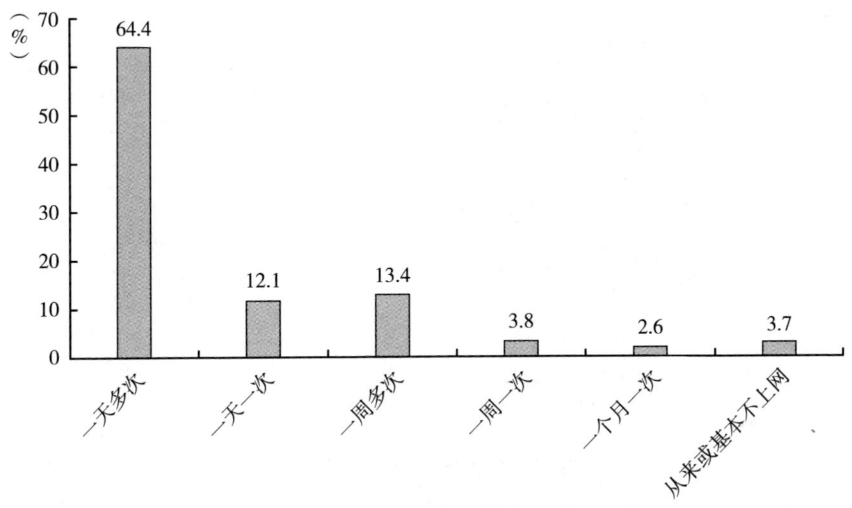

图31　高校学生上网频率

高校学生在网络上所花费的时间主要为2～5小时。调查数据显示，高校学生中32.6%花费3～5小时，28.9%花费2～3小时，14.8%花费5～8小时以内，12.9%花费1～2小时，5.9%花费8小时以上，4.9%每天在网络上花费1小时及以下。从安装的手机App类型看，以社交类、视频类、教育类为主。从上网活动看，主要以聊天、看剧/电影、听音乐为主。

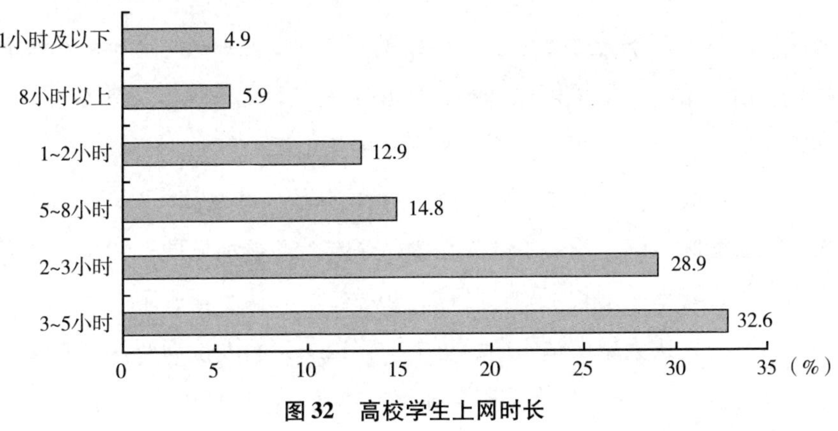

图32　高校学生上网时长

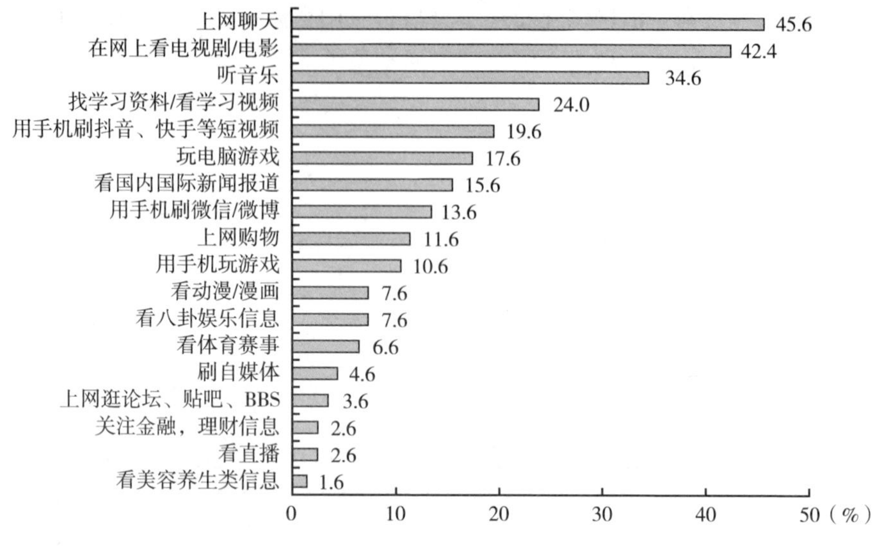

图 33　高校学生网上活动情况

70%以上高校学生大部分时间选择电子产品进行阅读，远高于对纸质版图书的选择。调查数据显示，选择纸质版图书进行阅读占阅读总时间的比例仅为22.16%；用电子设备中的各类App软件进行阅读所占比例为77.84%。

从网络对高校学生的作用看，54.1%的人认为在网络中可以学到很多有用的知识，对自己的现实学习、生活或工作产生积极的影响；24.7%的人认为可以很好地把握网络与现实的界限，网络对自己的现实生活几乎不会造成什么负面影响；18.3%的人很喜欢上网，但知道现实生活才是根本所在，可以督促自己学习而不会过多地受到网络的影响；2.3%的人认为在网络上才能找到生活的乐趣，如果可以选择，愿意生活在网络世界里；0.6%的人认为网络生活才是自己的所有，不喜欢现实中的生活。

从上网对高校学生现实生活的影响看，高校学生中58.2%的人认为其扩大了社会交际范围；53.5%的人认为与亲友互动更加方便；50.6%的人认为提高了工作效率，增长了知识技能；40.2%的人认为找到了志趣相投的圈子；15.4%的人认为越来越内向，更宅了；12.0%的人认为变得更不善于面对面与人交流了；6.6%的人感到更孤单，感觉自己被周围人冷落了。

2. 六成以上高校学生在上大学期间参加过志愿服务活动，大部分人参加过相关培训，能得到相关保障，并能有所收获和提升

18～24周岁是61.4%的高校学生首次参加志愿服务的年龄。从获取志愿服务信息渠道看，86.9%的高校学生通过参加学校、社区组织的活动获得志愿服务信息。从每年参与志愿服务的时间看，高校学生志愿者中30.7%选择10小时及以下，37.4%选择11～50小时，20.4%选择51～100小时，7.6%选择101～200小时，2.6%选择201～500小时，1.3%选择500小时以上。从参与途径看，83.0%的高校学生志愿者选择共青团、志愿者协会组织的志愿服务活动，30.3%的人选择自发的志愿者团体组织的志愿服务活动，14.3%的人选择非政府组织、非营利组织等的志愿服务活动，13.8%的人选择个人进行的志愿服务活动，6.0%的人选择居住社区组织的志愿服务活动。

近九成的高校学生或多或少参与过志愿服务活动前各类培训。调查数据显示，高校学生志愿者中22.1%选择每次活动都有培训，38.5%选择大多数活动都有培训，15.5%选择半数活动有培训，12.3%选择不到一半活动有培训，11.6%选择从未有过培训。从接受培训的主要形式看，高校学生志愿者中20.1%选择利用网络视频自学形式开展培训；36.8%选择为所有岗位志愿者开展志愿服务理念为主的通用培训；27.8%的人选择针对具体志愿服务岗位进行岗位培训；15.2%的人既选择志愿者的通用培训，也选择针对性的岗位培训。从志愿服务培训的时间看，高校学生志愿者中22.5%选择30分钟及以下，40.3%选择30分钟～1小时，24.8%选择1（不含）～1.5小时，4.6%选择1.5（不含）～2小时，3.2%选择2（不含）～3小时，4.6%选择3小时以上。

从志愿组织为高校学生参加志愿服务活动提供的保障看，提供志愿者实名注册的占比65.2%，提供志愿者服装的占比52.8%，提供志愿者身份卡的占比37.8%，提供志愿服务计时的占比23.3%，提供徽章等其他标识的占比21.5%，提供志愿者保险的占比16.3%，提供交通服务的占比11.2%，提供医疗服务的占比5.1%，提供住宿的占比3.4%。

高校学生从志愿服务经历中收获很多，调查数据显示，高校学生志愿者中 77.3% 的人认为丰富了阅历、增长了才干；42.6% 认为结识到很多朋友；40.5% 认为收获了一份帮助他人的快乐；33.0% 认为提高了自己的道德境界；31.7% 认为学习到了某一项专业技能；29.8% 认为赢得社会尊重，增强自信；4.9% 认为得到了相应物质回报；0.6% 认为什么都没有收获到。

三 河北省高校学生面临的主要问题

（一）高校思想政治教育课“重理论、轻实践、少创新”问题仍然较突出，部分课程设置难以满足学生多元化教育需求

“重理论、轻实践”是高校学生认为当前思想政治理论课教学中存在的主要问题，思想政治教育方式创新不足且收效渐趋弱化，思想政治教育课程应用性尚待深入开发。调查数据显示，高校学生认为教学形式过于偏重课堂，课堂外实践体验缺乏的占比 53.7%；认为教材过于偏重理论、与现实结合不足的占比 42.0%；认为教育模式偏重灌输式、学生参与度低的占比 29.4%；认为学生对思政课程只为了应试的占比 18.2%；认为任课教师照本宣科，缺乏趣味性、创造性和必要解读的占比 15.6%。

部分高校受学科限制，开设的课程有限，还不能满足部分学生的多元化需求，如何根据学生成长需求和社会发展需要，开设顺应时代变化和发展需求的相关课程，需要高校高度重视并拓展思路。调查数据显示，有部分学生希望开设却未开设的课程依次为：文体类（28.4%）、基础医学类（24.7%）和科技类（21.6%）。

（二）高校学生闲暇时间中用于读书看报的时间较少，专科学生用时明显少于本科以上学历学生

目前，高校学生正生活在移动互联网时期，越来越多的高校学生出现

“机不离手”的现象，对于手机的依赖程度越来越高，很多人认为通过网络学习、社交、生活高效便捷，从网上获取的信息知识更丰富，更愿意将大部分时间用在手机上。另外，纸质书报消费成本高于电子书报，因此，高校学生闲暇时间里对于纸质图书报刊的使用程度较低。调查数据显示，高校学生每周读书看报用时不足5小时的占比在70%以上。问及每周读书看报的时长时，调查数据显示，高校学生中3.5%从不读书看报，17.4%的每周花1小时以内读书看报，24.2%的每周花1~2小时读书看报，18.6%的每周花2~3小时读书看报，12.0%的每周花3~5小时读书看报，24.3%的每周花5小时及以上读书看报。本科学生中3.2%的从不读书看报，有27.5%的每周花5小时及以上读书看报，专科学生中4.6%的从不读书看报，有16.6%的每周花5小时及以上读书看报。

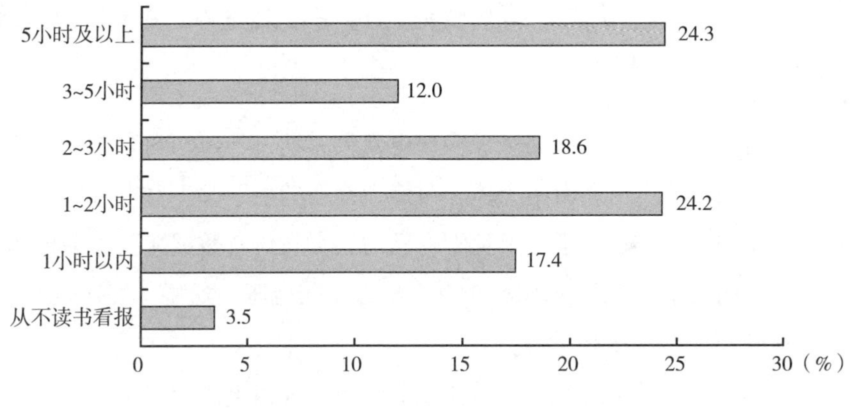

图34　高校学生每周用于读书看报的时长

（三）部分高校学生时常出现旷课、过度透支消费等不良行为，应引起各部门高度重视

近三成高校学生表示自身权益受到过侵害，男生比例高于女生。调查数据显示，高校学生中，28.9%表示权益受到过侵害，高校男生中有34.6%表示权益受到过侵害，高校女生中有24.1%表示权益受到过侵害。因此，高校学生权益如何得到保障，权益受到侵害时应该寻求谁来保护，值得思考

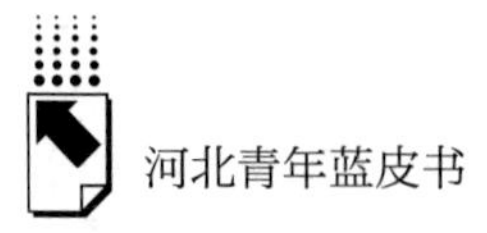

和重视。

高校学生中出现的不良行为主要有旷课、辱骂他人、过度透支消费。调查数据显示，旷课普遍出现的比例达20.5%，偶尔出现的概率在60%以上，辱骂他人、过度透支消费、长期夜不归宿占比在5%～10%，还有一些行为占比在5%以下。究其原因，除自身原因外，也与社会各类不良风气和监管防范措施不到位等有关，以过度透支消费为例，各类网贷平台和“呗式”借款平台门槛低，向高校学生渗透率越来越高，以其便捷性，刺激了没有固定收入的高校学生超前消费的欲望，无形中养成其超前过度消费的习惯，还出现各类“攀比式消费”“炫耀性消费”，但这背后往往是高校学生过度透支消费而引发的个人信用危机和无力偿还风险，其自身权益很难得到保障。

（四）高校学生认为学习和就业均存在较大压力，对自己未来就业创业前景表示担忧

当代高校学生正处于各类知识快速更新的时期，学习的内容深度和广度加大，专业性相对突出，由于个体学习能力存在差异，学生对本专业知识的掌握程度不同，约三成的学生感觉学习压力很大，调查数据显示，高校学生中，32.5%的人感觉学习压力大，63.8%的人认为压力适中，3.7%的人认为压力比较小或基本没有压力。

高校学生面临的突出问题是就业创业难，九成以上高校学生认为就业压力较大。随着高校招生比例加大，每年高校毕业的人数增加，高校毕业生自身就业能力不足、企业人才需求与高校毕业生供给不匹配等原因也是造成就业难的主要原因，另外，由于缺乏前期创业启动资金和实践经验，高校学生一毕业就创业仍然存在瓶颈。调查数据显示，高校学生中50.7%认为目前就业压力非常大，43.2%认为压力比较大。高校贫困学生中，51.9%认为压力非常大，43.2%认为压力比较大。

虽然目前高校开展了各类就业创业指导课程和相关培训，但量体裁衣的个性化就业创业指导和渠道拓展依然欠缺，高校学生仍需要通过家庭或自己

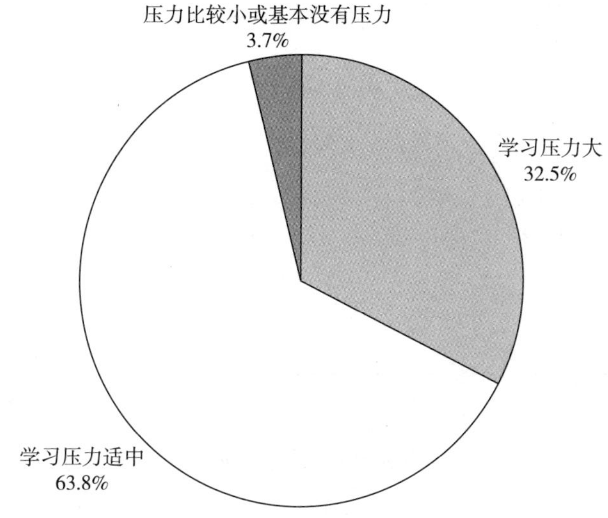

图 35　高校学生学习压力感受程度

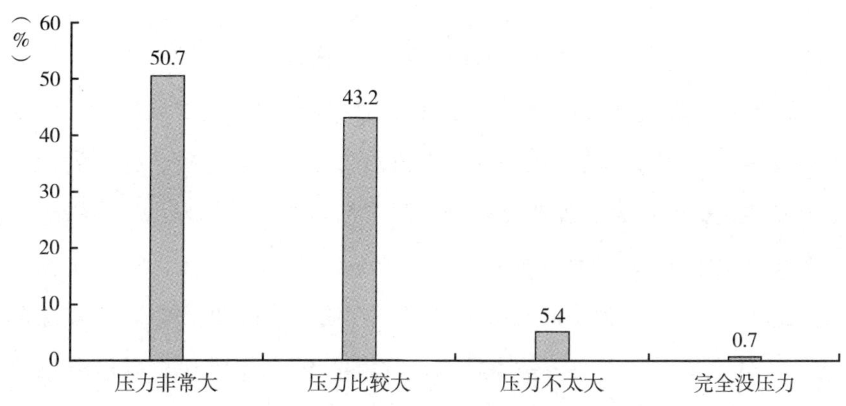

图 36　高校学生就业压力感受程度

的努力去寻找适合自己的工作，因此，高校学生对未来就业前景存在明显忧虑。调查数据显示，高校学生中 29.2% 的人对就业前景表示非常担心，59.0% 的表示比较担心，10.5% 的表示不太担心，1.3% 的表示完全不担心。其中，高校贫困学生中 32.8% 表示非常担心，57.1% 表示比较担心。女生对就业前景的担忧程度高于男生。专科学生对就业前景的担忧程度高于本科以上学生。

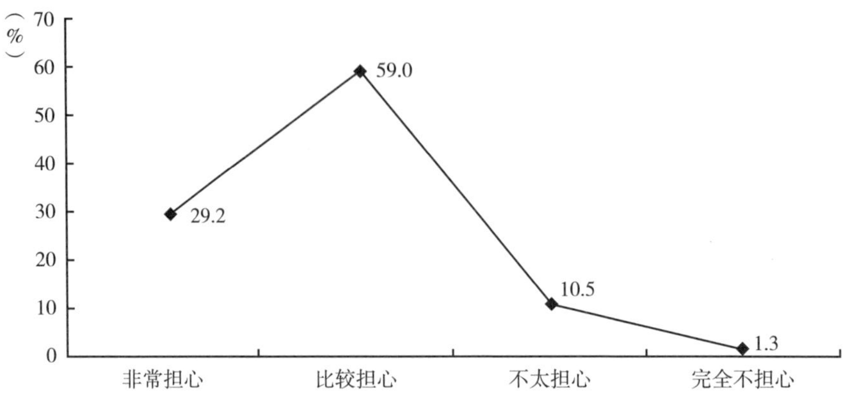

图 37　高校学生对未来就业担心程度

（五）高校学生身体健康素质存隐忧，作息、饮食不规律和主动锻炼不积极问题较为突出

高校学生作息普遍不规律，晚睡、熬夜已成为常态，网络娱乐、忙于学习、失眠或习惯性晚睡等因素是导致其作息时间不规律的主要因素，访谈中很多高校学生表示，自己知道晚睡、熬夜对自身健康的危害，但自我约束力不足或受他人影响没办法养成良好的睡眠习惯。调查数据显示，在平时上课日，高校学生中在22点前休息的仅占13.5%，在22~0点休息的比例高达78.0%，还有8.5%在凌晨0点以后休息。在周末或假期，能在22点之前休息的仅占11.2%，在22~0点休息的占比68.3%，凌晨0点以后休息的占比高达20.5%。

高校学生饮食不规律亦很普遍，我们通过访谈和调查了解到，每天能按时吃早餐的人不足五成，四成学生经常叫外卖或吃路边摊，半数以上的人认为不按时吃饭、吃路边摊等会影响自身健康，但不愿去食堂吃饭、外卖更合口味、错过饭点只能点外卖、减肥不吃饭等原因已经让很多高校学生的饮食规律发生改变。民以食为天，这种“我选择我喜欢”的饮食方式让部分学生忽略了健康的重要性，若食不到位，身康体健无从谈起。调查数据显示，

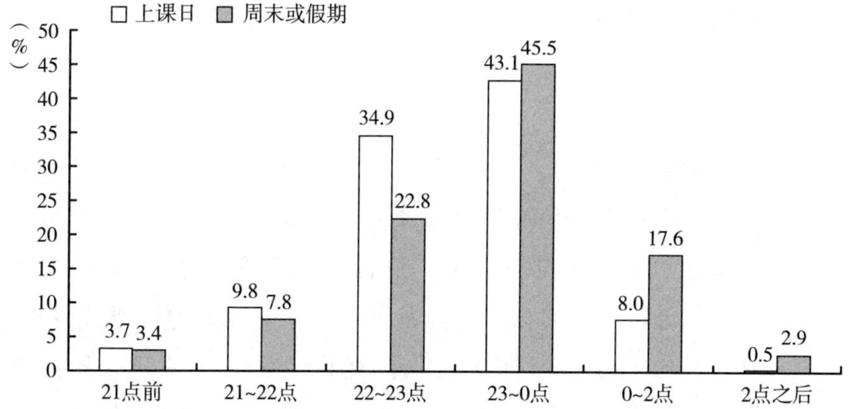

图 38　高校学生作息时间情况

当问及“是否能保证按时吃早餐”时，高校学生中 42. 9% 的能每天按时吃，25. 7% 的表示看心情、想吃就吃，20. 3% 的想吃但通常会因为睡懒觉等原因吃不上，11. 1% 的几乎不吃。关于“是否经常叫外卖或到校外路边摊上吃小吃”，40. 7% 的人表示经常会，因其便捷、可选择种类多、合自己胃口，不太考虑或忽略健康、安全等因素。

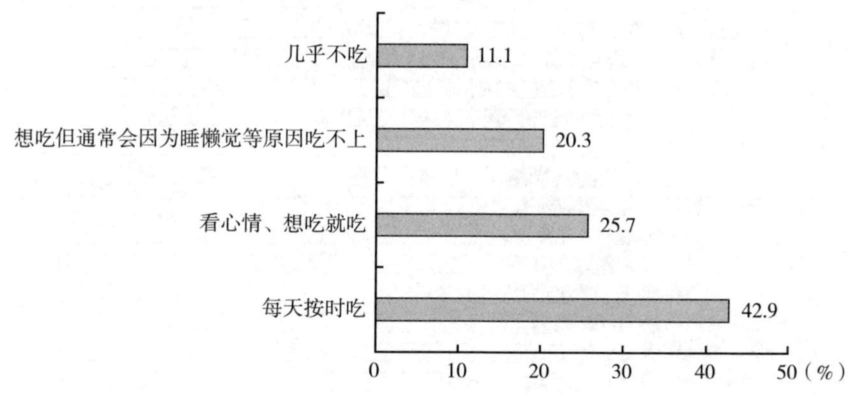

图 39　高校学生吃早餐情况

高校学生“动时”不足，很多学生认为自己存在亚健康状况，睡眠质量不佳、肥胖、焦虑已成为影响高校学生健康的主要因素。普遍缺乏保护和提升健康的意识，自我约束不足，科学锻炼理念没有形成，未养成自觉锻炼习惯。调查数据显示，近八成高校学生日均锻炼不足 1 小时，问及“每周锻炼多长时间”时，每周锻炼时长在 5 小时及以上的仅占 16.9%，78.3% 的人锻炼时长在 5 小时之内，还有 4.8% 的人从不锻炼身体。高校学生最为严重的健康问题主要集中在睡眠质量不佳、肥胖、焦虑，有此类疾病的比例在 60% 以上。重感冒、抑郁、营养不良、牙齿疾病、皮肤病等问题也较为突出，比例在 40% 以上。出现过腰椎或颈椎等、脾胃、心脏、呼吸系统、三高（血压、血脂、血糖）等问题的比例在 20% 以上。出现过口腔类、血液、关节、肾脏、肝脏等问题的比例为 30% 以下。问及“去医院或诊所就诊次数，去药店买药次数”时，高校学生中在过去一年，因自身身体原因平均去医院或诊所就诊 1.5 次，平均去药店买药 2.62 次。由此可见，现在很多身心疾病出现低龄化、年轻化趋势，维护身体健康和心理健康均需要合理规划和科学引导。

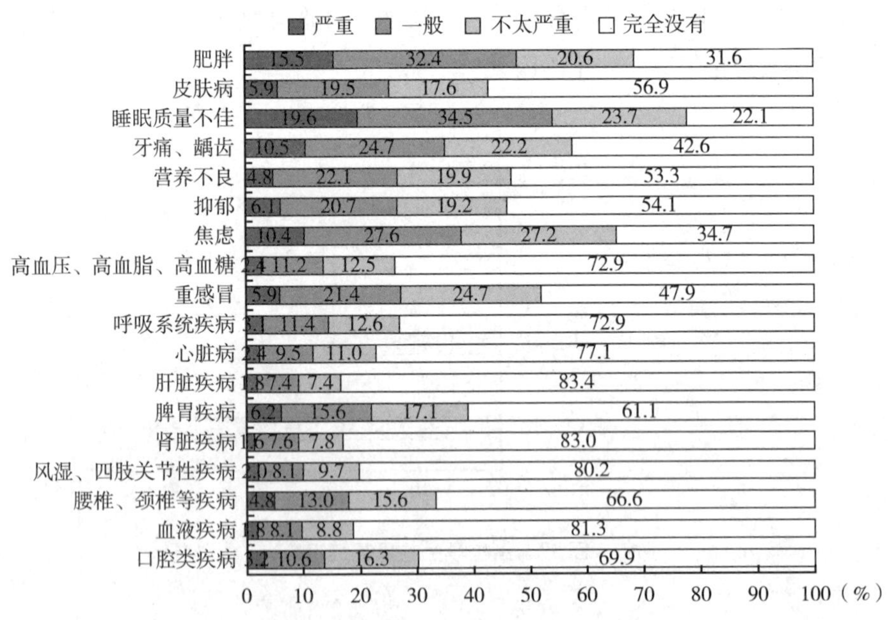

图 40　高校学生中出现各类健康问题的情况

（六）高校学生志愿者参与活动的机制亟待规范，志愿者活动宣传力度不够、志愿者活动资金不足、志愿者组织缺乏有效的管理是制约志愿服务活动持续开展的主因

调查发现，高校学生参与志愿活动的热情有待提升，究其原因，57.7%的人认为活动缺乏吸引力，40.9%的人认为组织动员能力不够，31.5%的人认为缺少活动经费，29.2%的人认为缺少志愿者激励机制。37%的高校学生在参与志愿服务时没有与相关志愿服务组织签过有关志愿服务的协议，调查数据显示，高校学生志愿者中25.4%选择每次都签，25.9%选择大多数活动签，11.8%选择半数活动签，8.1%选择不到一半活动签，13.0%选择没有书面签过但有口头的约定，15.9%选择从来没有签订过。

高校学生普遍反映，志愿活动中存在的一些问题希望能引起有关部门重视，主要包括志愿者活动缺乏完善的激励机制，志愿者活动宣传力度不够，志愿者组织缺乏有效的管理，志愿者活动项目缺乏长期的组织和管理，志愿者活动资金不足，志愿者活动的内容不够丰富和贴近生活，河北的青年志愿者组织少，志愿者活动时常受到人们关于诚信的质疑，志愿者工作缺乏工作技巧，对国外开展志愿者活动的成功经验介绍得不够多。

四　促进河北高校学生群体健康发展的对策建议

（一）统一思想固根基，筑牢广大高校学生理想信念的坚强基石

健全多元工作机制，构建思想政治教育工作大格局，培育高校良好的育人生态。把习近平新时代中国特色社会主义思想贯穿到学校教学、科研、管理各个环节，构建全员全程全方位育人机制。明确各级党委政府、大中院校、所有教育工作者的思想政治教育主体责任，发挥大中院校基层党团队组织的作用，努力推动形成多方协调分工、共同做好思想政治工作的良好局面。始终把思想政治教育工作贯穿于教学管理和人才培养全过程，建立健全统一领

导、权责清晰、齐抓共管、分工明确、运转有序的思想政治教育工作机制。

注重高校学生的马克思主义理论修养。坚持不懈传播马克思主义科学理论，抓好马克思主义理想信念教育，推动马克思主义中国化的最新成果进课堂、进教材、进头脑，尤其是引导高校学生运用马克思主义哲学来提高分析问题和解决问题的本领，积极开展科学知识、科学思想、科学方法、科学精神的宣传教育，努力培养一大批青年马克思主义者。

强化高校学生社会主义核心价值观教育。围绕深入学习马克思主义基本原理及马克思主义中国化的理论成果，特别是习近平新时代中国特色社会主义思想进教材、进课堂、进头脑工作，切实抓好思想政治课教学，发挥思想政治课堂的主阵地作用，同时通过社会实践第二课堂、学生社团第三课堂、网络空间第四课堂，搭建课堂教学与实践锻炼的良性互动平台，延伸拓展课堂功能和涵盖范围，积极推动思想政治课程向课程思想政治转变。根据学生成长发展需求和期待，转变课堂教育模式，引导和带动学生把自己的理解用表演、演讲等方式展现出来，增强课堂教学互动性，减少照本宣科的教育模式，把主动权全还给学生，让课堂面貌焕然一新。加快网络教学新渠道发展，运用新媒体新技术使高校教育“活起来”。构建利用信息化手段扩大优质教育资源覆盖面的有效机制，推动高校教育工作传统优势同新媒体信息技术高度融合，将紧贴时代课题的新理论、新观点用大中学生喜闻乐见的方式通过互联网进行传播。注重教育运行中各类型载体功能的一致性发挥，在线上线下的师生随时互动交流中发挥载体合力。

（二）充分发挥各方作用，积极推动高校学生就业创业

大学生就业创业难已成为日益严峻的社会问题，政府部门、高校应为大学生就业创业提供主要支持。

高校要广泛举办基层就业论坛、自主创业论坛，依托各级各类在线课程平台、网络学习空间、政策宣传等，开展就业创业课程线上授课和线上学习活动，并提供有针对性的个性化咨询指导服务，使大学生充分了解基层的就业需求，形成理性的就业期望。组织大学生到企事业单位进行就业见习，帮

助大学生增加职业经历，提高其就业创业能力。参照上海发展模式，发展职业训练营，开发有针对性、个性化的职业训练项目，提升高校大学生的职业技能硬实力和求职技巧软实力。

政府各部门要大力开展高校毕业生就业创业促进计划，坚持就业与创业双轮驱动，构建促进就业与引领创业并举、市场择业与帮扶就业相结合的精准服务体系，并充分发挥“河北省大中专毕业生就业创业服务信息网”的平台作用，多渠道、多层次提供“线上＋线下”就业创业服务模式。一方面，积极促进就业，畅通就业信息线上、线下发布渠道，完善信息共享和发布机制，开展“组团式”校园招聘活动，努力实现线上、线下招聘服务平台全覆盖。用税费减免、补贴贷款贴息等优惠政策鼓励企业吸纳高校毕业生，开发基层就业岗位，引导和鼓励高校毕业生到基层就业。聚焦高校毕业生生活堵点，完善人才绿卡制度，建设一批集人才公寓、教育医疗、休闲购物、文娱体育等于一体的人才家园工程，解除他们生活上的后顾之忧。另一方面，突出创业引领，善于发现青年创业者，帮扶有志创业者。充分发挥青联、青企协等共青团外围组织的优势，以大学生创业计划竞赛为载体，引导大学生学习研究创业知识和创业技能，迸发创业热情，努力搭建大学生创业团队与投资公司的对接平台，扶持更多的大学生走上创业之路。政府各相关部门免费提供创业培训、项目简介等创业服务项目，开发“创业前担保贷款”项目，为其创业提供一定的资金扶持，逐年适度提高新毕业大学生创业补贴标准。各地可依照当地产业发展特点，搭建创业舞台，打造“众创空间—孵化器—加速器—科技园区”全链条科技企业孵化育成体系，加强创业服务和指导，鼓励更多高校毕业生投身创业，让广大有志创业的高校毕业生有施展才华的空间。深入实施农村人才开发工程，将返乡大学生纳入农村优秀青年人才库，选拔高校毕业生中的拔尖人才，鼓励他们在农村就业创业领域发挥排头兵作用、示范带头作用，立足农村创业兴业，为脱贫攻坚、振兴乡村做出积极贡献。

（三）注重人文关怀，加强大学生身心健康教育和引导

河北省高校应着眼于培养奋发进取、理性平和、健康向上的大学生，以

提高大学生身心素质为重点，从心理和身体两个方面下功夫。一方面，建立人文关怀心理疏导工作机制，着力于大学生心理健康知识教育、个性心理品质教育、心理调适能力和适应社会能力培养，加强对大学生心理冲突自我调适的指导，使他们学会进行自我心理调适，有效消除心理困惑，增强承受和应对挫折的能力。及时制止和纠正部分学生的不良倾向或异常行为，消除各类影响大学生健康发展的潜在隐患。积极引导高校学生参与各种志愿服务等社会实践活动，参加社会活动，可以满足人类特有的归属与爱的需要，个体的才智和能力在社会实践活动中展现出来，自我价值得到社会和他人的认可，内心境界也会同时得到升华。另一方面，建立健康引导机制，着力提升高校学生身体健康素质。面对高校学生身体健康方面存在的诸多隐患，高校必须高度重视，仅靠高校学生自律以改善健康状况收效甚微，要积极推动健康高校建设，对学校实行绩效考核，将学生健康促进工作纳入目标管理和工作计划。加强大学生身体健康指标动态监测，及时掌握高校学生体质的发展动态，建立高校学生身体健康干预机制。开设健康课程，让更多学生知晓各种不良生活习惯和饮食习惯会带来的弊端，提升高校膳食水平，引导高校学生合理饮食，主动参与体育锻炼，树立健康理念、培育健康行为、引导形成健康休闲的生活方式。

（四）创新激励机制，推动高校学生志愿服务活动持续进行

志愿服务激励是调动高校学生参与志愿服务积极性、主动性的重要一环。调查数据显示，高校学生参与志愿活动时最希望得到的保障是志愿者实名注册、志愿者服装、志愿者身份卡、徽章等标识，为志愿者提供保险、医疗、交通、住宿服务，为志愿者颁发志愿服务证书，建立评选优秀志愿者（供升学或评奖、评优、优先录取的参考指标）的评比指标体系，记录志愿服务时长，这些也是调查中高校学生最希望得到的激励方式。还可以创新媒体宣传报道、公益反哺、发放补助或纪念品等一系列激励措施。另外，在社区志愿服务机制上，可以逐步探索“大学生＋社区志愿服务”模式，让大学生“出校园、进社区”，为融入社会、共建家园贡献自己的一分力量。

（五）多元合力促发展，构建“政府 + 高校 + 家庭 + 社会”协同育人平台

高校学生教育工作，仅靠学校的单方力量是难以完成的，必须围绕关照高校学生、服务高校学生，把整个社会力量动员起来，着实推进“政府 + 高校 + 家庭 + 社会”的合力教育模式建设。建立家校教育沟通合作制度。从教育主管部门、学校到年级乃至班级等要建立家校合作的常规沟通机制，确保各方主体在合作上有章可循。特别是要制定可操作性强的精细化实施细则。建立学校与社会各界合作机制。充分利用各类社会实践基地、红色文化等社会资源，为大中院校师生开展社会实践活动提供帮助，拓展就业创业实践平台。其中，教育主管部门不仅仅是监督和评价的角色，还必须就学校和各社会部门、组织之间的合作发挥主动沟通和协调的作用。

B.4

河北党政机关和事业单位青年研究报告

任　娜*

摘　要：　本文首先简要介绍了河北省党政机关和事业单位青年的基本状况，并在此基础上分析了这一群体的工作学习状态、思想政治信念、婚育家庭和生活健康等情况。总而言之，河北的党政机关和事业单位青年政治可靠，组织观念、思想状况很好，教育背景和工作素养佳，具有较强的学习提升意愿。同时也存在缺乏远大理想、政治思想理论学习形式化等问题。最后针对这些问题提出了对策建议。

关键词：　党政机关青年　事业单位青年　意识形态

一　河北党政机关和事业单位青年群体基本状况

参与本次调研的党政机关和事业单位青年一共7779人，其中男性3480人，女性4299人；14～18岁76人，19～25岁1518人，26～35岁6185人；2412人在党政机关工作，5367人在事业单位工作；来自省直机关的受访者818人，地级市/市辖区1571人，县级市/县5304人，数据缺失86人。受访者地区分布、编制类型和工作单位类型分别见表1和图1、图2。

---

* 任娜，理学博士，河北省社会科学院哲学研究所副研究员，主要从事社会心理学研究。

表 1　受访者地区分布

单位：人

地区	党政机关工作青年	事业单位工作青年	总计
石家庄市	302	759	1061
唐山市	264	694	958
保定市	284	604	888
邯郸市	258	613	871
邢台市	245	598	843
沧州市	219	455	674
承德市	174	323	497
张家口市	151	305	456
廊坊市	151	237	388
衡水市	73	212	285
秦皇岛市	122	143	265
辛集市	35	169	204
省直团工委	91	89	180
定州市	17	104	121
雄安新区	26	62	88
合计	2412	5367	7779

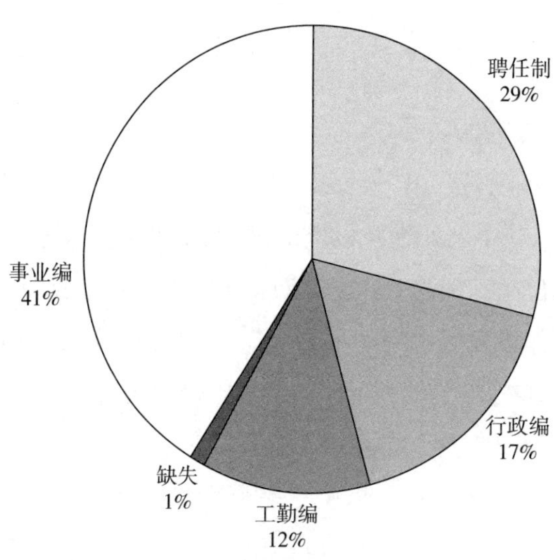

图 1　受访者编制情况

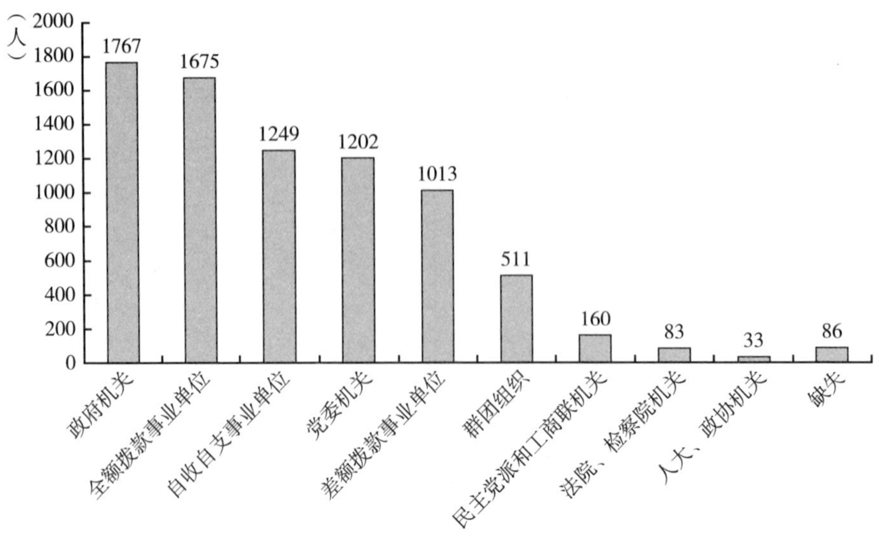

图 2　受访者单位情况

二　河北党政机关和事业单位青年问卷调查分析

（一）工作

1. 职位、岗位、收入

35 岁以下升任副科及以上领导干部职位的青年约占党政机关和事业单位青年的6.5%，其中副处级及以上的占1%，男性比女性比例略高，并且有学历越高、职位越高的趋势，具体数据见表 2。约七成的机关事业单位受访者认为青年工作者发展空间“非常大”或“比较大”，2/3 的受访者认为青年工作者的上升渠道“非常通畅”或“比较通畅”。选择通畅比例最高的是党委机关（74.3%）、人大政协机关（72.7%）和政府机关青年（71.7%），选择“不太通畅”以及“完全没有上升渠道”比例较高的单位是自收自支事业单位（36.2%）、群团组织（36.0%）、差额拨款事业单位（35.6%）和法院、检察院机关（34.9%）。从编制的角度看，认为上升通道通畅比例最高的是行政编青年（73.8%），工勤编青年认为上升通道不通畅的比例最高（35.5%）。

表 2　不同性别、学历的青年职位分布

单位：%

职位	总体	男	女	高职/大专	大学本科	硕/博士研究生
正处级及以上	0.5	1.9	0.9	0.5	0.5	2.0
副处级	0.5	1.2	0.7	0.3	0.6	2.2
科级	2.4	3.5	2.8	1.4	2.9	11.9
副科级	3.1	4.2	2.9	1.5	4.1	13.8
一般工作人员	93.5	89.3	92.6	96.3	91.9	70.1
合计	100.0	100.0	100.0	100.0	100.0	100.0

党政机关和事业单位青年收入分布见图 3。总体来看，他们的收入略高于就业青年总体，取不同收入组中间值做加权平均计算（低于 500 元按 400 元计算，高于 15001 元按 16500 元计算），结果显示党政机关和事业单位青年人均月收入 3322.3 元，就业青年人均月收入 3162.4 元。相比就业青年，党政机关和事业单位青年中等收入群体更大。

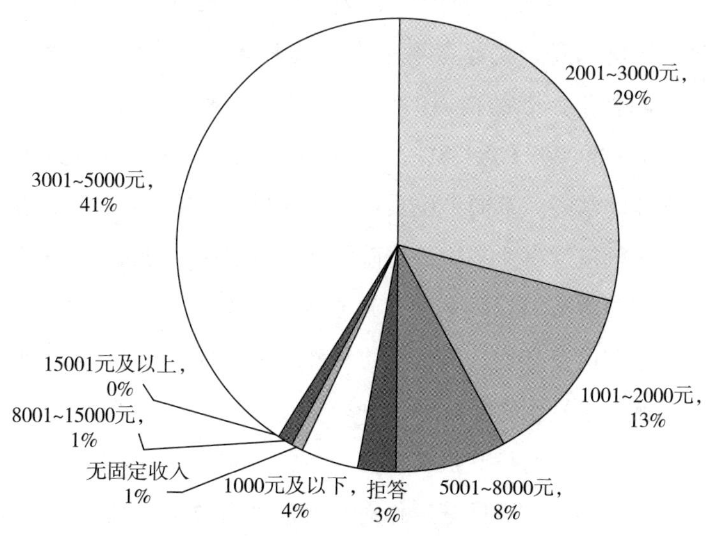

图 3　党政机关和事业单位青年收入情况

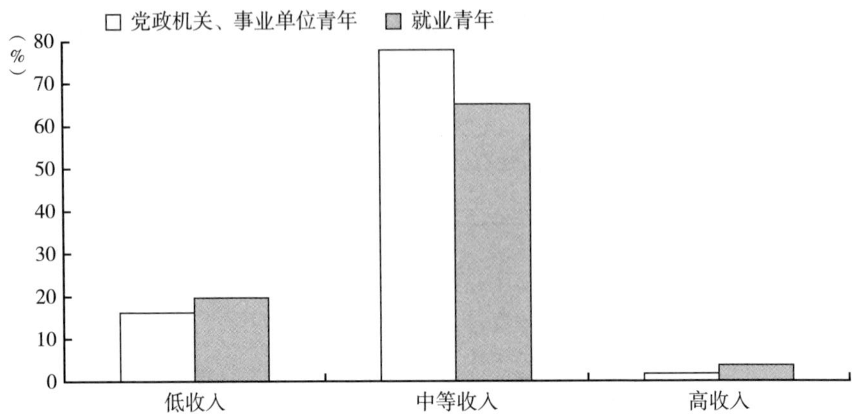

图 4　党政机关、事业单位青年与就业青年的收入分布

2. 工作态度

本次调查涉及工作态度的项目主要有三部分。

第一部分反映受访者工作主动性。询问受访者以下描述是否符合他们的情况："我很清楚我的工作职责"、"我能够全神贯注地工作"、"我愿意主动承担更多工作职责"以及"我常常帮助同事解决工作上的难题"，计算选择"非常符合"和"比较符合"的青年比例。党政机关和事业单位青年选择上述四种描述的比例都高于就业青年总体（就业青年、党政机关和事业单位青年选择以上四种工作态度描述的比例分别是：88.9%、94.3%，88.3%、93.5%，85.1%、89.2%和84.8%、89.2%），可以说党政机关和事业单位青年的工作素养非常高。不同单位具体比例见图 5，按平均比例从高到低由左向右排列。全额拨款事业单位，法院、检察院机关，党委机关和政府机关的青年敬业精神非常突出，民主党派和工商联机关，人大、政协机关的青年稍逊一筹。从编制的角度看这些指标，行政编、聘任制和事业编青年都比较接近，并且都优于工勤编青年（94.25%、91.83%、91.78%和85.60%）。

第二部分是专门针对党政机关和事业单位青年的选择题，反映的是他们的工作动力取向。请受访者回答工作对自己的吸引力，选项包括对党政管理研究感兴趣、为国际社会发展做贡献、为人民群众做贡献、收入高、名声

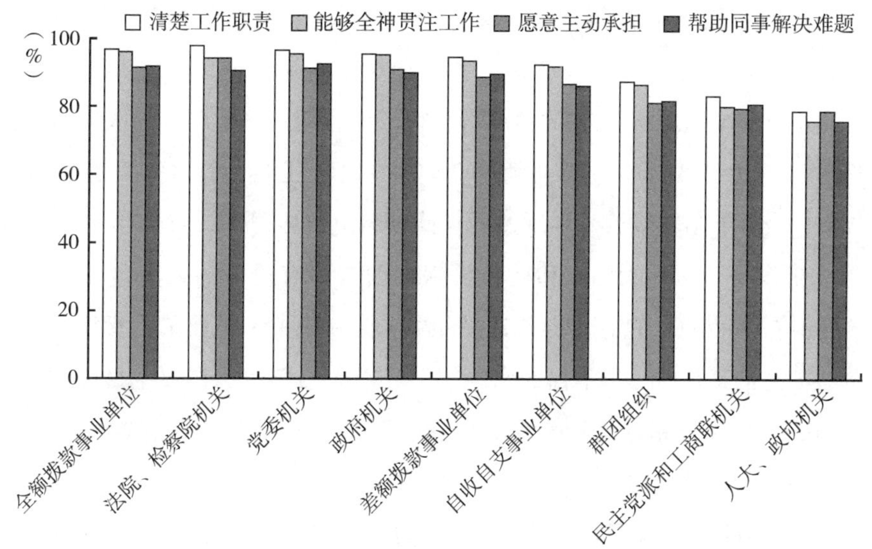

图 5　党政机关和事业单位青年工作态度比较

好、工作轻松、工作稳定，其中前三项是受访者选择职业的内在动力，后四项是外在动力，分别统计不同群体的选择比例，然后用内在动力选择比例作为分子，外在动力选择比例作为分母计算比值。比值小于 1，说明对于受访者来说，工作的外在动力更大；比值大于 1，说明受访者有更强大的内在工作动力；等于 1 说明内在动力和外在动力相当。这项指标只针对党政机关和事业单位青年。统计结果表明，政府机关（1.3），党委机关（1.3）和法院、检察院机关（1.2）的青年的内在工作动力最大，民主党派和工商联机关（0.5）、群团组织（0.8）、自收自支事业单位（0.8）青年工作的外在动力更大。从编制的角度看，行政编青年工作的内在动力最大（1.3），其次是聘任制青年（1.1）和事业编青年（1.0），工勤编青年外在动力更大（0.9）。

第三部分反映受访者的价值观，计算把“追求真理，在为国家和社会贡献中创造出有价值的人生”当作自己人生目标的受访者比例。党政机关和事业单位青年选择此项的比例为 31.3%，而创业青年、党政机关青年、归国留学青年和快递小哥选择此项的比例都超过了 35.0%。具体到党政机关和事业单位青年内部，选择此项比例最高的是党委机关青年（41.9%）

和法院、检察院机关青年（38.6%），差额拨款事业单位青年（23.4%）、自收自支事业单位青年（26.0%）和全额拨款事业单位青年（26.8%）选择此项的比例较低。从编制的角度看，行政编青年选择此项作为人生目标的比例最高，达到37.0%，事业编（29.0%）、聘任制（28.4%）和工勤编（27.7%）青年比较接近。性别差异在此项目上比较显著，男青年有39.5%选择“追求真理，在为国家和社会贡献中创造出有价值的人生”作为自己的人生目标，女青年只有22.4%选择此项。党政机关和事业单位青年把“一份称心如意的工作、一个幸福的家庭，干好本职工作”当作人生目标的比例达到60.2%，远远超过就业青年总体的53.3%，是所有的职业群体里最高的。

3. 遇到的问题

本次调查询问了党政机关和事业单位青年最渴望解决的问题，他们可以在以下项目中选择多项：实现职级晋升、加强理论修养、改善健康状况、增加收入、补充专业知识、处理好个人婚姻问题、缓解紧张的人际关系、解决住房问题、子女教育问题。统计后发现他们最希望解决的问题是增加收入（61.3%），其他几个工作领域的问题也给受访者带来一定程度的困扰：职级晋升（32.3%）、补充专业知识（31.8%）、加强理论修养（25.5%），还有一些生活问题：子女教育（24.0%）、改善健康状况（22.8%）等等（男女比例见图6）。

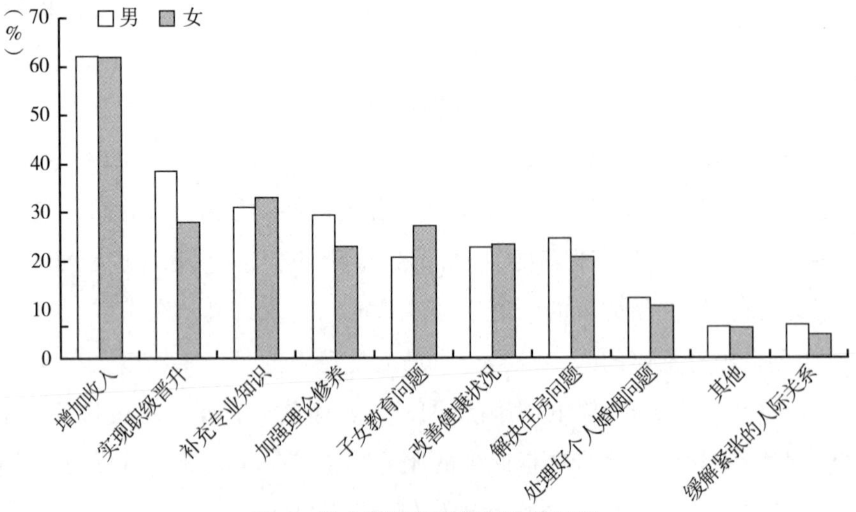

图6　男女青年最渴望解决的问题

如果从编制的角度看，行政编青年的晋升愿望最为迫切（40.6%），事业编青年在这方面也有比较强烈的需求（34.2%）。有35.1%的行政编青年非常希望“加强理论修养”，同时四种编制青年选择“补充专业知识”的比例都超过了30.0%，说明党政机关事业单位青年希望提升专业素养的愿望比较强。

4. 工作时间和压力

党政机关和事业单位青年工作时间分布见图7。对受访者工作日平均工作小时数据进行加权平均计算（4小时以下按2小时算，12小时以上按14小时算，5~6小时按5.5小时算，依此类推），党政机关和事业单位青年工作日平均工作8.46小时，长于总体就业青年样本平均水平8.36小时。事业单位青年日平均工作8.57小时，长于党政机关青年的8.18小时。除了廊坊市（7.98小时）以外，河北其他各市的工作时间都超过8小时，其中定州、邢台和邯郸受访者工作日平均工作时间最长，分别达到9.19小时和8.74小时。男性的工作时间8.75小时长于女性的8.21小时。并且工作时间表现出随着学历、年龄和收入的增加而增加的趋势。

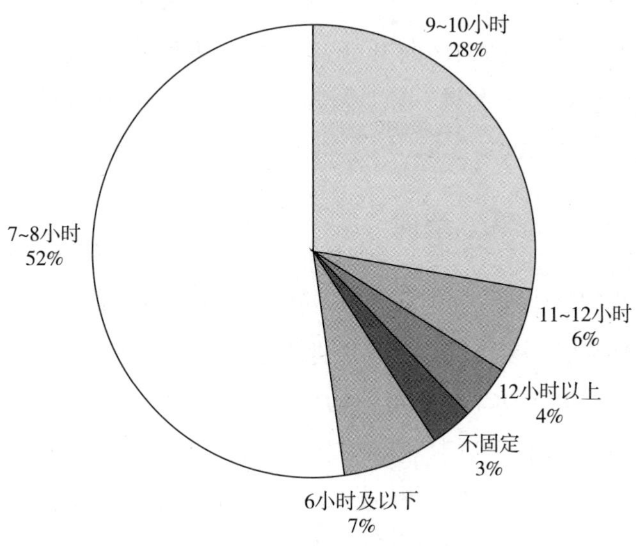

图7 党政机关和事业单位青年工作时间

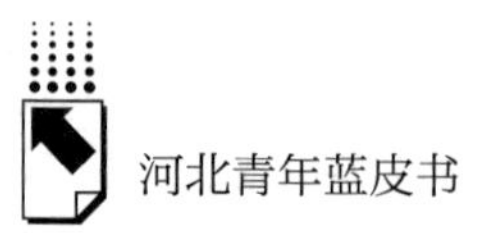

将选择工作日工作时间“9～10 小时”、“11～12 小时”和“12 小时以上”的受访者界定为超时工作者，38.4%的就业青年属于这种情况。在党政机关和事业单位青年中，超时工作的比例是 37.9%，比例高的群体分别是：全额拨款事业单位青年（43.7%），人大、政协机关青年（42.4%）和差额拨款事业单位青年（41.7%）。

询问受访者“过去的一年里，您的工作压力如何?”，然后比较不同就业青年群体选择“比较大”和“非常大”的比例。结果发现：就业青年总体感觉压力大的比例是 35.4%，党政机关和事业单位青年感觉压力大的比例（37.3%）也比较高。在党政机关和事业单位青年群体中，感觉压力最大的群体是全额拨款事业单位青年（39.8%）、差额拨款事业单位青年（39.2%）和自收自支事业单位青年（37.9%），其他单位青年选择压力大的比例都低于平均值（37.3%）。从编制看，压力最大的是行政编（41.1%）和事业编（39.7%）受访者。男青年（41.0%）较女青年（34.3%）感受更多压力。副科（50.6%）和科级（42.1%）干部青年感受压力大的比例也非常高。26～35 岁青年选择工作压力大的比例（39.5%）远远高于 19～25 岁青年（29.2%）。此外，随着受访者学历的升高，他们感觉工作压力大的比例也逐渐升高（小学及以下、初中、高中/职高或中专、高职/大专、大学本科、硕/博士研究生感觉压力大的比例分别是：31.4%、31.4%、32.0%、34.4%、40.2%和45. 1%）。

（二）学历、学习、培训

本次调查中就业青年样本总体中本科及以上学历者约占 1/3，而党政机关和事业单位样本中，本科及以上学历青年超过半数，受过高等教育的比例仅比归国留学青年和大学生村官群体的比例低。女性的受教育状况优于男性，表现为在高职/大专、大学本科和硕/博士研究生这三种高学历样本中，女性的比例分别是 53.2%、61.0%和 60.5%，这种趋势与样本总体一致。具体见表 3。按小学及以下 6 年，初中 9 年，高中/职高或中专 12 年，高职/大专 14 年，大学本科 16 年，硕士研究生 19 年加权平均计算各群体平均受教育年限，发现党政机关和事业单位青年平均受教育年限为14.6年，其中受教育程度最高的是法院、检察院机关青年和全额拨款事业单位青年，都超过了15年，具体见图8。

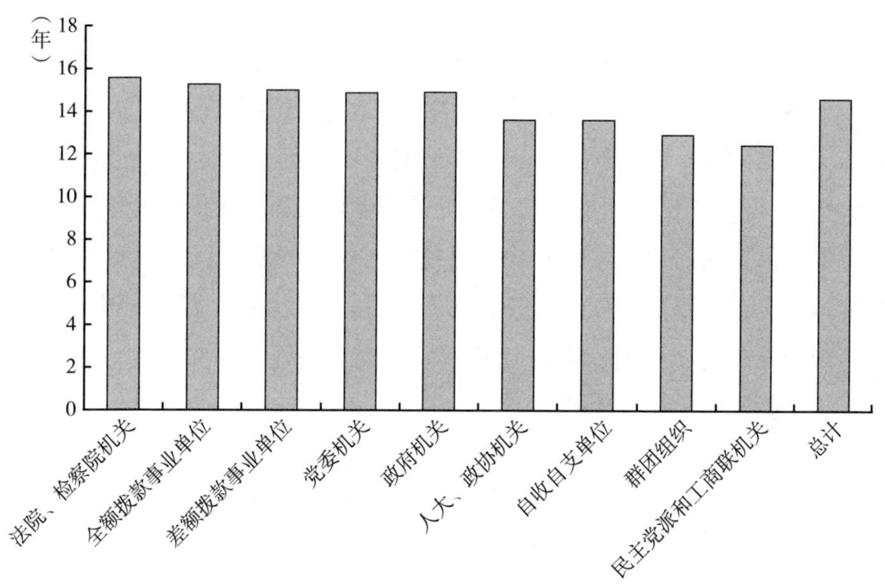

图8　党政机关和事业单位青年平均受教育年限

表3　党政机关和事业单位青年学历情况

单位：%

学历选项	青年样本总体	党政机关青年	事业单位青年
小学及以下	2.4	1.0	0.9
初中	17.0	4.1	7.2
高中、职高或中专	25.2	10.8	14.1
高职/大专	24.0	21.3	27.4
大学本科	28.2	54.3	46.7
硕/博研究生	3.2	8.5	3.8
总计	100.0	100.0	100.0

随着年龄的增长，更多党政机关和事业单位受访者认为现有的知识可以满足工作需要，选择“完全满足”和“基本满足”的比例从19～25岁的49.0%增长到26～35岁的54.9%。但是依然有超过1/4的青年觉得自己的

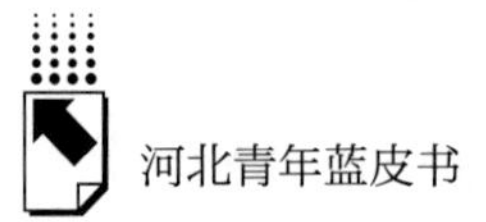

知识“稍有欠缺”或者“欠缺较大”。全额拨款事业单位青年（61.3%）和党委机关青年（58.24%）认为目前的知识可以满足工作需要的比例最高，自收自支事业单位青年（32.6%）和群团组织青年（30.5%）认为目前知识有欠缺的比例最高。同时绝大多数党政机关和事业单位青年（95.1%）认同“终身学习”的理念，并且学历越高，认同的比例越高。

交往能力（39.0%）、文字表达能力（38.4%）、逻辑思维能力（36.1%）和知识储备能力（31.8%）是党政机关和事业单位青年认为对个人发展最重要的四项能力，此外，超过20.0%的受访者认为口头表达和创新能力对自己很重要。行政编青年选择文字表达能力对个人发展很重要的比例为55.5%，是最高的；而聘任制（38.8%）、事业编（37.9%）和工勤编受访者选择最多的是交往能力。

受访者主动参与最多的培训类别是：专业知识培训（34.1%）、学历提升培训（25.6%）和文字表达能力培训（21.2%）。事业编青年（38.6%）、聘任制青年（35.3%）和工勤编青年（29.9%）主动参与最多的是专业知识培训，而行政编青年主动参与最多的是文字表达能力培训（30.7%）。文字表达能力同时也是副科（30.5%）和正处级（33.7%）受访者主动参与最多的培训，其他受访者主动参与最多的是专业知识培训。单位（学校）是最主要的培训组织者，52.8%的受访者参与过，参与其他机构组织的培训的受访者没超过10.0%。约半数的受访者平均每周参与以上教育培训的时间是0~3小时。半数受访者参与的是现场教育，约四成的受访者参与的是线上培训，其他受访者没有参加过培训活动。79.6%的青年认为这些培训达到或基本达到预期的目的，17.3%的受访者感觉没有达到自己预期的目的。从群体看，副科（29.0%）和副处（21.5%）这两个级别的青年感觉没有达到预期培训目的的比例最高。

党政机关和事业单位青年阅读的方式发生了巨大的变化，他们阅读传统纸质书的时间只占全部阅读时间的18.6%，受访者使用手机或平板阅读各种书籍或网络信息的时间超过一半，使用电脑、Kindle等其他电子设备阅读或听书的时间占比26.6%。请受访者选出他们最感兴趣的三种图书类别，统计发现被选比例最高的是历史人文类和文学小说类，分别为46.4%和45.9%，人物传记、成功励志类图书和时尚娱乐类图书也是受访者非常感兴趣的，具体见图9。同时，哲学宗教类图书（14.2%）、战争军事类图书（17.6%）以及政治学或社会类图书（22.9%）被选的比例都不高。从群体角度看，工勤编青年最不爱阅读，女青年最偏爱文学小说类（57.6%），选择时尚娱乐类图书（31.6%）的比例也远远高于男青年（9.4%），男青年选择战争军事类图书（26.7%）和政治学或社会类图书（22.9%）的比例高于女青年（4.0%和13.2%）。

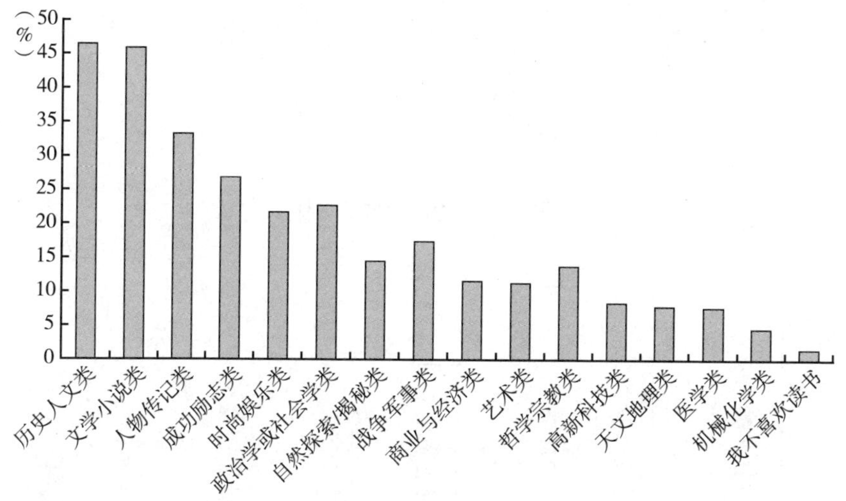

图9　党政机关和事业单位青年最感兴趣的图书类别

加权平均计算受访者阅读时间，河北省党政机关和事业单位青年每周平均读书2.6小时，平均每天约22分钟。不同单位青年的平均周阅读时间见图11。

（三）思想政治信念

1. 入党团情况

党政机关和事业单位青年入党、团比例高于就业青年，具体比例见图12。但是党员在不同编制和单位类型青年中的分布很不均匀。行政编青年中党员的比例高达63.7%，但是事业编、聘任制和工勤编青年中党员分别只占

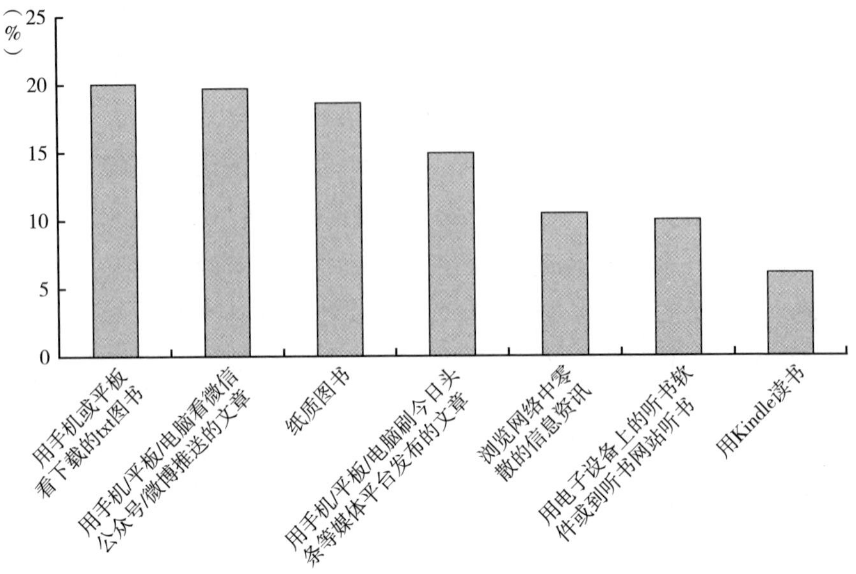

图 10　各种阅读方式占比

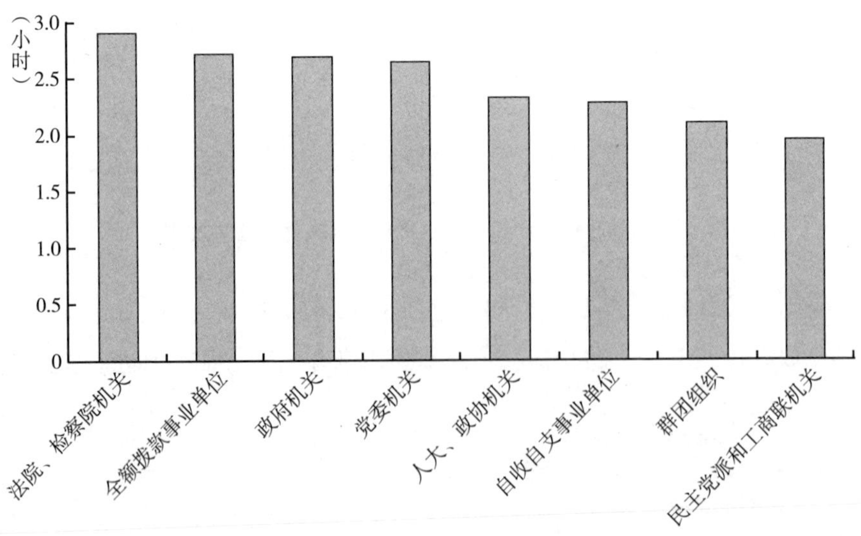

图 11　党政机关和事业单位青年每周阅读时间

37.7%、23.8%和18.6%，类似的情况在不同类型的单位中也存在：党委机关，政府机关和法院、检察院机关青年中党员的比例分别为56.4%、46.4%和41.0%，但民主党派和工商联（16.9%）、自收自支事业单位（19.4%）和群团组织（22.7%）青年中党员占比都较低。部分青年的入党意愿较弱，没有递交入党申请的青年比例最高的群体有：工勤编（66.9%）、自收自支事业单位（66.5%）、民主党派和工商联机关（64.4%）、群团组织（61.3%）、全额拨款事业单位（57.4%）、差额拨款事业单位（56.5%）。本次调查中，事业编青年的占比超过四成，半数受访者（49.5%）没有递交入党申请书。除此之外，超过八成的党员和已经递交入党申请的团员受访者认为自己所在单位（村/社区）的入党机制“比较公平完善”，具体数据见图13。认为不够公平完善的受访者反映了以下问题：“入党的考试或考察难度太大，很难通过”（5.8%）、“名额太少，基本轮不到我”（5.5%）、“组织上会重点关照领导或管理层人员，普通职工基本没有机会”（3.1%），以及“相关负责人在决定谁入党时有很大的操作空间”（2.8%）。

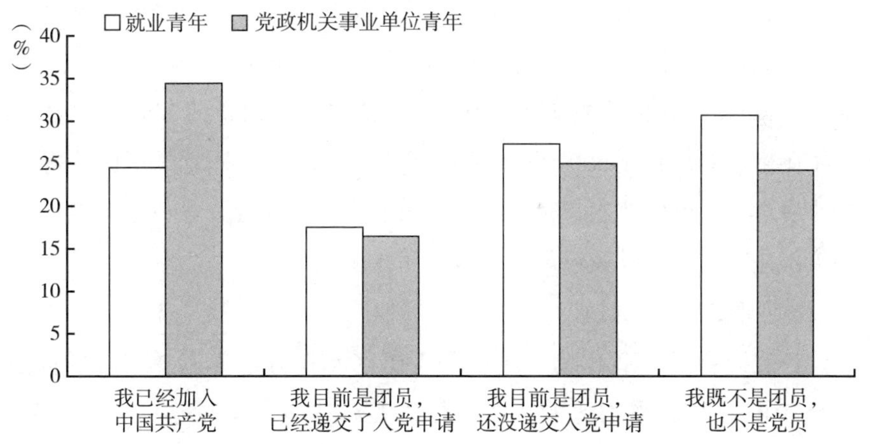

图12 就业青年和党政机关和事业单位青年入党团比例

考察影响党政机关和事业单位青年入党团状况的因素，对可能的原因进行回归分析，这些因素有人口统计学变量（性别、年龄、文化程度、户籍所在地）、职业（党政机关或事业单位）、收入、工作压力、同事关系和领

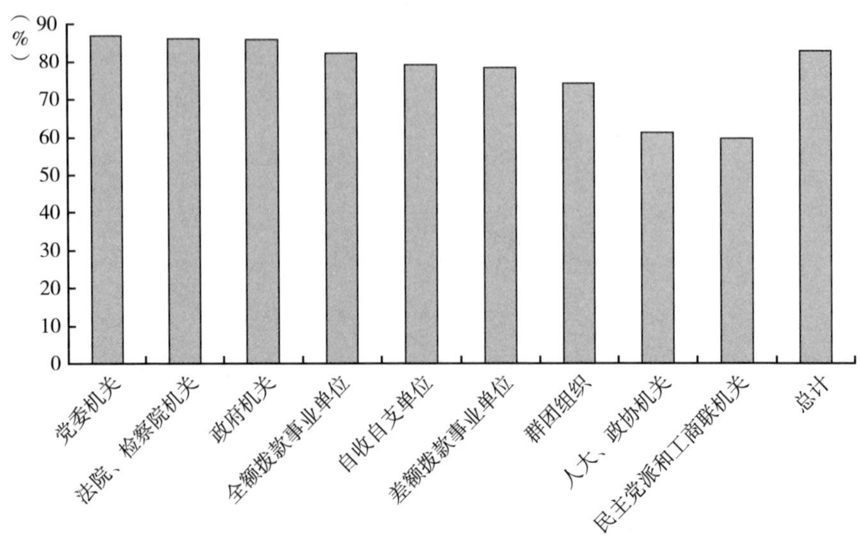

图 13　受访者认为所在单位入党机制公平完善的比例

导关系。结果发现回归方程非常显著，F = 238.2，Sig = 0.00，R = 0.47，R^2 = 0.22，说明这些因素与青年是否加入党团组织相关。与受访者入党团状况相关度比较高的因素有：职业（r = 0.35）、文化程度（r = 0.30）、户籍所在地（r = 0.17）和领导关系（r = 0.13）。这些相关因素的方向是：党政机关青年比事业单位青年入党团比例高；文化程度越高，入党团比例越高；河北省非农户籍、外省非农户籍、河北省农业户籍、外省农业户籍青年入党团比例依次递减；与领导关系越好，入党团比例越高。

2. 意识形态

计算受访者对“我作为一个中国人感到非常自豪”选择“非常同意”和“比较同意”的平均比例，计算受访者对“必须坚持党的领导”选择“非常同意”和“比较同意”的平均比例，计算受访者对“中国更适合西方的选举制度”选择“非常同意”和“比较同意”的比例。汇总不同类型党政机关和事业单位受访者平均比例绘制图 14。总体来看，河北党政机关和事业单位青年有强烈的国家自豪感，并且非常坚定地选择了“坚持党的领导”，这两者的总体比例都超过了 95.0%。同时不能忽视的是，仍有少数受访者在意识形态方面存在模糊不清的认识，认为西方选举制度更适合中国（其中人大、政协机关样本量仅33个，代表性不足，有可能出现偏差）。

在已经入党或者递交了入党申请的青年中，他们所选择的主要入党原因是“实现社会理想，服务社会和人民”、“信仰马克思主义理论，认同党的纲领”和“个人感兴趣，有归属感”，党政机关和事业单位青年受访者选择的入党原因和选择比例见图15。大部分受访者选择的入党原因是实现社会理想服务社会和人民，选择信仰马克思主义理论等的比例未过半。仍有部分受访者在思想意识上没有绷紧“时时刻刻保持先进性”这根弦，选择了“工作晋升等方面的实际需要”（19.6%）、“入党是对我个人能力的肯定，我感到很有面子”（13.9%）、“大家都在争取加入，我也申请加入”（5.6%）、“家人强烈要求”（2.4%）这样的外部原因以及“说不清”（6.1%）。

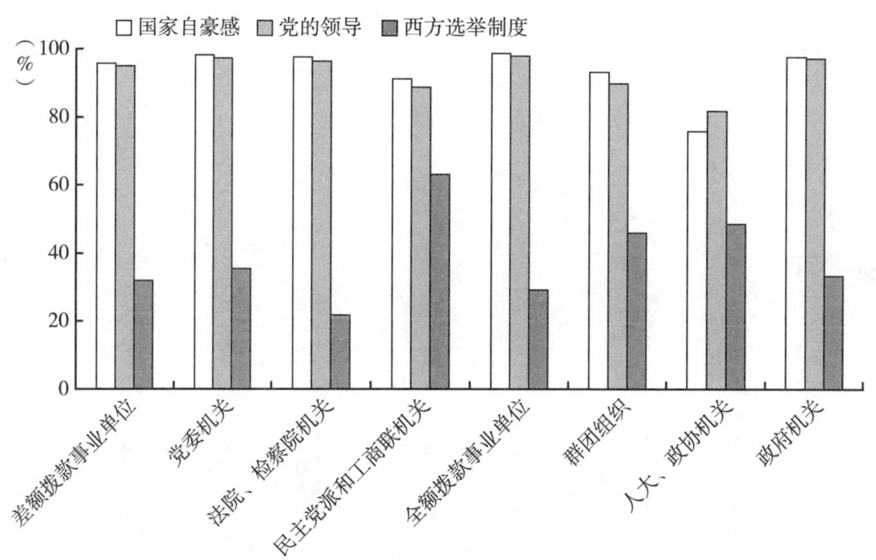

图14　不同单位青年意识形态

计算不同单位受访者能完全说出核心价值观内容的比例，以及“非常认同”和“比较认同”的比例之和制作图16，按照能完整说出核心价值观全部内容的比例从高到低由左向右排列。总体来看，党政机关和事业单位青年能完整说出核心价值观的比例为42.8%，高于就业青年的33.8%，认同的比例为95.3%，也高于就业青年的91.0%。但是仍存在一些群体对核心价值观认识、认同不足的问题，如群团组织青年。

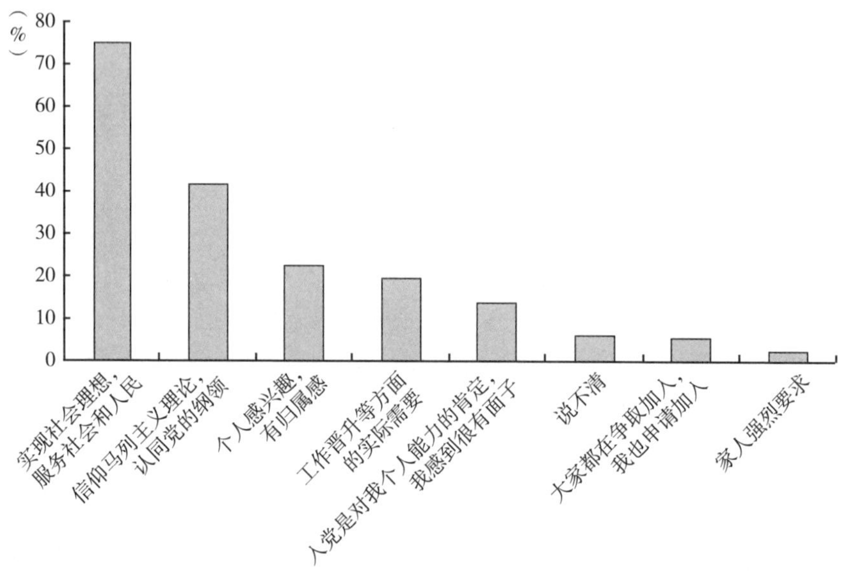

图15　党政机关和事业单位青年入党原因

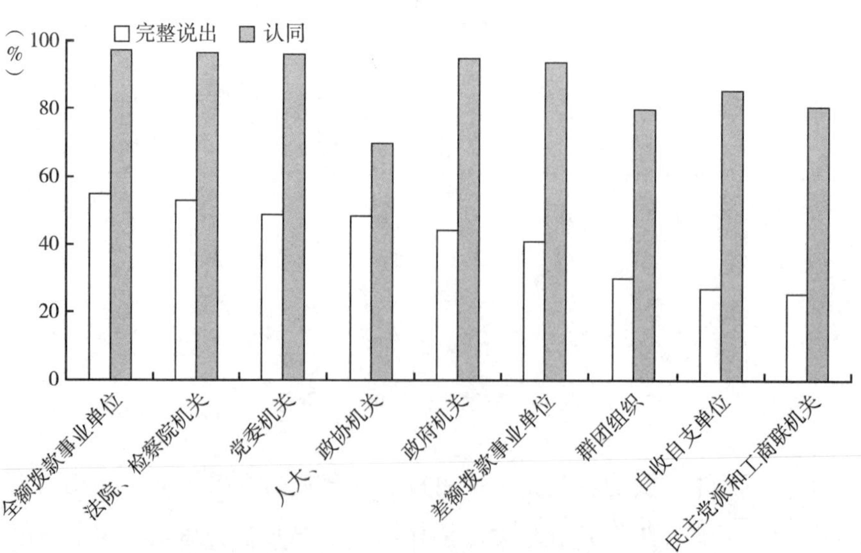

图16　不同单位青年对核心价值观了解和态度

3. 利他和价值观

本次调查设置了四个项目来了解受访者的利他行为和观念，分别是“我善待身边的每一个人”“现代社会仍需要互助友爱和奉献精神”“乘坐公交遇到需要帮助的人，我都会主动让座”“遇到在马路上摔倒的老人或小孩，我会主动帮忙扶起”，其中前二者是观念，请受访者选择同意的程度，后两者是行为，请受访者选择这种描述符合自己情况的程度。分别为每个项目计算受访者选择“非常同意”“比较同意”或“非常符合”“比较符合”的比例之和。结果发现党政机关和事业单位青年在善待他人、友爱奉献、公交车让座、扶老人小孩四个项目上的积极选择比例分别为96.0%、96.2%、95.4%和85.5%，都高于就业青年在这四项上的选择比例（93.2%、92.3%、92.2%和82.4%），表现出非常好的利他理念和行为。

物质主义价值观是一种强调物质拥有和财富积累重要性的个体价值观念。高物质主义者具的特征有：认为物质拥有和财富获得是生活的核心内容；相信通过物质拥有和财富获得能收获快乐；用一个人拥有物质和财富的数量和质量来界定个人成功①。本次调查设置了1个项目测量受访者的物质主义程度：请受访者选择他们认为的生活幸福最重要的三项指标，统计选择“收入丰厚”的比例。图17是不同党政机关和事业单位青年群体在这个问题上的回答情况。可以说受访青年在一定程度上存在物质主义价值观。

4. 满意度

受访党政机关和事业单位青年对河北省政府各项工作的满意度排名是：打击犯罪，维护社会治安（73.4%）；提供医疗卫生服务（71.2%）；实行公交优先，落实绿色出行政策（68.6%）；依法办事，执法公平（67.7%）；社会保障和福利（67.5%）；廉洁奉公，惩治腐败（66.5%）；义务教育的质量（65.6%）；改善民生，关心百姓生活（64.5%）；保护环境，治理污

① 王俊秀、杨宜音：《中国社会心态研究报告（2015）》，社会科学文献出版社，2015，第176页。

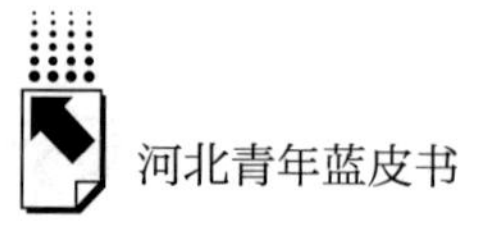

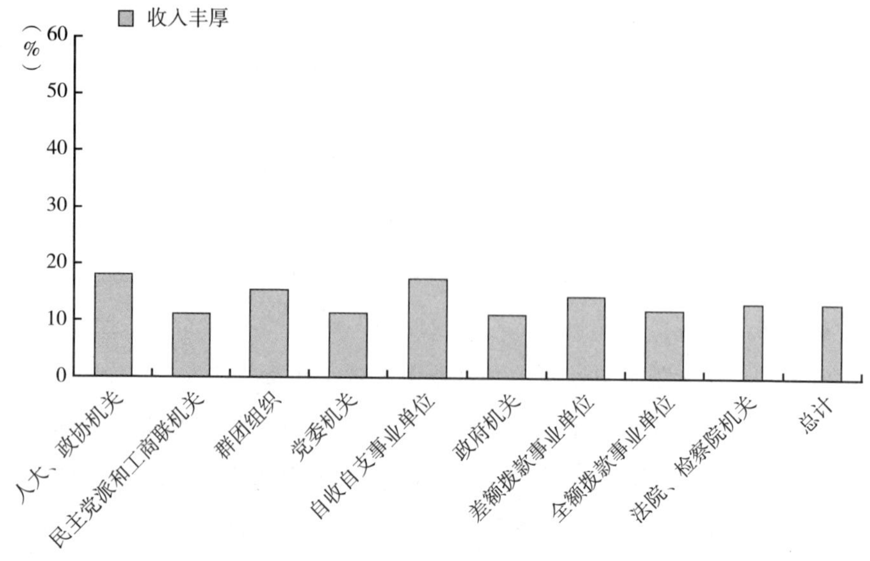

图 17　党政机关和事业单位青年的物质主义价值观

染（63.1%）；信息公开，提高政府工作透明度（62.1%）；发展经济，增加人民收入（60.1%）；治理拥堵，改善交通状况（59.5%）；保障房建设，实现居者有其屋（56.8%）；扩大就业，增加就业机会（56.3%）；调控房价，使房价处于合理水平（44.9%）。

（四）婚姻和生育

已婚就业青年和党政机关和事业单位青年在24～29岁结婚的比例分别是69.6%和77.4%，每个年龄段取中位数，23岁以下按21岁计，36岁以上按38岁计，加权计算他们的平均结婚年龄，就业青年是25.1岁，党政机关和事业单位青年是25.6岁。虽然党政机关和事业单位青年结婚时间略晚，但是与就业青年总体相比，受访者已婚比例更高，显著性检验也印证了这种差异，卡方值83.52，P<.00。因此可以说他们的个人生活状态更加稳定（数据见表4）。

党政机关和事业单位青年的生育意愿更强，表现为“不想生育”和“暂未考虑生育”的比例低于总体，同时计划生育和已经生育1个或2个子女的比例更高。但是他们在生育1个子女的比例显著高于总体的同时，生育2个子女的比例却陡然下降。比较他们和青年样本总体的生育意愿也有一定差异。影响生育意愿的第一要素是经济，对于不想要子女的受访者来说，他们不担心未来自己的养老问题。值得关注的是，不想要孩子的党政机关和事业单位受访者选择经济原因的更多（46.2%），显著高于青年总体的39.4%。而对于不想要二孩的受访者来说，受到没人照看和担忧“未来孩子的医疗教育问题”的影响最大。另一个值得关注的现象是，党政机关和事业单位不想要孩子的青年中女性占到61.2%，远高于青年样本总体的53.9%。

总体来看，党政机关和事业单位青年的婚恋观念比较传统，超过90.0%的党政机关和事业单位青年都认为以下因素在择偶中“非常重要”或者“比较重要”：孝顺老人（94.1%）、人品（92.6%）、心理健康状况良好（92.2%）、身体健康情况良好（92.1%）、责任（92.0%）和感情（90.6%），排序与就业青年样本总体非常相似，选择比例略有差异。

表4　党政机关和事业单位青年婚姻状态

单位：%

选项	党政机关和事业单位青年	就业青年总体
已婚	66.0	61.2
未婚单身	21.9	25.9
未婚有男/女朋友	10.5	11.4
离异、丧偶	1.5	1.5
合计	100.0	100.0

表5　党政机关和事业单位青年生育状况对比

单位：%

选项	青年样本总体			党政机关和事业单位青年		
	男	女	总体	男	女	总体
不想生育	2.5	1.9	2.2	1.5	1.2	1.3
暂未考虑生育子女	3.6	3.4	3.5	2.9	3.3	3.1
有生育计划但还没有实现	7.9	6.8	7.3	9.0	7.9	8.4

续表

选项	青年样本总体			党政机关和事业单位青年		
	男	女	总体	男	女	总体
生育1个	45.2	46.4	45.8	52.5	52.1	52.3
生育2个	37.3	38.2	37.8	31.0	32.6	31.9
其他	3.4	3.4	3.4	3.0	3.0	3.0
合计	100.0	100.0	100.0	100.0	100.0	100.0

党政机关和事业单位青年与父母的关系更亲密，与就业青年样本总体相比，他们从小跟父母长大的比例、跟父母“非常亲密”或“比较亲密”的比例都较高（就业青年样本和党政机关和事业单位青年从小跟父母长大的比例分别为90.5%、93.1%，与父母关系亲密的比例分别为90.2%、92.7%），并且每月平均探望或通过电话等方式联系父母12.9次，高于就业青年样本的11.9次。女青年与父母的亲密程度（92.9%）比男青年（92.4%）略高。

党政机关和事业单位青年婚恋方面的观念非常传统，如果把“一般”视为中立，把“比较反对”和“非常反对”当作“反对”，把“比较接受”和“非常接受”当作“接受”，计算“反对”和“接受”受访者数量之比：把1~2（反对的受访者超过接受的受访者）视为“反对”，超过2（反对的受访者是接受的受访者的2倍及以上）视为“极其反对”。那么党政机关事业单位青年“极其反对”的社会现象有婚外情、一夜情、同性恋、未婚生子、试婚；“反对”的社会现象有网恋。其中男青年“极其反对”、女青年“反对”谈恋爱AA制；女青年“极其反对”、男青年“反对”婚前同居；女青年接受、男青年“极其反对”子女随母姓。他们都接受的只有婚前财产公证和相亲。

（五）生活与健康

本次调查针对的是年轻的受访者，所以他们的健康状况普遍较好。76.1%的党政机关和事业单位青年认为自己的身体“非常健康”或者“比较健康”，与就业青年样本总体持平。其中政府机关和行政编受访者认为自己健康的比例最高，分别达到 80.1% 和 79.4%，法院、检察院机关青年和人大、政协青年认为自己健康的比例最低，分别是 71.1% 和 69.7%。值得关注的是，党政机关和事业单位青年在过去一年中人均去医院就诊 2.2 次，略高于青年样本总体的 2.1 次，超过 1/4 的受访者过去一年去医院就诊 3 次以上。其中女青年 2.3 次，全额和差额拨款事业单位青年 2.3 次——这至少说明部分青年有一定程度的健康隐患。

具体来看，受访青年选择“比较严重”和“非常严重”的比例之和超过 20.0% 的健康问题只有近视（27.7%）和睡眠（22.6%），其他比较值得关注的健康问题是肥胖（19.5%）和焦虑（12.3%）。但是熬夜问题，特别是周末熬夜在就业青年中比较常见，工作日和周末午夜 0 点以后睡觉的比例分别是 4.4% 和 9.1%。党政机关和事业单位青年群体中，只有法院、检察院机关青年熬夜的问题相对突出，工作日和周末午夜 0 点后休息的比例分别是 10.8% 和 20.5%。

每周体育锻炼时间少于 1 小时的党政机关和事业单位青年比例达到 46.0%，低于就业青年样本总体的 49.0%。其中民主党派和工商联机关青年、群团组织青年和女青年每周锻炼时间少于 1 小时的比例过半。受访青年参与最多的运动项目分别是健步走（43.2%）、羽毛球（20.2%）、篮球（17.3%）和骑车（16.7%）。党政机关和事业单位青年能保证规律体检（两年一次、一年一次或一年两次）的比例 71.8%，远远高于就业青年样本总体的 60.1%，其中衡水和雄安新区青年规律体检的比例低于 60.0%，有待提高。

三　河北党政机关和事业单位青年特点、问题及分析

本次调查显示，河北省党政机关和事业单位青年的各项素质都优于就业青年样本总体，他们有三方面比较突出的优势。首先，他们热爱祖国，支持中国共产党的领导，组织性和纪律性强，在政治上非常可靠。绝大多数青年对祖国的发展成就有强烈的自豪感，对祖国有强烈、质朴的热爱之情。河北党政机关和事业单位青年非常认可中国特色社会主义道路，并且认为走这条

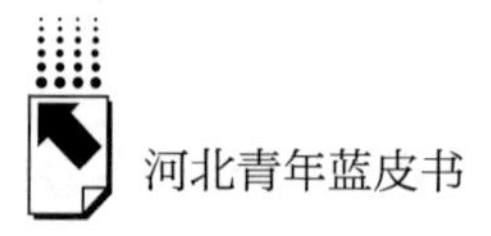

道路必须坚持中国共产党的领导。

其次，河北的党政机关和事业单位青年工作态度端正，比较认同自己的职业，认为自己的工作对社会有益，对自己的工作有自豪感和成就感。

最后，河北党政机关和事业单位青年具有良好的教育背景和专业素养，非常认可“终身学习”的理念，通过总结工作经验、阅读、进修等方式提高业务水平的意愿较强。

同时，他们也存在一些特点和问题，主要体现在以下方面。

（一）收入稳定，工作安逸，事业心不强，缺乏远大理想

河北党政机关和事业单位青年的人均收入略高于就业青年总体，并且他们之中中等收入群体的比例高于就业青年样本总体，低收入和高收入的比例低于就业青年样本总体。他们最希望解决的问题是收入问题。考虑到这一群体拥有非常好的教育背景，大多经历过层层筛选，可以说是河北青年中比较优秀、比较突出的群体。他们人均 4 万元左右的年收入，与周边京津地区高收入的同龄人相比，的确有待提高。同时这个年龄段的青年大多需要承担养育子女、车货或者房屋贷款等费用，有些还需要赡养父母，因此他们认为目前最需要解决的问题是收入问题。但是从另一个角度看，党政机关和事业单位青年不仅收入非常稳定，而且往往拥有很多其他职业群体青年所羡慕的社会保障、职业声誉和隐性福利。此外这一群体中的绝大多数人并不直接创造社会财富。因此如果就业青年总体的收入不增长，仅贸然增加党政机关和事业单位青年的收入，就有可能引发其他群体的“相对剥夺”感，影响社会和谐稳定。

河北党政机关和事业单位青年的工作时间略长于就业青年总体，远远低于进城务工青年和快递小哥。并且超过六成的党政机关和事业单位受访者表示他们的工作压力“一般”、“比较小”或者“没有”。因此可以说他们的工作状态比较安逸。尽管他们在工作中表现出优秀的工作素养、较强的敬业精神和通过培训进修提升工作能力的意愿，但是他们选择把“追求真理，在为国家和社会贡献中创造出有价值的人生”当作人生目标的比例低于就

业青年总体，更多人的目标仅限于“一份称心如意的工作、一个幸福的家庭，干好本职工作”。追求幸福的生活、家庭和事业的平衡没有错，但是作为一名拥有良好教育背景、一直被当作党和国家重点培养对象并被寄予厚望的当代体制内青年，把这些当作人生最高目标和理想略显狭隘。

（二）党政机关和事业单位青年有学习提升意愿，但提升效果一般

河北党政机关和事业单位青年拥有良好的教育背景，并且非常认同终生学习的理念，但是主动参与专业知识培训的比例并不算高。随着时代的发展，青年人的阅读习惯发生很大改变，人们开始更多阅读电子书或者听书。很多受访者有阅读纸质书和电子书的习惯，但是总体来看阅读时间并不长。

访谈发现，虽然党政机关和事业单位目前有“学习强国”App、网络课程、培训讲座、各种文件学习和答卷考试等旨在提升员工思想意识水平或某方面业务能力的措施，但是很多培训和学习活动流于形式。部分单位的业务培训针对性不强，却硬性规定某些部门的员工必须参与学习并考试，浪费经费和员工时间精力，却没有达到培训最初设置的目标。部分单位的思想觉悟、时事政治方面的培训学习活动只是为了应付上级部门的要求，参与者不认真学习，培训效果难以保证。此外，很多单位的培训学习活动非常随意，经常是上级文件要求学习什么，就立刻组织相应的培训，并没有根据特定的业务专业需要和人才培养目标为青年员工制订长期有效的技能提升计划，同样缺乏的还有兄弟单位之间横向的业务交流活动和单位内部纵向的传帮带活动。这些因素不仅降低了青年参与培训学习的积极性，而且浪费了他们的时间和精力，阻碍了他们对真正符合职业发展需要内容的学习。

（三）部分青年政治思想、意识形态方面有待提升

总体来看，河北省党政机关和事业单位青年热爱祖国、支持中国共产党的领导，在政治上非常可靠，同时也存在一些问题。

党政机关和事业单位青年入党团比例高于就业青年总体，但是部分受访

者没有递交入党申请书，向党组织靠拢的意愿不强。部分群体在政治思想、工作态度方面落后于其他党政机关和事业单位，对工作的内在动力不足，对核心价值观的认同比例偏低。工勤编青年学历较低，感觉上升通道不够通畅的比例更高，在意识形态方面与受教育程度更高的群体比有一定差距。一些党政机关事业单位青年思想上存在模糊不清的认识，赞同西方民主政治理念，制度自信不足。还有一些青年党员马克思主义理论素养偏低，缺乏理论自信。少数党政机关和事业单位受访青年认同“只要能赚到钱什么都可以干”，存在比较严重的物质主义价值观倾向。

究其原因，首先针对青年的政治理论学习流于形式，与社会实践脱节，缺乏系统的长期规划。特别是马克思主义信仰教育，内容、手段、形式都与当代青年思想有很大错位，远远落后于时代的发展。这就导致了虽然党政机关和事业单位青年经常参加各种学习活动，但是学习效果不佳，政治思想理论方面素质提高不明显。其次，随着媒体和网络技术的突飞猛进，青年使用智能手机和平板电脑的时间和频率大大增加，但是层出不穷的新媒体，特别是自媒体中的资讯质量参差不齐、真假难辨，青年人涉世未深、缺乏辨别能力，很容易受到西方反华势力的蛊惑，轻信不良媒体的宣传。再次，机关事业单位青年虽然工作收入稳定，但是他们之中的很多人也面临“上有老下有小”、房贷、车贷等巨大的生活压力。部分青年理论学习不足，缺乏远大的理想和信念，迷失在眼前的经济困境中，就会出现物质主义、思想意识偏差等问题。最后，半数受访青年认为自己所在单位入党机制存在各种问题，不够公平完善——这不仅阻碍了党政机关和事业单位青年向党组织靠拢，也在一定程度上使他们对党的理论信念产生怀疑。

（四）家庭生活稳定，观念传统，更加重视和谐的人际关系，身体健康状况良好

相比就业青年总体，党政机关和事业单位青年学历更高，因此他们结婚时间略晚，同时他们已婚的比例更高，单身的比例更低。更好的教育背景让他们心智上更加成熟理性，因此总体来说有更加稳定的婚姻生活。但是出于

经济方面的顾虑，这一群体生育第二个孩子的意愿比较低。党政机关和事业单位青年婚恋择偶观念比较传统，非常重视孝道。他们与父母的关系也非常亲密，经常通过各种方式与父母联络。

受访青年不仅与父母关系亲密，与同事、领导的关系也很好，同时“交往能力”被他们列为“心目中对个人发展最重要的能力”的首位。这说明新时代青年非常重视亲情、友情、同事等人际关系的和谐，心理学研究也表明，相对于事业成就和物质财富，良好的亲密关系更能提高幸福感，提升人们心理甚至生理健康的水平。

党政机关和事业单位青年身体健康状况良好，存在熬夜、体育锻炼时间不足、近视比例较高的问题。同时年均去医院就诊次数也暴露出一些健康隐患。总体来看这些问题可以通过体检、增加体育锻炼时间来解决。

四　推动河北党政机关和事业单位青年发展的建议

（一）为青年制订长期的、有针对性的专业技能和政治思想培训计划

根据调查结果暴露的一些意识形态和培训学习方面的问题，如部分非党员入党意愿不高、部分党员马克思主义信仰不够坚定，政治思想学习流于形式，以及很多青年渴望学习更多交往、文字表达和逻辑思维方面的知识等，建议党政机关和事业单位设立专门负责培训的部门或岗位，根据本单位职能特点和不同职位的特点为青年工作者制订针对性、专业性更强的长期培训规划。把培训学习纳入日常工作，安排专项经费和时间。考核标准、目标设置和培训学习的形式也非常重要。考核标准宜着眼于全面提升青年工作者思想素质和专业水平，综合考虑学习目标、学习内容、岗位专业要求等，而不限于相关知识的简单记忆。学习形式应灵活多样，适应当前党政机关和事业单位青年工作繁忙、专业岗位种类繁多、技术要求差异大，同时网络飞速发展、线上学习快捷便利等客观情况，综合采用线上线下课程讲座、推荐阅

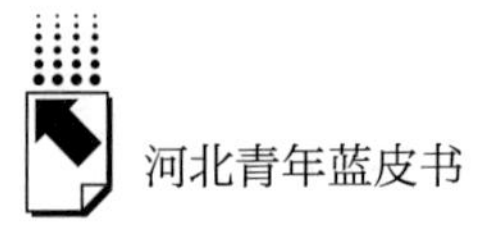

读、参观体验、经验总结、省外交流等多种形式。

对党政机关和事业单位青年的培训内容可以划分为思想政治、专业技能和健康生活三个层次。每个层次根据不同的单位和岗位特征应该包含不同的培训目标、内容和级别，如思想政治层次培训的最高目标是坚定青年马克思主义信仰，增强他们为祖国奉献、为人民服务的理想信念；次级目标是帮助他们理解党和国家的治国理政目标、方针、政策，以及支撑这些政策的思想依据、理论基础。最基本的目标是强化他们的组织性、纪律性，增强其抵抗腐蚀和诱惑的意志力。因此，相应的培训内容就应该包含中国特色社会主义理论和信仰、国家长远发展方略和政策解读、当前时事政治、反腐案例警示等。专业技能层次应针对不同的岗位和职位的要求进行更细致、更精准的长期人才培养内容设置，但是应该包含一些基本内容，如受访者比较关注的逻辑思维、文字表达等内容。健康生活层次应根据不同年龄、婚恋、生育需要设置交友、人际关系、子女教育、运动健身等生活领域的相关课程。

（二）给党政机关和事业单位青年更多工作锻炼的机会，提升他们的业务能力和收入水平

调查数据显示，河北省党政机关和事业单位受访者工作时间略长于8小时，感受到的工作压力略高于就业青年总体。相对于他们良好的教育背景和经过层层筛选的出众能力，他们应该在工作实践中接受更多挑战和锻炼。同时他们的工作压力随着年龄和资历的增加迅速增大，这意味着如果他们在35岁前工作能力没有大的提升，他们将在35岁后面临更多困难。因此对待这些青年工作者不妨放手让他们承担更重要的工作责任，给他们更多的锻炼机会，让他们通过实践迅速提升各方面的能力。

另外，青年受访者最希望解决的问题是“增加收入”，也就是说经济压力是他们面对的最迫切的问题。党政机关和事业单位工作者是社会财富的管理者、分配者和消费者，他们的工作是服务社会，并在一定程度上促进社会和谐、经济发展，但他们中的绝大多数并不直接创造财富。因此在整个社会收入水平不变的情况下，只提升党政机关和事业单位青年的待遇，很可能引

发其他群体的不公平感，影响社会和谐稳定。可是承担更多工作任务、提升工作能力从而增加收入是公平合理的。特别是对于党政机关和事业单位的青年而言，他们提高收入的最重要、最正当途径就是岗位、级别、职称等的晋升，而这些都需要通过业务能力的提升来达成。

青年工作者承担更多职责不仅能提升他们个人的能力，而且会让他们有更多机会接触社会现实，感受自己点点滴滴的实际工作对推动整个社会发展的作用，能让他们更深入地理解自己工作的意义所在。这种意义感的真实体验对于青年工作者形成远大理想和坚定信仰非常重要，他们应该意识到辛勤工作的意义不仅在于承担家庭责任以及满足个人的成就感和事业心，更在于青年应该在国家和民族的复兴大业中承担伟大义务、贡献珍贵价值。对于工作安逸、缺乏远大理想的本次调查受访青年来说，这一点尤为重要。

最后，这样的锤炼，也是未来人才筛选和培养的必经过程。责任心更强、工作更高效、业务水平更突出、更渴望在中国特色社会主义建设中做出成就的优秀青年会脱颖而出。

（三）完善人力资源管理和激励制度，提高党政机关和事业单位青年内在动力

针对部分党政机关和事业单位青年内在工作动力不足，以及在意识形态方面表现出的一些问题，建议人事和组织部门借鉴职业生涯管理、胜任力等现代管理理论、模型和方法，从特定岗位青年人才的选拔、激励、培训、评估、薪酬等方面对现有人事制度进行创新和完善。

具体来看，首先，人事和组织部门宜综合考虑岗位需求和青年干部个人特质、发展目标和意愿，通过提供更多学习和锻炼机会、公正平等的竞争机制、谈话等方式真正关心支持青年的长期发展。其次，拓宽青年的发展渠道。很多青年具备很好的学历背景和天赋，能够胜任多种类型的工作，如果为他们提供更加多元多样的职业发展路径和交流平台，帮助他们挖掘自身的工作潜能，帮助他们找到自己真正的兴趣所在，他们自然就会被激发出更强的内在动力和工作激情，他们也会更加感谢组织对自己的培养和关照，强化

职业忠诚度。此外，建议在不同岗位、系列的发展通道中建立更好的流动机制。例如在专业技术职务和行政职务之间设置互通制度，允许在某一系列发展的青年通过公平合理的程序，以现有职务或岗位级别为基础，进入其他系列发展。

总之，建立一种以人为本，以青年长期职业发展为本的人力资源管理制度，在帮助河北省青年攀登自身事业高峰的同时，也为河北省经济社会发展做出更卓越的贡献。

B.5
河北省企业青年研究报告

张齐超*

摘　要： 本报告从八个方面对企业青年群体的特征进行了研究，可以归纳出企业青年群体发展的一些特点：企业青年具有强烈的学习新知识新技能、接受培训和再教育的需求，但学习资源和培训效果尚存在不足；文化活动方面，呈现兴趣度高、参与度低并存的特点；志愿活动参与方面，存在兴趣度高而实际参与率偏低的矛盾；就业观念方面，注重收入和实现个人价值，同时又追捧稳定性高的体制内工作；健康状况方面，总体健康状况良好，缺乏锻炼较为普遍，近视、肥胖、睡眠质量差正成为最重要的健康问题等。针对青年发展中存在的问题，本文建议：大力发展继续教育，进一步优化青年文化环境；完善志愿活动社会动员机制，提高青年的社会参与度；加强青年就业指导和技能培训，加强青年社会保障权益的保护力度，减少过度加班现象，维护青年身心健康；积极倡导健康生活方式，加强青年健康教育，加强青年心理健康教育和服务，提升青年健康素养水平。

关键词： 青年发展　企业青年　河北省

* 张齐超，博士，河北省社会科学院社会发展研究所，助理研究员，研究方向为城乡社区治理、社会政策。

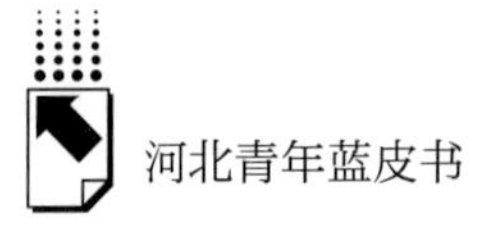

一 企业青年样本基本状况

本次调查企业青年人数总计15568人，年龄主要集中在26~35岁，占79.6%，19~25岁的占19.4%，14~18岁的占0.9%。男性人数有8322人，占比53.5%；女性人数有7246人，占比46.5%。户籍所在地方面，企业青年样本以河北省户籍为主，非农户籍与农业户籍人口大体相当，其中河北省非农户籍人数占比45.0%，外省非农户籍占比4.2%，河北省农业户籍人数占比47.5%，外省农业户籍人数占比3.2%。

受教育水平方面，企业青年大学本专科及以上学历占大多数，其中大学本科学历比重最大，占比40.0%；其次为高职/大专；占比28.4%，硕/博研究生学历共占比5.0%；高中/职高或中专学历者占比17.9%，初中学历占比7.5%，小学及以下学历仅占比1.2%。

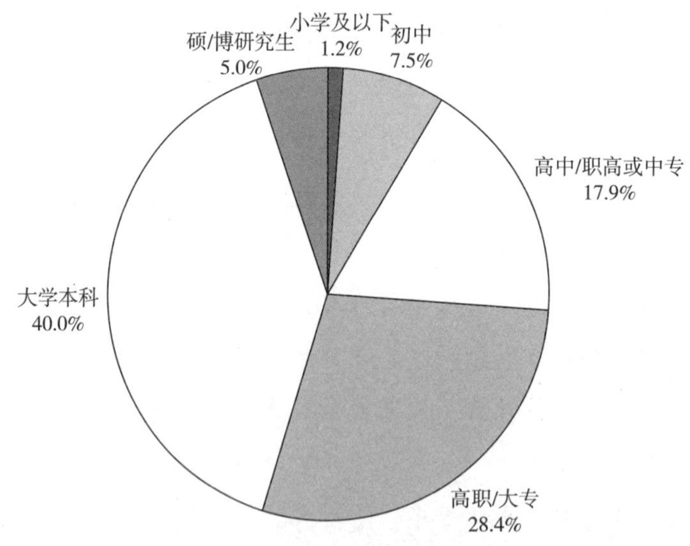

图1 企业青年受教育水平

收入水平方面，39.0%的青年月收入水平在3001~5000元，22.5%的青年月收入在2001~3000元，16.5%的青年月收入在5001~8000元，月收入超过 8000 元的青年占比为 5.2%，月收入低于 2000 元的青年占比为 11.6%，另有 1.7% 的青年无固定收入，3.5% 的青年拒答。

本次调查的企业青年中，36.4% 的青年是一线工作人员，23.5% 的青年是办事人员，专业技术人员占比为 19.7%，11.3% 的青年是中层管理人员，另有 3.5% 的青年是单位负责人，5.6% 的青年是临时工作人员。对比男青年和女青年的职位，男青年中单位负责人、中层管理人员、专业技术人员和一线工作人员所占比例均高于女青年，而女青年中办事人员占比远高于男青年。从行业分布情况来看，本次调查青年主要集中在制造业（占比为 32.9%）、居民服务和其他服务业领域（占比为 20.7%）。

表 1　受调查青年在企业担任职务情况

单位：%

职务	总体	男性	女性
单位负责人	3.5	4.5	2.3
中层管理人员	11.3	12.9	9.6
办事人员	23.5	16.5	31.6
专业技术人员	19.7	22.6	16.3
一线工作人员	36.4	38.3	34.2
临时工作人员	5.6	5.2	6.0

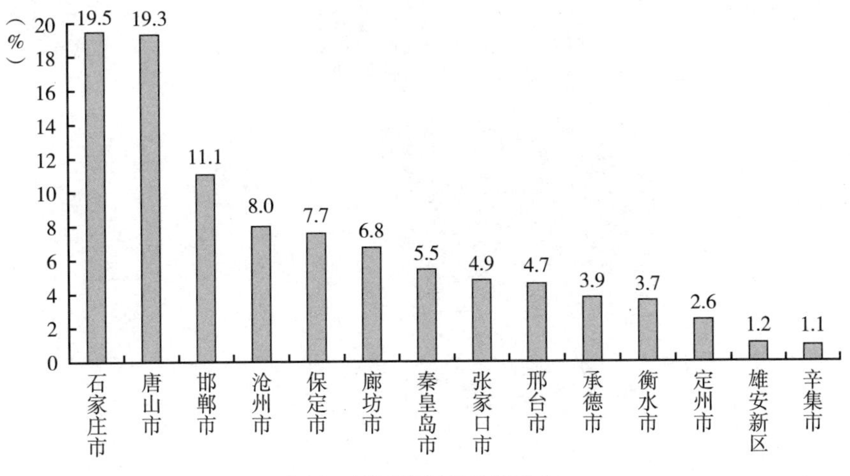

图 2　受调查青年地域分布

在地域分布方面，本次调查企业青年主要分布在石家庄市和唐山市，分别占比 19.5%、19.3%，其次为邯郸市、沧州市等各设区市，以及两个省直管市。

二　学习情况

（一）拥有积极的终身学习态度，重视专业能力和学历提升培训

1. 半数企业青年对自己掌握的知识并不满足，九成青年认同终身学习理念，特别是高收入、高学历青年认同度更高

现有知识的满足感深刻影响青年的学习态度，本次调查显示，约三成企业青年认为，相对于工作需要来说，自己掌握的知识是不足的，不能满足工作需求。其中 7.6% 的青年认为自己掌握的知识欠缺较多，20.8% 的企业青年认为自己掌握的知识稍有欠缺，另有 22.9% 的青年对掌握的知识一般满足，而对知识基本满足的、完全满足的占比分别为 38.2%、10.5%。

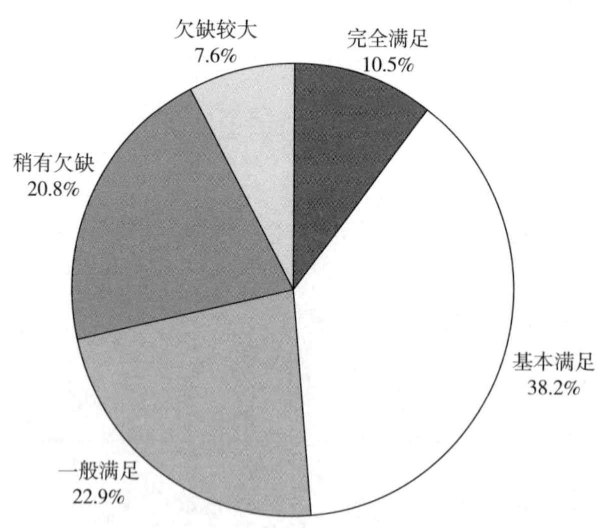

图 3　企业青年对现有知识满意程度

终身学习对于企业青年的成长非常重要，七成多企业青年（73.9%）非常认同终身学习理念，比较认同的占比19.7%，说明企业青年对终身学习的重视程度非常高。同时，学历水平越高，对终身学习理念的认同程度也越高。硕/博研究生学历的企业青年中，83.9%的人非常认同终身学习理念；大学本科学历的企业青年中，这一比例为79.9%；高职/大专学历、高中/职高或中专学历、初中学历企业青年中，非常认同终身学习理念的比例依次为73.3%、66.0%、58.2%。收入越高的企业青年越认同终身学习理念，高收入的企业青年中非常认同终身学习理念的比例为82.5%，中等收入的企业青年中相应占比为75.2%，低收入的企业青年中相应占比为65.9%。

表2 企业青年对终身学习理念的认同度

单位：%

认同程度	总体	学历背景					收入水平			
		初中	高中/职高或中专	高职/大专	大学本科	硕/博研究生	低收入	中等收入	高收入	无固定收入
非常认同	73.9	58.2	66.0	73.3	79.9	83.9	65.9	75.2	82.5	65.0
比较认同	19.7	25.3	24.0	20.8	16.5	13.8	23.0	19.2	14.0	20.6
一般	5.5	14.0	8.2	5.3	3.0	1.8	9.3	4.8	2.8	12.1
比较不认同	0.6	1.6	1.2	0.3	0.3	0.5	1.2	0.5	0.6	1.5
非常不认同	0.4	0.9	0.6	0.3	0.3	0.0	0.6	0.3	0.1	0.8

2. 企业青年最为看重交往能力和逻辑思维能力，主动参加的培训以专业知识培训和学历提升培训为主

企业工作需要多方面能力，对于能力的理解和重视程度会影响个人发展方向。企业青年最为看重的是交往能力，占比39.4%，其后依次为逻辑思维能力（37.5%）、知识储备能力（29.5%）、文字表达能力（28.0%）、创新能力（23.1%）、口头表达能力（21.2%）、专业知识（20.5%）和外语

能力（18.8%）。相对而言，应变能力、执行能力、合作能力、快速学习能力、办公软件实操、动手实践操作能力、时间管理能力、减压调适能力、审美能力的重视程度比较弱。

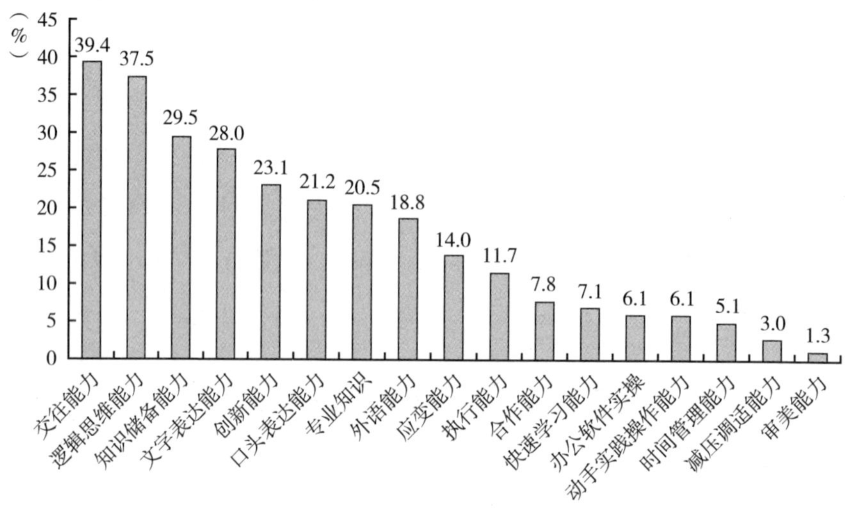

图4　企业青年最重视的能力

不过，能力培训方面更加突出专业知识。对调查结果的统计表明，主动参加专业知识培训的占比为37.3%，远远高于其他能力培训；其次为学历提升培训，占比22.6%；再次为办公软件实操培训和交往能力培训，均为18.0%；参加文字表达能力、逻辑思维能力、口头表达能力、创新能力、执行能力、合作能力、外语能力、兴趣爱好拓展培训的大体相当；参加共情能力、应变能力、减压调适能力、经营管理能力、计算机语言培训的占比相对较低。另外有10.9%的企业青年没有参加任何能力培训。

（二）教育培训时间偏少，日常阅读学习时间偏短

1. 56.1%的青年周培训时间少于3小时，单位（学校）是最主要的组织者，教育培训模式以现场培训为主，仅六成青年对教育培训较为满意

调查结果显示，企业青年周均教育培训时间整体偏少，高达56.1%

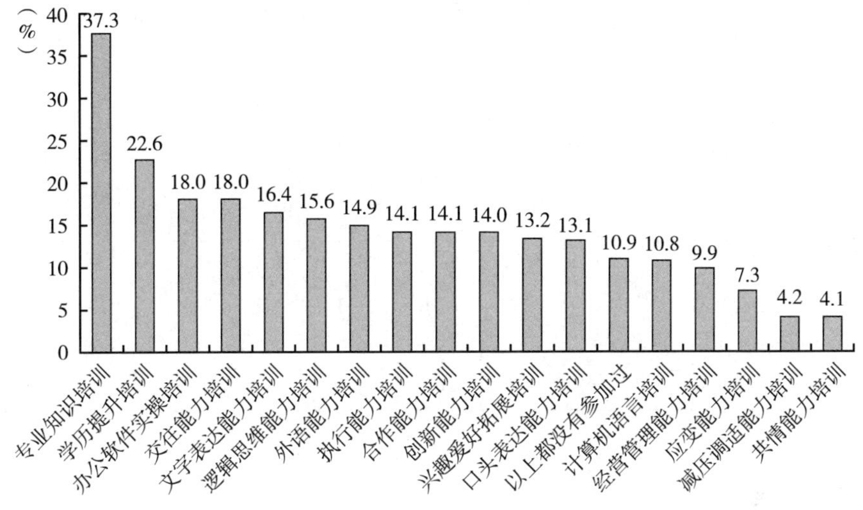

图5　企业青年主动参加的能力培训

的企业青年每周参加培训时间在 0 ~ 3 小时，30% 的青年每周参加培训的时间在 3 ~ 6 小时，而每周参加培训时间在 6 ~ 9 小时的占比为 9.2%，9 小时以上的占 4.7%。如此看来，企业青年每周的培训时间整体偏少，0 ~ 3 小时的培训时长无论是在时间上还是在质量上都不足。其中男性参加培训的时长稍长于女性，学历低的企业青年参加培训的时间稍长于学历高的企业青年。

企业青年所参加培训的组织者涵盖单位（学校）、本地政府、工会、共青团、妇联等人民团体、社会组织、商业机构、老师、朋友等，其中单位（学校）是最主要的组织者，62.3% 的企业青年参加的培训由其组织；其次是商业机构，10.3% 的企业青年参加的培训由其提供；再次为社会组织，有 9.0% 的企业青年参加了社会组织提供的培训；8.4% 的青年参加老师、朋友等组织的培训；6.4% 的企业青年参加工会、共青团、妇联等人民团体组织的培训，只有 3.6% 的青年参加本地政府组织的培训。培训方式方面，64% 的青年参加现场培训，36% 的青年参加线上培训。

表3　企业青年每周参加教育培训时间分布

单位：%

教育培训时间	总体	性别		学历背景				
		男	女	初中	高中/职高或中专	高职/大专	大学本科	硕/博研究生
0～3小时(不含0)	56.1	52.4	60.3	53.7	53.0	55.4	57.9	61.4
3～6小时(不含3)	30.0	31.2	28.6	31.3	32.3	30.2	29.0	26.6
6～9小时(不含6)	9.2	10.6	7.7	10.0	9.5	9.7	8.8	7.3
9小时以上(不含9)	4.7	5.8	3.4	5.0	5.2	4.7	4.3	4.7

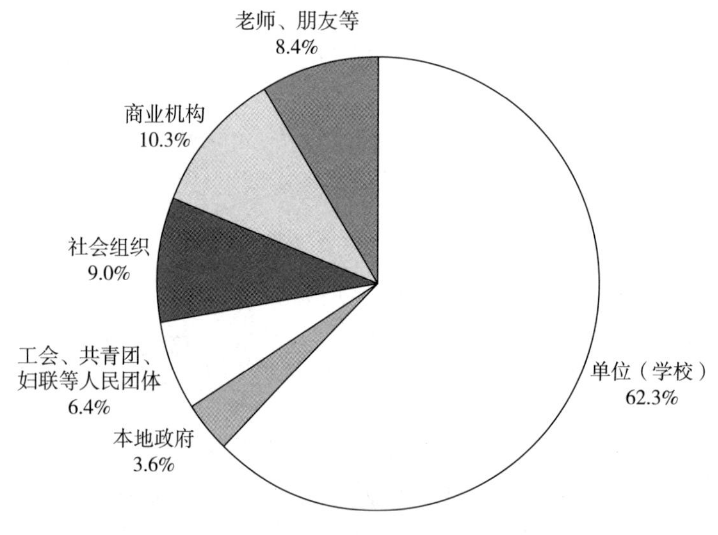

图6　培训组织者构成

教育培训预期方面，认为教育培训基本能达到预期目标的占53.5%，完全能达到预期目标的占8.1%，合计61.6%，就是说教育培训仅能达到六成青年的预期目标，而34.8%的青年认为教育培训实现预期目的程度为一般，认为基本不能达到预期目的的占比3.0%，完全无法达到预期目的的占0.6%，教育培训的质量和针对性都应提高。

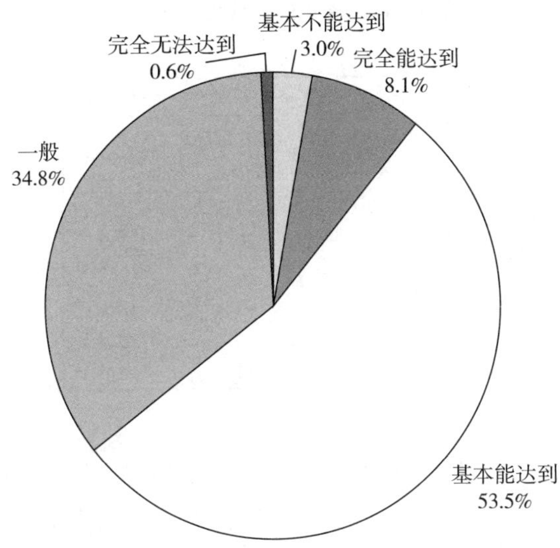

图7　教育培训预期达成度

2. 半数企业青年每周用于读书学习的时间少于2小时，阅读兴趣集中在历史人文类图书、文学小说类图书，手机或平板电脑阅读、微信公众号/微博推送、今日头条等平台发布等方式正逐渐取代纸质版图书，成为企业青年的主要阅读平台

企业青年工作之余每周用于读书（看报）学习的时间整体较少。每周花5小时及以上读书学习的占比16.5%，花3～5小时的占比10.9%，2～3小时的占比17.2%，合计为44.6%，而26.6%的企业青年每周用于读书学习的时间在1～2小时，每周读书学习时间在1小时以内的高达23.8%，另有5.0%的青年从不读书学习。文化程度越高，每周长时间读书学习的比例就越高，横向对比每周5小时及以上读书学习的比例，硕/博研究生中达到18.7%，大学本科学历的达到17.9%，高职/大专学历的占比16.5%，高中/职高或中专学历的占比14.8%，初中学历的占比12.0%，呈现递减趋势。按学历比较，从每周3～5小时用于读书学习的占比来看，呈现同样的递减趋势。

表 4　企业青年周均读书学习时间

单位：%

周均阅读时间	总体	学历背景				
		初中	高中/职高或中专	高职/大专	大学本科	硕/博研究生
从不	5.0	10.5	7.3	4.6	2.9	2.4
1 小时以内	23.8	30.2	26.1	23.3	22.1	21.3
1～2 小时	26.6	27.1	26.1	27.2	26.9	23.6
2～3 小时	17.2	13.3	16.2	18.0	18.0	17.8
3～5 小时	10.9	6.9	9.5	10.4	12.2	16.2
5 小时及以上	16.5	12.0	14.8	16.5	17.9	18.7

随着技术进步和互联网普及，阅读方式也越来越多样，本次调查将阅读方式区分为：阅读纸质版、用手机或平板电脑阅读、用 Kindle 阅读、看微信公众号/微博推送的内容、看今日头条等媒体平台发布的文章、浏览网络中零散的信息资讯、用听书软件/网站听书。如果将每天阅读时间算作 100%，占比越高说明利用该方式阅读的时间就越长，通过表 5 可以看出，在阅读时间占比 50% 以上的各种阅读方式中，占比较高的阅读方式是手机/平板电脑、纸质版图书、微信公众号/微博推送，在阅读时间占比 30% 的各种阅读方式中，占比较高的是微信公众号/微博推送、手机/平板电脑、今日头条，在阅读时间占比 20% 的各种阅读方式中，占比较高的是微信公众号/微博推送、今日头条、手机/平板电脑、纸质版图书。这表明尽管纸质版图书仍是相当重要的阅读方式，但以手机为代表的移动设备和各类 App 正逐渐取代图书成为最主要的阅读方式。

表 5　各类阅读方式的利用时间

单位：%

阅读时间占比	阅读方式						
	纸质版图书	手机/平板电脑	Kindle	微信公众号/微博推送	今日头条	网络中零散信息	听书软件/网站
>50	9.2	11.2	4.7	9.0	7.4	6.6	7.0
50	4.1	6.2	0.3	5.0	2.2	0.5	0.9
40	2.3	3.3	0.2	4.5	2.4	0.7	2.8

续表

阅读时间占比	阅读方式						
	纸质版图书	手机/平板电脑	Kindle	微信公众号/微博推送	今日头条	网络中零散信息	听书软件/网站
30	5.7	9.7	1.5	13.0	8.0	2.8	3.0
20	16.2	19.5	6.3	22.9	21.0	14.1	12.0
15	4.1	4.9	3.2	5.1	5.5	5.6	4.1
10	39.1	27.1	27.4	29.1	35.4	41.8	33.4
5	10.4	6.3	11.7	6.3	9.3	15.2	12.6
0	8.9	11.8	44.7	5.1	8.8	12.7	24.2

阅读兴趣方面，企业青年阅读兴趣集中在历史人文类图书，综合占比为42.5%；其次分别是：文学小说类图书，占比39.7%；人物传记类，占比30.5%；成功励志类和时尚娱乐类图书也较受欢迎，分别占比27.4%和22.4%。青年对医学类、天文地理类、机械化工类、哲学宗教类和艺术类图书的兴趣较低。

三　企业青年文化生活情况

（一）休闲娱乐方式有过度倚重互联网趋势

调查显示，企业青年的休闲娱乐方式以在网上看电视剧/电影，听音乐，健身/锻炼身体，用手机刷抖音、快手等短视频为主。如果从媒介来看，网络是企业青年休闲娱乐所主要借助的工具，利用互联网的休闲娱乐方式，如玩电脑游戏、上网聊天等均是青年较为重要的休闲娱乐选项。另外，离开网络媒体的娱乐活动，如找朋友到家里玩/聊天、外出旅行等占比均不高。这说明，企业青年的休闲娱乐过度倚重互联网，网络是他们消磨休闲时间、交往、获得信息等的最主要方式。

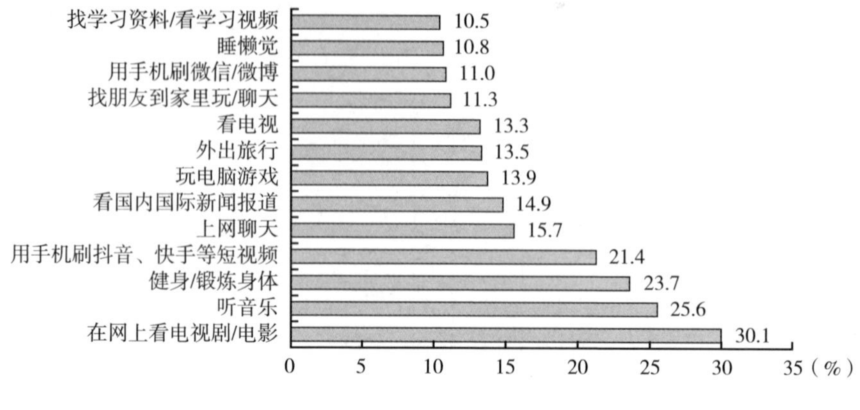

图8　企业青年休闲娱乐方式

（二）青年对科技、体育类文化活动兴趣高，但文化活动参与率低

本次调查的文化活动涵盖歌舞表演、参加书画展、参加文艺演出等九类。调查显示，企业青年对这些文化活动的兴趣较为平均，比较感兴趣和非常感兴趣的比例在 32.3% ~49.1% 。其中观看体育竞技的兴趣度最高，有 49.1% 的青年表示比较感兴趣或非常感兴趣；其次为参加科普讲座和参与科学活动，分别有 47.5%、47.1% 的青年表示比较感兴趣或非常感兴趣。这表明青年对于体育类和科学类文化活动的兴趣较为浓厚。另外，青年对参加读书沙龙、参加书画展的兴趣也相对较高，分别有 42.2%、40.6% 的青年表示比较感兴趣或非常感兴趣，对歌舞表演、参加文艺演出、参加知识竞答、参加体育竞技等文化活动的兴趣不高。

从文化活动的参与度来看，企业青年对各类文化活动的参与度都较低，观看体育竞技的参与度最高，经常参加的比例也仅为 12.5%，其次是参加科普讲座，经常参加的比例为 8.3%。另外，没参加过以上文化活动的比重也较大，其中从没参加过科学活动的比例最高，达到 38.5%；其次是从没参加体育竞技、从没参加读书沙龙的，占比分别达 34.3%、32.4%。以上对比清楚反映了企业青年对文化活动的较高兴趣与较低的实际参与度之间的背离。

表 6　企业青年对文化活动的兴趣和参与程度

单位：%

兴趣和参与程度		歌舞表演	参加书画展	参加文艺演出	参加知识竞答	参加体育竞技	观看体育竞技	参加科普讲座	参加读书沙龙	参与科学活动
兴趣程度	非常感兴趣	11.6	10.9	11.3	8.5	12.7	18.0	13.3	12.1	15.7
	比较感兴趣	24.5	29.7	24.0	23.8	22.8	31.1	34.2	30.1	31.4
	一般	46.2	45.0	42.8	46.4	37.1	36.1	40.3	42.6	37.6
	不太感兴趣	13.2	10.6	15.4	15.4	18.4	10.3	8.3	10.5	10.6
	完全没兴趣	4.5	3.8	6.5	5.9	9.0	4.5	3.9	4.7	4.7
参与程度	经常参加	7.7	6.0	6.6	6.3	7.5	12.5	8.3	5.9	5.2
	偶尔参加	38.7	32.8	30.2	29.3	25.1	34.4	35.6	27.0	23.4
	不常参加	38.2	38.2	39.2	36.7	33.1	30.8	33.8	34.7	32.9
	没参加过	15.4	23.0	24.1	27.6	34.3	22.3	22.3	32.4	38.5

企业青年参加的文化活动最主要的组织者是工作单位，37.7%的青年参加的文化活动是由工作单位组织的，26.3%的青年参加的文化活动是自发组织的，这说明企业青年在活跃组织文化生活方面有一定的主动性。民间组织、政府机构也是青年所参加文化活动的重要组织者，但比例偏低，分别有11.1%和7.7%的青年表示所参加的文化活动由上述二者组织。

（三）企业青年对传统文化兴趣浓厚，但学习、接触或欣赏传统文化的机会较少

调查发现，企业青年对传统文化兴趣较为浓厚，但平时学习、接触或欣赏传统文化的机会较少。27.9%的青年表示对传统文化非常感兴趣，44.8%的青年表示对传统文化比较感兴趣，另有23.3%的青年表示对传统文化兴趣一般，不太感兴趣和完全不感兴趣的仅分别占2.5%和1.5%。相较于浓厚的兴趣，企业青年平时学习、接触或欣赏传统文化的机会不多，仅有6.4%的青年表示机会非常多，18.4%的青年表示机会比较多，而高达46.6%的青年认为这样的机会一般，认为机会不太多的占23.0%。

青年对传统文化最感兴趣的三个领域分别是传统历法与风俗、书法

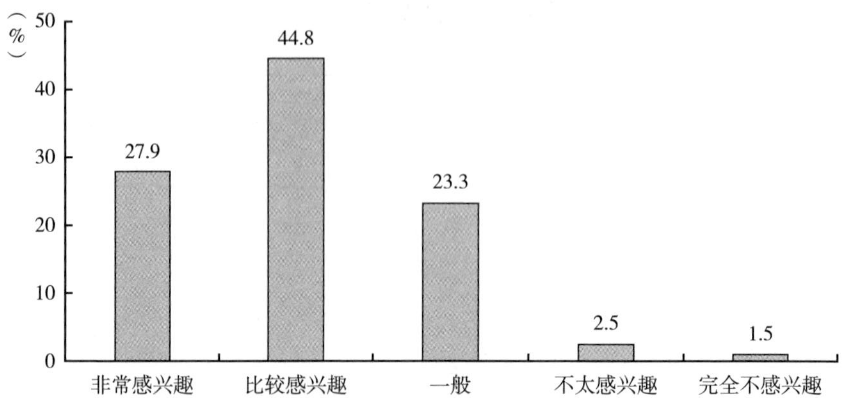

图 9　企业青年对传统文化感兴趣程度

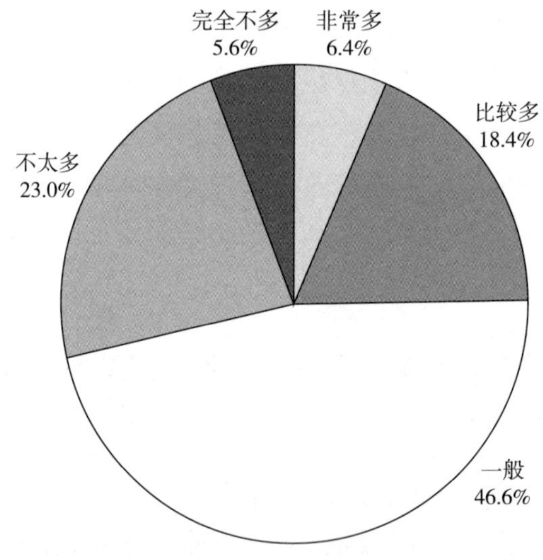

图 10　企业青年平时学习、接触或欣赏传统文化的机会

和古代文化典籍，分别有 36. 3%、35. 7% 和 32. 6% 的青年将其列为自己最感兴趣的传统文化领域。其次对古代建筑、传统服饰、国画、中医中药的兴趣也较高，分别有 29. 6%、26. 6%、26. 2%、24. 6% 的青年表示感兴趣。

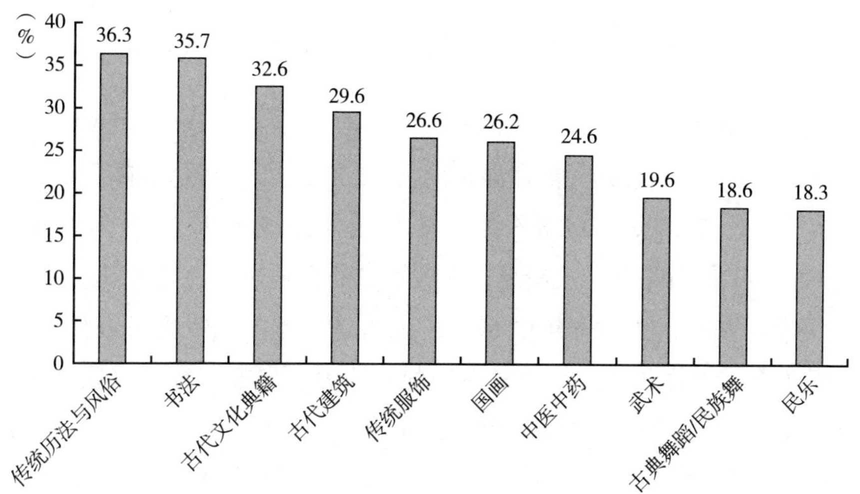

图11　企业青年对传统文化感兴趣的领域

文化认同方面，总体来看，绝大多数企业青年对中国优秀传统文化很认同并感到自豪。当问到是否认同“尊重中国优秀文化传统并对此感到自豪”时，69.7%的青年表示“非常认同”，21.0%的青年表示“比较认同”，8.4%的青年表示一般认同，只有0.6%的表示不太认同，0.3%的青年表示很不认同。

同时，绝大多数青年对中国文化的发展前景充满信心。67.7%的青年非常认同“对中国文化的发展前景充满信心”这一说法，21.3%的青年表示比较认同，9.6%的青年表示一般认同，不太认同和很不认同的合计仅占1.4%。

表7　企业青年对传统文化的认同度

单位：%

认同程度	尊重中国优秀文化传统并对此感到自豪	对中国文化的发展前景充满信心
非常认同	69.7	67.7
比较认同	21.0	21.3
一般	8.4	9.6
不太认同	0.6	1.1
很不认同	0.3	0.3

（四）多数青年对居住地文化资源及文化建设比较满意

半数以上青年对居住地文化资源比较满意。统计显示，受调查企业青年中认为居住地文化资源基本满足的占43.4%，认为完全可以满足的占8.3%，合计51.7%，33.8%的青年认为本地文化资源不太能满足，6.4%的青年认为完全无法满足。学历越高的青年对居住地文化资源的满意度越低，初中学历的青年中51.3%的人认为基本或完全可以满足，高中/职高或中专学历的青年中57.4%的人认为基本或完全可以完全满足，高职/大专学历的青年中持相同态度的比例为54.5%，而大学本科学历青年中仅47.8%的人认为基本或完全可以满足，硕/博研究生学历的青年中，持相同态度的则降到43.8%。

对文化建设现状进行打分可以更具体地反映青年对文化建设的满意程度。我们设计1～10分的打分量表，分数越高表示越满意。统计显示，59.8%的青年文化建设现状打8分及以上，其中打10分的占24.8%。同时学历越高、收入越高的青年满意度越低，表现为打10分的占比随着学历提高而降低，初中学历的打10分的占34.7%，硕/博研究生学历的打10分的降到12.8%。随收入水平提升，打10分的占比降低，低收入青年打10分的占比29.9%，高收入青年打10分的占比降到19.7%。

表8　企业青年对居住地文化资源的满意度

单位：%

选项	总体	学历背景				
		初中	高中/职高或中专	高职/大专	大学本科	硕/博研究生
完全可以满足	8.3	10.9	10.8	8.0	6.4	7.4
基本可以满足	43.4	40.4	46.6	46.5	41.4	36.4
不太能满足	33.8	25.7	27.0	32.1	39.1	41.2
完全无法满足	6.4	6.5	4.9	5.8	7.1	9.9
说不清	8.1	16.4	10.6	7.7	6.1	5.1

表9　企业青年给河北省文化建设现状打分

单位：%

分值	总体	学历背景					收入水平			
		初中	高中/职高或中专	高职/大专	大学本科	硕/博研究生	低收入	中等收入	高收入	无固定收入
10	24.8	34.7	32.1	25.7	19.9	12.8	29.9	24.2	19.7	30.0
9	12.8	12.2	13.0	13.6	12.6	10.1	13.1	12.7	12.6	15.2
8	22.2	20.2	21.1	23.7	22.7	19.2	20.1	22.9	19.6	18.7
7	12.6	8.6	11.0	13.7	13.2	14.1	13.2	12.4	13.5	13.2
6	11.6	9.2	9.6	9.6	13.8	18.9	8.8	11.8	14.7	9.7
5	9.7	9.1	8.8	8.4	10.8	12.6	8.8	9.8	11.1	7.8
4	2.2	1.3	1.8	1.6	2.5	5.6	1.5	2.3	2.6	1.2
3	1.9	1.5	0.9	1.7	2.3	3.5	1.6	1.8	3.4	1.5
2	0.6	0.3	0.6	0.6	0.7	0.7	0.4	0.7	0.7	0.4
1	1.6	2.9	1.1	1.4	1.5	2.5	2.6	1.4	2.1	2.3

四　企业青年社会参与情况

（一）最关注房价和贫富分化问题，但较少在公开渠道表达看法

总体来看，企业青年对政府某些政策方针公开发表看法的比例较低，仅有11.7%的青年公开发表自己的看法。在利用各种渠道表达个人观点方面，16.2%的青年“通过微博、微信朋友圈”等渠道发表自己的看法，11.6%的青年通过“拨打市长热线、监督热线，在政府网站发帖”等方式表达自己的意见，最主要的渠道仍然是私下渠道，49.2%的青年选择“与家人/朋友讨论”对政府的某些政策方针的看法。

房价问题是企业青年最关注的社会问题，42.3%的青年将其列为自己最关注的问题，女性（43.6%）对此的关注度略高于男性（41.1%）。除房价问题外，贫富分化问题（31.4%）、就业问题（27.9%）、社会风气和道德问题（23.8%）、反腐败问题（23.1%）、医疗制度改革问题（20.4%）也较受青年关注。

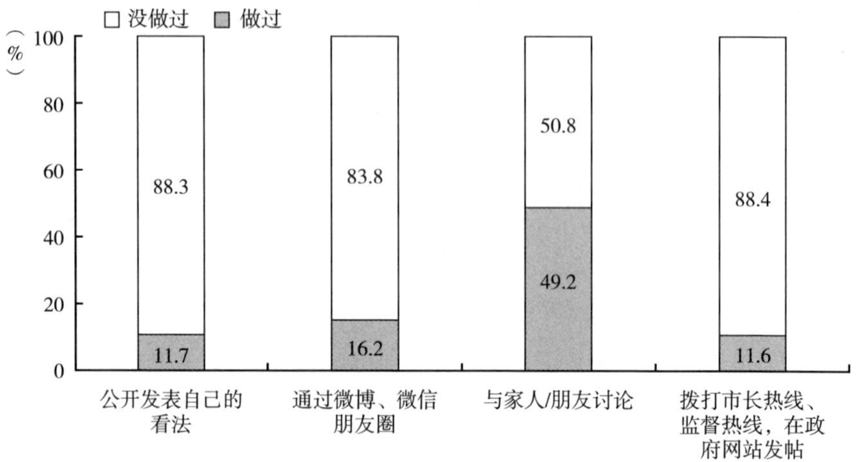

图 12　企业青年对政府政策讨论方式

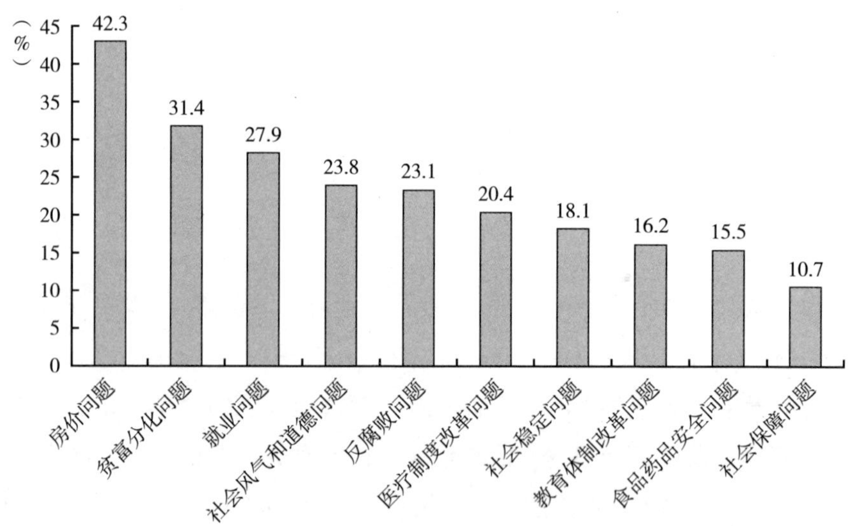

图 13　关注的社会问题

（二）参与志愿活动的意愿较强，但实际参与率较低

从统计结果看，近六成企业青年对志愿活动的参与意愿较强，其中非常愿意参与志愿活动的占 20. 2%，比较愿意参与志愿活动的占 38. 7%；也有

30.5%的青年对参加志愿活动的意愿一般，并不热情但也不拒绝；只有8.2%的青年表示“不太愿意参与”或“没有参与意愿”。

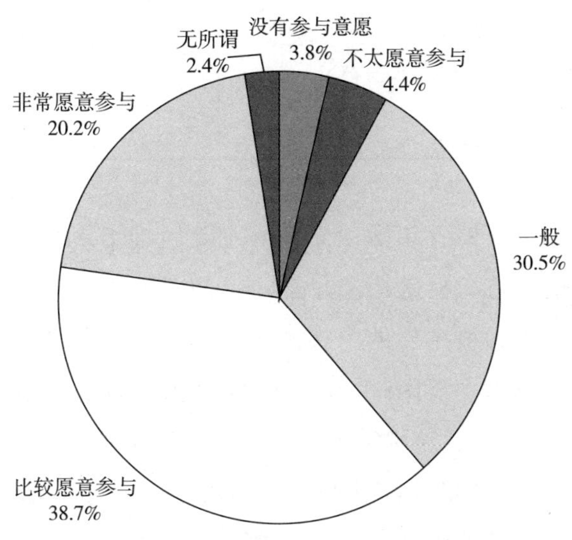

图 14　参与志愿活动的意愿

各类志愿服务中，青年参与度最高的是“以环境保护为主题的志愿服务”，10.2%的青年表示经常参加此类活动，33.8%的青年表示偶尔参加。参与度较高的还有“帮助孤寡、残疾人的社区服务”，8.3%的青年经常参加；“帮助低收入阶层、贫困阶层的生活服务”，有6.7%的青年经常参加；“大型会展、大型活动志愿服务”，有6.2%的青年经常参加。不过总体来看，青年对志愿服务的实际参与率普遍较低。

表 10　企业青年参与各类志愿服务的程度

单位：%

志愿服务类型	经常参加	偶尔参加	很少参加	从不参加
以环境保护为主题的志愿服务	10.2	33.8	36.5	19.5
社会突发事件的志愿服务	5.0	23.1	43.5	28.4
青少年(俱乐部、少年宫)指导服务	4.9	20.2	39.0	35.9
妇女、儿童权益保护服务	4.8	20.3	40.5	34.4

续表

志愿服务类型	经常参加	偶尔参加	很少参加	从不参加
帮助孤寡、残疾人的社区服务	8.3	30.0	37.1	24.6
帮助低收入阶层、贫困阶层的生活服务	6.7	26.3	39.5	27.5
为艾滋病、吸毒等特定人员的志愿服务	2.9	12.1	36.2	48.8
大型会展、大型活动志愿服务	6.2	25.5	38.1	30.2
赴西部、边远(贫困)地区支教服务	2.7	10.1	31.8	55.4

在青年看来，开展青年活动面临的主要困难集中在宣传、机会、管理、资金和志愿者组织数量几个方面。有 29.7% 的青年将“志愿者活动宣传力度不够”列为最主要的困难，28.5% 的青年将“普通群众参与活动的机会较少”列为主要困难，25.4% 的青年认为主要困难是“当地的青年志愿者组织太少”，24.2% 的青年认为主要困难是“志愿者组织缺乏有效的管理”，23.4% 的青年认为主要困难是“志愿者活动资金不足”。从以上归因来看，青年参与志愿活动较少的主要原因在于志愿活动本身的组织建设和运行方面，也就是说因志愿活动的组织力量不足、管理和宣传力度和效度较弱，志愿活动知晓率低或覆盖面窄，普通群众有参与热情却不知如何参与志愿活动。

青年最愿意加入的是公益类和兴趣类社团组织。统计显示，30.9% 的青年愿意加入兴趣爱好协会，例如围绕摄影、书画、体育健身、汽车俱乐部、旅游等兴趣组成的团体组织；30.5% 的青年愿意加入如青年志愿者协会、自然之友等公益类的社团组织。这反映出企业青年的社会参与是以个人兴趣和服务社会为主轴的。与此形成较大差异的是，联谊会、行业协会、学术性社团、维权组织、宗教性团体等对青年的吸引力都较小。而在青年看来，社团能够提供的帮助主要是“引导青年形成积极向上的生活方式”和“开阔青年人的视野，提高青年的知识技能水平”。

（三）青年对党和共青团组织有较高认同，入党积极性很高

统计结果显示，25.2% 的企业青年已经加入中国共产党，另有 17.5%

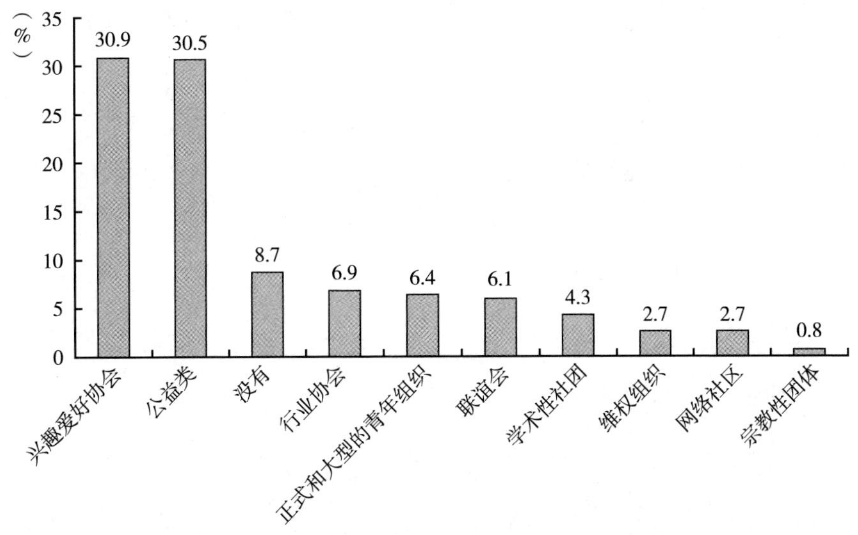

图 15　企业青年最愿意加入的社团组织性质

的青年已经递交入党申请书，有 47.2% 的青年目前仍是团员，同时，有 81.6% 的企业青年对中国共产党/共青团组织的印象非常好或比较好。非党员且尚未递交入党申请书的青年中，75.0% 的人表示未来有机会一定会加入中国共产党，另有 17.7% 的青年“视具体情况，考虑要不要加入”，这两类有入党意愿的青年中，67.4% 的青年表示在未来 1～2 年内非常愿意入党，23.6% 的青年表示在未来 1～2 年内比较愿意入党。这表明党对青年的吸引力是比较大的，多数青年的入党意愿也较为强烈。

五　企业青年就业创业情况

（一）就业观呈现重视高收入、个人价值实现以及安全性的特点

企业青年在寻找工作时，考虑的主要因素是收入、个人价值实现以及工作安全性。53.0% 的青年将“高收入”列为寻找工作时考虑的因素，36.9% 的青年选择“能实现个人的价值”，30.9% 的青年选择“良好的工作安全性”

作为寻找工作时的考虑因素。相对而言，“时间安排灵活”（15.8%）、“职业声望好，受人尊敬”（10.2%）、“能够积累经验”（11.9%）、“工作氛围”（11.9%）、“符合个人兴趣”（9.2%）、“地理位置便利”（5.0%）等因素在青年寻找工作时并不是重要影响因素。

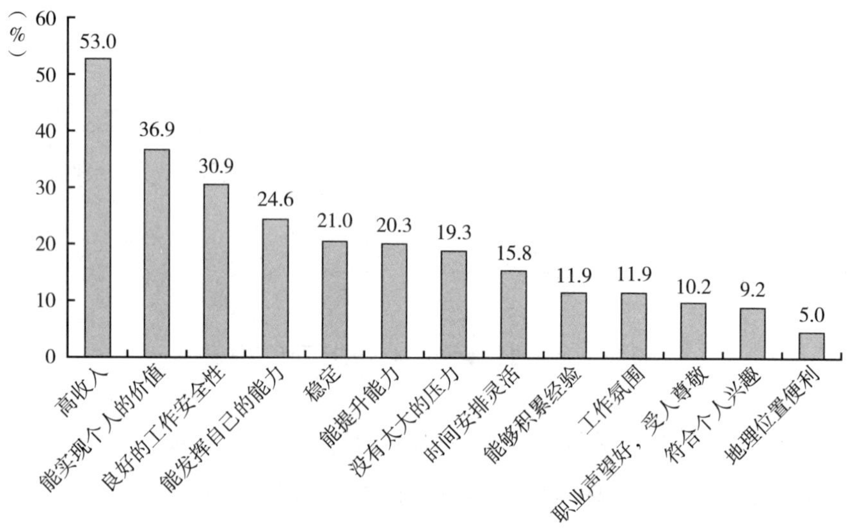

图16　企业青年寻找工作时考虑的因素

当问及“如果可以选择，最愿意进入的工作单位是什么”时，事业单位、国有企业、党政机关成为最受企业青年青睐的三类工作单位，分别有55.3%、53.8%、46.7%的青年将其选定为最愿意进入的单位，这三类工作单位具有体制内、稳定、收入高等特征；自主创业也是企业青年较为关注的选择项，有26.5%的青年回答愿意自主创业；选择愿意进入各高等院校的占16.6%；选择进入外资企业的占14.6%；选择进入民营企业的占12.1%；选择进入中小学的占10.6%；愿意选择新兴职业、混合所有制企业、农林牧渔业、各类社会组织、自由职业等的占比较低。以上工作单位选择意愿反映出企业青年的职业价值观，体制内、有保障、工作稳定、收入较高是其主要选择方向。

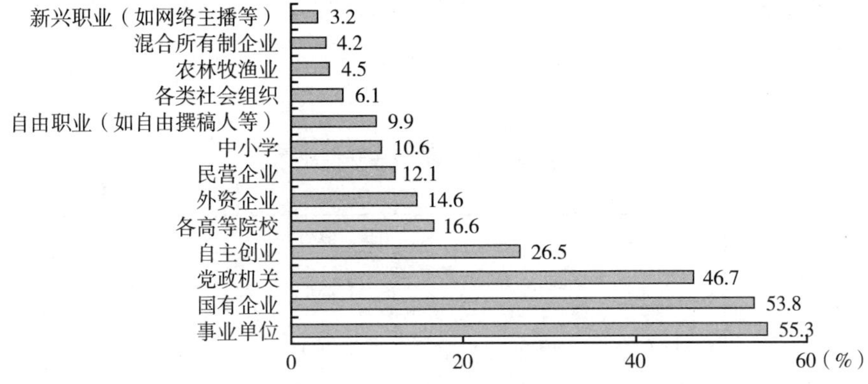

图 17　企业青年最愿意进入的工作单位

（二）获得工作的主要途径是招聘会，更换工作成为多数青年必经阶段

招聘会、社会关系等是企业青年获得工作的重要途径。对企业青年的调查显示，41.5%的青年通过招聘会获得目前的工作，33.8%的企业青年通过亲戚朋友介绍获得工作，10.9%的企业青年通过职介机构得到工作，12.7%的青年通过媒体信息获得工作。但是学历对获得工作的途径有重要影响，学历越高的青年通过招聘会获得工作的比例就越高，硕/博研究生青年通过招聘会获得工作的占比高达70.1%，而初中学历青年中这一比例仅为19.6%，相差很大。另外，学历越低的青年通过亲戚朋友介绍获得工作的比例越高，初中学历青年通过亲戚朋友介绍获得工作的比例高达61.2%，高中/职高或中专学历青年通过亲戚朋友介绍获得工作的比例也高达46.4%，而大学本科青年中这一比例仅为23.9%，硕/博研究生青年中这一比例降低到9.7%。

工作更换频次是判断工作稳定性的重要指标，33.0%的青年目前从事的工作是第一份工作，25.0%的青年在从事目前工作之前更换过1次工作，28.3%的青年更换过2次工作，13.7%的青年则更换过3次及以上。这表明近七成青年有过工作更换经历，也在一定程度上表明青年工作的流动性较大。超过七成青年对目前工作表示“非常满意”或“比较满意”，其中“非常满意”的占 23.0%，“比较满意”的占 47.5%。

表 11　企业青年获得工作的途径

单位：%

获得工作途径	总体	教育背景				
		初中	高中/职高或中专	高职/大专	大学本科	硕/博研究生
招聘会	41.5	19.6	27.0	36.2	52.2	70.1
亲戚朋友介绍	33.8	61.2	46.4	36.6	23.9	9.7
职介机构	10.9	10.5	16.9	11.7	8.6	4.3
媒体信息	12.7	8.0	8.9	14.6	14.0	13.7
猎头公司	1.1	0.7	0.8	0.9	1.3	2.2

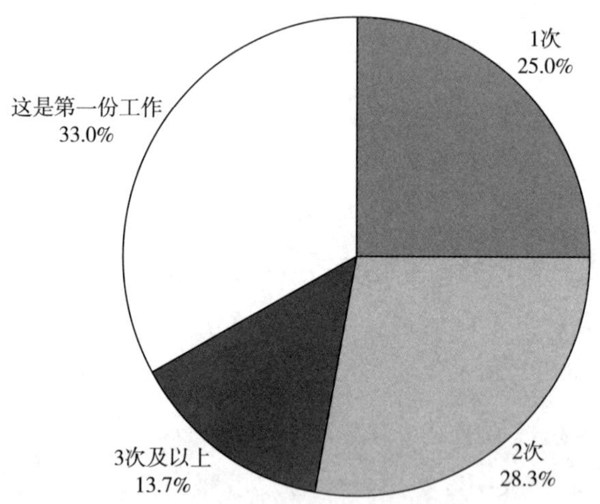

图 18　企业青年工作更换次数

对有更换工作经历青年的进一步调查揭示，导致工作变动的最主要因素是不满意所从事的工作，有 28.4% 的青年出于“找到更理想的工作”的原因而更换工作。第二个因素是收入，有 23.3% 的青年将“收入太少”列为更换工作的原因。“学不到技术”和“工作不稳定”也是更换工作的重要原因，分

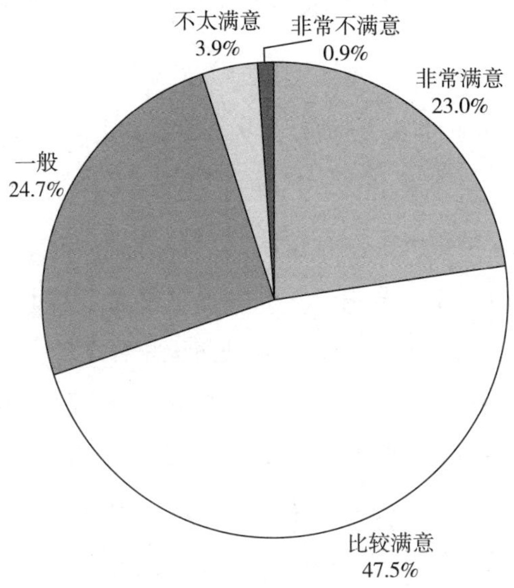

图 19　企业青年对目前工作满意度

别有 11. 7% 和 11. 3% 的青年将其列为更换工作的原因。其他更换工作的原因包括“受到不公正待遇和限制”（8. 2%）、“单位破产/倒闭”（5. 9%）、“工作太累或太危险”（5. 7%）、“工作环境差”（5. 5%）。

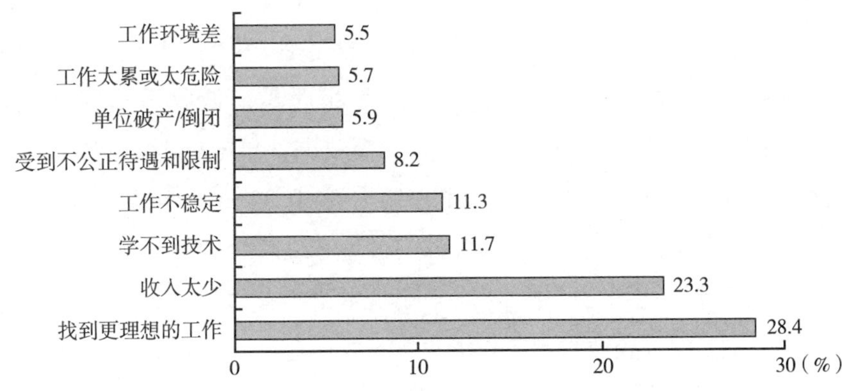

图 20　企业青年工作变动原因

（三）近五成青年工作时长在7～8小时，一成青年有过度加班情况

企业青年每天工作时长主要集中在“7～8小时”和“9～10小时”，48.5%的青年每天工作时长在7～8小时，30.7%的青年每天工作时长在9～10小时，7.6%的青年每天工作时长在11～12小时，还有4.2%的青年每天工作时长在12小时以上，只有5.9%的青年每天工作时长在6小时以下。对比不同学历青年在各时长的分布，发现每天工作7～8小时的企业青年中，高职/大专学历青年和大学本科青年占比最高，分别是51.6%和51.0%；初中学历青年中占比最低（39.9%）。每天工作9～10小时的企业青年中，硕/博研究生学历青年占比最高，达到38.3%；其次是大学本科学历青年，达到33.1%。每天工作时长11～12小时的企业青年中，初中学历青年中占12.0%，这一比例随学历提升而下降；大学本科学历青年中该比例下降到5.6%；不过硕/博研究生学历青年中又上升至7.8%。每天工作时长12小时以上的企业青年中，高中/职高或中专学历青年中占6.4%，初中学历青年中占5.5%，而大学本科和硕/博研究生青年则分别只有3.2%和3.1%。

对比不同收入层次青年的工作时长，可以清晰地发现，短工作时间段，较低收入青年占比高于较高收入青年，反过来，长工作时间段，较低收入青年占比低于较高收入青年，也就是说高收入青年每天平均工作时长要长于低收入青年。具体而言，工作时间在7～8小时的，低收入青年中占比48.1%，中等收入青年中占比49.8%，而高收入青年中仅占34.4%；工作时间在9～10小时的，高收入青年中占比达到40.7%，而低收入青年中仅有21.8%，中等收入青年中占比31.5%；11～12小时以及12小时以上时间段，高收入青年占比均高于中等收入和低收入青年占比。

职业培训是提升企业青年工作能力的重要途径，调查表明，企业青年最愿意接受的培训方式是实际工作岗位操作学习，占比26.8%；其次为培训班内部交流知识，占比25.1%。另外，企业实践导师授课和各个专业专家授课也受到不少青年的欢迎，分别有17.1%和15.2%的青年表示愿意接受这两种方式。

表 12　企业青年每天平均工作时长

单位：%

工作时长	总体	教育背景					收入水平			
		初中	高中/职高或中专	高职/大专	大学本科	硕/博研究生	低收入	中等收入	高收入	无固定收入
不工作	1.0	1.5	1.0	0.6	0.6	0.9	3.5	0.5	1.2	1.6
4 小时以下	1.8	3.7	2.1	1.4	1.4	1.2	5.2	1.3	1.3	2.3
5 ~ 6 小时	4.1	4.9	4.4	4.2	3.8	2.8	7.6	3.5	4.5	6.2
7 ~ 8 小时	48.5	39.9	44.6	51.6	51.0	44.3	48.1	49.8	34.4	35.0
9 ~ 10 小时	30.7	28.3	28.6	28.1	33.1	38.3	21.8	31.5	40.7	28.4
11 ~ 12 小时	7.6	12.0	9.6	7.9	5.6	7.8	6.7	7.7	8.9	8.2
12 小时以上	4.2	5.5	6.4	4.1	3.2	3.1	4.9	3.9	6.6	6.6
没有固定时间	2.1	4.2	3.3	2.1	1.3	1.6	2.2	1.8	2.4	11.7

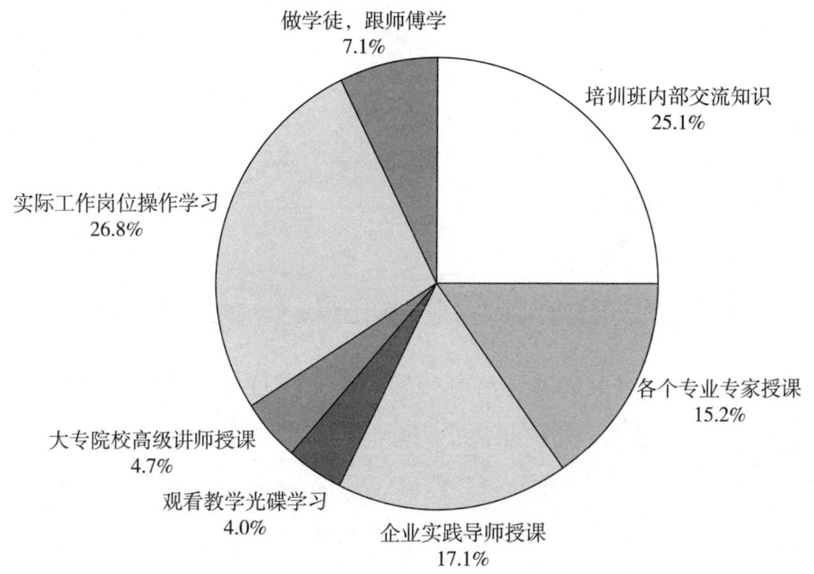

图 21　企业青年最愿意接受的培训方式

共青团组织联合企业举办一些活动，以此活跃企业文化、激发青年工作激情、提高青年技能，而从企业青年对这些活动的熟悉程度可以看出这些活动的举办效果，也可以反映出青年对企业活动的参与程度。总体来看，企业青年对 10 类活动很熟悉的比例在 15.4% ~27.5%，对活动了解过的比例在

24.9% ~32.1%，这表明企业青年对各类活动的熟知程度和参与程度都较为有限。在10类活动中，企业青年对岗位建功的熟悉度最高，其后依次是青年文明号活动、青年岗位能手、青年安全生产示范岗、青年职业技能大赛等，青年对这几类活动的熟悉度均高于20%，而且这几类活动均与岗位生产关系密切。相反，青年对团建类、联谊类活动熟悉度偏低。

表13　企业青年对企业活动的熟悉程度

单位：%

活动类型	很熟悉	了解过	听说过	不熟悉	没听说过
岗位建功	27.5	29.3	19.1	14.8	9.3
青年文明号	25.9	29.8	24.9	12.6	6.8
青年企业家捐赠活动	18.5	28.7	29.7	15.3	7.8
青年交友联谊	18.4	28.8	30.5	14.8	7.5
青年岗位能手	22.7	29.2	27.9	13.1	7.1
青年之声	17.9	27.2	28.5	17.5	8.9
非公企业团建	15.4	24.9	26.2	21.7	11.8
青年安全生产示范岗	21.8	27.5	28.9	14.3	7.5
青年创新创业大赛	19.2	29.3	32.2	12.7	6.6
青年职业技能大赛	21.4	32.1	30.5	10.4	5.6

（四）多数企业青年感到就业创业压力大，创业意愿较强烈

统计显示，超过七成的青年有较清晰的奋斗目标，其中20.8%的青年“有清晰而长远的目标”（长期奋斗的人生目标），51.7%的青年“有清晰但比较短期的目标”（3~5年的阶段性目标），但也有24.4%的青年表示“目标模糊，没有仔细考虑过”，还有3.1%的青年“从来没想过相关问题”。

大部分青年认为整个青年群体面临的就业/创业压力大，并对未来的事业发展前景感到担忧。其中50.7%的青年认为压力非常大，42.1%的青年认为压力比较大，而认为压力不太大的仅占6.3%。非常担心未来事业发展的青年占23.0%，比较担心的占54.7%，只有20.1%的青年不太担心自己未来的事业发展。

企业青年的创业意愿较强烈，半数青年有创业打算。调查显示，50.5%的企业青年“考虑过，一直有这个打算，时机成熟时会付诸行动”，29.1%

的企业青年“考虑过，但不知道怎么操作，不再考虑了”，18.7%的企业青年“没有考虑过，觉得还是就业比较稳妥、踏实”，还有1.7%的企业青年表示“已经创业”了。同时，创业动机主要是得到更高的收入，使自己和家人的生活更好。

企业青年最为倾向的创业行业是互联网产业，有17.0%的青年在该行业创业；其次为住宿餐饮业，有14.2%的青年选择在该行业创业；再次是在教育培训行业和国内零售、批发业，分别有11.4%和9.7%的青年在这两个行业创业。国际贸易和金融保险业是青年较少涉足的创业行业，选择在这两个行业创业的分别占1.5%和1.9%。

政府设立了一些创业就业服务帮助机构支持青年创业，不过从调查结果来看，这些机构的作用发挥得还不够。61.3%的青年知道有专门为青年提供就业或创业帮助的机构，其中16.2%的青年认为对自己就业创业帮助很大，21.6%的青年认为对自己就业创业起到了一些帮助作用，16.1%的青年认为帮助作用不太大。

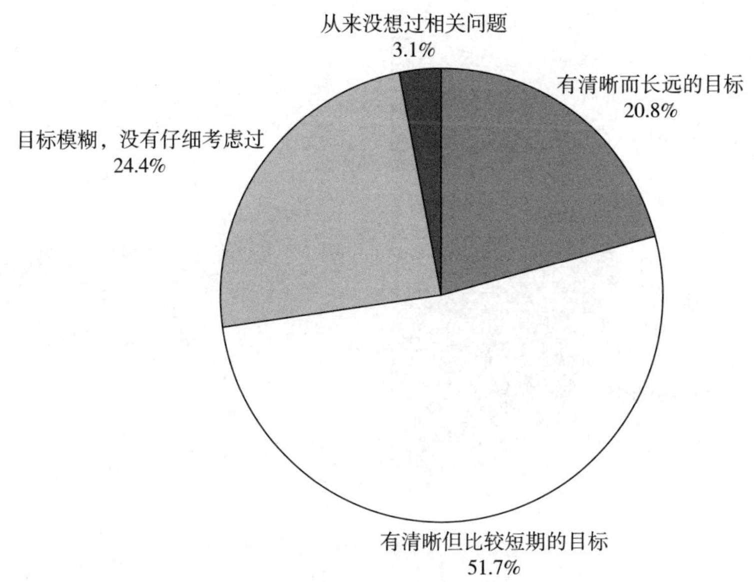

图22　企业青年的未来目标规划

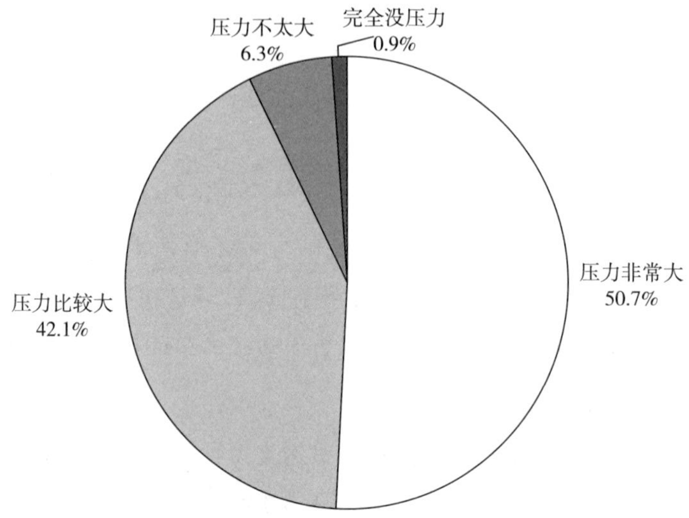

图 23　企业青年的就业创业压力

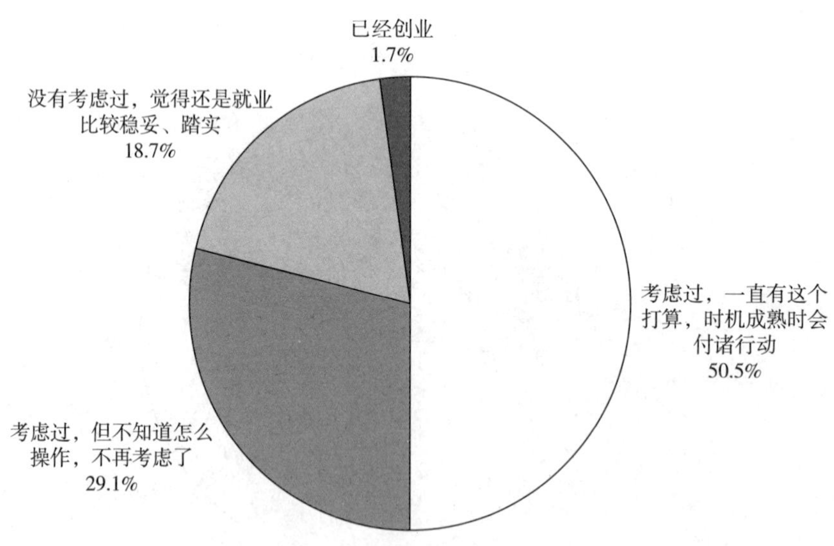

图 24　企业青年的创业意愿

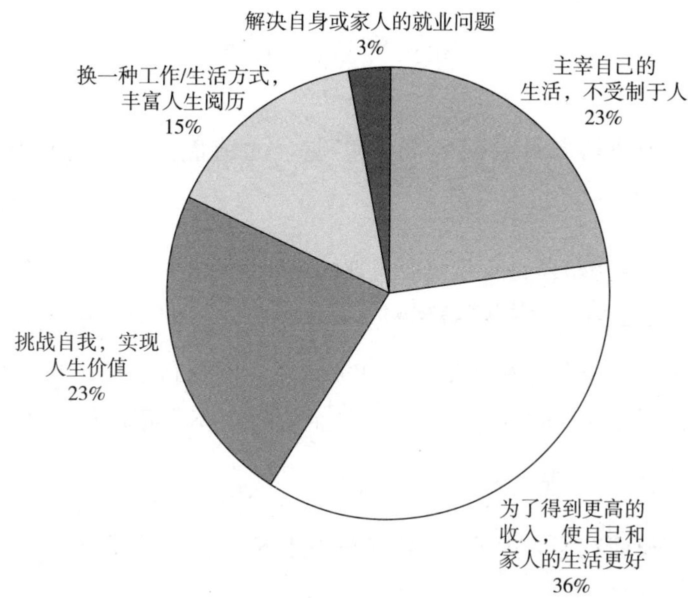

图 25　青年的创业动机

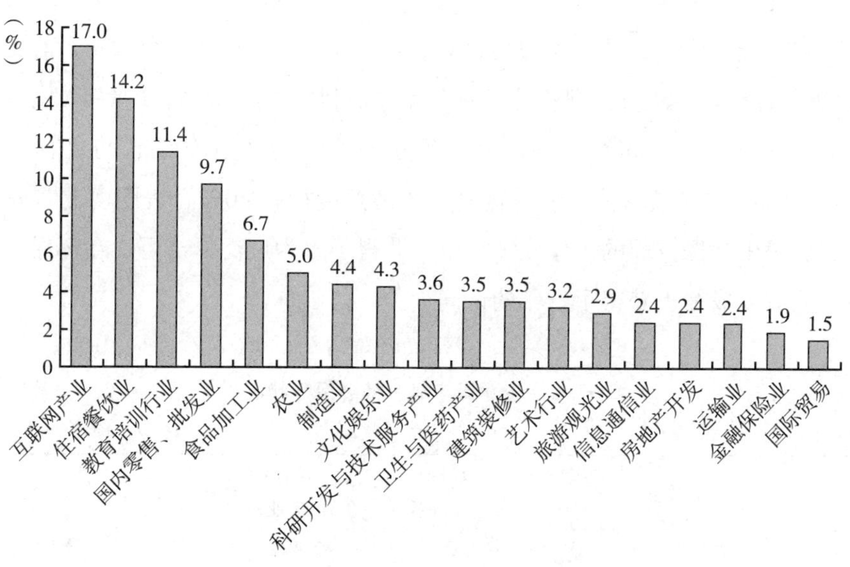

图 26　企业青年创业意愿领域分布

六　企业青年权益保障情况

（一）企业青年社会保险尚未实现全面覆盖，尤其是住房公积金保障水平较低

青年社会保障权益是青年发展规划的重要内容，但从调查结果来看，企业青年劳动合同的签订率为87.6%，养老、医疗、生育、失业保险的覆盖率为82.4%，70.0%的企业青年享有带薪休假的权益，73.1%的企业青年享有正常节假日休息的权益，70.3%的企业青年享有年度员工体检，但仅57.0%的企业青年有住房公积金。

（二）政府在解决民生社保方面的工作获得广泛认可

青年对河北省政府在履行政府职责、提供服务方面的满意度调查涉及15个方面，除“调控房价，实现房价处在合理水平”这一项外，其他14项的满意度（包括非常满意和比较满意）均超过半数。其中满意度最高的是“打击犯罪、维护治安”，满意度达68.1%；其次，“实现公交优先，落实绿色出行政策”“医疗卫生服务”“社会保障福利”“义务教育质量”“依法办事、执法公平”等5个方面的满意度也较高，均超过60%，与之相关的“保护环境”“廉洁奉公、惩戒腐败”的满意度接近60%，表明河北省政府在解决民生社保方面的工作成绩突出，获得了较为广泛的认可，在环保、法治方面取得成绩也获得了青年的认同。

表14　企业青年享有社会保障状况

单位：%

享有状况	带薪休假	正常节假日休息	年度员工体检	养老/医疗/生育/失业	住房公积金	劳动合同
有	70.0	73.1	70.3	82.4	57.0	87.6
没有	25.6	24.6	24.9	13.8	38.9	9.2
不知道	4.4	2.3	4.8	3.8	4.1	3.2

表 15　青年对河北省政府民生社保工作满意度

单位：%

政府工作项目	非常满意	比较满意	一般	不太满意	非常不满意
医疗卫生服务	25.1	39.2	30.2	4.1	1.4
社会保障福利	24.8	36.7	32.4	4.6	1.5
义务教育质量	25.4	38.0	30.3	4.5	1.8
保护环境	22.8	35.6	31.8	7.0	2.8
打击犯罪、维护治安	27.3	40.8	27.3	3.2	1.4
廉洁奉公、惩戒腐败	24.4	34.3	33.0	5.6	2.7
依法办事、执法公平	25.1	35.1	32.3	5.1	2.4
发展经济，增加人民收入	22.7	31.5	36.2	6.9	2.7
保障房建设居者有其屋	21.4	29.0	36.7	8.6	4.3
调控房价，实现房价处在合理水平	18.4	22.2	35.4	14.3	9.7
扩大就业，增加工作机会	21.0	30.2	40.0	6.4	2.4
信息公开，提高政府工作透明度	22.2	31.3	37.2	6.3	3.0
改善民生，关心百姓生活	23.2	32.9	36.2	5.3	2.4
治理拥堵，改善交通状况	21.2	31.9	34.9	8.2	3.8
实现公交优先，落实绿色出行政策	27.4	37.7	29.4	3.7	1.8

青年满意度较低的集中在“调控房价，实现房价处在合理水平”“保障房建设居者有其屋”“扩大就业，增加工作机会”三个方面。住房和就业问题是青年面临的十分重要的问题，从满意度来看，“调控房价，实现房价处在合理水平”的不太满意比例达到14.3%，“非常不满意”达到9.7%，都是15项中最高的，房价问题需要引起高度重视。其他几个方面，“发展经济，增加人民收入”“信息公开，提高政府工作透明度”“改善民生，关心百姓生活”“治理拥堵，改善交通状况”的满意度也有待提高。

（三）近八成青年遇到过权益保障问题，社会化调解渠道和法律支援渠道利用很少

在社会保障方面，企业青年或其家人在近两年遇到最主要的问题集中在

医疗保险方面，34.2%的青年表示“医保报销面太窄”，30%的青年表示“医保报销手续烦琐，报销时间太长”，10.2%的青年表示遇到过“不能办医保或办理非常麻烦”的问题。另一个重要问题集中在养老保险和养老金方面，16.3%的青年表示遇到过“没有基本养老保险”问题，14.0%的青年表示家人遇到过“养老金或退休金不够基本吃喝”的问题，6.5%的青年表示遇到过“养老金或退休金发放不及时”的问题。

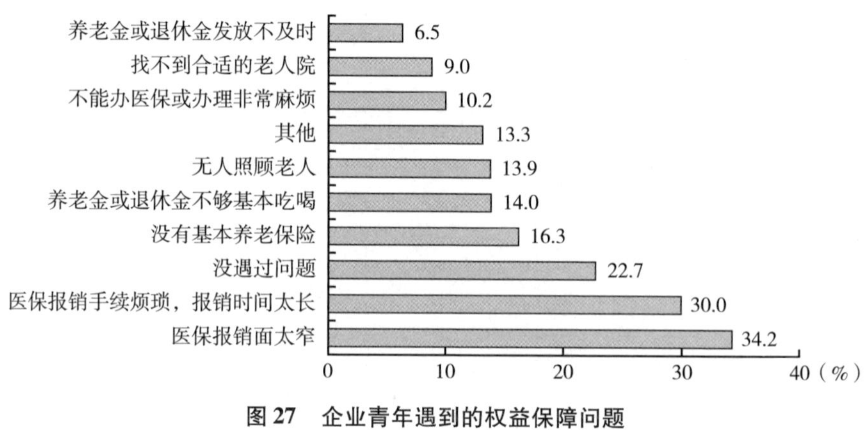

图27　企业青年遇到的权益保障问题

当问到“假如您或家人的权益保障受到侵害或遇到问题时，您或家人怎么做”时，48.9%的青年表示自己想办法解决问题，30.5%的青年表示会打电话、写信或发邮件向劳动保障部门投诉，27.5%的青年表示自己到劳动保障部门或信访部门上访，19.4%的青年回答“上法院或上级部门控告劳动保障部门”，12.6%的青年表示会向新闻单位曝光、寻求媒体支持，仅有4.2%的人会选择参加集体上访、请愿或游行示威等。对这些应对方式的选择，一方面表明青年的法治意识较强，懂得利用法律规定向相关部门寻求支持，仅有极少数青年会采用集体上访、游行等较激烈的方式表达意愿，大多数青年的心态是理性平和的；另一方面也表明青年在权益保障受到侵害时，能够选择的求助渠道不多，近半数青年选择自己想办法解决问题，有三四成的青年选择直接找政府、法院等部门，对社会化的调解渠道和法律支援渠道利用很少。

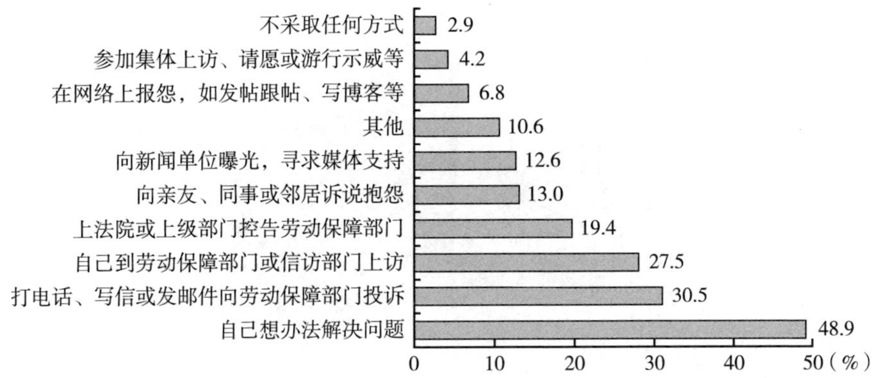

图 28　企业青年解决权益损害的渠道选择

七　企业青年身体健康与锻炼状况

（一）多数青年自评身体健康状况良好，每天锻炼时间偏少

从自评身体健康情况来看，29.3% 的企业青年自认身体非常健康，45.5% 的企业青年自认身体比较健康，在一定程度上可以认为多数青年身体健康状况良好。同时，九成青年每天都进行锻炼，其中 18.9% 的青年每天锻炼时间在半小时以内，18.4% 的青年锻炼时间在半小时到 1 小时，19.4% 的青年锻炼时间在 1 ~2 小时。

对比不同学历的企业青年每天锻炼时间，我们发现学历高的青年进行锻炼的积极性和时间长度都要高于学历低的青年。“从不锻炼”的青年比例随学历升高而降低，也就是学历越高，不锻炼的青年占比就越低；对比锻炼时间 1 ~2 小时占的比例，各学历青年的占比大体相当；对比 2 ~3 小时占的比例，大学本科和硕/博研究生学历青年占比高于其他学历青年约 2 ~4 个百分点；3 ~4 小时占的比例，硕/博研究生学历青年占比最高。

相似的锻炼时间差异存在于不同收入青年之间，对比四类收入水平青年在各个锻炼时段的比例，可以较为清晰地看出，收入越高越稳定，

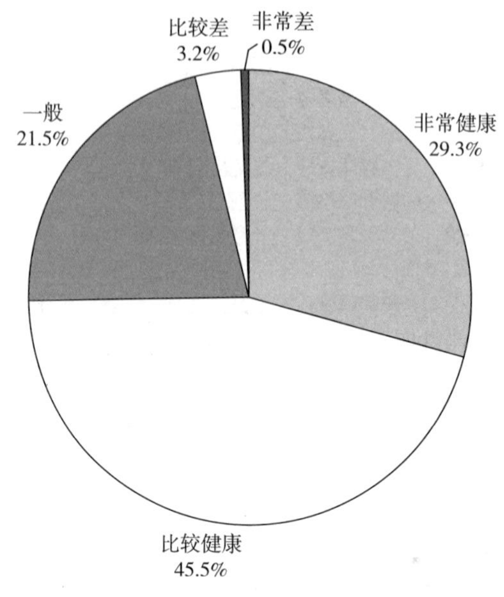

图 29　自评身体健康程度

从不锻炼的比例越低；低收入青年锻炼时段集中在半小时以内和半小时到 1 小时两个时段，中等收入青年锻炼时间主要是 1～2 小时，高收入青年锻炼时间主要集中在 1～2 小时，但 3～4 小时的比例显著高于其他青年。

表 16　青年每天锻炼时间统计

单位：%

每天锻炼时间	总体	教育背景					收入水平			
		初中	高中/职高或中专	高职/大专	大学本科	硕/博研究生	低收入	中等收入	高收入	无固定收入
我从不锻炼	10. 5	15. 7	10. 7	10. 4	9. 1	7. 8	16. 0	9. 7	7. 8	15. 6
半小时以内	18. 9	21. 4	20. 4	18. 7	18. 0	19. 1	20. 4	19. 2	14. 3	18. 3
半小时到 1 小时	18. 4	18. 9	18. 2	18. 7	18. 4	16. 0	19. 4	18. 4	17. 8	15. 2
1～2 小时	19. 4	19. 8	19. 0	20. 2	19. 1	20. 9	18. 5	19. 7	18. 4	14. 4

续表

每天锻炼时间	总体	教育背景					收入水平			
		初中	高中/职高或中专	高职/大专	大学本科	硕/博研究生	低收入	中等收入	高收入	无固定收入
2~3 小时	10.9	8.4	10.4	9.9	12.3	12.6	10.2	10.9	11.3	12.5
3~4 小时	7.4	3.9	6.4	7.0	8.5	10.1	5.7	7.4	10.6	5.8
4~5 小时	4.2	2.4	4.0	3.9	4.8	3.7	2.8	4.4	5.1	1.9
5 小时及以上	10.3	9.5	10.9	11.2	9.8	9.8	7.0	10.3	14.7	16.3

青年参加体育运动的方式方面，青年最偏爱健步走等较为平缓的运动方式，37.6%的青年表示最爱的运动方式就是健步走，羽毛球、篮球、骑车也是青年较为喜爱的运动方式，分别有20.7%、18.3%、16.6%的青年将其列为最爱的运动。而网球、滑雪、滑冰、高尔夫、武术、太极拳等运动受场地、气候、专业度等限制，在青年中受欢迎程度较低。

工作日作息方面，多数青年能够在23点之前入睡，其中21点之前入睡的占5.3%，21~22点之间入睡的占23.7%，22~23点之间入睡的占44%，不过也有27%的青年在23点之后睡觉，说明超过1/4的青年熬夜情况较为严重。晚睡、熬夜的比例在周末有显著的提高，统计表明周末期间23~0点入睡的青年比例为31.1%，较工作日提高了8.7个百分点，0~2点入睡的比例达到8.6%，较工作日提高了4.7个百分点。这在一定程度上影响企业青年周末的休息质量，也影响周一的工作状态。

（二）近视、肥胖、睡眠是青年面临的最主要健康问题

本次调查让青年汇报自己的健康问题，图31呈现的是对青年回答“非常严重”“比较严重”的加总统计。近视是最为普遍也是最为严重的健康问题，26.7%的青年自评近视问题非常或比较严重；处于第二位的是睡眠质量问题，20.9%的青年自评“睡眠不佳问题”非常或比较严重；

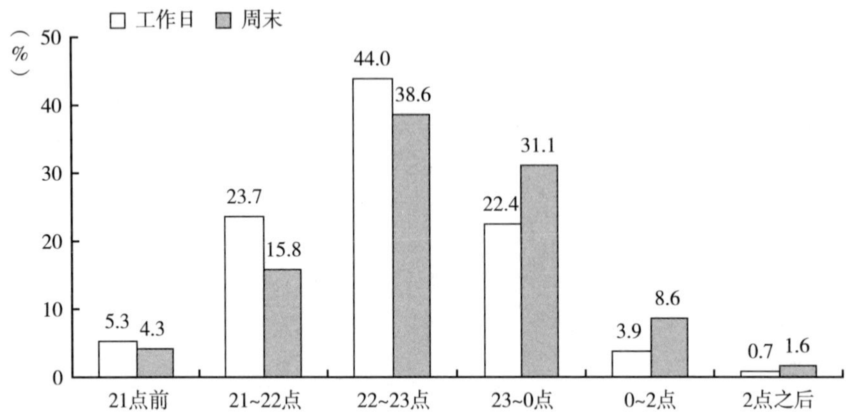

图 30　企业青年工作日与周末睡眠时间

居于第三位的健康问题是肥胖，20.5%的青年自评肥胖问题非常或比较严重；牙痛、龋齿，脱发、掉发问题也让不少青年相当困扰，有14.0%的青年自评牙痛、龋齿问题比较严重或非常严重，16.8%的青年承认存在比较严重或非常严重的脱发、掉发问题。除此之外，腰椎问题、脾胃疾病也存在于一部分企业青年之中，分别有12.4%、7.5%的青年承认存在比较严重或非常严重的腰椎问题、脾胃疾病问题。特别值得注意的是焦虑和抑郁等心理健康问题困扰不少企业青年，高达9.5%的青年承认自身焦虑问题比较严重，3.0%的青年承认焦虑问题非常严重；5.3%的青年承认自身抑郁问题比较严重，2.2%的青年承认自身抑郁问题非常严重。这说明心理健康必须得到更多的重视。

调查还显示：近七成青年一年进行至少一次体检，其中一年一次体检的比例为60.1%，一年两次体检的比例为6.4%，一年多次体检的比例为1.8%，三者合计占比68.3%。不过也有9.9%的青年从不体检，两年一次体检的比例为5.3%，多年一次体检的比例为3.2%，还有13.3%的青年不定期进行体检。有规律地定期体检有助于及时发现健康问题，进行针对性治疗，从体检频次来看，三成青年体检次数过少或者并不规律，需要引起重视。

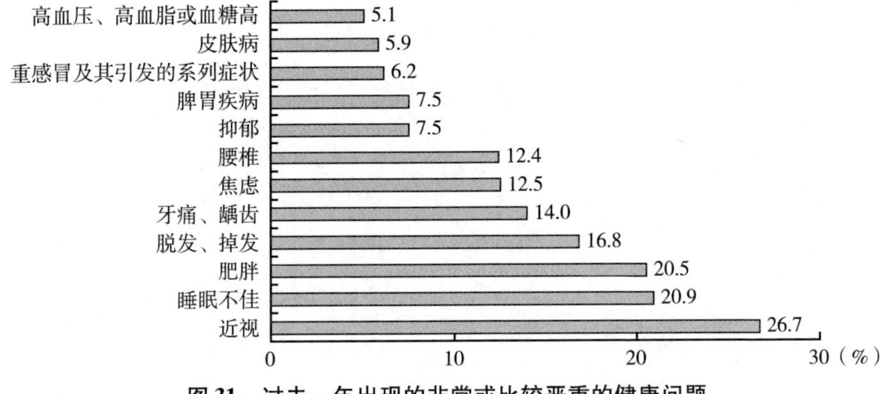

图 31　过去一年出现的非常或比较严重的健康问题

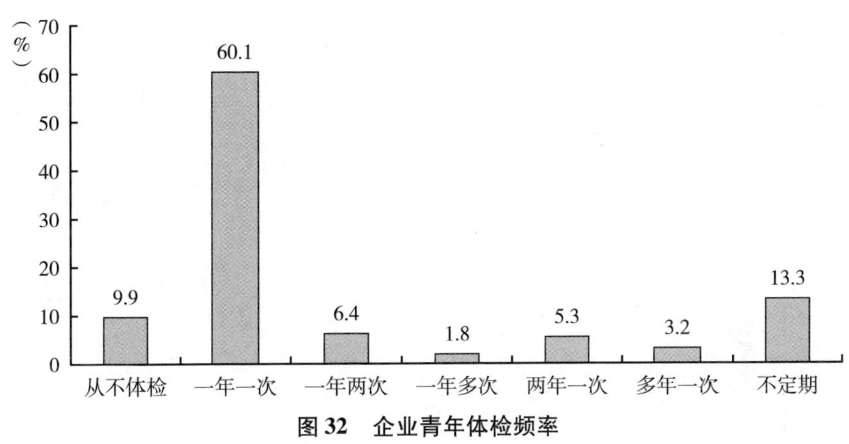

图 32　企业青年体检频率

（三）近四成青年感受到比较大的工作压力

33.6%的青年在过去的一年感受到比较大的工作压力，5.9%的青年认为工作压力非常大。对比男女青年的工作压力感受，男青年感受到的工作压力要大于女青年，35.3%的男青年认为工作压力比较大，7.4%的男青年觉得工作压力非常大，分别比女青年高3.7个和3.3个百分点。不同年龄组比较来看，26～35岁年龄组青年中35.7%的人感受到比较大的工作压力，6.1%的人认为自身工作压力非常大，分别高于19～25岁年龄组青年9.6个和1.2个百分点。

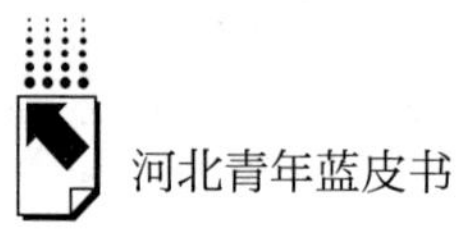

表 17　企业青年对工作压力的感受

单位：%

工作压力	总体	年龄组		性别	
		19～25 岁	26～35 岁	男	女
没有	4.5	6.6	3.9	5.0	4.0
比较小	12.7	16.1	11.7	11.9	13.7
一般	43.3	46.3	42.6	40.4	46.6
比较大	33.6	26.1	35.7	35.3	31.6
非常大	5.9	4.9	6.1	7.4	4.1

生活中的压力最主要的三个来源是收入太少、买不起住房/房贷太多、工作压力太大，61.0%、40.8%和27.2%的青年分别将三者列为最主要的压力，除此之外，子女抚养和教育问题（16.8%）、找不到对象（11.5%）、职级/职务得不到晋升（10.0%）也是比较重要的压力来源。

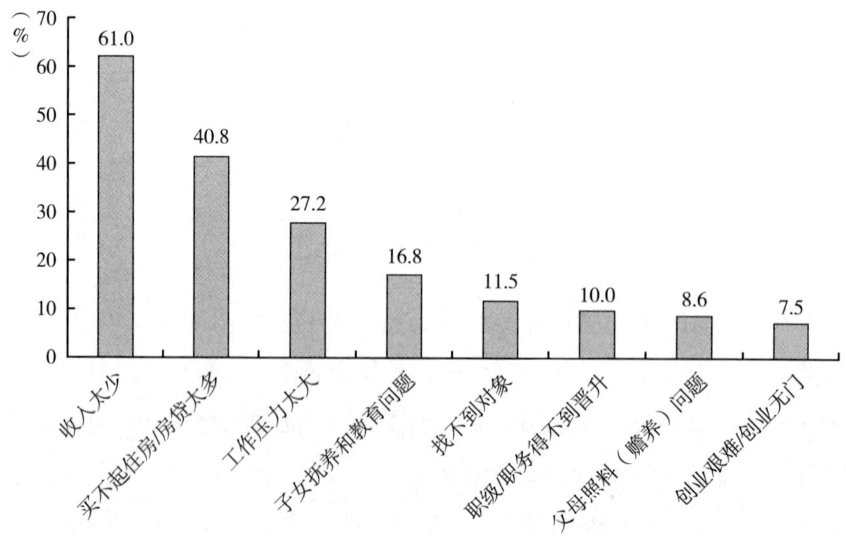

图 33　企业青年面临的压力来源

八 企业青年的婚姻家庭观

（一）青年在谈婚论嫁过程中最看重人品和孝顺老人

社会流行的观念中，青年谈婚论嫁中看重的因素是房子、家庭背景等物质性因素，但本次调查的统计结果表明，青年在谈婚论嫁过程中最为看重的因素首先是人品和孝顺老人，其次为心理健康、责任心、身体健康、上进心、价值观以及性格，而房子、收入、家庭背景、相貌身材相较而言并不是最重要的。

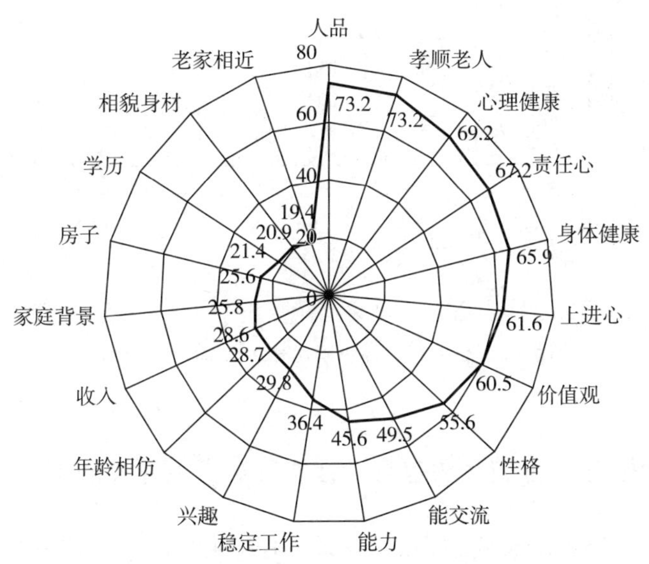

图 34 婚恋中各因素重要程度

择偶条件过高被视为出现“剩男剩女”现象的最主要原因，51.5% 的青年将其列为主要原因，其次分别有 44.5%、42.4% 的青年认为个人生活圈太小和工作太忙是主要原因。经济压力过大也会造成“剩男剩女”现象出现，34.0% 的青年认为经济压力过大是重要原因，22.2% 的青年认为“买不起房”是重要原因。特殊的婚姻观念并不被视为产生剩男剩女的原因，仅有少数青年认为“崇尚单身生活”（13.9%）、认为“是否结婚不重要”（6.0%）是主要原因。同时，本调查对未婚青年的理想结婚年龄进行调查，半数未婚青年期待的结婚年龄为27～29岁，26.0%的未婚青年期待的结婚年龄为24～26岁，期待在30～35岁结婚的青年占比为15.9%，只有1.9%的未婚青年表达了不婚的想法。

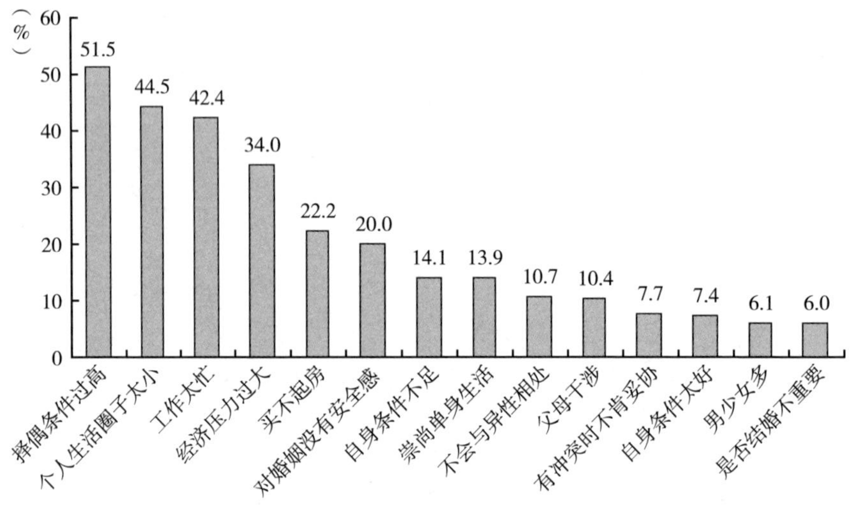

图35　企业青年对“剩男剩女”现象的归因

（二）婚恋观更加开放包容，强烈反对具破坏性的婚恋观

对一些婚恋状态的接受度可以在某种程度上反映一个群体的婚恋观念。本次调查列举11种婚恋状态，请企业青年陈述接受程度，统计结果显示：相亲是青年接受度最高的婚恋状态，8.4%的青年对相亲非常接受，36.1%的青年对相亲比较接受；其次是婚前财产公证，10.9%的青年对此非常接受，22.3%的青年对此比较能接受；对网恋、子女随母姓、婚前同居、谈恋爱AA制等婚恋交往方式的接受程度大体相当；虽然不少青年能够接受婚前同居，但相当一部分青年对试婚和未婚生子不能接受，比较能接受和非常接

受的占比分别仅为16.5%和13.1%。有三种婚恋关系受到青年广泛的反对，分别是婚外情、一夜情和同性恋，65.0%的青年非常反对婚外情、65.8%的青年非常反对一夜情、56.5%的青年非常反对同性恋。以上态度的分布情况表明，随着社会变迁，青年的婚恋观念也在不断发生变化，更加开明和开放，相当比例的青年能够接受网恋、婚前同居等非传统的恋爱关系，但与此同时也强烈反对一些破坏稳定婚恋关系的行为，如婚外情、一夜情等。

表18　企业青年对各婚恋状态的接受程度

单位：%

婚恋类型	非常接受	比较接受	一般	比较反对	非常反对
网恋	5.8	19.8	47.5	17.7	9.2
相亲	8.4	36.1	48.5	4.8	2.2
婚外情	1.9	2.8	15.4	14.9	65.0
一夜情	2.3	3.1	16.0	12.8	65.8
同性恋	2.5	5.9	24.1	11.0	56.5
谈恋爱AA制	5.4	15.0	42.6	14.8	22.2
婚前财产公证	10.9	22.3	46.8	8.5	11.5
子女随母姓	7.3	16.5	47.9	12.5	15.8
未婚生子	2.9	10.2	42.1	20.6	24.2
试婚	4.1	12.4	39.6	18.3	25.6
婚前同居	6.3	19.6	46.6	12.1	15.4

（三）半数未婚青年有生育二孩的想法，多数青年愿以平等和尊重的方式教育子女

国家放开二孩政策后，整个社会对青年生育二孩的问题较为关注。本调查对只生育1孩的已婚青年拒绝生育二孩的原因进行调查，同时对未婚青年的生育观念进行调查。统计结果显示，已婚青年拒绝生育二孩的原因主要是经济方面的，60.7%的青年以经济问题为由选择不再生育二孩；另外两个主要原因分别是“没人照看问题”“孩子教育、医疗等问题”。未婚青年生育观念调查显示，39.8%的青年希望在婚后只生育1孩，51.6%的青年希望在

婚后生育 2 个孩子，这也说明半数以上的未婚青年有生育二孩的想法。还有 3.4% 的青年希望在婚后生育 3 个及以上孩子。

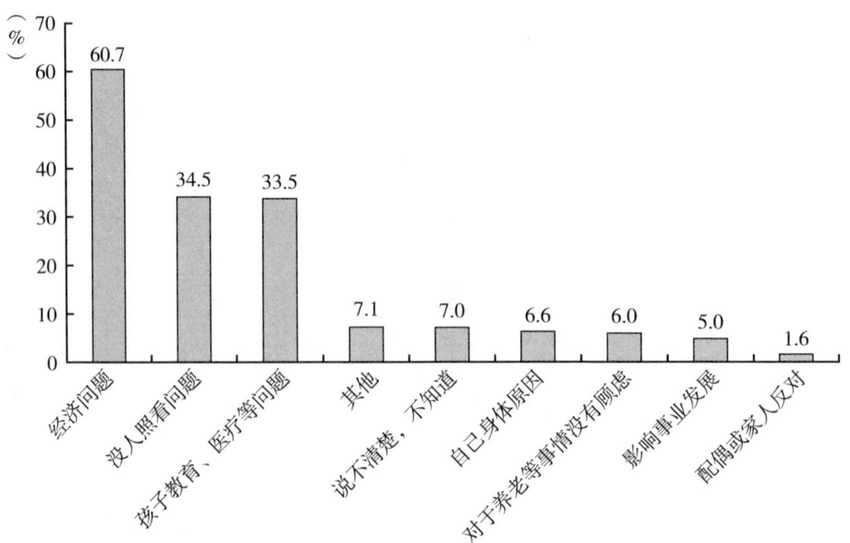

图 36　已婚企业青年不生育二胎的原因

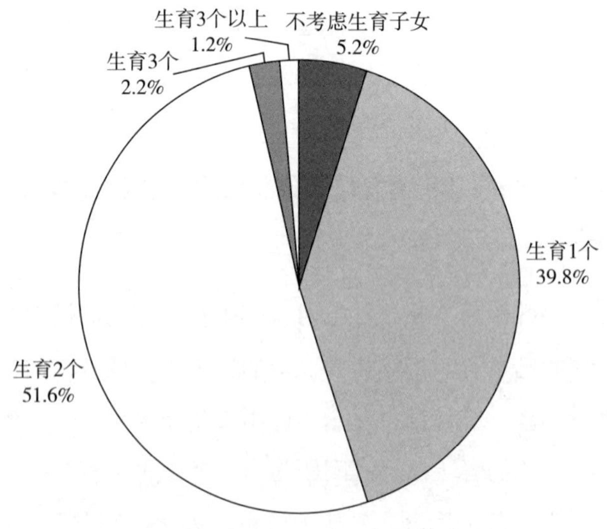

图 37　未婚企业青年生育观念

教育子女是青年正在面对或即将面对的人生责任。本次对企业青年的教养观念进行了调查，统计显示，在对孩子的教育方面，75.6%的青年认同“尊重孩子的选择，给予适度的指导”的方式，10.4%的青年认同“严加管教”的方式，6.4%的青年认同“自然放养”的方式，6.2%的青年认同“尽量满足孩子的需求”的方式。这表明多数青年愿意以平等的方式教育子女，给予子女足够的尊重，溺爱、放养、严苛等教育方式并不被多数青年接受。

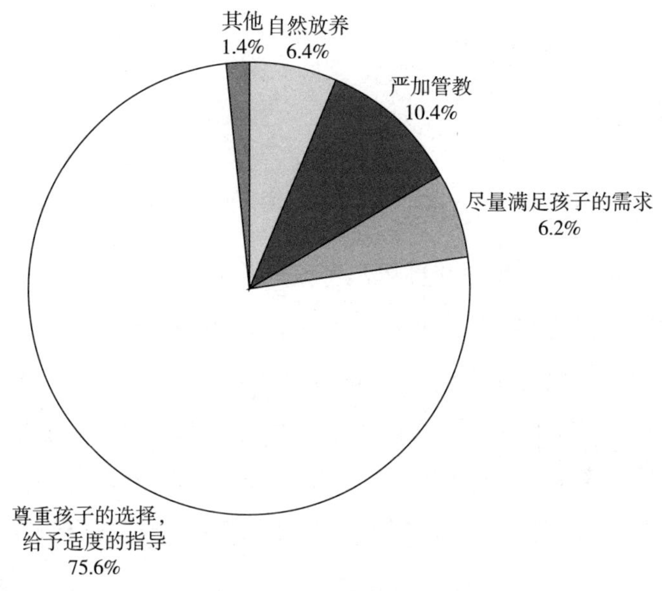

图38　企业青年赞同的教养观念

（四）大多数青年的养老理念坚持居家养老，有限度地接受社区和机构服务

对于父母未来养老问题，青年的打算集中在两个方面，一是“在家养老，依靠子女照料，不依托任何养老机构的服务”，有35.6%的青年有此打算；二是“与父母协商，尊重父母的选择”，有30.5%的青年有此打算。还有15.9%的青年打算让父母“在家养老，接受社区养老机构的日间照料、配餐等上门

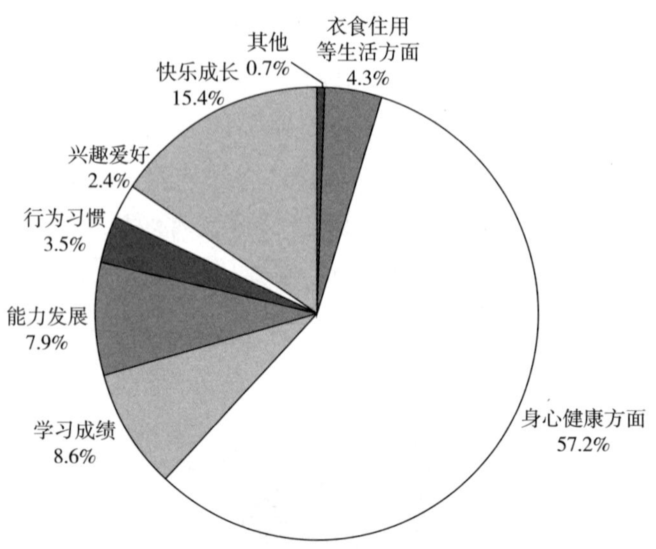

图 39　企业青年对子女最关心的方面

服务”，9.2%的青年打算让父母“在家养老，独居，完全不需要任何人或机构帮助”，7.4%的青年打算“接受社区养老机构的托老服务，白天时间基本在养老机构度过，但仍在家居住”，1.4%的青年打算让父母“入住养老公寓、敬老院等机构，不在家居住”。总体来看，尽管有三成青年表示会与父母协商养老方式，但多数青年仍倾向于让父母在未来以居家形式养老，有限度地接受社区养老机构提供的服务，极少数人倾向完全依靠养老机构来给父母养老。

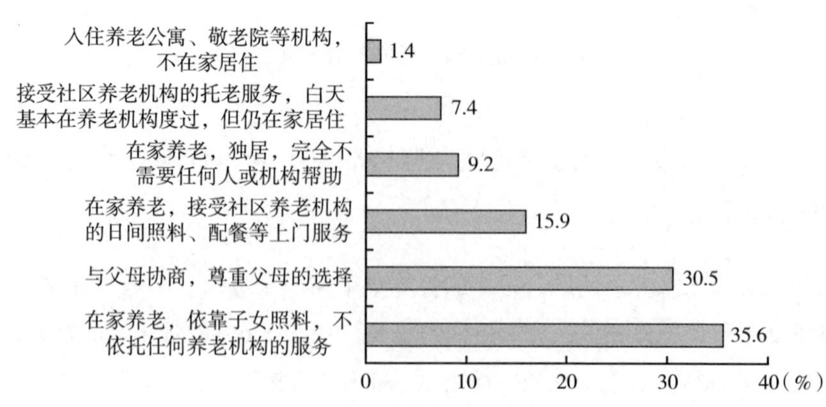

图 40　青年对父母未来养老的打算

九　企业青年的政治观念

（一）社会主义核心价值观的宣传已经覆盖绝大多数青年，企业青年对核心价值观高度认同

社会主义核心价值观是被广泛宣传和倡导的价值观念，共计 12 条。统计显示能够完整说出核心价值观全部内容的企业青年占比 30.2%，能够说出 6～11 条的占比同样为 30.2%，有 19.6% 的青年表示“听说过，能说出 1～5 条”，17% 的青年称“对此有印象，但一条也说不出来”，回答“从没有听过这个概念”的占比 3.0%。以上表明社会主义核心价值观的宣传已经覆盖绝大多数青年，并且有三成青年将核心价值观内化于心，不过近五成青年仅对核心价值观的部分内容比较熟悉，这也反映出对核心价值观的宣传仍需进一步加大力度。

表 19　企业青年对社会主义核心价值观的熟悉和认同程度

单位：%

熟悉程度		认同程度	
能完整地说出全部内容	30.2	非常认同	62.9
只记住一部分，能说出 6～11 条	30.2	比较认同	29.9
听说过，能说出 1～5 条	19.6	不太认同	3.8
对此有印象，但一条也说不出来	17.0	非常不认同	0.7
从来没听过这个概念	3.0	说不清	2.7

尽管能够完整说出核心价值观的占比仅有三成，但企业青年对核心价值观的认同度较高，62.9% 的青年表示非常认同，29.9% 的青年表示比较认同，只有 4.5% 的青年表示不太认同或非常不认同。对比不同政治身份的青年对核心价值观的熟悉程度和认同程度，党员青年对核心价值观的熟悉程度和认同度显著高于非党员青年，递交入党申请书的青年也要高于没有递交入党申请书的青年。

（二）绝大多数青年对国家大事很关注，关注点集中在政治和经济领域

对国家大事的关注度能够在一定程度上反映青年对国家的认同感。调查显示，36.0%的青年对国家大事非常关注，50.1%的青年对国家大事比较关注，12.7%的青年表示对国家大事不太关注，完全不关注的仅占1.2%，绝大部分青年较为关心国家的重要事务，显示出青年对于国家的关心和认同。对比男女青年对国家大事的关注程度，男青年要比女青年关注度更高，有43.8%的男青年表示对国家大事非常关注，显著高于女青年（非常关注的占比仅为27.0%）。

表20　企业青年对国家大事关注度

单位：%

关注程度	总体	性别	
		男	女
非常关注	36.0	43.8	27.0
比较关注	50.1	45.8	55.0
不太关注	12.7	9.0	17.1
完全不关注	1.2	1.4	0.9

青年最为关注的国家大事类型依次是政治（累计占比65.8%）、经济（55.1%）、教育（44.3%）、医疗（42.6%）、军事（33.2%）、文化（26.9%）、社会（26.6%）、科技（25.9%）、外交（20.0%）。

对国家大事的关注渠道主要是“政府官方的广播或电视节目（如新闻联播）”，56.9%的青年将其列为主要渠道；“新浪、网易等媒体门户网站”“微信账号推送或朋友圈转发的内容”“政府官方报纸或政府发布的公告”也是青年了解国家大事的重要渠道，分别有36.7%、35.7%、36.2%的青年将其列为主要渠道；另外，27.0%的青年通过微博、19.9%的青年通过政府机构官方的门户网站、16.9%的青年通过“与熟人、朋友、家人的交谈”、12.3%的青年通过“自媒体门户网站”等渠道关注国家大事。这表明

政府官方渠道仍是青年关注国家大事最主要的渠道，但是新媒体、移动网络等渠道的重要性也在逐渐增强。

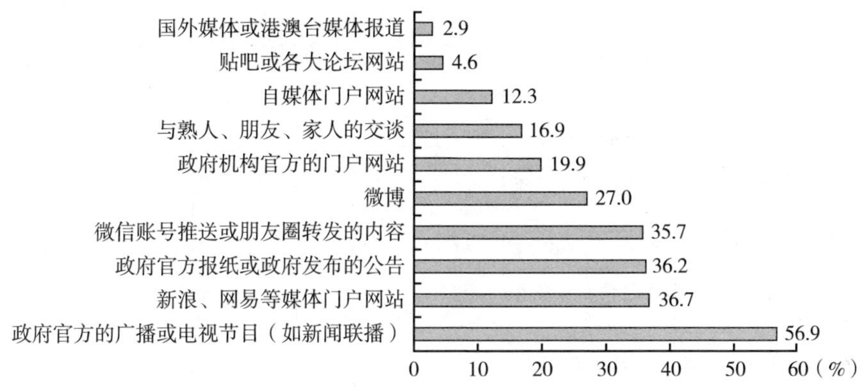

图 41　企业青年关注国家大事的渠道

（三）青年对党和国家未来发展的信心较高，对党的领导能力有足够的信心

本次调查罗列 6 项国家发展前景，请青年对目标能否实现表达自己的信心度，统计显示，57.7% 的青年对“我国在未来几十年内会成为世界第一强国”非常有信心，27.8% 的青年比较有信心；68.4% 的青年对“我国必将完成祖国统一大业”非常有信心，20.1% 的青年比较有信心；61.4% 的青年对“未来我国将涌现出更多的诺贝尔奖获得者，我国将在科研、人文领域取得世界领军者的地位”非常有信心，25.3% 的青年比较有信心；61.5% 的青年对“未来我们的社会将更加文明、公正和平等”非常有信心，24.6% 的青年比较有信心；59.2% 的青年对“未来几十年内，我国人民的生活水平将大幅度提高”非常有信心，25.7% 的青年比较有信心；49.2% 的青年对“到 21 世纪中叶，我国将彻底解决看病难、看病贵的问题”非常有信心，25.8% 的青年比较有信心。以上表明，青年对国家发展的前景是乐观的，相信国家会在几十年内实现建成现代化强国的目标。

表 21　企业青年对国家发展前景的信心程度

单位：%

发展前景	非常有信心	比较有信心	一般	不太有信心	完全没有信心
我国在未来几十年内会成为世界第一强国	57.7	27.8	11.8	2.0	0.7
我国必将完成祖国统一大业	68.4	20.1	9.6	1.4	0.5
未来我国将涌现出更多的诺贝尔奖获得者，我国将在科研、人文领域取得世界领军者的地位	61.4	25.3	11.2	1.6	0.5
未来我们的社会将更加文明、公正和平等	61.5	24.6	11.5	1.8	0.6
未来几十年内，我国人民的生活水平将大幅度提高	59.2	25.7	12.4	1.9	0.8
到 21 世纪中叶，我国将彻底解决看病难、看病贵的问题	49.2	25.8	18.3	4.8	1.9

半数青年对我国当前经济、文化、民主、法治、生态文明、社会等方面的建设和国际地位感到非常满意，其中对经济建设的满意度最高，54.1% 的青年对此非常满意；对生态文明建设的满意度则相对较低，49.1% 的青年对生态文明建设非常满意，不太满意的占比达到 8.7%，是各方面建设中不满意比例最高的，这说明生态文明建设仍需进一步加强，以提高人们的满意度。绝大多数青年相信未来十年，我国以上各方面的发展状况会变化，其中 57.3% ~63.4% 的青年相信各方面发展状况会变好很多，31.3% ~35.5% 的青年相信各方面发展状况会变好一些。

表 22　对国家各领域建设的满意度和信心度

单位：%

满意度与信心度		经济建设	文化建设	民主建设	法治建设	生态文明建设	社会建设	国际地位
当前各方面建设满意度	非常满意	54.1	50.7	50.1	51.3	49.1	50.9	52.2
	比较满意	36.9	37.6	37.2	37.0	37.8	38.8	38.5
	不太满意	5.3	7.7	7.9	7.2	8.7	5.9	5.2
	非常不满意	0.8	1.0	1.4	1.3	1.3	1.1	0.8
	说不清	2.9	3.0	3.4	3.2	3.1	3.3	3.3

续表

满意度与信心度		经济建设	文化建设	民主建设	法治建设	生态文明建设	社会建设	国际地位
未来十年我国发展状况	变好很多	60.2	58.1	57.3	58.5	58.8	58.5	63.4
	变好一些	33.8	35.4	35.5	34.6	34.5	34.8	31.3
	变差一些	2.5	2.8	2.8	2.8	2.8	2.6	1.8
	变差很多	0.6	0.7	0.9	0.8	0.8	0.7	0.3
	说不清	2.9	3.0	3.5	3.3	3.1	3.4	3.2

统计显示，青年对党领导社会主义市场经济、民主政治、先进文化、社会治理、应对国际形势和处理国际事务、从严治党的能力的信心很充足，对这几项能力非常有信心和比较有信心的占比超过九成，表明广大青年对党的执政能力是充满信心的，对党执政是绝对支持的。

（四）大多数青年对河北省完成重要发展任务信心较强，对当前各方面建设满意度较高

打赢脱贫攻坚战、京津冀协同发展和雄安新区规划建设、解决环境污染问题等是河北省面临的主要任务。统计显示，企业青年对京津冀协同发展和雄安新区规划建设取得重大进展信心相对较强，有53.2%的青年对此非常有信心，28.5%的青年比较有信心；对解决环境污染问题的信心相对较弱，有46.0%的青年表示非常有信心，26.7%的青年表示比较有信心；近半数（49.6%）青年对彻底打赢脱贫攻坚战非常有信心，26.5%的青年表示比较有信心。整体而言，青年对河北省完成几项重大任务的信心是比较充足的。

表23　企业青年对党领导能力的信任度

单位：%

信任度	非常有信心	比较有信心	不太有信心	完全没信心	说不清
领导社会主义市场经济的能力	62.4	28.9	4.2	0.7	3.8
发展社会主义民主政治的能力	62.0	28.5	4.6	1.0	3.9
建设社会主义先进文化的能力	62.5	28.3	4.4	1.1	3.7

续表

信任度	非常有信心	比较有信心	不太有信心	完全没信心	说不清
社会治理的能力	62.8	28.5	4.2	1.0	3.5
应对国际形势和处理国际事务的能力	63.3	27.8	4.1	1.0	3.8
全面从严治党的能力	63.9	26.6	4.7	1.1	3.7

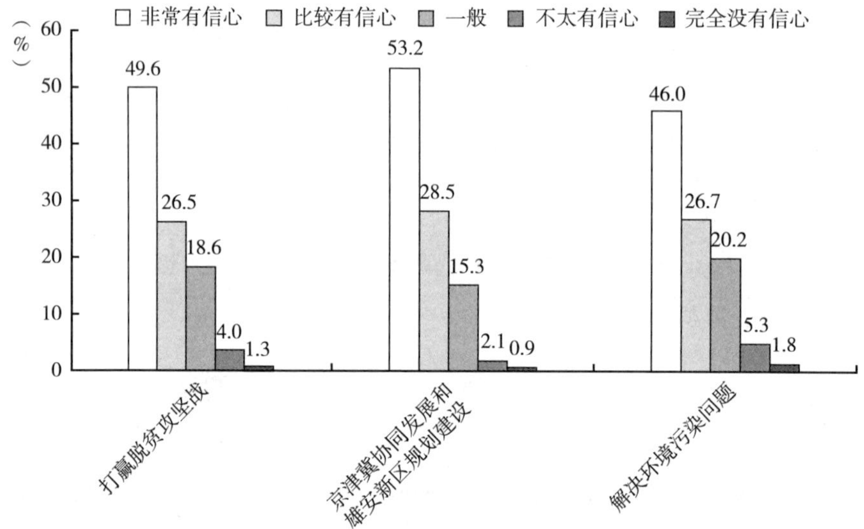

图 42　青年对河北省发展任务的信心

绝大多数青年对河北省当前各方面建设满意度较高，并且相信未来十年各方面发展状况会变化。对河北经济建设非常满意和比较满意的占比合计为86.0%，相信会变很好和变好一些的占比合计达到93.8%；文化建设方面，非常满意和比较满意的占比合计为85.0%，相信会变好很多和变好一些的占比合计达到93.8%；社会建设方面，非常满意和比较满意的合计占比为86.8%，相信会变好很多和变好一些的占比合计达到93.5%；生态文明建设方面，非常满意和比较满意的合计占比为83.0%，相信会变好很多和变好一些的占比合计达到93.3%。

表 24　青年对河北省各方面建设的满意度和信心度

满意度与信心度		经济建设	文化建设	社会建设	生态文明建设
对河北当前的各方面建设满意度	非常满意	46.2	44.6	44.9	43.4
	比较满意	39.8	40.4	41.9	39.6
	不太满意	9.5	10.3	8.5	11.7
	非常不满意	1.2	1.2	1.1	2.0
	说不清	3.3	3.5	3.6	3.3
未来十年河北发展状况	变好很多	59.0	58.3	58.3	58.5
	变好一些	34.8	35.5	35.2	34.8
	变差一些	2.5	2.5	2.5	2.6
	变差很多	0.6	0.7	0.8	0.8
	说不清	3.1	3.1	3.3	3.3

（五）社交类手机 App 是安装最多的应用程序，利用网络进行工作或学习的时间不多

手机是青年生活中的重要工具，也是重要的媒介。通过手机 App 和移动网络，青年得以进入网络世界，并对现实生活产生极其重要的影响。调查表明，有 24.6% 的青年表示社交类手机 App 是自己安装最多的应用程序，在各类 App 中占比最高，其次是资讯类和生活服务类手机 App，占比均为 12.5%；再次是视频类手机 App，占比达到 11.4%，另外教育类（8.0%）、购物类（6.1%）、游戏类（6.0%）手机 App 的占比也相对较高。

上网已经成为工作和生活中必不可少的内容，统计显示，31.8% 的青年每天花在网络上的时间在 2～3 小时，27.9% 的青年每天花在网络上的时间在 1～2 小时，有 19.1% 的青年花在网络上的时间在 3～5 小时，而每天花在网络上的时间超过 5 小时的占比达到 10%，仅有 11.2% 的青年每天花费在网络上的时间在 1 小时以内。若以 3 小时为界，共计 29.1% 的青年上网时间超过 3 小时，过于沉迷于网络。

但到底有多少时间是真正用于工作或学习呢？统计显示，41.8% 的青年在每天花费的上网时间中，真正用于工作或学习的时间在 1 小时及以

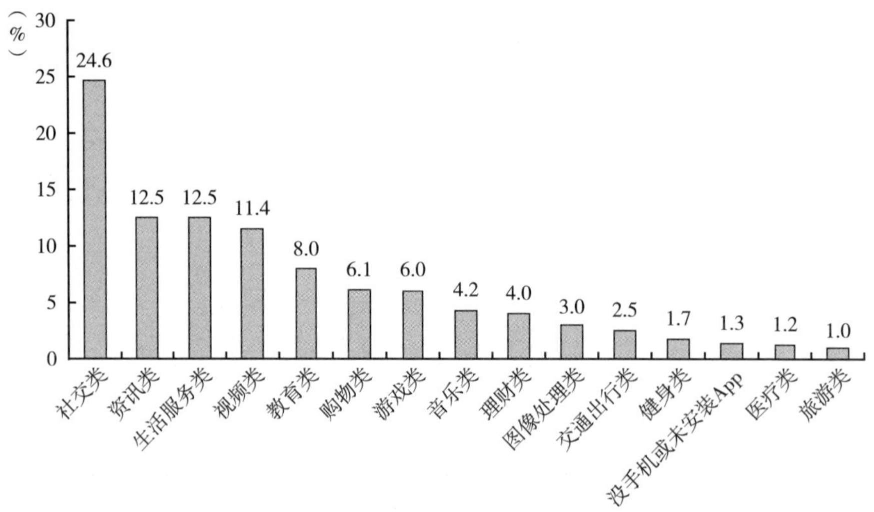

图 43　企业青年安装最多的 App 类型

下，38%的青年真正用于工作或学习的时间在 1 ~ 2 小时，二者合计为 79.8%，说明对于约八成青年来说，利用网络进行工作或学习的较少。

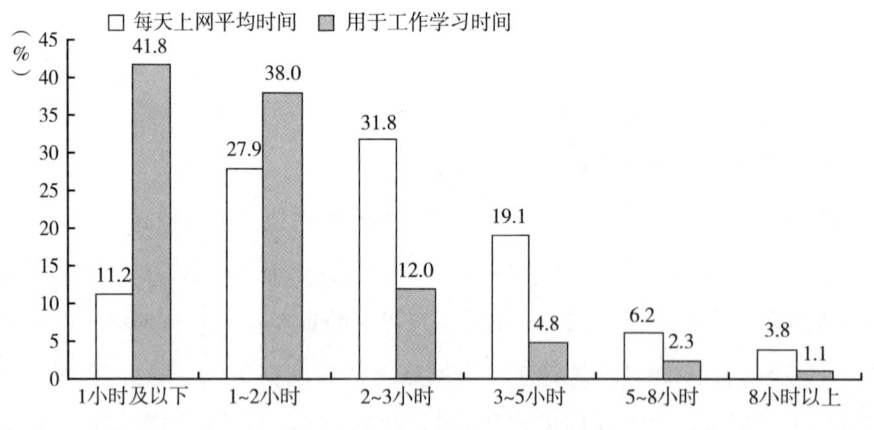

图 44　企业青年日均上网时间与工作学习时间

如今网络世界对现实生活的介入越来越深，分清网络生活和现实生活是相当重要的。78.7%的青年表示“在网络中可以学到很多有用的知识，对现实学习、生活或工作产生积极的影响”；78.3%的青年表示“可以很好地把握网络与现实的界限，网络对现实生活几乎不会造成什么负面影响”；76.0%的青年表示“喜欢在网络上，但知道现实生活才是根本所在，可以督促自己学习而不会过多地受到网络的影响”，以上表明近八成青年能很清楚地区分网络世界和现实世界，且以现实生活为主，未沉迷网络，并能充分利用网络中有用的知识服务于现实生活。

当问及“在网络上才能找到生活的乐趣，如果可以选择，我愿意生活在网络世界里”时，有17.4%的青年表示这一描述与自己的状态非常符合，问及“网络生活才是我的所有，我不喜欢现实中的生活”时，有15.5%的青年表示这一描述与自己的状态非常符合。这一比例是比较高的，说明网络对青年生活的影响非常大，部分青年过于沉迷网络。

表25　企业青年对待网络生活与现实生活的态度

单位：%

态度	非常符合	比较符合	一般	不太符合	完全不符合
网络生活才是我的所有，我不喜欢现实中的生活	15.5	14.9	19.8	17.8	32.0
在网络上才能找到生活的乐趣，如果可以选择，我愿意生活在网络世界里	17.4	18.2	23.1	20.7	20.6
喜欢在网络上，但知道现实生活才是根本所在，可以督促自己学习而不会过多地受到网络的影响	37.5	38.5	20.8	2.3	0.9
可以很好地把握网络与现实的界限，网络对现实生活几乎不会造成什么负面影响	38.9	39.4	19.1	2	0.6
在网络中可以学到很多有用的知识，对现实学习、生活或工作产生积极的影响	37.9	40.8	19.2	1.7	0.4

（六）多数青年网络行为理性平和，不关注或不参加一些过于激进的线上线下维权活动

网络正成为表达政治意见和态度的重要场域，存在“网络声援、网络

签名、网络声讨等网上活动，或者在线下进行上访、串联、帮助弱势群体维权”等现象，调查表明，45.2%的青年对这类活动基本不关注，32.3%的青年关注过但不参与行动，16.2%的青年只是分享、转发一些信息，仅有4.8%的青年对这类活动积极参与，1.5%的青年参与、组织过这些活动。这表明多数青年心态是理性平和的，不关注、不参加一些过于激进的线上线下维权活动。

但对于网络上的谣言、虚假信息，43.7%的青年表示“愿意反驳，激浊扬清”，25.3%的青年表示“不去管它，与我无关”，25.1%的青年对此“很反感，但不愿给自己惹麻烦”。34.7%的青年表示“在网上发表的信息全部是真实的”，20.0%的青年表示自己在“网上发表的大多数信息是真实的，只有少部分不真实”，6.6%的青年表示自己“在网上发布的真实信息和虚假信息一样多”，6.8%的青年表示自己“在网上多数时候发布的信息不真实”，10.1%的青年表示“在网上从来不说实话，发表的信息都是虚假的”。

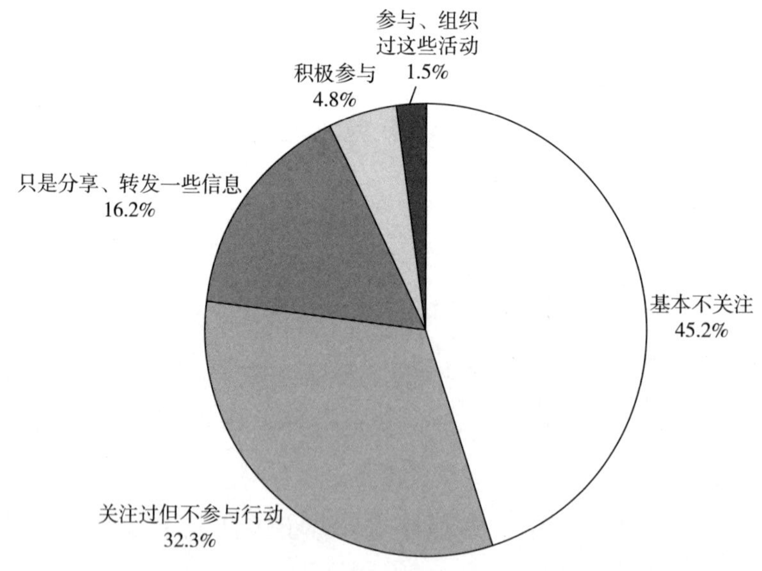

图45　对待网络维权活动的行为与态度

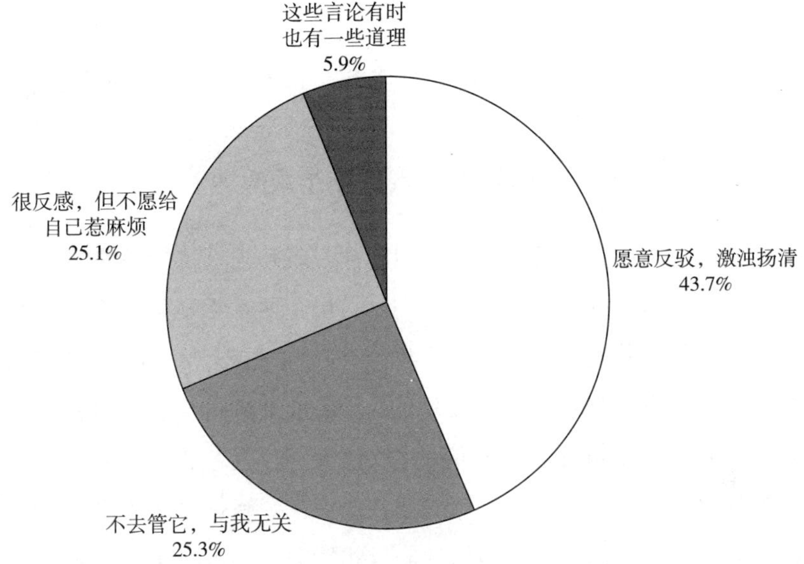

图 46　对待网络谣言虚假信息的行为与态度

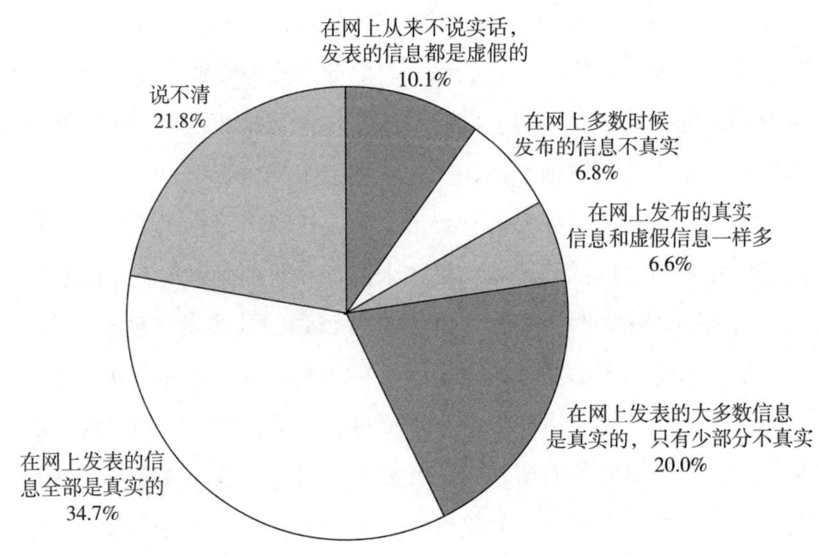

图 47　自身网络行为的真伪程度

十　结语：企业青年群体的特点、存在问题及发展建议

（一）企业青年群体的基本特点和存在的问题

文化生活方面，企业青年具有强烈的学习新知识新技能的需求，对各类文化活动、文化形式抱有较高的兴趣，反映出企业青年日益增长的文化生活需求和提升文化素养的需要。具体而言，基于企业岗位的知识和技能要求，大多数青年对自身现有知识不满足并且认为需要秉持终身学习的理念、不断提升自身素养。与此同时，企业青年接受培训和再教育的热情很强烈，多数青年会参加单位、培训机构等组织的培训课程或训练，尤其注重专业知识和学历提升两方面的培训。与强烈培训需求相悖的是，当前面向企业青年的培训存在培训主体单一、培训时间偏少等问题，相当比例的青年对培训效果不满意。另外，企业青年对文化活动呈现高兴趣度和低参与度并存的特点，即在对以体育类和科技类为代表的文化活动保持较高兴趣的同时，参与度很低，甚至偶尔参加的占比也在较低水平。除此之外，企业青年对传统文化有较为浓厚的兴趣，但平时学习、接触或欣赏传统文化的机会较少。造成以上现象的原因可能是文化设施不足、文化活动组织活力不够。

志愿活动是青年参与社会的重要形式，企业青年对志愿活动的参与存在兴趣高与实际参与率偏低的矛盾。具体来说，多数企业青年表现出积极参与志愿活动的兴趣，这表明当前企业青年拥有较强的社会责任感和参与意识。但矛盾的是，各个志愿活动领域中企业青年的实际参与率都不高。造成这一状况的主要原因在于志愿活动组织力量不足、管理宣传力度和效果较弱，多数青年无法获得志愿服务的信息，也就无法参与到志愿服务中。另外，志愿活动组织力量不足，不能够充分挖掘社会公众对志愿服务的需求。志愿者队伍注册管理制度不健全也是重要原因，缺乏强有力的志愿者注册、备案和动员机制，当开展志愿服务时，往往临时发布志愿者招募通知，而不是先期建设或储备志愿者队伍。这些都造成企业青年虽然有强烈的志愿服务意愿，但

实际参与率很低的尴尬局面。建议改革志愿服务制度。

对企业青年群体来说，就业和相应的权益保障是其最关心的问题。当前我国正处于新旧产能转换、经济结构调整的转型期，同时全球范围的经济不振进一步恶化企业生存处境，而这些经济社会特征深刻影响青年就业观念和就业行为，多数企业青年感受到较大的就业压力且担心未来事业发展。本次调查发现，企业青年的就业观念呈现既重视高收入又突出个人价值实现的特征，青年在寻找工作时尤其关注工作能否提供“高收入”，能否帮助“实现个人价值”或“发挥自己的能力”；同时又呈现强调稳定性、追捧体制内的特征，党政机关、国有企业、事业单位等体制内、稳定性强的工作单位对青年具有强烈的吸引力，而不够稳定的新兴职业、收入偏低的农业以及混合所有制企业对青年的吸引力很低。更换工作是青年职业生涯中的常态，但多数青年工作更换频次低于3次，同时大多数青年对当前从事的工作比较满意，这表明当前青年工作处于较为稳定的状态。企业青年获得工作的途径主要是招聘会和亲戚朋友介绍两种，并且学历越高的青年越倾向于通过招聘会获得工作，学历较低的青年则仍主要通过亲戚朋友介绍获得工作，换言之，受教育水平深刻影响青年寻找工作的方式。受教育水平越高，青年积累的文化资本越深厚，这有助于青年更多地借助自身文化资本，通过市场途径实现就业。

青年社会保障政策和制度是分散在各项社会保障政策和制度中的，目前尚未有较成体系的独立的青年社会保障政策，而从本次调查来看，受调查企业青年的社会保障水平整体较高，如劳动合同的签订率达到87.6%，养老、医疗、生育、失业保险的覆盖率为82.4%，但与全面覆盖尚存在一定的差距。而带薪休假、体检、住房公积金等权益的覆盖率偏低。造成覆盖率不平衡的原因是多方面的，一是不同单位提供的社会保障待遇存在差异，国有企业、大型企业的社会保险参与率较高，而一些小型企业提供的社会保险则不够全面；二是一些青年频繁更换工作，当社会保险与工资收入挂钩时，会忽视社会保险权益。与此同时，在自身社会保障权益受到损害时，半数青年选择自己想办法解决，三成左右青年选择直接找政府或法院等部门，仅有极少数青年会采用集体上访、游行等较激烈的方式表达意愿。这些应对方式的选择表明青年的法治意识和法治观念较强，懂得利用法律规定向相关负责部门寻求法律支持，也表明青年在权益保障受到侵害时，能够借助的支援渠道不多，对社会化的调解渠道和法律支援渠道利用很少。

多数企业青年自评健康状况良好，但缺乏锻炼是较为普遍的现象，约1/4 的青年熬夜严重，近视、肥胖、睡眠质量差正成为严重的青年健康问题。本研究显示，学历和收入对企业青年的健身意识有一定的影响，学历高的青年进行锻炼的积极性和时间长度都要高于学历低的青年，收入越高、越稳定的青年从不锻炼的比例越低，健身积极性越高。心理健康方面，近四成青年在过去的一年感受到比较大的工作压力，最主要的生活压力来源是收入太少、买不起住房、工作压力太大。另外，青年参加体育运动的方式较为单一，以健步走等较为缓和的运动方式为主。

青年的婚恋观念在社会变迁过程中也在不断发生变化，呈现更加开明和开放的特点，对相亲、网恋、婚前同居等新的婚恋关系保持一定的包容心，但强烈排斥破坏稳定婚恋关系的行为。流行的社会观念中，物质因素影响甚至决定青年婚嫁的结果，但本次调查表明婚恋中最为重要的是人品、孝顺、责任等道德品质。在规划家庭规模、养育子女方面，青年生育二孩的意愿并不强烈，拒绝生育二孩的原因主要是经济问题，其次分别是“没人照看”“孩子教育、医疗等问题”。多数青年愿意以平等的方式教育子女，给予子女足够的尊重，溺爱、放养、严苛等教育方式并不被多数青年接受。这些观念在很大程度上表明青年家庭或者说未来家庭的突出特征是小规模的核心家庭、更具平等精神的家庭。

互联网技术对青年的工作、生活影响极为深刻。以手机为代表的移动设备和各类 App 正逐渐取代图书成为青年最主要的阅读方式，观看网络视频和收听音乐构成青年休闲娱乐的主要内容和形式。社交类手机 App 是安装最多的应用程序，表明手机成为青年重要的社交工具。上网几乎成为青年每日生活的必要组成，但利用网络进行工作或学习的时间并不多。受益于互联网经济的快速发展，青年的创业意愿主要集中到与互联网技术相关的领域，企业青年最为青睐的创业行业是互联网产业、住宿餐饮业。网络正成为表达政治意见和态度的重要场域，多数青年心态是理性平和的，极少参与过于激烈的线上线下维权活动，同时愿意批驳和澄清网络虚假信息和谣言。

（二）推动企业青年更好发展的建议

围绕青年终身学习需求，大力发展继续教育。加大青年教育的投入，推动学习资源开放共享，增加教育培训的供给，尤其是要借助互联网和信息化技术，开展多种形式培训，扩大优质教育资源的覆盖面。进一步优化青年文化环境，加强文化产品创作，继续支持青年题材图书、音乐、美术等产品创作。丰富青年文化活动的内容和形式，更加注重科技类文化活动的组织和推广。挖掘传统文化的时代价值，广泛开展优秀传统文化艺术展示交流活动，增加青年近距离接触和了解传统文化的平台和机会。加强文化设施建设，推动公共文化设施免费开放，探索各类文化场馆利用方式，满足青年群体文化活动对场馆利用的需要。充分发挥共青团在扶持青年社会组织发展中的“枢纽型平台”作用，鼓励和支持文化艺术类青年社会组织的建设，带动更多青年参与到文化活动中。推动政府购买、补贴资助向青年文化服务倾斜，鼓励青年文化团体、社会组织等社会力量积极承接青年文化服务。

充分发挥共青团作用，提高青年的社会参与度。从青年发展和参与的角度，加强青年志愿服务的理论研究，提高理论的指导作用。加强对青年志愿服务组织的有效管理，提高组织的制度建设、活动宣传水平，完善志愿活动社会动员机制，把更多青年纳入志愿服务队伍中，储备一大批青年志愿者，让更多青年参与到志愿服务中来。加强青年志愿者的培训，在志愿者队伍中有意识培养一批骨干，提高骨干志愿者组织、宣传、运作志愿项目的能力。加强共青团与民政、环保等相关部门的沟通，加大志愿服务项目的挖掘和运作力度，向青年志愿团体推介这些项目。加大青年社会组织扶持力度，重点加大资金支持、活动场所提供、骨干人员培训力度。建立完善民政部门与共青团等群团组织协同合作机制，加强对青年社会组织的监督管理。充分利用企业青年群体组织性强的特点，创新青年社会组织形式，调动青年参与的积

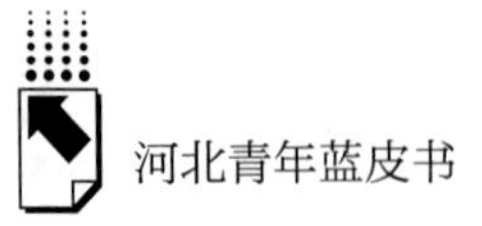

极性和主动性，覆盖更多中小微企业青年，完善青年社会参与的组织支撑。

加强和完善青年就业创业服务体系建设。加强青年就业服务，提供职业技能培训、职业指导、就业帮扶，提高其就业能力，增强其工作稳定性。加大创业培训力度，积极开展多种形式的创业培训活动，组建青年创业导师团队，提高创业培训普及度，加强创业导师“一对一”辅导，帮助青年增强创业意识、提升创业能力。共青团组织充分发挥自身优势，完善和改进青年岗位创建活动的组织方式，扩大此类活动的影响力，带动更多企业青年参与，以此活跃企业文化、激发青年工作激情、提高青年技能。加大青年社会保障权益的保护力度，进一步提高养老、医疗保险尤其是住房公积金的覆盖率。加强人力资源管理，进一步提高劳动合同签订率，规范企业招人用人制度。完善劳动保障监察执法、劳动人事争议调解机制，增强青年依法解决权益受损问题的法治意识，拓宽青年权益保障的渠道。进一步加强青年劳动权益监督，减少过度加班现象，维护青年身心健康和权益保障。

积极倡导健康生活方式，加强青年健康教育，提升青年健康素养水平。适应青年运动特点，在城乡社区建设更多运动场所，配置运动设施和器材，满足青年健身运动的场所需求，为青年就近健身锻炼提供方便。鼓励体育类青年社会组织发展，以此培养青年体育爱好和习惯，带动更多青年参加体育锻炼。完善青年体质监测体系，定期组织青年进行体检，倡导青年形成良好的饮食、用眼和睡眠习惯，控制肥胖、近视、龋齿等常见病的发病率。加强青年心理健康教育和服务，针对青年工作生活中主要的压力来源，支持各类青年专业心理辅导机构和社会组织介入，积极开展心理疏导，解决心理隐患，培养健康良好的心理素质和意志品质。

B.6

河北农村青年群体研究报告

侯建华　孙　开*

摘　要： 河北省是农业大省，农村青年是经济社会发展中的重要力量，关注农村青年发展现状和特征对乡村振兴具有重要意义。本文从年龄、性别结构、收入结构等方面对农村青年群体的总体状况进行了分析，从思想觉悟、政府满意度、社会参与、就业创业、学习教育、文化娱乐、婚恋态度、身心健康、幸福指数等方面研究农村青年基本特征，指出该群体目前面临社会保障不足、就业创业压力大、文化生活单调等五类主要问题，并提出提高农村社会保障水平、优化农村创业环境、提升农村青年就业技能、丰富其精神文化生活等对策建议。

关键词： 农村青年　社会参与　就业创业　婚恋态度

河北省是一个农业大省，是全国重要的产粮区。进入新时代，广大农村青年是全省农业、农业发展的生力军，是深入推进乡村振兴战略的中坚力量。当前河北省农村青年的年龄、性别、收入、户籍等基本情况如何？他们在学习教育、文化生活、社会参与、就业创业、政府工作满意度、身心健康、婚育观念、思想道德等方面，呈现什么样的特征？农村青年在新时代主要面临什么样的问题？这些问题对农村青年和社会环境究竟有何影响？公共

* 侯建华，河北省社会科学院社会发展研究所副研究员，研究方向为农村社会学。孙开，中国国际出版集团朝华出版社编辑，研究方向为青年与社会发展。

政策、社会组织、青年个体等又具有、应有怎样的调适机制？这些都是非常值得研究的课题。

一　调查对象与研究方法

（一）调查对象

本次调查中，农村青年是指在河北农村生活的14～35岁青年。

（二）抽样方法

调查主要通过随机抽样/分层抽样方法进行，按农村青年人数0.3%的比例进行抽样，计划样本量21960，按照最低代表性样本不低于30个计算，对732个行政村进行调查。调查共收回有效问卷22797份，调查范围涵盖河北省内石家庄、唐山、保定等11个设区市与辛集市、定州市、雄安新区（见表1）。

表1　各地样本量

地区	样本数量(份)	占比(%)
保定市	2865	12.6
沧州市	2473	10.8
承德市	1211	5.3
邯郸市	2571	11.3
衡水市	1338	5.9
廊坊市	1543	6.8
秦皇岛市	704	3.1
石家庄市	2540	11.1
唐山市	2171	9.5
邢台市	2718	11.9
张家口市	1534	6.7
雄安新区	384	1.7
定州市	379	1.7
辛集市	366	1.6
总体	22797	100.0

（三）描述方法

本研究对调查数据主要使用饼形图、直方图和折线图等进行统计描述。

二　受访农村青年群体的总体状况

（一）年龄段分布合理

在受访的农村青年中，14～18 岁青少年占 7.9%，19～25 岁青年占 22.4%，26～35 岁青年占 69.7%（见图 1）。

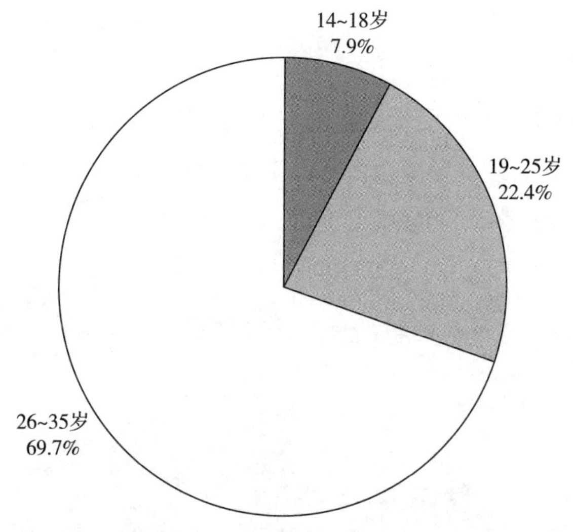

图 1　受访农村青年年龄分布

（二）性别结构均衡

根据调查数据，河北省农村青年性别比为 95∶100，受访的女青年 11718 名，占 51.4%；男青年 11079 名，占 48.6%。通过对 14～18 岁、19～25 岁、26～35 岁农村青年分组进行性别比较（见图 2），可知各年龄段男女人数基本持平，其中此次人数较多的 26～35 岁青年中，男女性别比为100.7∶100。

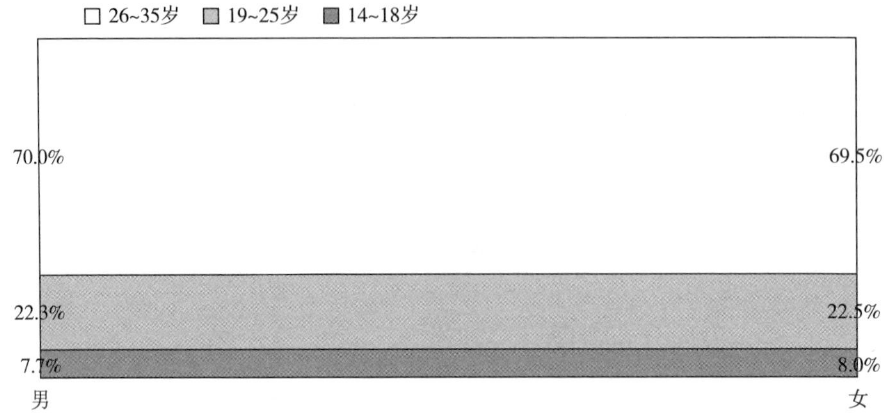

图2　受访农村青年性别分布

（三）受教育程度以中学为主

受访农村青年群体的受教育水平中占比最高的是高中阶段教育，调查结果显示，高中/职高或中专文化程度的受访青年占调查总体的31.5%，初中文化程度的占26.8%，高职/大专及以上的占37.9%（硕/博研究生占1.2%），小学及以下的占3.7%（见图3）。

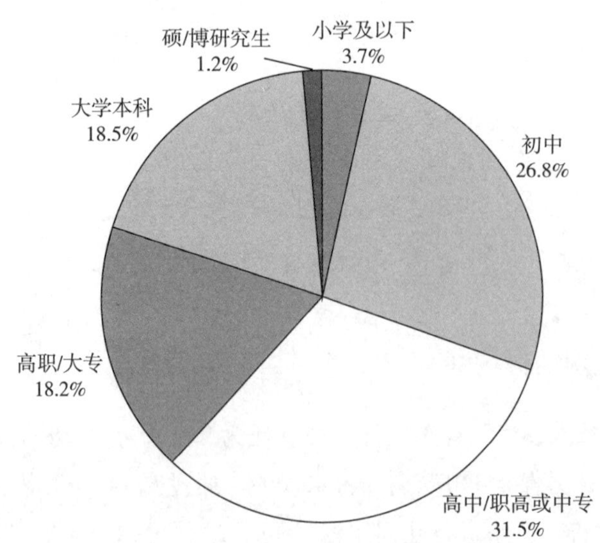

图3　受访农村青年受教育程度

（四）受访青年群体收入结构呈纺锤形

受访农村青年的收入分布呈现“少—多—少”的纺锤形结构。其中，月收入 2001 ~3000 元的人在受访农村青年中占 27.4%，占比最高；其次为 3001 ~5000 元，占 21.0%（见图 4）；“无固定收入”和“拒答”的占比达 17.9%。在对自己收入水平的自我评价中，受访青年对自己的收入评价为“低收入”“中等收入”“高收入”的比例分别为 27.1%、52.8%、2.3%（见图 5），可以看到两组数据基本彼此呼应。

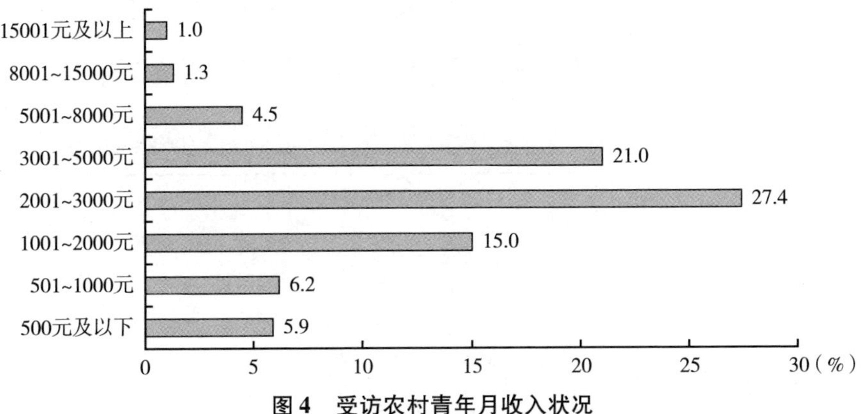

图 4　受访农村青年月收入状况

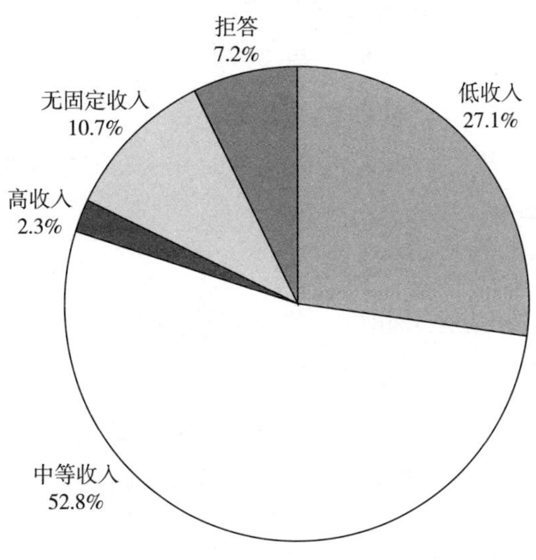

图 5　受访农村青年收入结构

图6则进一步反映出不同层次收入人群中各年龄段占比情况。以中等收入群体为例，14～18岁青年占3.4%，19～25岁青年占20.4%，26～35岁青年占76.2%。

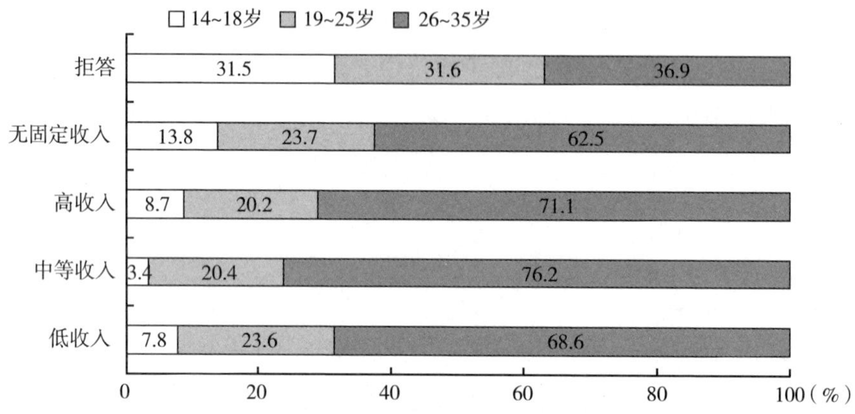

图6　受访农村青年收入与年龄关系

（五）受访青年群体多数人无宗教信仰

在受访的22797名农村青年中，回答“无宗教信仰”者为19410人，占85.1%；“有宗教信仰”者2679人，占11.8%；未回答者708人，占3.1%（见图7）。对选择“有宗教信仰”的样本进一步分析，结果显示，发现“佛教”信仰者占总样本的6.7%，“道教”“伊斯兰教”“基督教”“天主教”等分别占总样本的1.8%、1.5%、0.9%、0.8%（见图8）。

按“未回答”“有宗教信仰”“无宗教信仰”将农村青年群体分成三组，进一步分析每一组中，不同年龄段所占比例情况，可知，14～18岁青年在“有宗教信仰”组占比9.9%，高于“无宗教信仰”组7.6%的比例，19～25岁、26～35岁两个年龄组在“有宗教信仰”组比例均低于“无宗教信仰”组（见图9）。

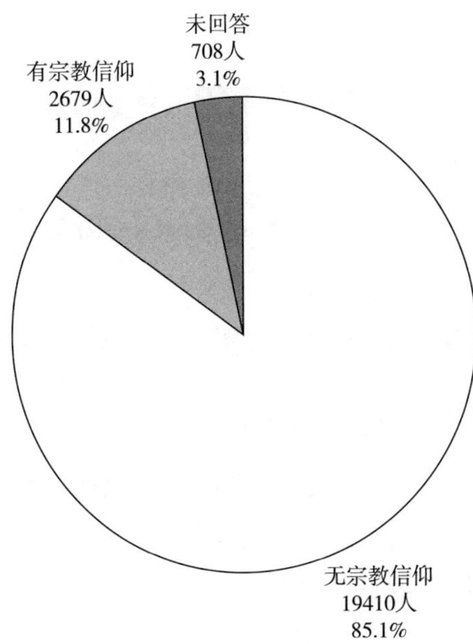

图7 受访农村青年是否信仰宗教

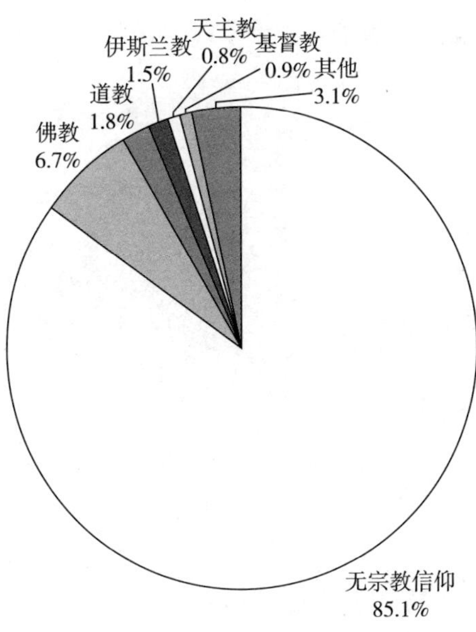

图8 受访农村青年宗教信仰情况

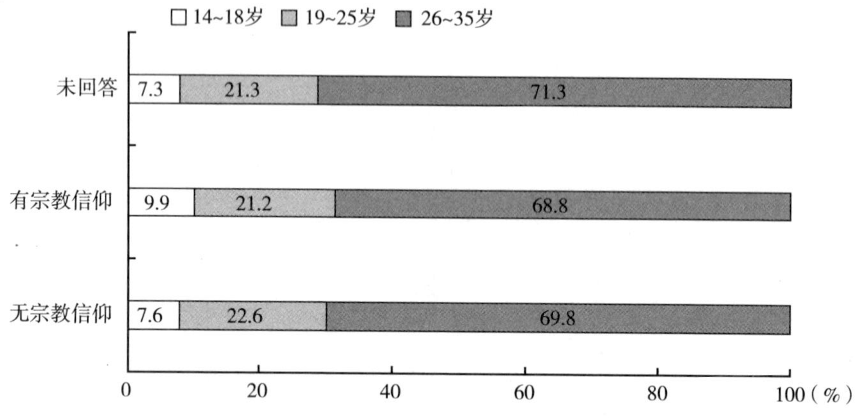

图 9　不同年龄组受访农村青年宗教信仰情况

（六）受访青年以农业户籍为主

受访农村青年中，河北省农业户籍的占 79.1%，河北省非农户籍的占 17.2%，外省非农业户籍的占 2.6%，外省农业户籍的占 1.1%（见图 10）。河北省 2003 年实施户籍制度改革，取消农业和非农业户口性质划分，实行

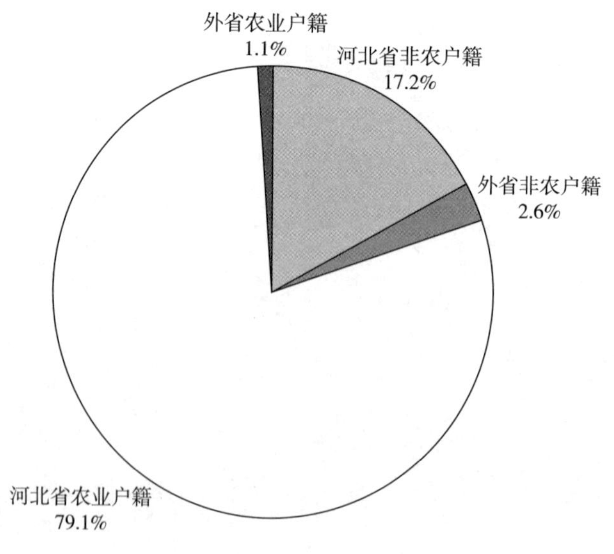

图 10　受访农村青年户籍状况

城乡统一的户口登记管理制度，统一登记为居民户口。但在统计口径上，以居民实际居住地和所从事的职业将人口划分为城镇人口和农村人口。本次调查中农村青年群体是指当前居住在河北省农村的青年，不以户籍所在地是否河北省农村为标准，出于工作、生活等原因仍然居住在农村的非农青年也是本研究的调查对象，为了有所区分，样本采用了大众比较习惯的省内、省外、农业、非农业加以区分。通过调查不难发现，随着河北农村经济社会的发展，农村青年群体构成也日益多元化。

三　农村青年群体呈现的基本特征

（一）受访农村青年群体思想觉悟较高

1. 对我国社会主义核心价值观认同度较高

受访农村青年中 33.1% 选择“我能完整地说出全部内容”，26.5% 选择“我只记住一部分，能说出 6～11 条”，17.6% 选择“我只听说过，能说出 1～5 条”，17.0% 选择“我对此有印象，但一条也说不出来”，5.9% 选择“我从来没听过这个概念”。图 11 反映出受访者的政治面貌直接影响对社会主义核心价值观的熟悉程度，党员最高、团员其次，群众相对前二者略低。在对我国社会主义核心价值观认同感方面，受访农村青年 89.4% 总体认同（包含“非常认同”和“比较认同”），5.9% 选择“不太认同”，1.4% 选择“非常不认同”，3.3% 选择“说不清”。

2. 关注国家发展

受访农村青年中 82.1% 对国家发展表示关注（含“非常关注”和“比较关注”），15.9% 选择不太关注，2.0% 选择完全不关注。调查结果还显示，农村青年在关注国家发展方面存在性别差异，男性中 86.3% 表示关注，女性中 79.1% 表示关注，男性对国家发展关注度高于女性。农村青年对国家发展的关注程度基本呈现随文化程度增高而增高的趋势。学历为小学及以下者中 72.4% 关注，学历为初中者中 72.7% 关注，学历为高中/职高或中专

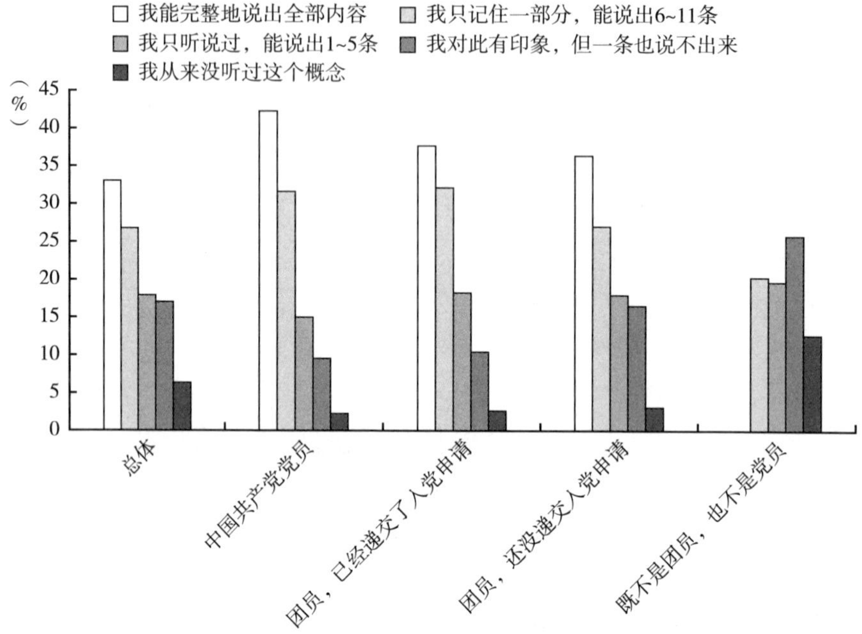

图 11　河北省农村青年对社会主义核心价值观的熟悉程度

者中 83.4% 关注，学历为高职/大专者中 85.9% 关注，学历为大学本科者中 91.5% 关注，学历为硕/博研究生者中 86.8% 关注。分不同年龄组来看，19～25 岁受访青年相对其他两个年龄组对国家发展关注度更高（见图 12）。

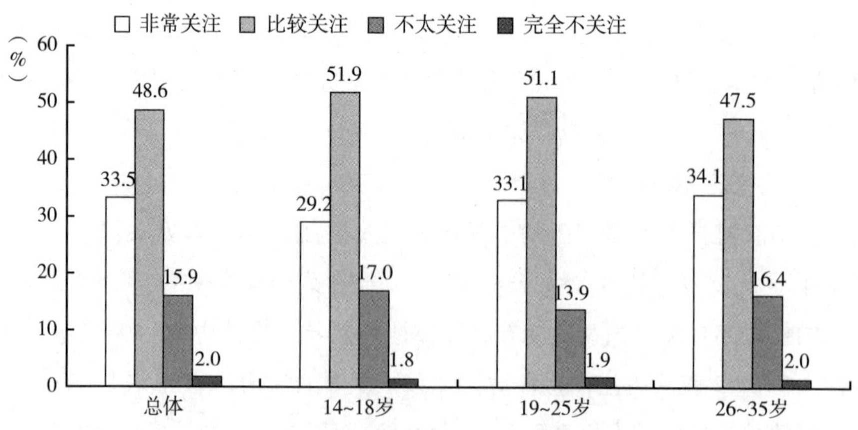

图 12　河北省农村青年是否关注国家发展

从关注内容来说，受访农村青年最关注政治、经济、教育，其中59.6%选择“政治”，45.3%选择“经济”，44.2%选择“教育”，38.6%选择“医疗”，28.6%选择“军事”，24.1%选择“文化”，21.1%选择“社会”，20.3%选择“科技”，14.2%选择“外交”。

3. 对党团组织印象好

受访农村青年在对党/团组织印象方面，53.4%选择“印象非常好”，25.4%选择“印象比较好”，15.1%选择“印象一般”，2.2%选择“印象不太好”，0.8%选择“印象非常不好”，3.1%选择“没什么印象”（见图13）。在入党计划方面，有76.2%的受访者选择“有机会一定会加入”，16.6%选择“视具体情况，考虑要不要加入”，7.2%选择“完全不考虑加入”（见图14）。

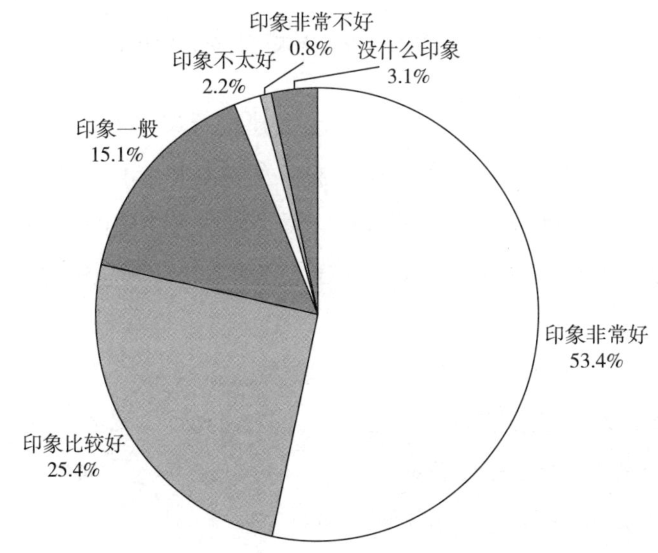

图13 河北省农村青年对党/团组织的印象

4. 对我国未来发展充满信心

受访农村青年对我国各项建设和国际地位总体满意度（“非常满意”和“比较满意”相加）较高。其中，对经济建设满意度最高，达到89.0%；其次是国际地位，满意度为88.0%；其他依次为社会建设（87.6%）、文化建

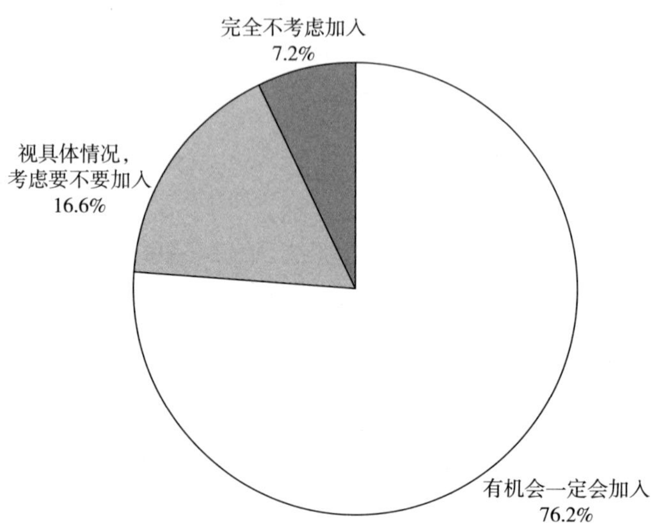

图 14　河北省农村青年未来是否有入党计划

设（87.5%）、法治建设（86.7%）、民主建设（86.5%）、生态文明建设（86.0%）（见图 15）。受访者对我国未来发展充满信心，其中，对“我国在未来几十年内会成为世界第一强国”，受访农村青年中的 57.4%“非常有信心”，26.1%选择“比较有信心”；对“我国必将完成祖国统一大业”，受

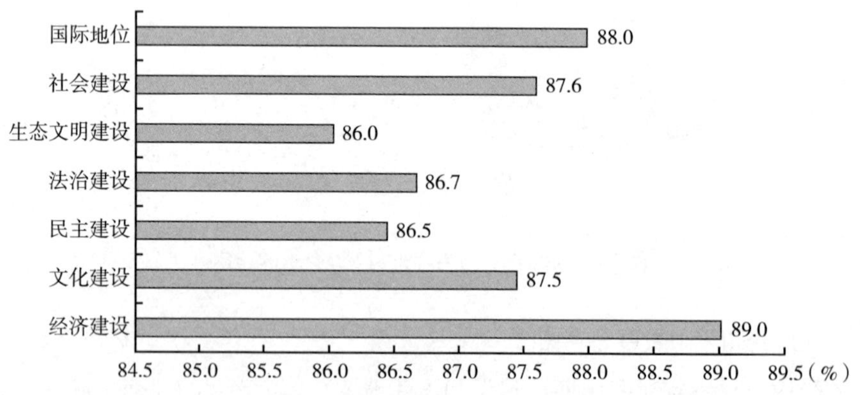

图 15　河北省农村青年对我国各项建设和国际地位的满意度

访农村青年中的63.9%“非常有信心”，20.7%选择“比较有信心”；对“未来我国将涌现出更多的诺贝尔奖获得者，我国将在科研、人文领域取得世界领军者的地位”，受访农村青年中的60.5%“非常有信心”，23.5%“比较有信心”；对“未来我们的社会将更加文明、公正和平等”，受访农村青年中的61.1%“非常有信心”，22.4%“比较有信心”；对“未来几十年内，我国人民的生活水平将大幅度提高”，农村青年中的59.8%“非常有信心”，23.9%“比较有信心”；对“21世纪中叶，我国彻底解决看病难、看病贵的问题”，农村青年中的51.9%“非常有信心”，24.7%“比较有信心”（见图16）。

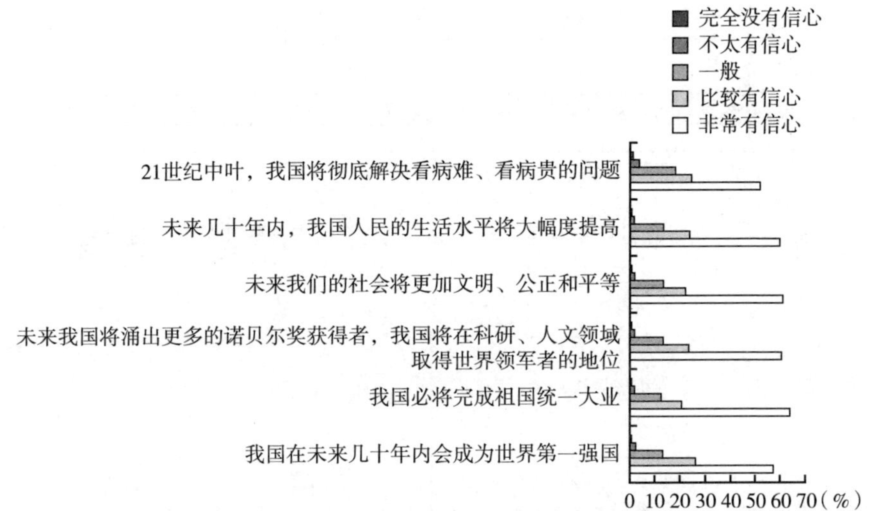

图16　河北省农村青年对我国未来发展的信心

5. 对河北省经济建设、文化建设、生态文明建设和社会建设满意度

调查结果显示，受访农村青年对河北当前经济建设、文化建设、生态文明建设和社会建设满意度（“非常满意”和“比较满意”相加）较高，其中对经济建设的满意度为86.8%，对社会建设的满意度为86.2%，对文化建设的满意度为85.7%，对生态文明建设的满意度为84.3%（见图17）。河北农村青年对河北未来发展充满信心（“非常有

信心”和“比较有信心”相加)，其中对“不久的将来，河北省将彻底打赢脱贫攻坚战”有信心的占79.0%，对“不久的将来，河北省的经济发展、京津冀一体化建设和雄安新区建设都会得到重大进展”有信心的占81.0%，对“不久的将来，河北省能彻底解决环境污染问题”有信心的占76.2%（见图18）。

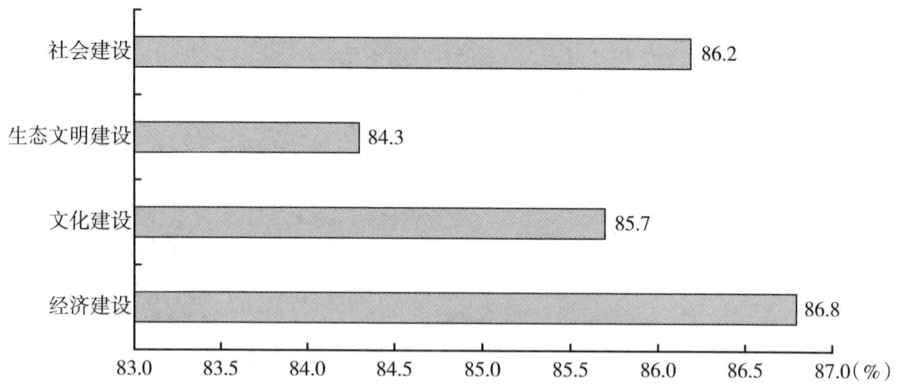

图17　河北省农村青年对河北省经济、文化、生态文明和社会建设满意度

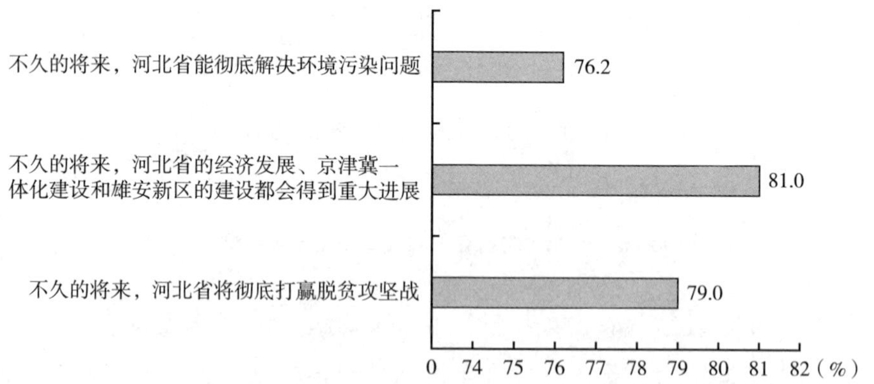

图18　河北省农村青年对河北未来发展信心

6. 思想道德素质较高

调查问卷设计了一系列有关思想道德的说法和行为选项，通过受访者回答同意或与自身的相符性来考察其思想道德素质。受访农村青年对“我善待身边的每一个人”“诚信是做人的基础”“奋斗成就人生”“现代社会仍需要互助友爱和奉献精神”等说法的认同度（“非常同意”和“比较同意”相加）都在90%以上（见图19）。受访农村青年选择“乘坐公交遇到需要帮助的人，我都会主动让座”“外出购物或搭乘公共交通工具时，我都会自觉排队”“在电影院等需要安静的地方我总是将手机静音”等日常行为与自身相符（“非常符合”和“比较符合”相加）的占比均较高（见图20）。

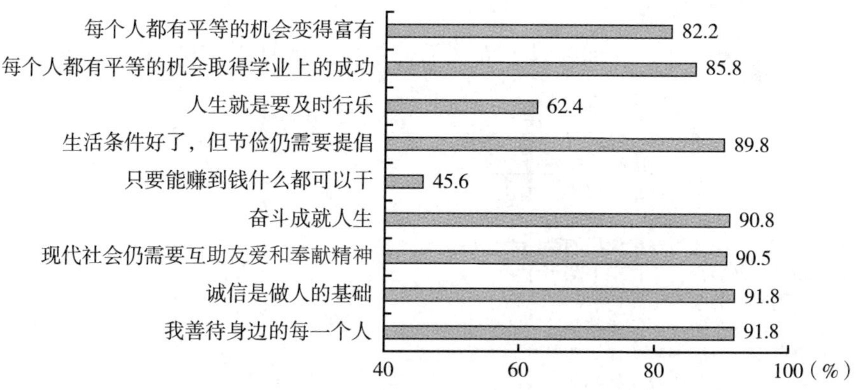

图19　河北省农村青年对各种说法的同意程度

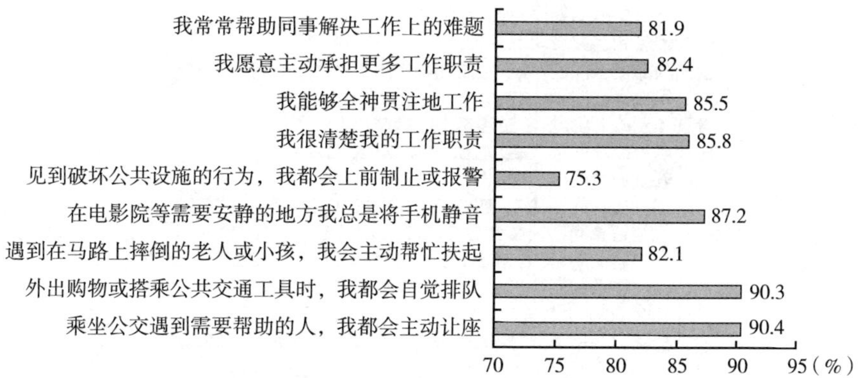

图20　河北省农村青年认为各种说法与自身相符程度

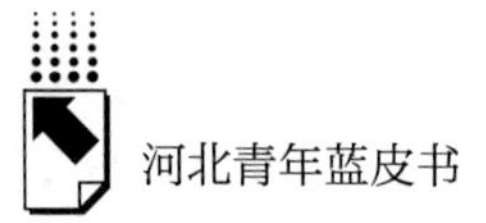

（二）农村青年群体社会参与积极

1. 农村青年最关注的三类社会问题是：就业、贫富分化和房价

关于农村青年最关心的社会问题，受访人的回答较为聚集的依次是“就业问题”、“贫富分化问题”和“房价问题”，有35.7%、33.6%、32.7%的受访者分别选择这三个选项。受访农村青年群体比较关注的其他社会问题还有“反腐败问题”“社会稳定问题”“社会风气和道德问题”“医疗制度改革问题”“教育体制改革问题”“食品药品安全问题”“青少年教育问题”等，其选择比例分别为24.8%、22.7%、21.1%、15.6%、14.5%、12.7%、12.3%（见图21）。性别差异方面，男性最关注的社会问题前三位是贫富分

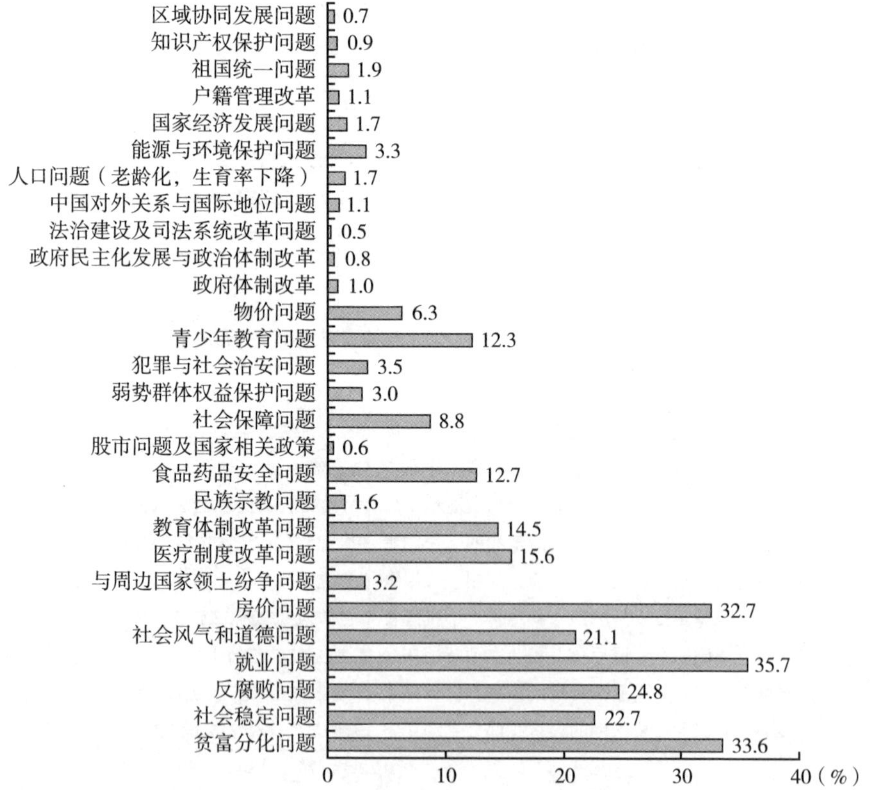

图21　河北省农村青年最关注的社会问题

化、就业、反腐败问题，其选择比例分别为 37.1%、32.1%、31.1%；女性最关注的社会问题前三位是就业、房价和贫富分化问题，选择比例分别为 39.1%、34.7%、30.3%。

2. 农村青年最关注的信息是：时事政治新闻

受访农村青年关注的信息类型中，“各类时事、政治新闻”选择人数最多，比例为 42.8%。除此之外，13.9% 选择欧美影视剧，11.1% 选择日韩影视剧，26.7% 选择内地影视剧，7.0% 选择港澳台地区影视剧，23.6% 选择娱乐、体育新闻（信息），25.1% 选择社会文化新闻，4.3% 选择婚恋、交友信息，20.4% 选择休闲、旅游信息，14.5% 选择科技信息，16.5% 选择生活服务、购物信息，6.1% 选择财经类信息，18.3% 选择专业技术、学习（培训）信息，10.2% 选择求职、招聘信息，7.6% 选择游戏、电子竞技新闻（见图 22）。分性别看，男性最关注的信息前三位是时事政治新闻、社会文化新闻和内地影视剧，选择比例分别为 50.2%、24.7%、22.5%；女性最关注的信息前三位是时事政治新闻，内地影视剧和娱乐、体育新闻（信息），选择比例分别是 35.7%、30.6%、26.2%。分年龄组看，14～18 岁农村青少年最关注的信息前三位是时事政治新闻，内地影视剧和娱乐、体育新闻（信息）；19～25 岁农村青年最关注的前三位也是时事政治新闻，内地影视剧和娱乐、体育新闻（信息）；26～35 岁农村青年最关注的前三位是时事政治新闻、社会文化新闻和内地影视剧。

3. 农村青年最愿意参加的社团是：公益类和兴趣爱好协会

如果有机会，受访农村青年最愿意参加的社团是公益类（如青年志愿者协会/自然之友）和兴趣爱好协会（如摄影/书画/体育健身/汽车俱乐部/旅游等），选择的比例分别为 34.3% 和 23.5%。此外，5.4% 选择联谊会（如校友会/同乡会/企业家联谊会/女子沙龙等），5.6% 选择行业协会（如律师协会/会计师协会/作家协会），6.6% 选择比较正式和大型的青年组织（如青年联合会/学生联合会），4.3% 选择学术性社团（如经济研究会/青年研究会），1.0% 选择宗教性团体，3.5% 选择维权组织（业主/民工等），

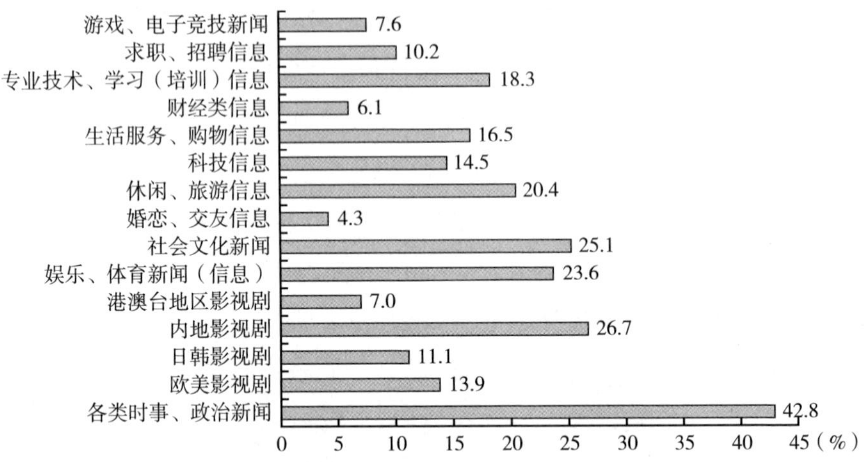

图 22　河北省农村青年日常最关注的信息

3.4% 选择网络社区，12.5% 的受访者表示“不愿意参加任何社团组织”（见图 23）。从年龄分组来看，不同年龄组农村青年愿意参加的社区类型没有明显差异，但各年龄组在“不愿意参加任何社团组织”的比例上存在一定差距：在 14～18 岁的农村青少年中占 7.8%，19～25 岁的农村青年中占 10.3%，26～35 岁的农村青年中占 13.8%，农村青年随着年龄的增大，对社团组织的参与意愿降低。

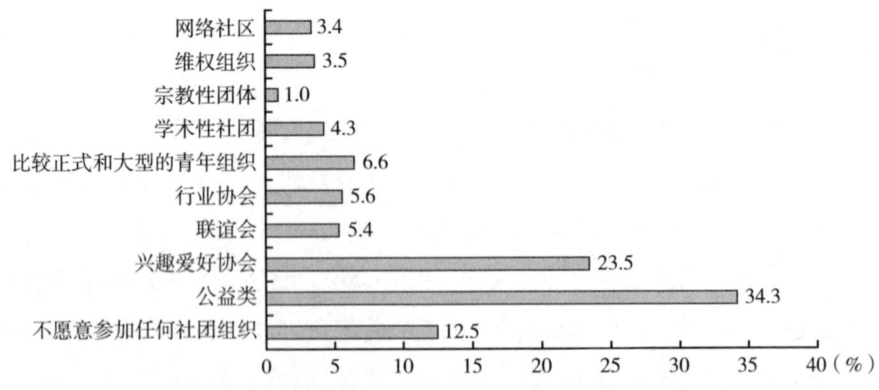

图 23　河北省农村青年最愿意参加哪一类社团组织

（三）农村青年群体就业创业踊跃

1. 影响农村青年择业的因素：收入、安全和个人价值

对于选择职业时考虑的重要影响因素，受访农村青年中 44.2% 选择“高收入”，36.4% 选择“良好的工作安全性”，29.4% 选择“能实现个人的价值”，23.9% 选择“能发挥自己的能力”，22.9% 选择“稳定”，22.2% 选择“没有太大的压力”，16.8% 选择“时间安排灵活”，15.4% 选择“能提升能力”，11.7% 选择“符合个人兴趣”，11.0% 选择“职业声望好，受人尊敬”，11.0% 选择“能够积累经验”，6.7% 选择“工作氛围”，4.5% 选择“地理位置便利”（见图 24）。从年龄分组来看，影响不同年龄段农村青年择业的因素存在一定差异。其中影响 14～18 岁青年择业的前五位因素是“高收入”“良好的工作安全性”“能发挥自己的能力”“能实现个人的价值”“没有太大的压力”，影响 19～25 岁青年择业的前五位因素是“高收入”“良好的工作安全性”“能实现个人的价值”“能发挥自己的能力”“没有太大的压力”，影响 26～35 岁青年择业的前五位因素是“高收入”“良好的工作安全性”“能实现个人的价值”“稳定”“能发挥自己的能力”。

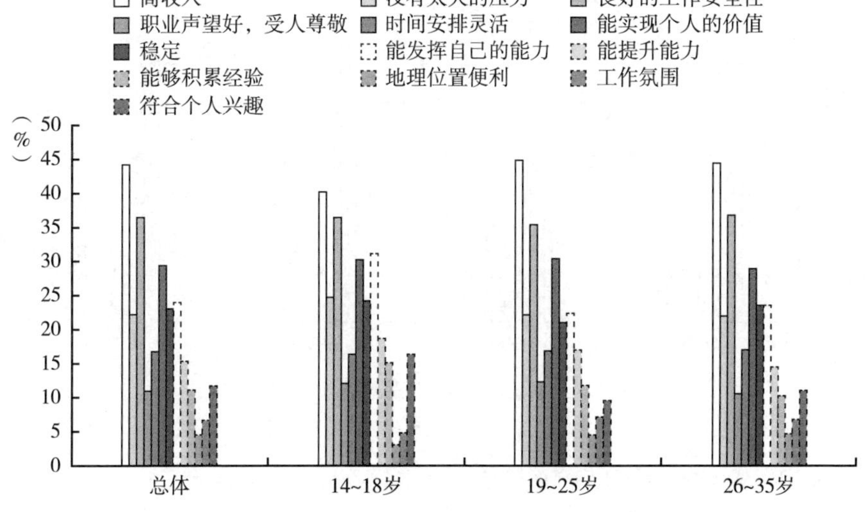

图 24　影响河北省农村青年就业、创业的因素

2. 农村青年就业最想进入的单位是：党政机关、国有企业、事业单位

对于“最想进入的工作单位”，受访农村青年中47.9%选择党政机关，46.9%选择国有企业，45.7%选择事业单位，25.6%选择自主创业，11.9%选择民营企业，11.7%选择中小学，11.4%选择自由职业（如自由撰稿人等），10.9%选择各高等院校，10.7%选择外资企业，9.1%选择农、林、牧、渔等农业，8.2%选择各类社会组织，4.6%选择混合所有制企业，4.1%选择新兴职业（如网络主播等）。从不同年龄组来看，党政机关、国有企业和事业单位是各年龄组农村青年选择的第一梯队，但在部分单位类型上存在较大差异，如“农、林、牧、渔等农业”单位，年龄越小进入意愿越低，14～18岁、19～25岁、26～35岁青年选择的比例分别为6.7%、7.1%和10.0%；“新兴职业（如网络主播等）”却出现了相反的趋势，年龄越大进入意愿越低，14～18岁、19～25岁、26～35岁青年选择的比例分别为8.0%，4.6%和3.6%（见图25）。

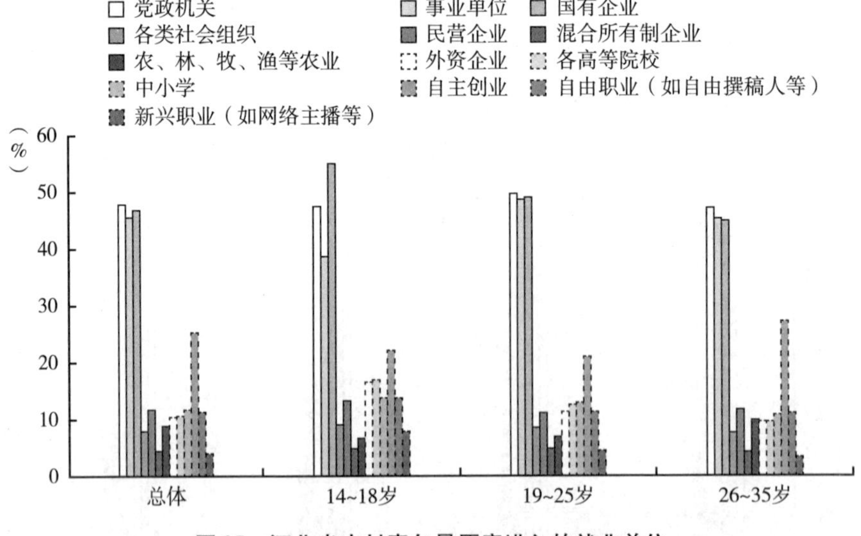

图25　河北省农村青年最愿意进入的就业单位

3. 农村青年创业最倾向的行业是：互联网产业、农业

调查结果显示，超半数农村青年有创业意愿，受访农村青年中54.3%

选择“考虑过，一直有这个打算，时机成熟时会付诸行动”，25.3%选择“考虑过，但不知道怎么操作，不再考虑了”，16.5%选择“没有考虑过，觉得还是就业比较稳妥、踏实”，3.9%选择“已经创业”。性别差异方面，男性创业意愿高于女性，男性中考虑过创业并有可能付诸行动的人占58.4%，女性中占50.4%。如果创业，农村青年最倾向的行业是互联网产业和农业，其选择比例分别为19.8%、13.0%。其他依次为：11.1%选择教育培训行业，7.7%选择住宿餐饮业，5.9%选择国内零售、批发业，5.3%选择食品加工业，4.9%选择卫生与医药产业，4.4%选择制造业，4.2%选择运输业，3.3%选择艺术行业，3.2%选择文化娱乐业，3.1%选择科研开发与技术服务产业，3.0%选择信息通信业、建筑装修业，2.7%选择房地产开发业，2.6%选择旅游观光业，1.6%选择国际贸易，1.3%选择金融保险业（见图26）。分年龄组看，14~18岁农村青少年创业倾向的行业前三位是互联网产业、教育培训行业和艺术行业，19~25岁农村青年创业倾向的行业前三位是互联网产业、教育培训行业和住宿餐饮业，26~35岁农村青年创业倾向的行业前三位是互联网产业、农业和教育培训行业。

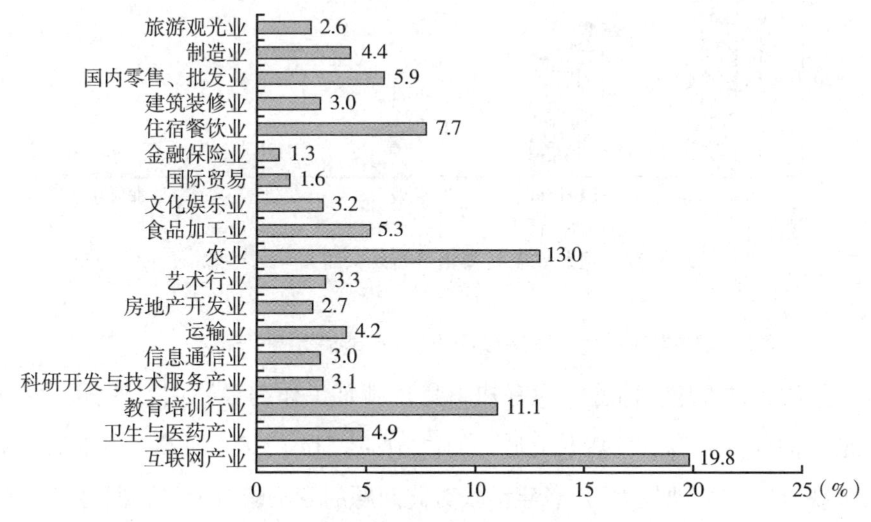

图26　河北省农村青年创业最想进入的行业

（四）农村青年群体学习态度积极

1. 绝大多数农村青年认同终身学习理念

超八成受访农村青年认同终身学习理念，其中选择“非常认同”的占59.7%、“比较认同”的占26.1%，只有极少数农村青年表示不认同终身学习理念，其中选择“非常不认同”的占0.8%，选择“比较不认同”的占1.5%。分性别看，男性中83.8%认同终身学习理念，女性中88.8%认同终身学习理念（见图27）。从不同受教育水平看，基本呈现随受教育水平升高认同度提高趋势，小学及以下、初中、高中/职高或中专、高职/大专、大学本科、硕/博研究生中认同终身学习理念的比例分别为74.3%、81.1%、84.8%、89.1%、93.6%、84.9%。

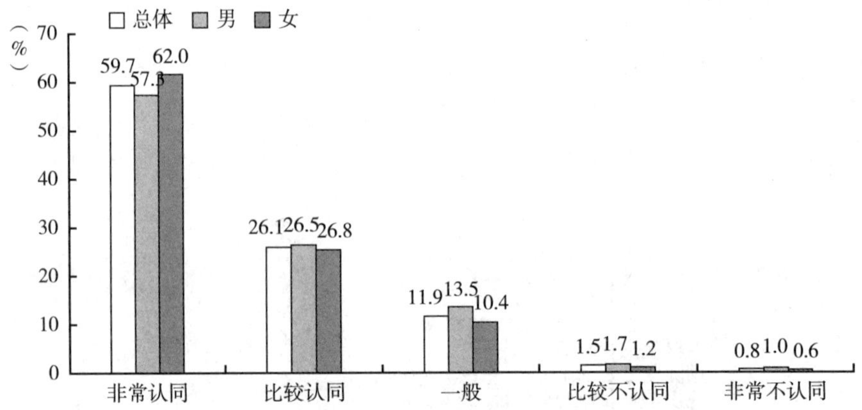

图27　河北省农村青年是否认同终身学习理念

2. 大多数农村青年认为现有能力和知识不能满足工作需要

受访农村青年在回答“现有知识是否满足工作需要”时，认为“完全满足”的仅占11%，“基本满足”的占31%。其中58%回答“一般”“稍有欠缺”或“欠缺较大”。各年龄段对此问题的看法略有差异，回答“完全满足”的受访者中，26～35岁青年中占比最多，为11.8%；而回答“欠缺较大”的受访者中14～18岁青少年占比最大，为16.9%（见图28）。

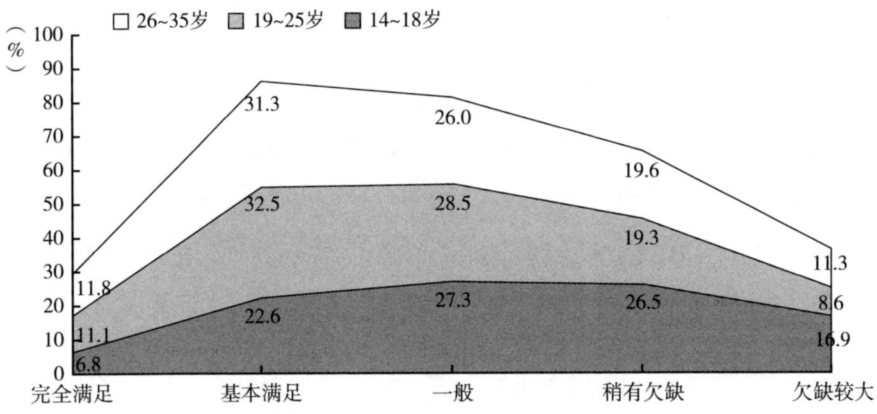

图 28　河北省农村青年现有能力和知识是否满足工作需要

3. 农村青年有主动参加教育培训的意识

为了更好地适应生活和工作，近 80% 的农村青年主动参加各类教育培训。对于主动参加过的教育培训，21. 5% 农村青年选择交往能力培训，19. 7% 选择专业知识培训，16. 9% 选择文字表达能力培训，16. 0% 选择口头表达能力培训，15. 8% 选择学历提升培训（见图 29）。关于平均每周参加教

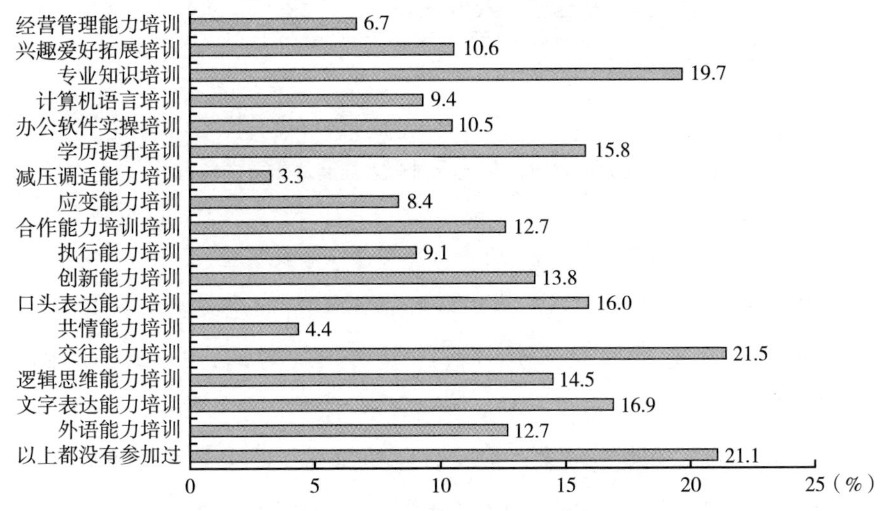

图 29　河北省农村青年主动参与过的教育培训

育培训的时间，受访农村青年中52.1%表示在3小时以内，31.8%选择3～6小时，16.1%选择在6小时以上。

4. 交往能力是农村青年最看重的能力

被问到“哪些能力对你最重要（可选三项）”时，受访农村青年回答中，排前三位的是“交往能力”、“逻辑思维能力”和“文字表达能力”，其选择比例分别为42.6%、28.1%、25.6%。在问卷给出的各种能力选项中，最不受农村青年关注的能力是“减压调适能力”和“审美能力”，分别只有2.1%和2.3%的人选择（见图30）。

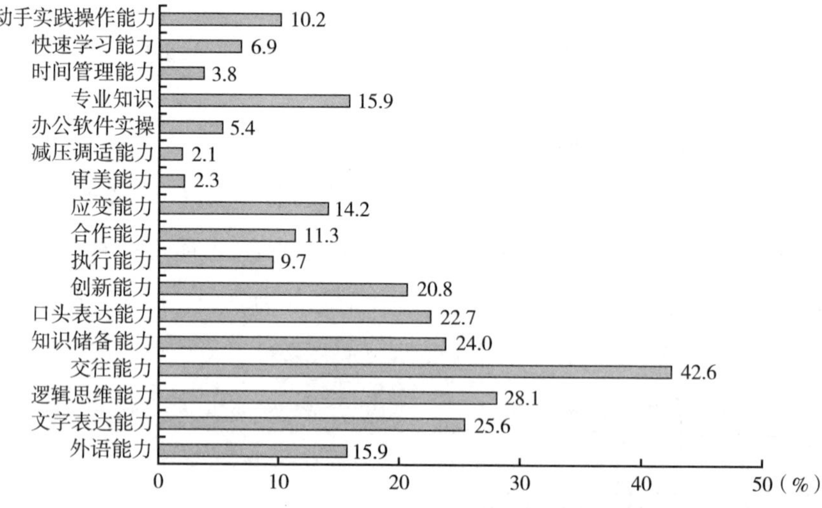

图30　河北省农村青年选择对个人发展最重要的能力

5. 多数农村青年爱读书看报，历史人文类读物最受欢迎

调查结果显示，大多数农村青年喜欢读书看报，工作之余农村青年每周读书看报（含看电子书或用听书软件听书）的时间，0～2小时的占54.8%，2小时及以上的占36.0%，从来不读书看报的占9.3%。受访农村青年喜欢阅读的图书类型较多，最受欢迎的前五类图书是“历史人文类”“文学小说类”“人物传记类”“成功励志类”“时尚娱乐类”，其选择比例分别为40.0%、38.6%、29.1%、25.2%和23.5%，仅有3.5%的受访者表

示“我不喜欢读书”（见图31）。分性别看，男性喜欢阅读的图书类型排前三位的是历史人文类（45.5%）、战争军事类（29.6%）和人物传记类（28.6%）。女性喜欢阅读的图书类型排前三位的是文学小说类（49.7%）、历史人文类（34.8%）、时尚娱乐类（33.5%）。

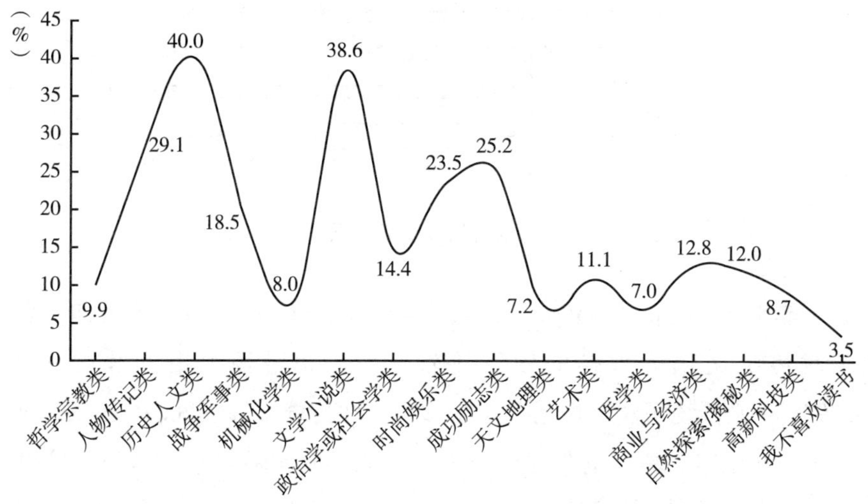

图31　河北省农村青年阅读图书的主要类型

（五）农村青年群体文化娱乐生活多样

1. 农村青年业余爱好多、兴趣广泛

受访农村青年兴趣爱好广泛，调查结果显示，43.2%对“观看体育赛事”感兴趣，42.1%对“参与科学创新、航模制作等科学活动”感兴趣，42.0%对“参观书画展览”感兴趣，41.6%对“参加科普讲座”感兴趣，37.2%对“参与读书沙龙”感兴趣，36.8%对“观看歌舞表演”、“参加文艺演出”感兴趣，34.8%对“以运动员身份参加体育竞技”感兴趣，34.3%对“参加知识竞答”感兴趣（见图32）。

2. 农村青年对传统文化感兴趣

受访农村青年中，对传统文化“感兴趣”者占66%，“一般”占28%，“不感兴趣”者仅占6%。受访农村青年中，87%对传统文化表示“认同”，

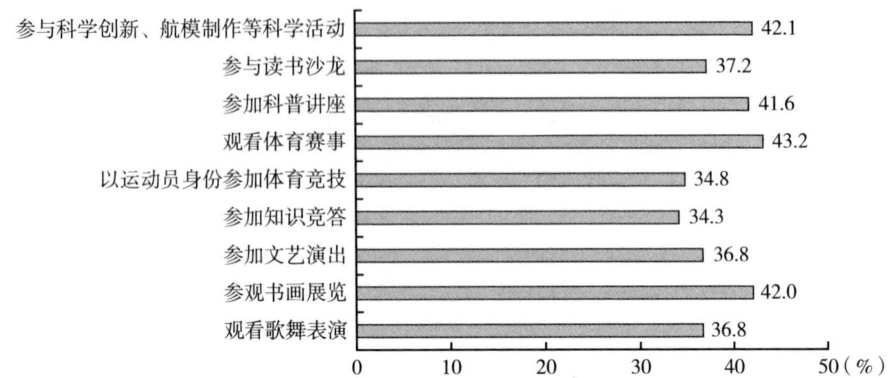

图 32　河北省农村青年对各类活动的兴趣度

其中“非常认同”的占65%，“比较认同”的占22%。由图33可知，农村青年对传统文化感兴趣的领域比较广泛，相对较突出的是“书法”（35.9%）、“传统历法与风俗”（28.2%）和传统服饰（26.7%）。农村青年对传统文化感兴趣，也非常认同传统文化，但面临“平时学习、接触或参与传统文化的机会”问题时，71.9%的受访者回答“不多”、“不太多”或“一般”，仅有8.0%选择“非常多”，20.1%选择“比较多”。

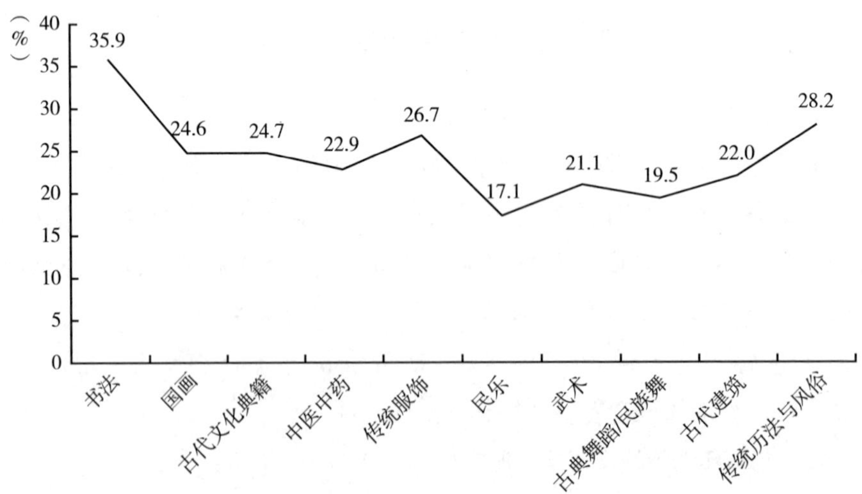

图 33　河北省农村青年对传统文化感兴趣的领域

3. 农村青年休闲娱乐活动以网络应用为主

受访农村青年中，24.8%选择在网上看电视剧/电影，20.8%选择用手机刷抖音、快手等短视频，27.3%选择听音乐，22.5%选择上网聊天，21.0%选择健身、锻炼身体。在这些主要的娱乐活动中，我们可以发现，网络是他们日常休闲娱乐的主要载体。分性别看，男性中20.5%选择在网上看电视剧/电影，22.0%选择听音乐，22.3%选择健身、锻炼身体。女性中，29.0%选择在网上看电视剧/电影，22.4%选择用手机刷抖音、快手等短视频，32.2%选择听音乐。

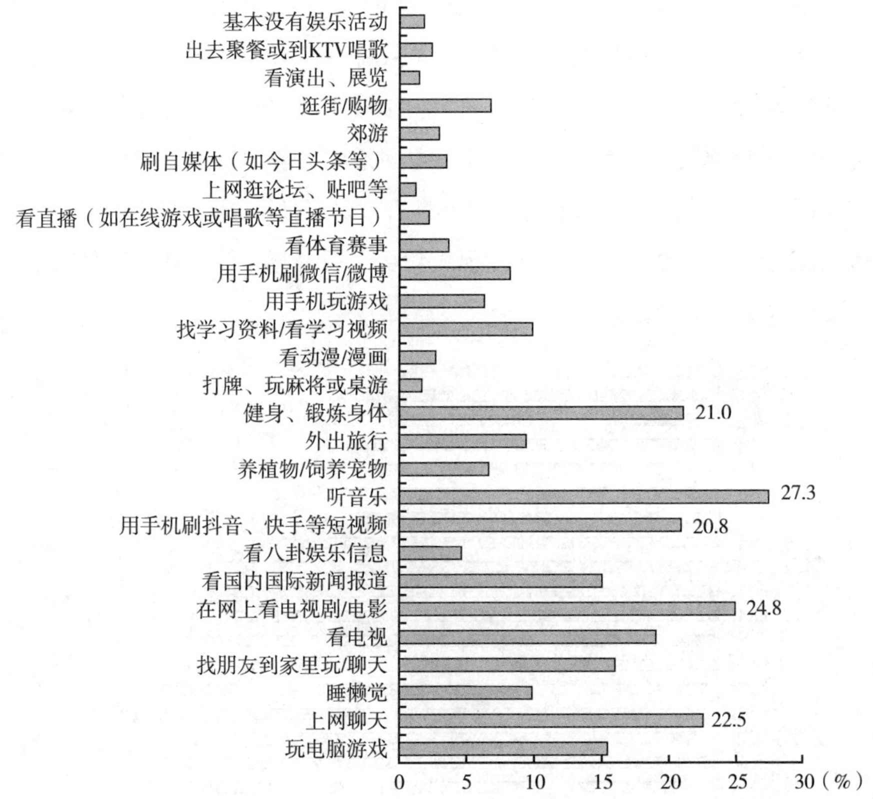

图34　河北省农村青年日常主要娱乐活动

（六）农村青年群体婚恋态度端正

1. 农村青年择偶看重的因素多元

调查结果显示，农村青年择偶时看重的因素主要有“孝顺老人”“责任”“心理健康”“人品”“身体健康”“上进心”“感情”等，其选择比例都达到80%以上（“非常重要”和“比较重要”占比相加）。从图35中我们可以看出，农村青年择偶时看重的因素日益多元，既有传统的“孝顺老人”“人品”“身材/相貌”，也有“责任”“能力”“上进心”等现代因素；既有“房子”“收入/经济基础”等经济因素，也有“感情”“兴趣”“价值观”“能交流”等精神感情等因素。调查结果中“老家相近”“家庭背景”“房子”等传统的“门当户对”的观念均排位比较靠后，农村青年已将传统观念中不受重视的“感情”“能交流”等因素放在了比较重要的位置，而且受市场化、工业化影响，“能力”“上进心”“责任”等因素开始凸显。调查数据还显示，受访农村女青年比男青年更重视“感情”“房子”“收入/经济基础”“能力”等因素。

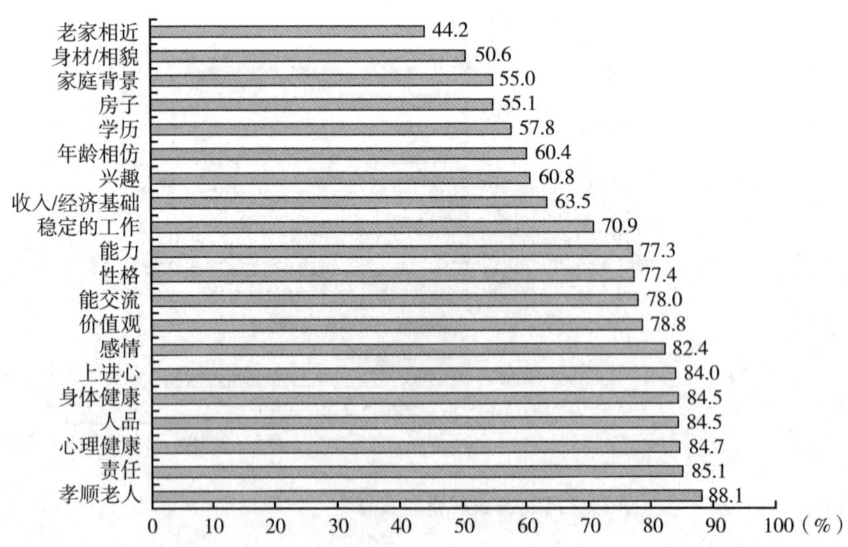

图35　河北省农村青年择偶时对各种因素的重视程度

2. 对"一夜情""婚外情"等社会现象接受度低

受访农村青年中，38.9%选择接受（"非常接受"和"比较接受"相加）"相亲"，29.6%选择接受"婚前财产公证"，22.8%选择接受"网恋"，22.1%选择接受"子随母姓"，18.1%选择接受"谈恋爱 AA 制"，17.7%选择接受"婚前同居"，11.5%选择接受"试婚"，10.8%选择接受"未婚生子"，7.2%表示接受"同性恋"，5.8%选择接受"婚外情"，5.3%选择接受"一夜情"。从调查结果可以看出，农村青年对"婚前同居""未婚生子""婚外情"等社会现象都有一定接纳程度，相对传统农村社会对此类现象的深恶痛绝，可以看出当代农村青年的婚恋观念发生了较大转变，较以往更具开放性和包容性。

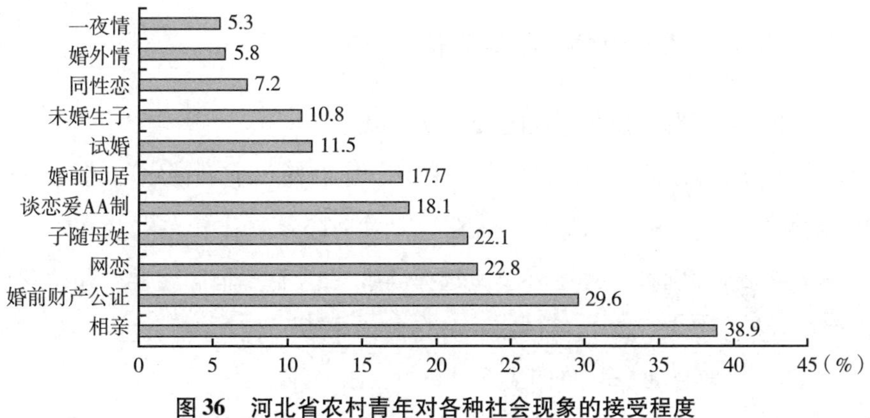

图 36　河北省农村青年对各种社会现象的接受程度

3. 农村青年的理想结婚年龄是24～29岁

关于初婚年龄，受访农村青年 32.9%选择"23 岁及以下"，48.7%选择"24～26 岁"，13.6%选择"27～29 岁"，4.3%选择"30～35 岁"，0.5%选择"36 岁及以上"，可以看出农村青年中超过80%的人选择在26 岁及之前结婚。对于期望的结婚年龄，受访农村中 8.1%选择"23 岁及以下"，36.5%选择"24～26 岁"，40.5%选择"27～29 岁"，11.6%选择"30～35 岁"，1.4%选择"36 岁及以上"，可见 77.0%的农村青年期望的结婚年龄是 24～29 岁，比实际结婚年龄稍晚。

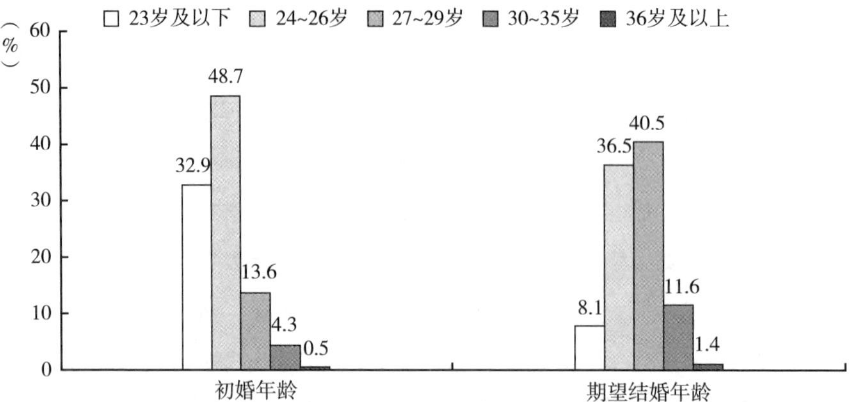

图 37　河北省农村青年初婚年龄和期望结婚年龄

（七）农村青年群体身心健康状况良好

1. 农村青年群体普遍认为自己健康状况良好

对于自己的健康状况，农村青年中36.9%选择“非常健康”，40.1%选择“比较健康”，19.8%选择“一般”，2.7%选择“比较差”，0.6%选择“非常差”。分性别看，男性78.3%选择健康（包含“非常健康”和“比较健康”），女性中75.8%选择健康。分年龄组来看，各年龄段健康人群均在80%左右，无明显差异（见图38）。

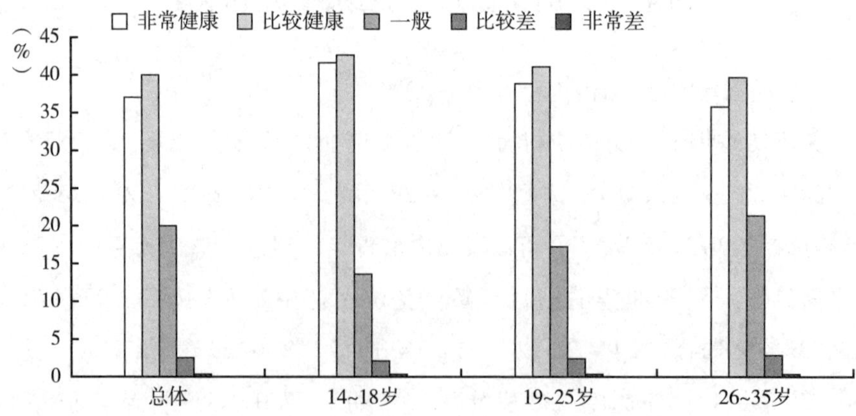

图 38　河北省农村青年身体健康状况

2. 大多数农村青年每周锻炼2小时以内，最喜欢健步走和打篮球

对于平均每周锻炼时间，农村青年中 12.0% 选择“我从不锻炼”，18.8% 选择“半小时以内”，19.8% 选择“半小时到 1 小时”，19.1% 选择“1～2 小时”，10.3% 选择“2～3 小时”，6.1% 选择“3～4 小时”，3.7% 选择“4～5 小时”，10.2% 选择“5 小时及以上”。各年龄段的回答略有差别，14～18 岁青少年中平均每周锻炼“半小时到 1 小时”的比例最高，为 25.3%，高于其他两个年龄组青年中的该比例；“从不锻炼”和平均每周锻炼“5 小时及以上”的比例均呈现随年龄增加而提高的趋势（见图 39）。对于经常参加的体育运动，9.3% 选择足球，18.6% 选择篮球，5.9% 选择排球，13.1% 选择乒乓球，21.5% 选择羽毛球，2.6% 选择网球，6.1% 选择田径，7.7% 选择游泳，2.2% 选择滑雪，1.3% 选择滑冰，0.9% 选择高尔夫，10.0% 选择健身操（舞），32.2% 选择健步走，1.8% 选择武术，0.8% 选择太极拳，15.0% 选择骑车，8.3% 选择登山，4.2% 选择踢毽子，9.9% 选择跳绳，12.9% 选择“我不参加体育活动”。各年龄段青年喜欢参加的体育项目各不相同，14～18 岁青年最喜欢的运动是篮球（31.5%），19～25 岁青年最喜欢的是打羽毛球（26.1%），26～35 岁青年喜欢参加的是健步走（35.7%）（见图 40）。

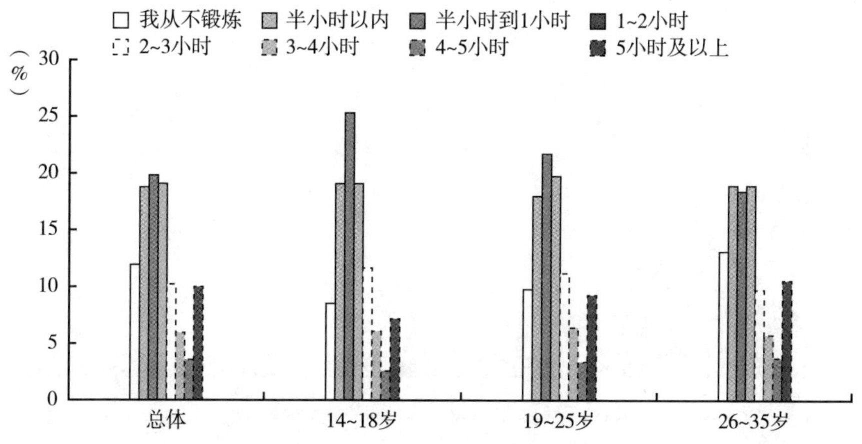

图 39　河北省农村青年每周平均锻炼的时间

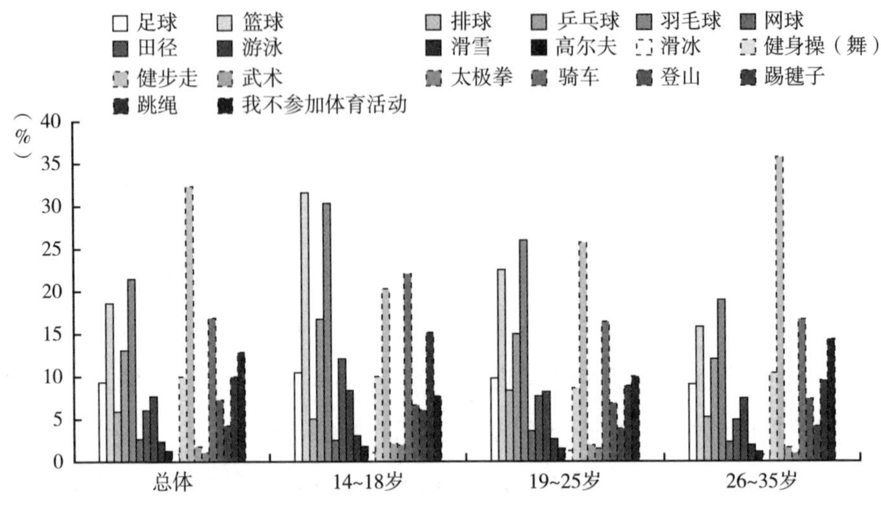

图 40　河北省农村青年最喜欢的运动

3. 受访年轻人心理状况复杂，较明显表现为“平淡”

课题组列举多个表达心情的词（空虚、振奋、逃避现实、富有激情、不够自信、踏实、失落、寂寞、沮丧、渺茫、茫然、刺激、麻木、乐观、崩溃、愤怒、兴奋等），受访者可从中最多选五项，根据图 41 显示的调查结果，可知较有影响的依次是：平淡（32.6%）、有压力（29.9%）、愉快（25.5%）、无聊（23.0%）。

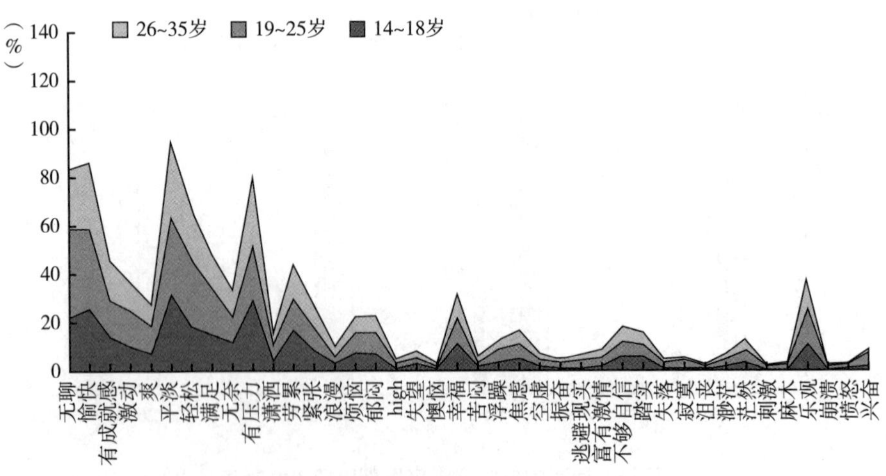

图 41　河北省农村青年选出最能描述自己心情的词语

（八）农村青年幸福指数普遍较高

1. 农村青年幸福感较强

调查结果显示，82.1%的河北农村青年觉得生活幸福（“很幸福”和“比较幸福”相加）。受访农村青年中46.6%感觉自己生活“很幸福”，35.5%感觉“比较幸福”，15.6%选择“一般”，1.6%选择“不幸福”，0.6%“说不清”，不同性别和年龄段青年幸福感无明显差异。从不同受教育水平来看，学历为小学及以下者中76.4%认为生活幸福，学历为初中者中78.9%认为生活幸福，学历为高中/职高或中专者中83.1%认为生活幸福，学历为高职/大专者中83.1%认为生活幸福，学历为大学本科者中85.4%认为生活幸福，学历为硕/博研究生者中82.4%认为生活幸福，可见文化程度高的青年幸福感相对较强（见图42）。

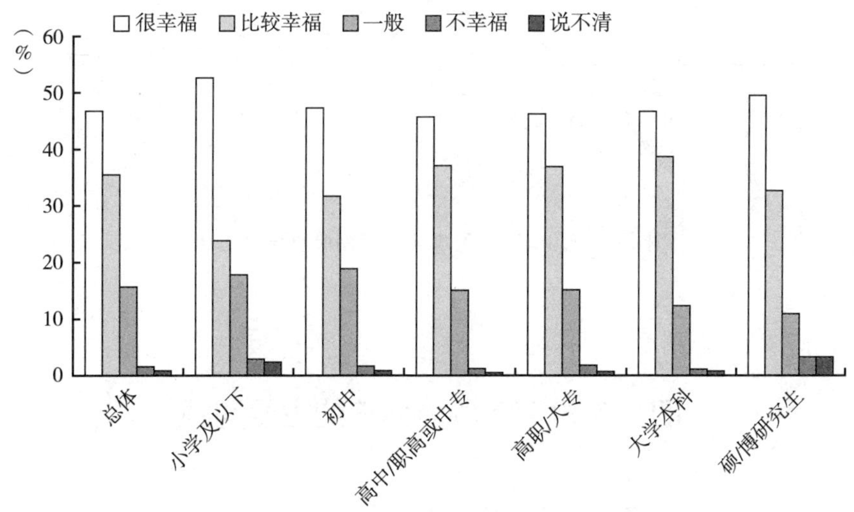

图42　河北省农村青年生活幸福程度

2. 农村青年认为幸福最重要的指标是健康和婚姻家庭

受访农村青年认为生活幸福最重要的指标排在前三位的是“健康的身体”、“温馨的家庭关系”和“美满的婚姻”，其选择比例分别为79.5%、

49.9%、34.7%，而“有权有势”“社会地位高”“青春靓丽的外表”“知识丰富”“学业有成”等指标则居于后列（见图43）。分性别看，男性中选择比例最高的前三项是“健康的身体”（77.0%）、“温馨的家庭关系”（46.4%）、“美满的婚姻”（34.8%），女性中选择比例最高的前三项也是“健康的身体”（81.8%）、“温馨的家庭关系”（53.3%）和“美满的婚姻”（34.6%），没有明显的性别差异。

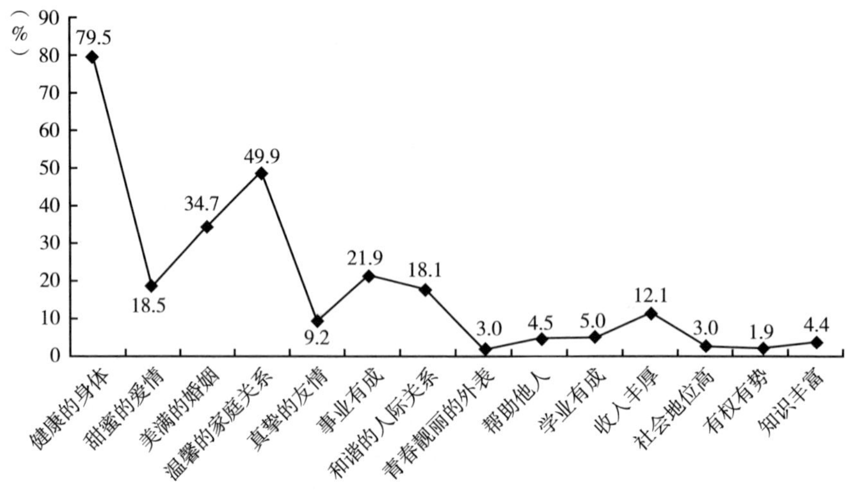

图43 河北省农村青年认为幸福最重要的指标

四 农村青年群体面临的主要问题

（一）公共政策不到位，社保类问题突出

河北省近年不断加强农村基础设施建设，努力提高农村公共服务水平，虽然取得了一定成效，但在调查中，农村青年依然认为城乡差距大，在教育、医疗、社会保障等公共服务领域面临的问题比较突出。城乡差距方面，76.6%的农村青年认为城乡差距“非常大”或“比较大”；医疗服务方面，

农村青年中32.2%选择“一般”、“不太满意”或“很不满意”；义务教育质量方面，32.5%选择“一般”、“不太满意”或“很不满意”；社会保障和福利方面，35.4%选择“一般”、“不太满意”或“很不满意”。农村青年遇到困难时，能提供最大帮助的是“家人”，其选择比例高达78.6%；其次是“朋友”“亲戚”“同学”等和家庭、个人私人关系最密切的人员，而选择“居住社区街道的工作人员”“老家的村/居委会工作人员”“工会”“社会公益机构”等政府和社会帮助的均不足1%（见图44）。这表明各项公共政策在农村还存在缺位、错位或落实不到位等情况。

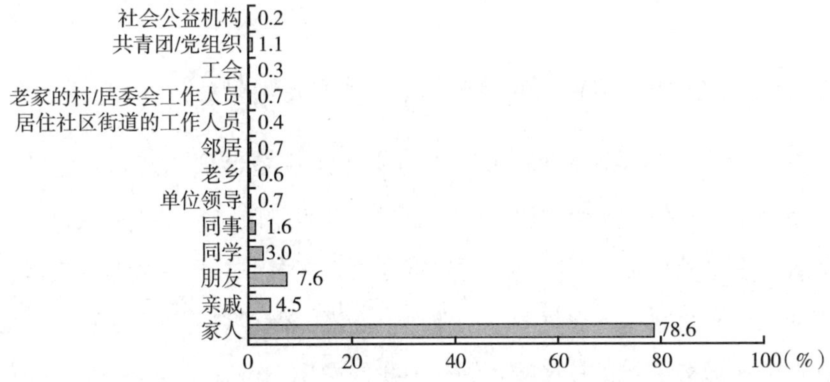

图44　河北省农村青年遇到困难时为其提供帮助最大的人

社会保障问题和个人生活息息相关。关于农村青年或家人面临的社会保障问题，16.6%的选择“没有基本养老保险”，11.4%的选择“找不到合适的老人院”，14.1%的选择“无人照顾老人”，8.1%的选择“养老金或退休金发放不及时”，14.8%的选择“养老金或退休金不够基本吃喝”，9.9%的选择“不能办医保或办理非常麻烦”，25.2%的选择“医保报销手续烦琐，报销时间太长”，27.6%的选择“医保报销面太窄”，14.5%选择“其他”，23.2%的选择“没遇到过问题”（见图45）。这些数据从不同侧面反映出农村社会保障覆盖率有待提高、社会养老服务水平不高、社会保障水平较低或办事流程欠科学等问题。

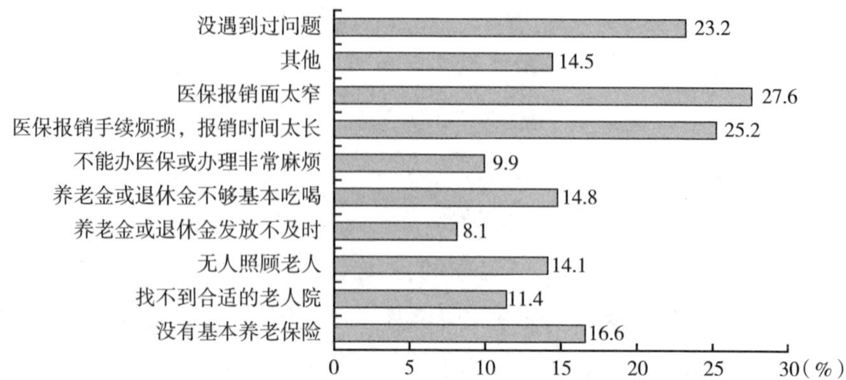

图 45　河北省农村青年自己或家人近两年在社会保障方面遇到的主要问题

（二）就业创业有压力，缺乏资金是主要困难

就业是民生之本，就业创业对农村青年来说是谋求个人和家庭增收致富、实现个人价值的必由之路。由于农村就业容量限制，多年来农村青年就业的首选多是外出务工，随着农村经济社会发展及乡村振兴战略的实施，农村就业创业机会增多，农村青年创业热情高涨，但客观上说，农村青年面临的就业创业形势依然比较严峻。调查中我们发现农村青年普遍感觉就业创业压力大，受访农村青年中44.9%表示“压力非常大”，43.9%表示“压力比较大”，9.5%表示“压力不太大”，仅1.7%表示“完全没压力”（见图46）。

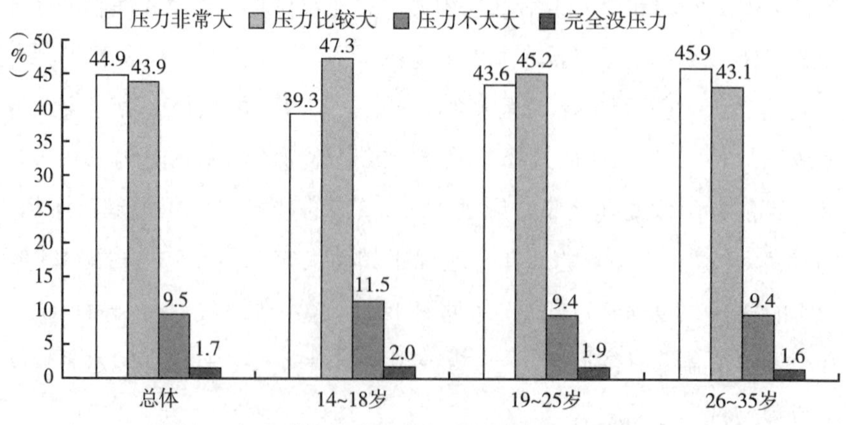

图 46　河北省农村青年认为当前就业创业压力如何

受访农村青年中，32. 7% 有过创业经历，关于创业过程中遇到的困难，这些人中的 43. 6% 选择“缺乏资金”，37. 4% 选择“缺乏创业指导”，22. 3% 选择“缺少帮手”，20. 7% 选择“缺乏技术支持”，18. 3% 选择“缺乏好的项目”，15. 9% 选择“缺乏信心”，13. 1% 选择“缺少市场”，9. 1% 选择“缺少厂房”（见图 47），缺乏资金、缺少创业指导和人才支持成为农村青年创业中面临的普遍问题。

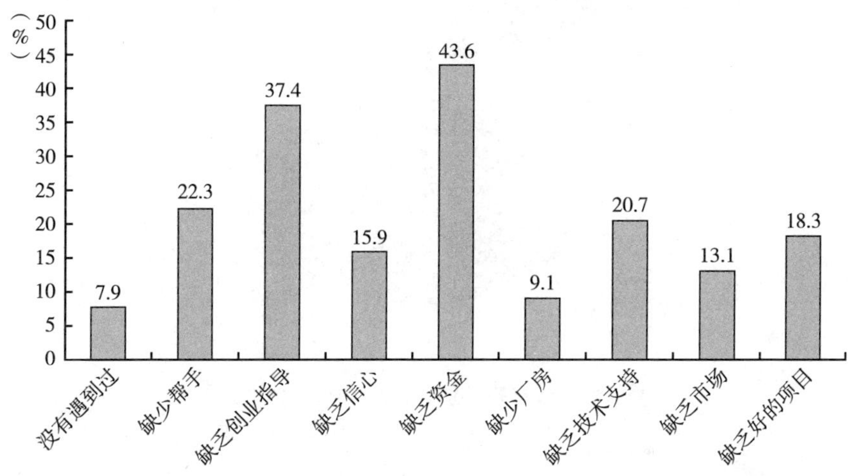

图 47　河北省农村青年创业面临的主要困难

（三）培训被动无序，多与农业生产无关

受访农村青年中，有 21. 1% 的受访者表示“没参加过任何培训”。参加过培训的 17991 名受访者中，52. 1% 的青年每周培训时间在 3 小时以下。农村青年参加的培训活动组织主体各有不同，主要是单位（学校），本地政府，社会组织，老师、朋友等，工青妇等人民团体，商业机构等，所占比例分别为 31. 7%、21. 9%、14. 7%、13. 1%、11. 5% 和 7. 1%（见图 48）。受访者参加的教育培训活动主要有“线上教育”和“线下教育”两种形式，其所占比例分别为 35. 4% 和 64. 6%。40% 参加过培训活动的农村青年认为培训效果“一般”或“达不到预期”。受访者参加过的培训主要集中在“交

往能力”、“专业知识”和“文字表达能力”方面，缺乏符合农村青年就业创业特点的农业科技、劳动技能、创业指导等培训。

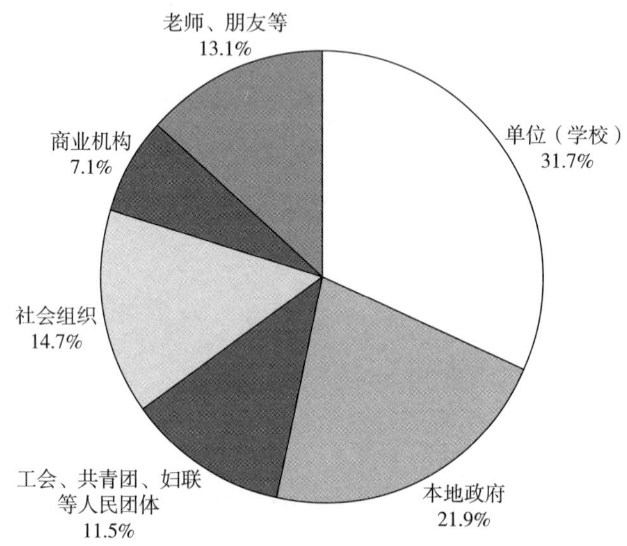

图 48　河北省农村青年参加的培训主要由谁组织

（四）文化生活单调，文化设施不够健全

农村青年的文化生活主要是看影视剧、刷网络短视频、玩游戏、聊天等，文化生活相对单调，层次不高。前文分析过，农村青年兴趣爱好广泛，对观看体育赛事、文艺演出、书画展览，参加科学制作、科普讲座、读书沙龙等文化体育活动均有很大兴趣，但是实际上他们中大多数人并没有机会经常参与这些活动，究其原因，还是跟农村文化设施不足和文化活动资源相对稀缺有关系。在对“居住地文化资源能否满足个人需求”问题的调查中，农村青年中仅有 10.4% 的人认为“完全可以满足”，43.9% 的人认为“基本可以满足”，30.2% 的人认为“不太能满足”，5.5% 的人认为“完全无法满足”，还有 10.1% 的人“说不清”（见图 49）。66.3% 的农村青年对传统文化感兴趣，但平时有机会学习、接触或欣赏传统文化的青年只占 28.2%。

受访农村青年认为，河北省文化建设存在的不足主要是“文化设施不完善”“文化类型不丰富”“缺乏文化特色”“文化活动不亲民”“文化创新性不足”“获取文化信息的渠道不畅通”等方面，其中最主要的三个方面是“文化设施不完善”（35.0%）“文化类型不丰富”（27.7%）和“缺乏文化特色”（23.2%）（见图 50）。这表明当前农村文化资源离满足青年需要还存在一定差距。

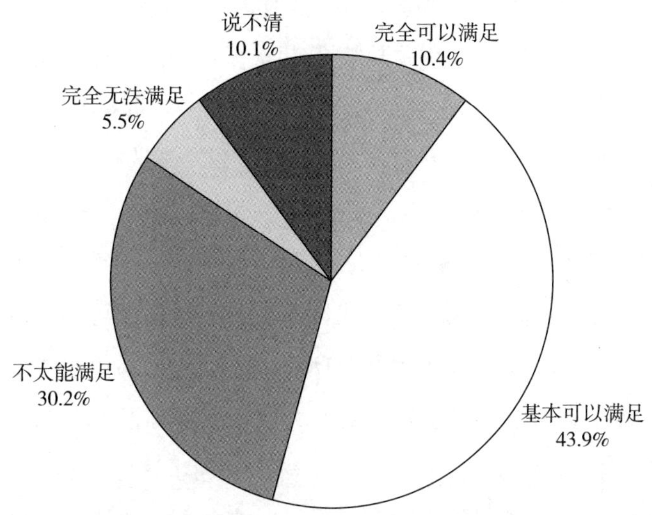

图 49　河北省农村青年居住地文化资源能否满足个人需求

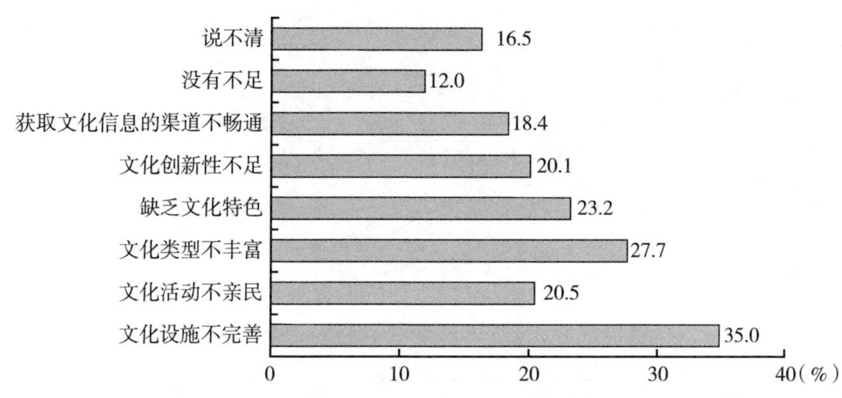

图 50　河北省农村青年认为河北省文化建设存在的不足

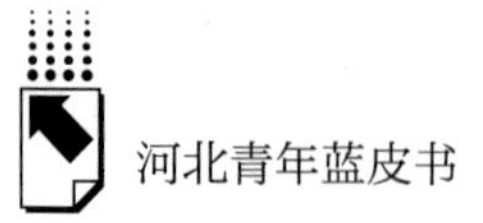

（五）网络耗时明显，虚拟社交较为普遍

随着农村宽带覆盖率的提高和智能手机的普及，网络已经成为农村青年生活中必不可少的一部分，调查结果显示，农村青年每天上网时间中，“1小时及以下”的占16.8%，“1～2小时”的占29.1%，“2～3小时”的占28.3%，“3～5小时”的占16.9%，“5～8小时”的占5.7%，“8小时以上”的占3.1%。而每天上网时间中真正用于工作、学习的时间则大多数在2小时以内（见图51）。从农村青年手机中安装最多的App类型来看，受访者中25.9%选择“社交类”，7.6%选择“游戏类”，10.0%选择“资讯类”，3.3%选择“图像处理类”，11.8%选择“视频类”，11.5%选择“教育类”，2.5%选择“理财类”，8.3%选择“生活服务类”，5.5%选择“音乐类”，2.0%选择“医疗类”，2.1%选择“健身类”，4.3%选择“购物类”，2.0%选择“交通出行类”，0.9%选择“旅游类”（见图52）。在农村青年安装的手机App中，社交类位列第一，我们在调研中也发现QQ、微信等即时通信软件在青年群体中几乎是“标配”，超越时空的虚拟社交大大改变了农村青年的传统社会交往方式，社交对象跳出了传统的亲友、同学、邻居、同事这些“熟人社交”圈子，逐渐扩展到陌生人，一些人宁愿牺牲工作、休息时间也要聊天、玩游戏、看直播、刷视频，沉迷网络不能自拔，这对农村青年的生活、工作造成很大影响。

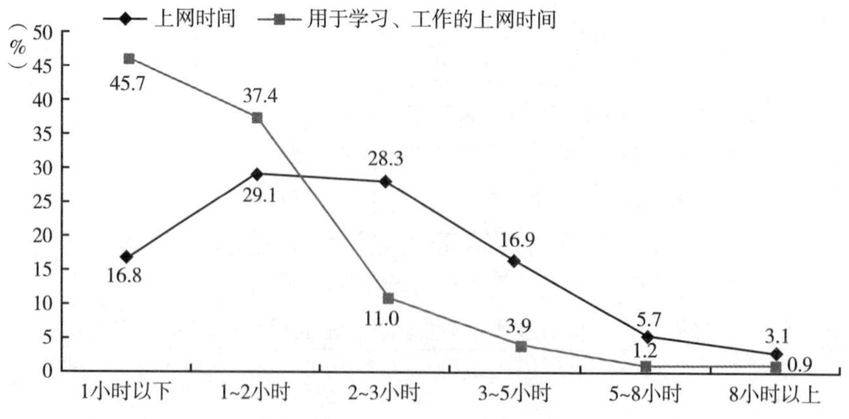

图51　河北省农村青年每天花在网上的时间

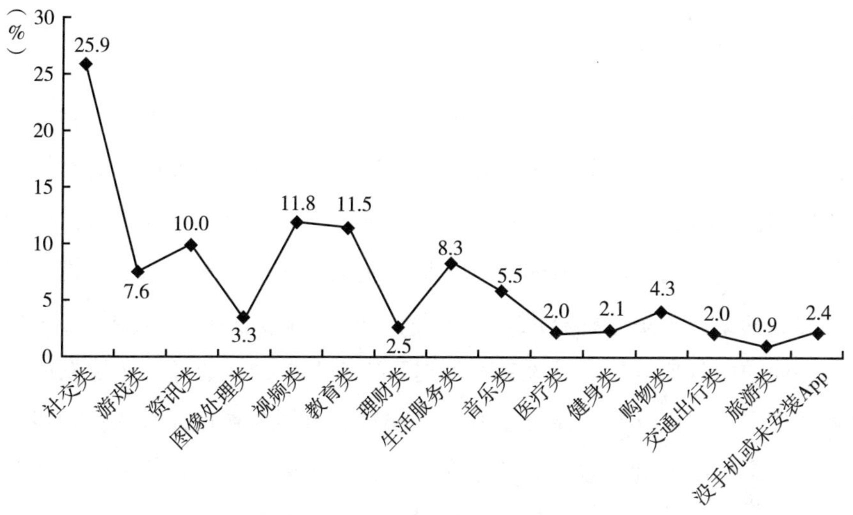

图 52　河北省农村青年手机上安装的 App 主要类型

五　促进农村青年群体发展的对策建议

（一）进一步完善政策机制，提高农村社会保障水平

严格按照党的十九大报告精神和《中共中央　国务院关于坚持农业农村优先发展做好“三农”工作的若干意见》（2019 年中央一号文件）要求，“全面提升农村教育、医疗卫生、社会保障、养老、文化体育等公共服务水平，加快推进城乡基本公共服务均等化”。进一步完善社会保障政策体系，优化各项社会保障制度运行机制，及时调整基本医疗保险药品目录，优化报销流程，解决“医保报销面窄”“报销程序烦琐”等问题。在农村加强关于城乡居民基本医疗保险、城乡居民基本养老保险等社会保险政策的宣传，建立稳定长效的参保机制，引导农村青年积极参保，扩大基本医疗、基本养老保险的覆盖面，努力实现应保尽保。提高城乡居民基本医疗保险、基本养老保险的筹资水平，逐步提高保险待遇水平。统筹城乡社会救助体系，完善医疗救助和最低生活保障制度。

（二）加大政策扶持力度，优化农村青年创业环境

针对农村青年在创业过程中遇到的资金、技术等瓶颈，进一步完善创业扶持政策，为农村青年创业创造良好的政策环境。增大财政资金对农村青年创业的扶持力度，设立专项扶持资金，适度提高创业担保贷款、创业补贴、培训补贴、创业场所租赁补贴、创业贷款贴息等发放标准，助力农村青年解决创业启动资金不足问题。进一步完善农村金融服务体系，鼓励商业银行机构网点向农村延伸，重点开发针对农村青年创业的金融业务，拓宽农村青年创业融资渠道。设立创业指导中心，定期对农村创业青年提供指导和咨询服务，为缺乏经验的创业青年配备创业导师，实施创业辅导。依托县乡产业园区、农业园区、田园综合体等设立农村青年创业园或创业孵化基地，为自主创业人员提供经营场所、配套公共设施和有关创业服务，降低创业成本，减少创业风险。建立农村青年创业法律援助中心，为创业青年提供法律咨询和法律援助，支持他们用法律保护自己的合法权益。

（三）不断优化培训内容，提升农村青年就业技能

大多数农村青年认为现有能力和知识不能满足工作需要，而且培训内容缺乏针对性，难以适应青年就业需求，为解决这一问题，需要整合培训资源，优化培训内容，提高农村青年的综合素质和劳动技能。整合各类培训补助资金和各类培训资源，采取线上与线下相结合、理论与实践相结合等各种灵活方式，围绕市场需求和青年就业意愿，对农村青年实施岗位技能和农业实用技术的精准培训，为农村青年实现就地就近就业和提高农业生产科技水平创造条件。依托当地高职、中职院校教育资源，采取教学培训、订单培养等方式，对有志于从事现代农业的农村青年进行培训，培养一批懂经营、会管理的高质量农业技术人才。鼓励农业院校师生和农村“结对”帮扶，把课堂搬到“田间地头”，对农村青年进行传帮带，提高其农业生产技术。鼓励各地市因地制宜，立足当地地理、生态环境，发展特色农业，围绕特色养殖、特色种植、农产品加工等产业，积极发展有针对性、实用性的技术技能

培训。以2022年“冬奥会”为契机，大力挖掘、培养一批青年农民“能工巧匠”，创新性发展具有民族和地域特色的乡村手工业。

（四）完善文化设施建设，丰富精神生活

广大农村青年普遍认为河北省文化生活单调、文化设施建设不健全。为解决这一问题，应以加强农村精神文明建设为依托，引导青年农民践行社会主义核心价值观，巩固党在农村的思想阵地。继续开展新时代文明实践中心建设试点，抓好县级融媒体中心建设。深度拓展群众性精神文明创建活动，推出一批农村精神文明建设示范县、文明村镇、最美家庭，挖掘和树立道德榜样典型，发挥示范引领作用。进一步支持建设文化礼堂、文化广场等设施，培育特色文化村镇。加强基层文化产品供给、文化活动开展和文化人才培养。挖掘农村优秀传统文化，鼓励和支持农村青年学习传承发展农村优秀传统文化。结合传统节日、民间特色节庆、庙会等，广泛开展农村文化体育活动。完善优秀历史文化资源数字化共享工程，让农民共享城乡优质文化资源。

（五）扬长避短，推进“互联网+农业”大发展

此次调查发现，广大农村青年较多时间沉迷于网络，并且多是“社交”类网站或App。我们既要解决青年农民无聊上网打发时间问题，又要充分发挥青年农民懂网络、眼界宽的优势，加快实施数字乡村战略，深入推进“互联网+农业”，扩大农业物联网示范应用。推进重要农产品全产业链大数据建设，加强国家数字农业农村系统建设。进一步开展电子商务进农村综合示范，实施“互联网+”农产品出村进城工程。全面推进信息进村入户，依托“互联网+”推动公共服务向农村延伸。

结　论

党的十九大提出实施乡村振兴战略。乡村振兴的一大着力点，是要调动亿万农民尤其是农村青年的积极性。广大农村青年观念新、有活力，是学习

新技术、发展新产业、建设新农村的生力军。但全省范围内出现年轻人普遍进城、农村老龄化严重现象，“谁在种田”“谁来种田”正成为乡村振兴面临的巨大挑战。农村青年是乡村振兴的生力军，没有青年参与的乡村振兴是缺乏生机活力、难以成功的。

本次调查描述了农村青年的年龄分布、性别结构、收入结构、宗教信仰和居住地分布等情况，并总结出农村青年呈现的基本特征：思想觉悟较高、社会参与积极、就业创业踊跃、学习教育积极、文化娱乐多样、婚恋态度端正、身心健康状况良好、幸福指数较高。在这些充满正能量的数据背后，我们也要看到农村青年所面临的一些问题。本研究针对相应的问题，给出了相关的对策建议。

笔者也期待“农村青年”专题能引发更多的思考：如何加深对农村青年的了解、激发农村青年的内生动力、挖掘农村青年的潜力？如何留住农村青年人才、发挥农村青年作用、培养更多优秀农村青年？等等。

B.7

河北进城务工青年研究报告

王凤丽　赵莉华*

摘　要： 本文研究对象是河北省进城务工青年。从年龄、性格结构、收入结构等方面分析进城务工青年群体的总体状况，并从身体状况、业余生活、关心时政以及从事岗位等角度，描述这一群体的基本特点，并指出该群体目前面临的生存压力、工作负荷、社保养老、子女教育及城市归属感等五个方面的问题。最后，针对这五类问题，从权利保障、解决困难、技能培训、社区融入等方面提出了相应应对措施。

关键词： 进城务工青年　河北　农村人口　基本公共服务

改革开放以来，我国大量进城务工人员适应市场经济需求，顺应以市场配置劳动力资源的规律，闯出一条统筹城乡、统一劳动力市场的新路子，对于缓解农村巨大的就业压力，满足城市发展对劳动力的巨大需求发挥了重要作用，对城市繁荣发展、国家现代化和城市化建设进程做出了重大贡献。但随着进城务工成为越来越普遍的社会现象，城乡“二元制”的弊病给整个城乡社会带来的人为撕裂，在进城务工人群身上有着集中的体现。

河北省进城务工青年的年龄、性别、收入、户籍等基本情况如何？在学习教育、文化生活、社会参与、就业创业、政府工作满意度、身心健康、婚

* 王凤丽，博士，河北省社会科学院社会发展研究所，副研究员，研究方向为文化社会学、宗教社会学。赵莉华，河北省社会科学院社会发展研究所，馆员，研究方向为信息社会学。

育观念、思想道德等方面，呈现什么样的特征？他们在新时代主要面临什么样的问题？这些问题对他们以及整个城乡社会的发展有何影响？公共政策、社会组织、青年个体等，又具有或应有怎样的调适机制？2019 年 4 ~7 月，共青团河北省委组织调研组，委托“零点有数”公司，在全省范围内针对全省 35 岁以下进城务工青年进行抽样调查（样本量 N =5317）。本文在共青团河北省委委托“零点有数”进行的大规模社会调查的基础上，梳理上述情况，总结当前进城务工青年面临的各方面问题，并针对这些问题，提出建议对策。

一　调查对象与研究方法

（一）调查对象

“进城务工青年”是指从乡镇及以下行政区、自然村，进入县城及以上城市打工的 35 周岁以下在冀青年。

（二）描述方法

本研究针对“零点有数”提供的数据，主要使用饼形图、直方图和折线图等进行统计描述。

二　进城务工青年总体描述

（一）进城务工青年以26 ~35岁为主

从年龄看，进城务工青年以 26 ~35 岁为主体。在受访的 5317 名进城务工青年中，14 ~18 岁的占 1.4%，19 ~25 岁的占 22.8%，26 ~35 岁的占 75.8%。

（二）进城务工青年性别比例严重失调

从性别看，进城务工青年性别结构呈现明显失衡状态。男性占 61%，女性占 39%，性别比高达 156∶100。见图 1。

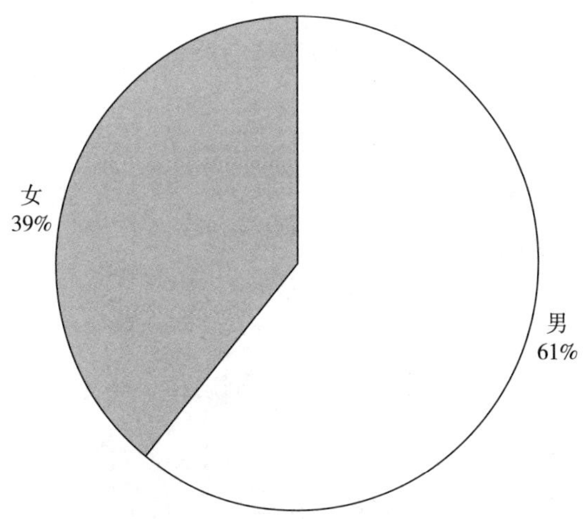

图 1　进城务工青年性别结构情况

（三）进城务工青年居住于全省各地级市

全省 11 个地级市、2 个省辖市和雄安新区，均有不同数量的进城务工青年分布。其中，唐山、石家庄、邢台、邯郸等四市分布较多。详见图 2。

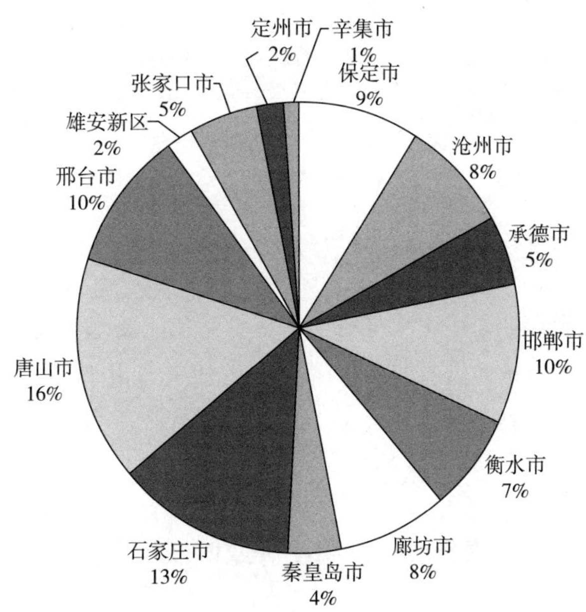

图 2　进城务工青年居住地

（四）进城务工青年多数为中等学历

进城务工群体中63%为中等学历（其中，初中学历占25%，高中/职高或中专学历为38%），小学及以下占3%，高职/大专学历为34%，大学本科及以上为0。详见图3。

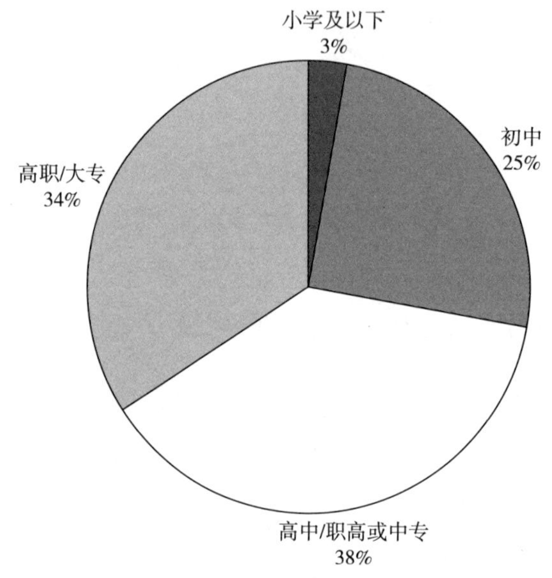

图3　进城务工青年学历情况

（五）进城务工青年多从事体力劳动岗位

进城务工青年群体77%从事对学历、专业技能要求不高的行业。其中，制造业占25%、租赁和商务服务业占25%、建筑业占11%、批发和零售业占11%。信息、金融、科研等行业，由于行业门槛高，对学历有一定要求，在这些领域从业的青年务工人员数量较少。详见图4。

（六）进城务工青年收入水平中等或偏低

进城务工青年的月收入分布较分散，既有500元及以下者，也有15001

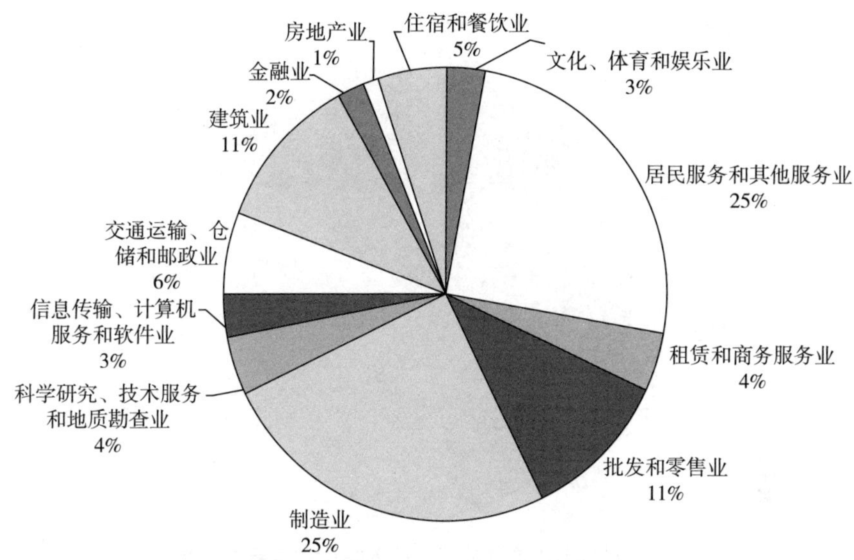

图 4　进城务工青年从事劳动岗位情况

元及以上者，按不同收入层次划分，人数分布呈现“少—多—少”的纺锤形结构（详见图 5）。其中，2001 ~5000 元收入者占 62.9%。

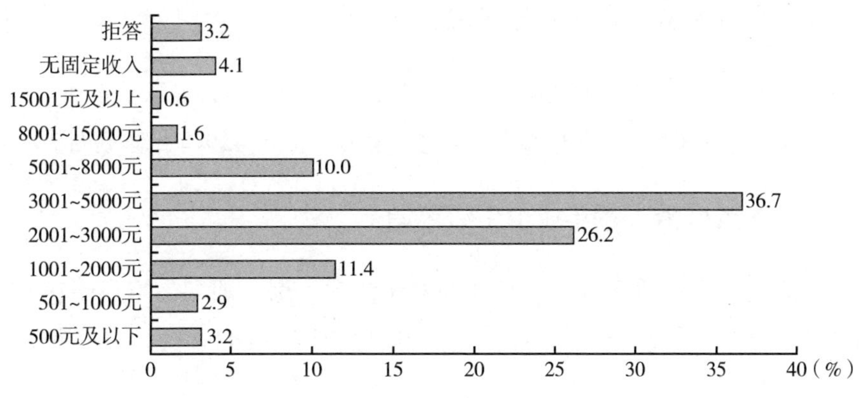

图 5　进城务工青年收入分布情况

54% 的受访者认为自己的经济收入和在家务农时相比，要“高”（其中，回答“高得多”的占 15%，回答“高一些”的占 39%），详见图 6。

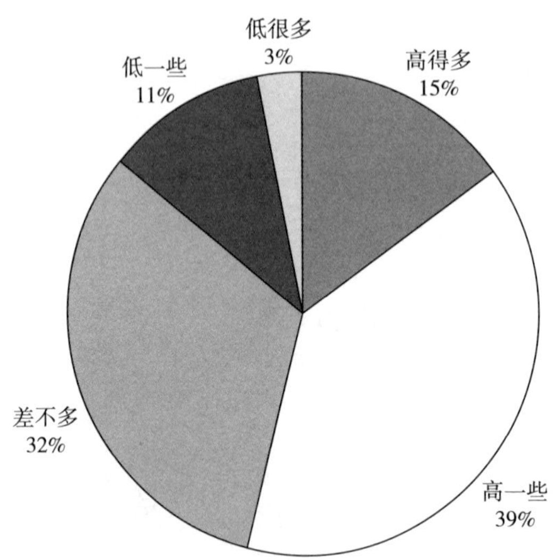

图 6　进城务工青年的经济收入相比在家务农情况

三　进城务工青年呈现的主要特征

（一）进城务工青年身体状况良好

在回答“你目前的身体健康状况”时，75% 的受访人表示“健康”（其中，回答“非常健康”的占 33%、“比较健康”的占 42%），详见图 7。

（二）进城务工青年业余生活单调

在问及“居住地是否能满足你的文化需求”时，略超一半的受访者认为“可以满足”（包括 10% 的“完全可以满足”和 44% 的“基本可以满足”），见图 8。

关于这些日常参加的娱乐活动是谁组织的这个问题，受访者的回答比较分散。除 16% 的受访者“不参加文化活动”外，30% 的回答是工作单位组织的，26% 的回答是与朋友、同事等自发组织的，选择民间组织的占 13%。政府机构（包括共青团、妇联等）组织的文化娱乐活动占 9%，详见图 9。

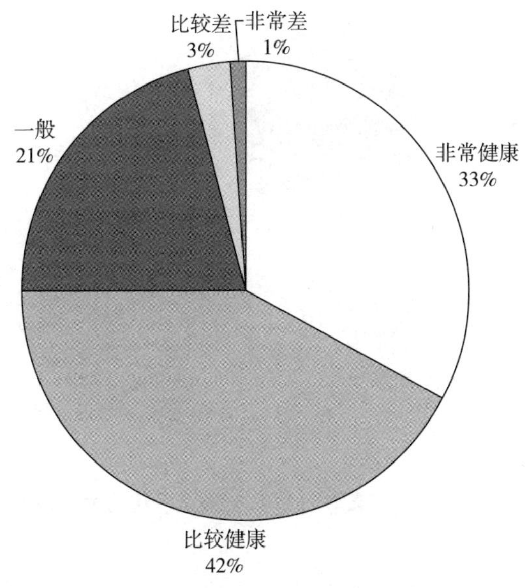

图 7　进城务工青年目前身体健康状况

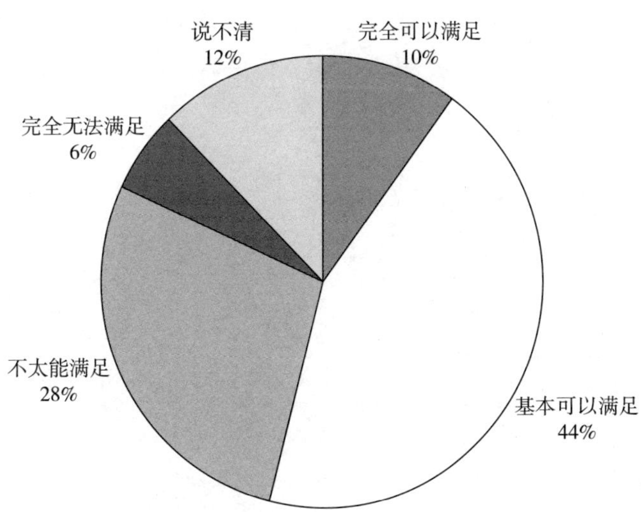

图 8　居住地是否能满足你的文化需求

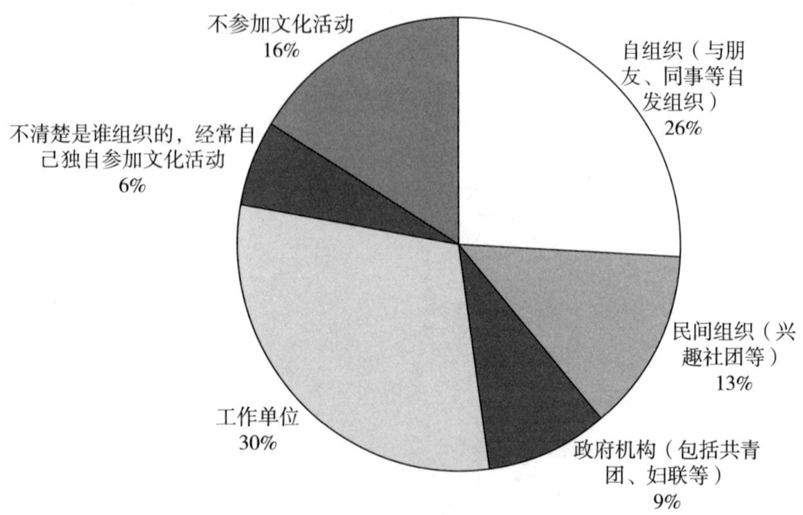

图 9　进城务工青年日常参加的娱乐活动由谁组织

受访者的业余活动领域比较单调，主要体现为“屏幕化”——这些农村青年比较一致。最常见的是“看电视”，其次是“听音乐”“用手机刷抖音、快手等短视频”，详见图 10。

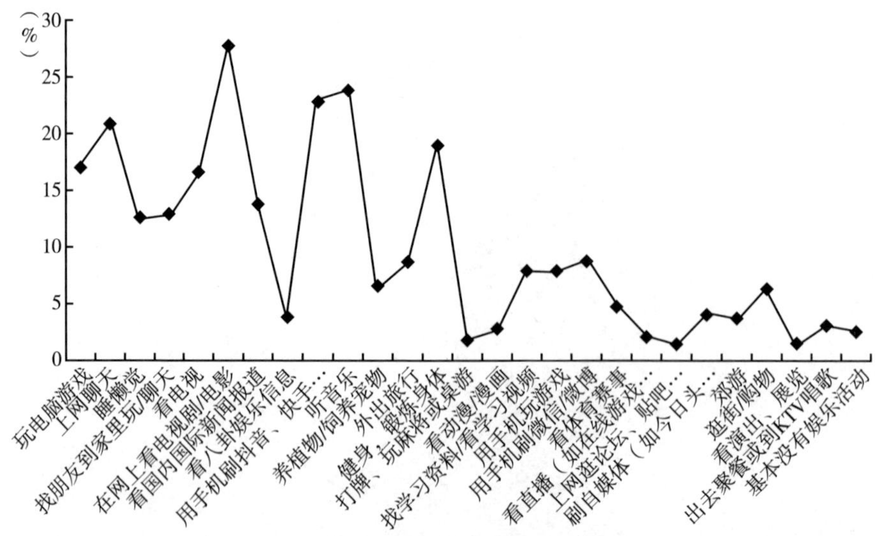

图 10　进城务工青年业余时间经常做什么

（三）进城务工青年关心国家大事

受访者日常普遍关心各类国家大事和宏观社会发展问题。其中，“政治”（含公共政策）领域最受关注（58.7%），其次是“经济”领域（49.2%），随后是“教育”领域（43.1%），详见图 11。

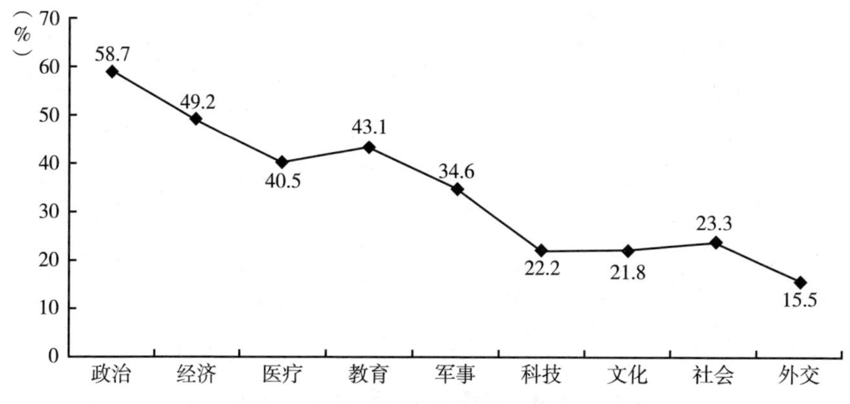

图 11　进城务工青年普遍关心的各类问题

进一步分析“日常最关注哪些信息”时，“各类时事、政治新闻（信息）”再次独占鳌头，成为高达 42.7% 的进城务工青年最关注的信息。其他各个细分领域均有不同程度的关注者，程度差异不明显，详见图 12。

受访者对传统文化表示有较浓厚的兴趣，23% 的受访者表示“非常感兴趣”，40% 表示“比较感兴趣”，详见图 13。

（四）进城务工青年发展空间有限

问及现有知识能否满足未来工作的需要时，受访者中，回答“完全/基本满足”者的占比，和回答“欠缺较大/稍有欠缺”者的占比，相差 9 个百分点。详见图 14。

55% 的受访者对“得到免费职业技能培训的机会”表示出“迫切”的心情，而表示“不迫切”的仅占 5%，详见图 15。

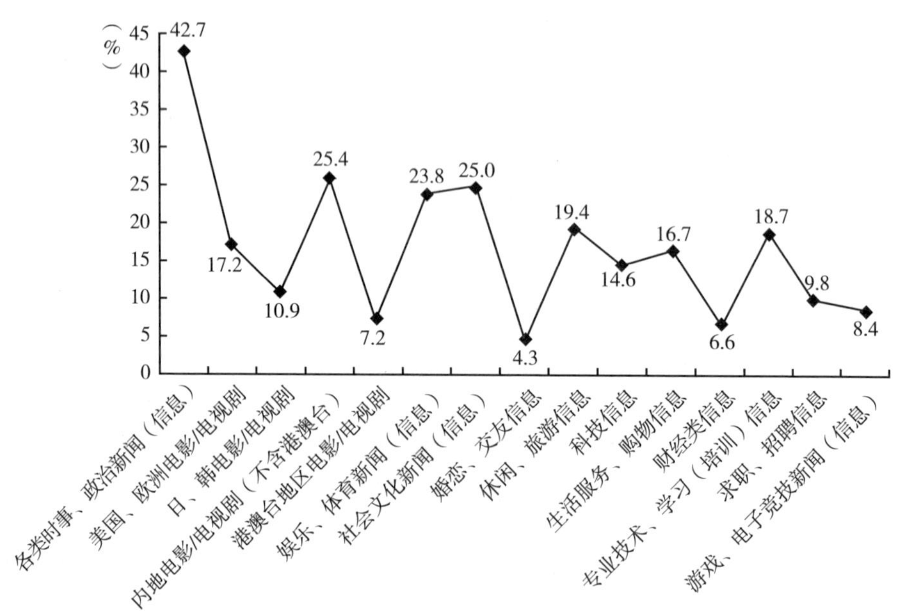

图12　进城务工青年日常最关注的信息情况

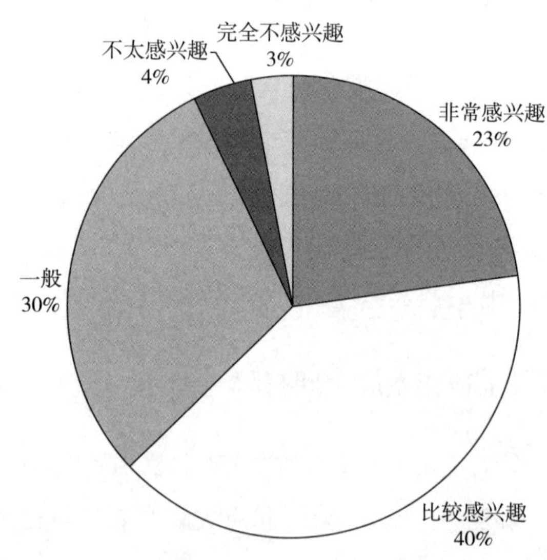

图13　进城务工青年对传统文化感兴趣情况

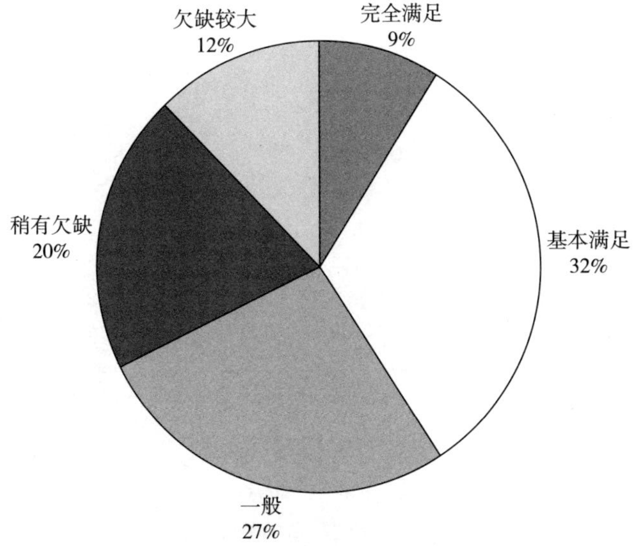

图 14　现有知识满足未来工作需要情况

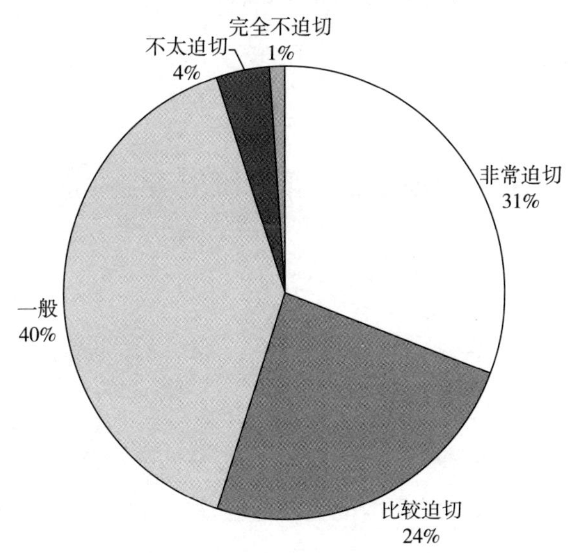

图 15　得到免费职业技能培训的机会情况

多数受访者在单位从事一线岗位。回答“一线工作人员”的占 48.7%，回答“临时工作人员”的占 23.8%。受访者中无人担任“单位负责人”和“中层管理人员”。详见图 16。

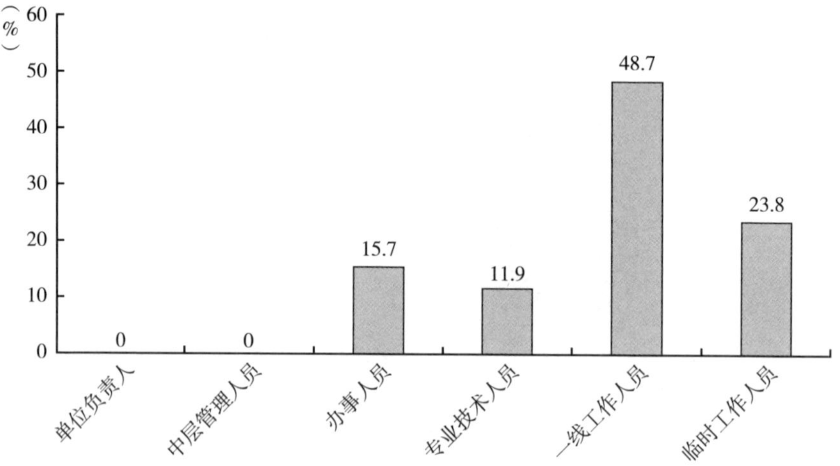

图16　在单位从事的具体岗位

数据说明，学历在本科以下和在职培训的欠缺，导致进城务工青年职业发展受到一定影响。

四　进城务工青年面临的突出问题

（一）进城务工青年生存压力较大

在回答“过去一年的压力情况”时，回答“比较大”的受访者人数，远超回答“比较小”的人数。

在回答“压力主要来源”时，“收入太少”高居榜首，超过60%的受访者认为收入太少导致自己压力变大。超过20%的受访者认为自己“工作压力太大”。详见图18。

高达79%的受访者，表示“担心”未来的工作前景（其中26%表示“非常担心”），而“完全不担心”者仅占2%。

受访人群中，有69%的人对“增加自己的收入、提高家庭生活水平”表示“迫切”，而回答“不迫切”的仅占3%。详见图20。

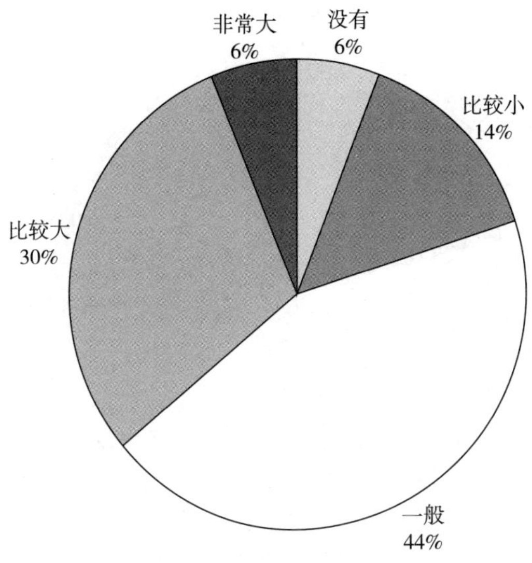

图 17　进城务工青年过去一年的压力情况

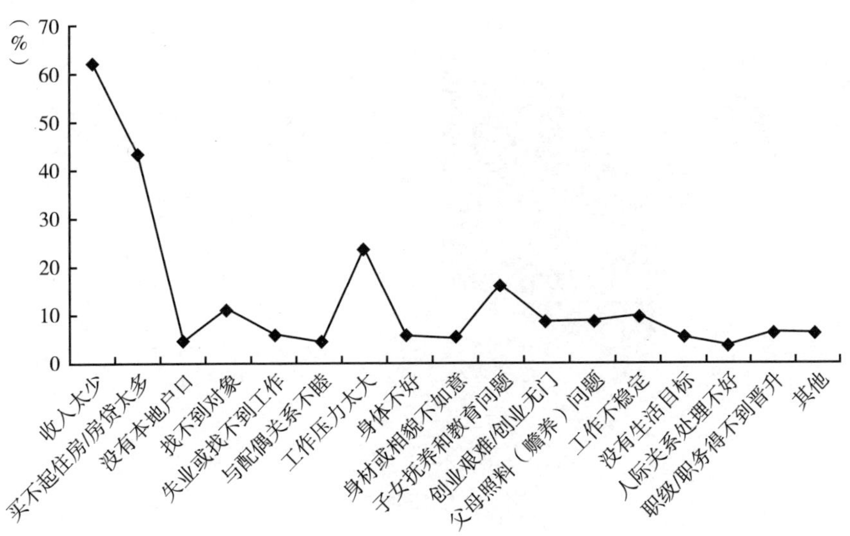

图 18　进城务工青年压力主要来源情况

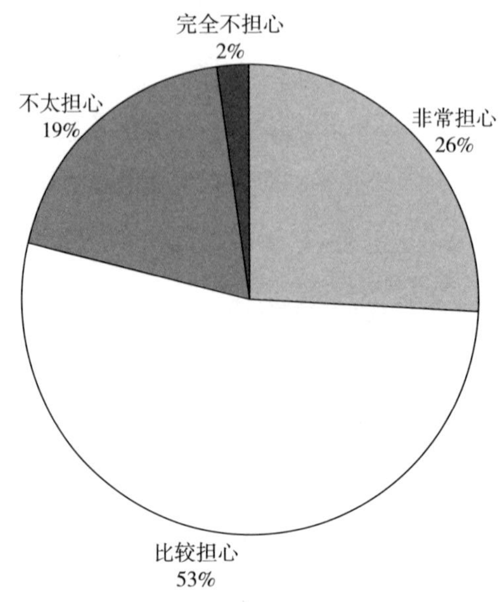

图 19　进城务工青年担心未来工作前景情况

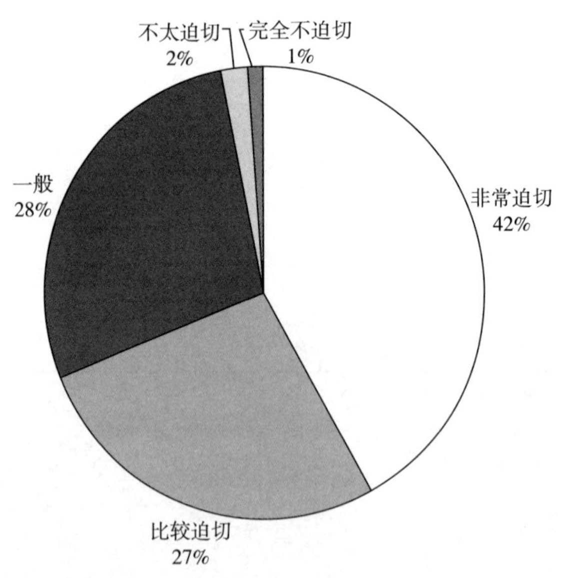

图 20　对增加自己的收入、提高家庭生活水平“迫切”情况

（二）进城务工青年工作压力大

询问受访者“对工作最不满意的是什么”时，“劳动强度大”“休息时间少”“工作内容单一，工作太枯燥”饱受诟病。有23.2%的认为“劳动强度大”，22.4%的认为“休息时间少”，20.0%的认为“工作内容单一，工作太枯燥”。详见图21。

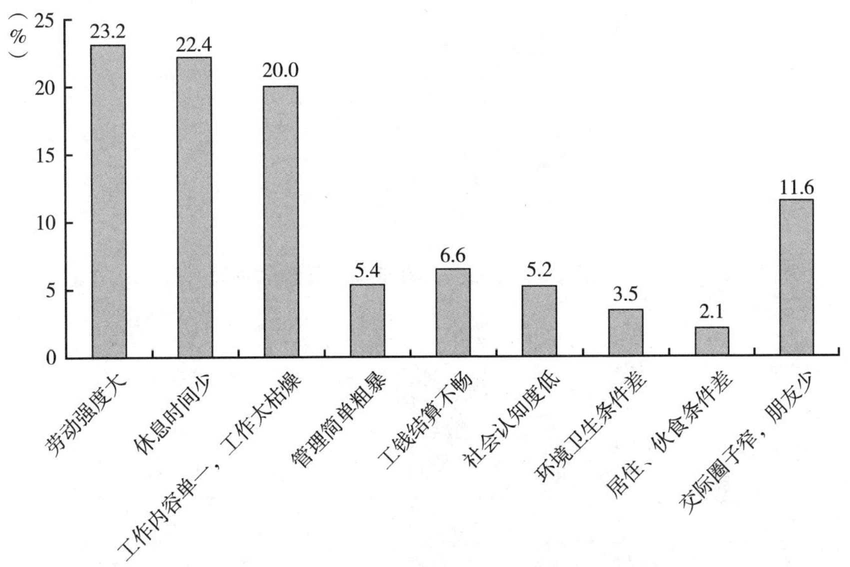

图21　进城务工青年对工作最不满意的情况

受访人中，享有“正常节假日休息”的，仅占58%。在工作日，每天工作时间在8小时以上的占47%，这一数据尚不包括3%回答“没有固定时间”的人。详见图22。

（三）进城务工青年忧虑养老问题

受访人群中，有62%的对早日实现五险一金覆盖，工资能做到按时发放、不拖欠，表示“迫切”心情；而回答“不迫切”的仅占5%。详见图23。

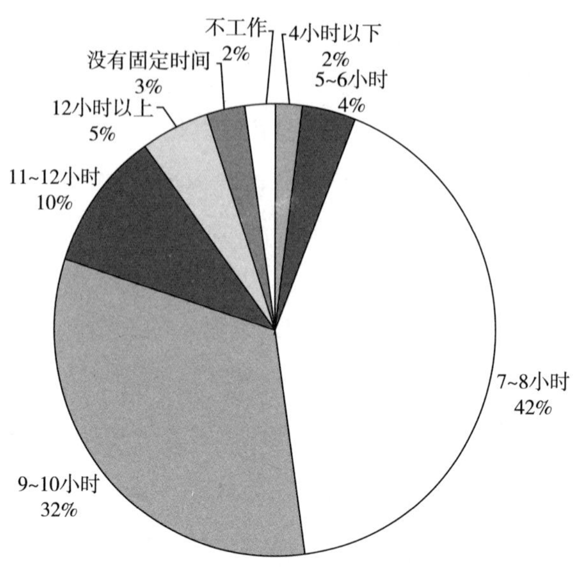

图22　进城务工青年工作日劳动时间

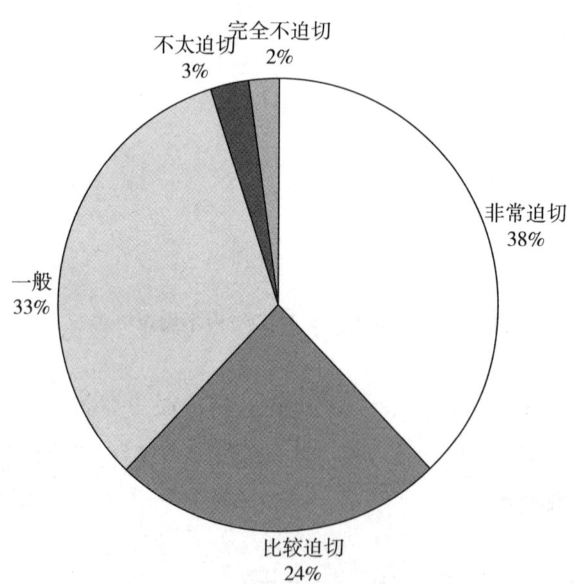

图23　进城务工青年认为五险一金、工资发放问题“迫切”情况

受访人群中，有58%的人认为“解决农村老人养老问题”是“迫切”的，而回答“不迫切”的仅占6%，详见图24。

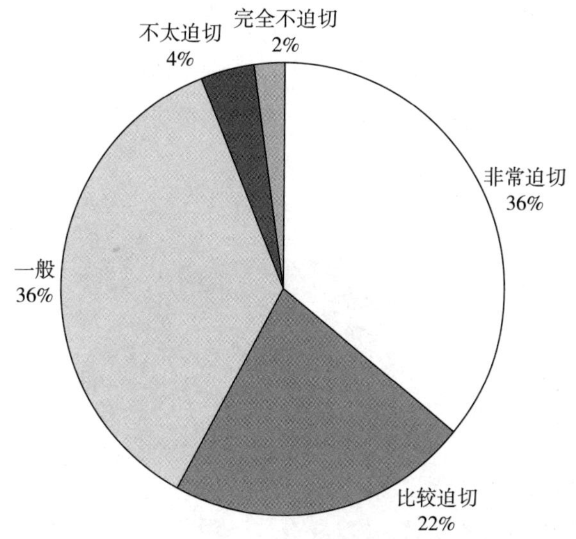

图 24　进城务工青年认为解决农村老人养老问题“迫切”情况

（四）进城务工青年忧虑子女教育

受访者在回答“孩子在哪里上学”时，如图 25 所示，回答在“家乡”者（34%）的比例明显高于在“务工地”（20%）。

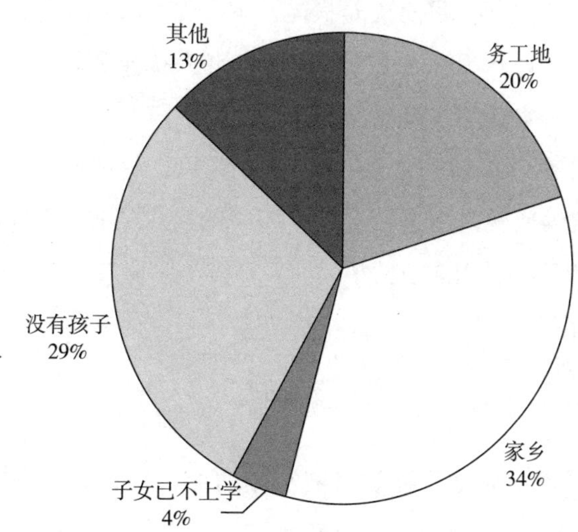

图 25　孩子在哪里上学

受访者在回答“孩子在你的务工地入学是否遇到困难”时，超过一半的受访者表示，孩子在务工地上学，入学遇到困难（其中，20% 回答“很难”，35% 回答“有些困难”），表示“很方便”的仅占 10%。详见图 26。

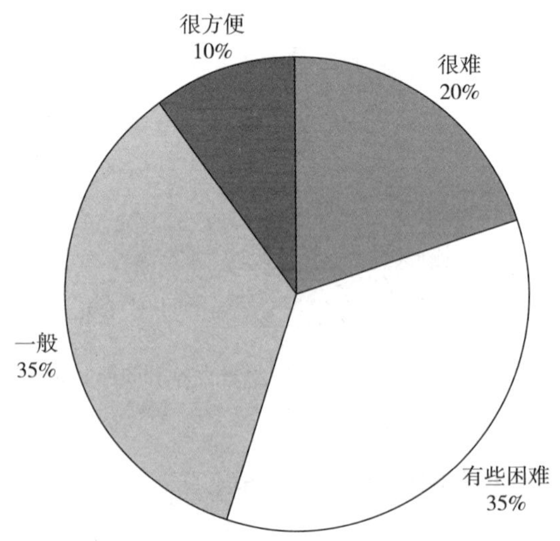

图 26　孩子在务工地入学难易程度

受访者在回答“子女目前抚养状况”时，如图 27 所示，36% 表示在务工所在地抚养和教育，29% 表示交给家里的老人抚养和教育，13% 的受访者把孩子交给在农村生活的父母抚养和教育。

受访者在回答“你认为落实子女教育保障，解决子女在城市的学籍、入学、升学考试等问题是否迫切”时，57% 的表示“迫切”（其中，35% 的“非常迫切”，22% 的“比较迫切”），仅 7% 的表示“完全不迫切”和“不太迫切”。详见图 28。

（五）进城务工青年城市归属感低

受访者在回答“你是否喜欢目前工作的城市”时，44% 的受访者表示“比较喜欢”目前工作的城市，8% 表示“不喜欢”（其中“不太喜欢”占 6%，“非常不喜欢”占 2%）。详见图 29。

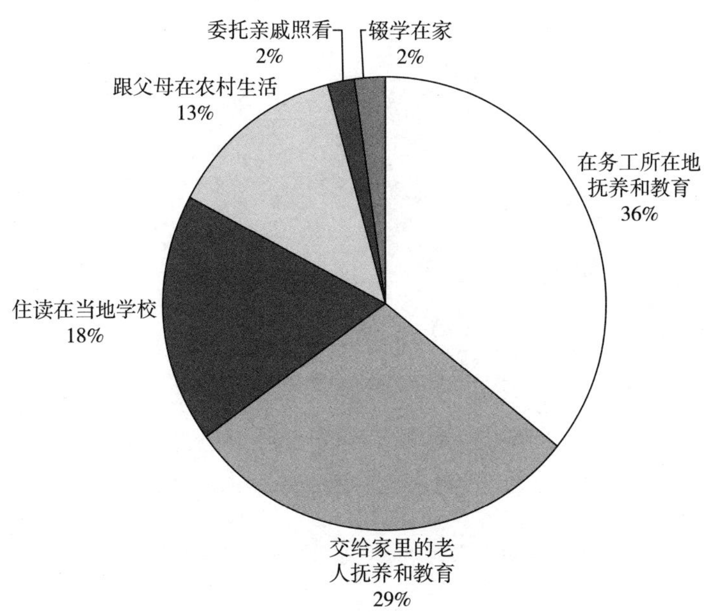

图 27　进城务工青年孩子目前抚养状况

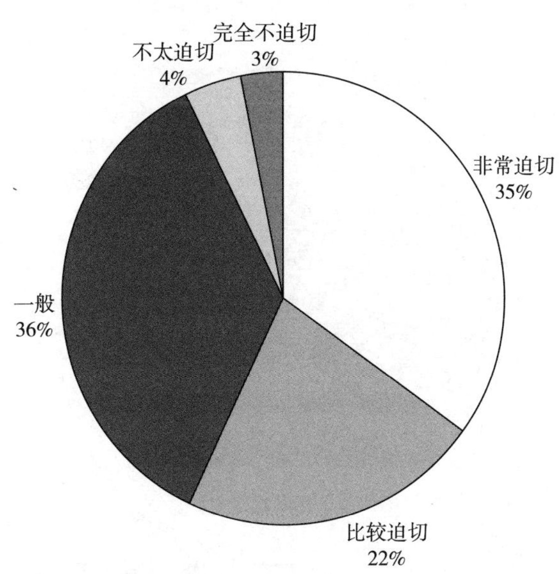

图 28　进城务工青年对落实子女教育保障迫切情况

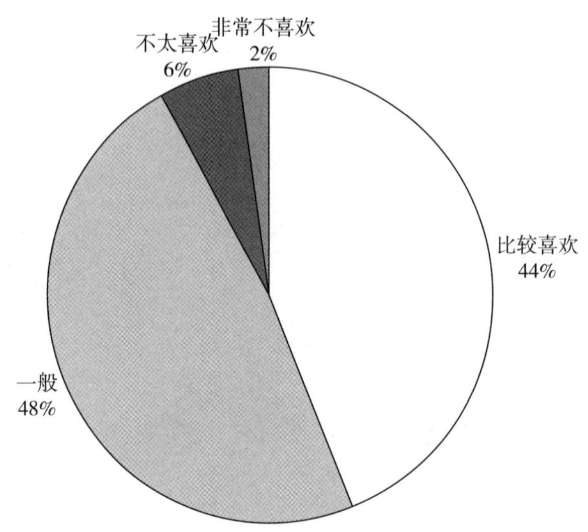

图29　进城务工青年是否喜欢目前工作的城市情况

受访者在回答“是否能融入工作所在城市的生活”时，表示“能融入”的占65%，表示“比较难融入”和“完全无法融入”的占5%。详见图30。

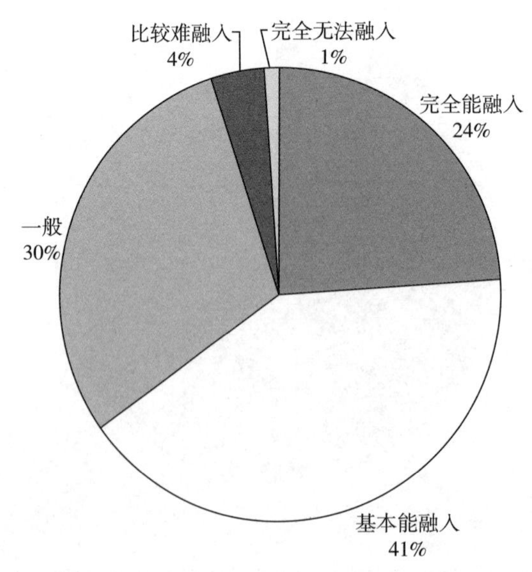

图30　进城务工青年是否能融入工作所在城市的生活情况

受访者在回答“未来五年的计划是什么”时，仅38%的人回答“继续在城市里工作，扎根城市”，有15%的明确表示回家（其中，11%表示“回家乡创业”，4%表示“回家务农”）。详见图31。

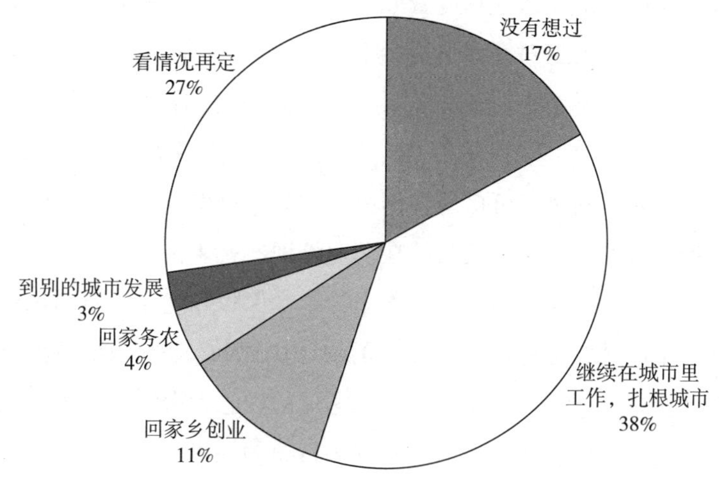

图31　进城务工青年未来五年的计划

上述数据显示，对进城务工青年来说，对一个城市的生活能够“融入”，并不完全等于对这个城市有“归属感”，仍有一定比例的进城务工青年将在未来五年内离开城市、回到乡村。

五　进城务工青年成长帮扶建议

（一）保障进城务工青年各项权利

调查数据所反映的关于进城务工青年各项权利保障方面的问题，如全省进城务工青年对“社会保障”“农村老人养老”“子女入学”等问题十分关注，这一结果所反映的深层问题，是我国城乡“二元”体制弊端和直接后果。城乡“二元制”，在我国已经推行几十年，曾经在特殊时期对维护国家安全、社会稳定起过一定积极作用，但该体制目前在我国已进入弊端高发期。城乡不同的体制和法律法规存在的缺陷，使得进城务工青年在城市中处于一种尴尬的边缘境地，合法权益得不到保障，诱发了一系列社会问题。进城务工青年目前是建筑、纺织、采掘和一般服务业的劳动者主体，已成为我国产业工人的重要组成部分。进城务工人员作为农村的精英群体，却生活在城市的最底层，农民工对劳动权益保障的诉求不仅是客观的，而且是正当的、迫切的。今后要加快改革阻碍生产力发展和社会进步的城乡“二元”体制和户籍制度，使“农民工”和“城市人”享有各方面的平等政治权利和平等福利待遇。同时，可借鉴我国民族政策优惠少数民族群众的做法，针对属于弱势群体的进城务工人员，在职业培训、就业指导、劳动条件、居住环境、社会待遇、子女入学等方面作出原则性保障和优先关照的规定。要积极推动有利于进城务工青年健康发展的法律法规和公共政策的制定与完善，着力推动改变对进城务工青年有歧视、排斥的观念和做法，努力从制度层面保证进城务工青年享有平等待遇。根据现行劳动保障法律法规，充分落实进城务工青年应当享有的基本权利，除了保障基本工资发放外，还要落实好最低工资标准、劳动时间、劳动合同、社会保障、休息休假等权利，同时尤其要关注女性职工和16～18岁未成年人享受特殊劳动保护的权利。

（二）摸清进城务工青年面临的困难

调查显示，进城务工青年背井离乡，从农村进入城市，要以全新的思维适应全新的环境，要适应全新的生活方式，而他们和身边的同龄城市青年相比，在教育背景、城市生活经验、各方面资源等方面遇到的各类实际困难数量繁多、内容复杂、巨细兼有。同时，进城务工青年无法享受市民同等待遇，导致他们在婚姻恋爱、子女入托入学、社保福利、买房买车等各个方面，都面临较大的压力。与城市青年不同，进城务工青年在成家立业方面，不仅难以得到原生家庭的支持，还要从有限的收入中拿出相当一部分来补贴乡下的原生家庭。从本次调查的微观数据看，以“进城务工青年性别比例严重失调”为例，男青年在恋爱、婚姻方面不可避免地遇到困难；以城乡公共设施建设差异为例，许多农村青年刚进城时面临不会乘地铁、不会使用地图导航、生病或遇到困难时无亲友帮助等各类琐碎又具体的实际困难。从宏观看，不少进城务工青年自身的发展还存在诸多与经济社会发展不和谐、不适应的问题和困难。除了上述提到的在政治上不能享有企业职工的民主权利、在经济上同工不同酬外，他们在社会保障方面也得不到公平的待遇，在文化教育上自身及子女都受到很大的客观环境制约，与工作业务、与城市生活相关的资源相对匮乏，而同时还要额外担负较重的父母赡养义务，又基于自身整体素质不高、组织化程度较低等原因，他们在劳动力市场竞争、权益维护等方面都处于弱势地位，这会引发许多社会矛盾和纠纷。

（三）加强进城务工青年技能培训

调查发现进城务工青年多数为中等学历，缺乏一技之长、科技文化素质明显偏低，已成为制约进城务工青年就业发展的主要因素。这直接影响他们的收入、职业发展、家庭幸福，他们的工作能力和综合素质也关乎城乡建设、关乎经济社会的发展。缺乏职业技能培训，导致农民工在劳动力市场上的竞争力、就业能力和维权能力都偏低。与此同时，全国（包括河北省）大范围出现“用工荒”，大量用工单位找不到合适的劳动力，形成劳动力素质与就业岗位之间的结构性矛盾。今后应加强对进城务工青年的技能培训。一方面，要针对不同需求和实际培养从低端到高端的各类技术人才，充分利用线上教育、职工夜校等多种形式，就近就便为进城务工青年提供培训，通过理论学习、实践见习等多种方式，丰富培训层级，形成培训体系，提升培训效果。另一方面，要加强对进城务工青年的就业规划指导，让他们了解更多就业信息，拓宽就业渠道。各地要充分利用先进的通信设备，建立一个以进城务工青年为主体的信息沟通平台，并定期开展职业生涯规划“工作坊”或就业晋升技巧等方面的培训，积极为进城务工青年开办创业“青年夜校”式的培训课程，邀请各行业成功人士与青年进行互动交流，提升进城务工青年的就业竞争力和创业成功率。同时，还要结合进城务工青年需求，加强就业技能、法律常识、职业道德等短期实用的综合培训，把是否有利于提高进城务工青年的就业能力、职业技能和适应城市生活能力作为有关部门衡量培训工作的重要标准，推动培训与技能鉴定、促进就业相结合，帮助他们不断提高综合素质。

（四）建立“输出”“输入”联动机制

全省各级政府要把农村劳动力的转移和输出作为全面建成小康社会的一项工作重点。原生家庭户籍所在地为“输出地”，11 个地级市主城区则是进城务工青年集中“输入地”，全省应尽快建立“输出地”和“输入地”之间流动青年就业双重服务机制。一方面，“输出地”要做好技能初步培训、对口输送、跟踪服务等工作。如根据市场需要，定期发布职业需求和职业技能要求方面的信息，减少农民工在求职中的盲目性和上当受骗的可能性。在他们返乡（春节前后）后及时与他们沟通，了解他们的困难，倾听他们的呼声；主动采取政策和财政支持的办法，鼓励面向农村劳动力开展就业能力培训，可通过对职业培训机构减免税费、培训实体降低学费、政府给予补助等办法，帮助进城务工青年以最低的成本学到最实用的知识和技能，以提高劳动者素质能力，增强其就业能力，提高农民工在就业市场上的竞争力。另一方面，“输入地”也要做好岗位技能培训、各项权利保障和流动人口服务管理等工作。要鼓励各类城镇企业对进城务工青年进行岗前、岗位职业技术培训，使务工青年和企业利益都能得到维护和发展。同时，“输出地”政府应加强对外出农民工的跟踪服务，对存在的问题进行及时处理，与“输入地”有关政府部门配合做好相关工作，如流动人口的婚育服务、卫生保健等事宜，以及治安与刑事案件的协查等问题。通过“输出地”和“输入地”间的联动机制，在有关农民工权益保障的政策和法规中规定各职能部门之间，职能部门与主管部门之间以及不同级别、地域的政府部门之间的职责与权限，明确规定这些部门之间分工、合作的责任、方式、途径、纪律等方面的条款。职能部门、农民工工作所在行业的主管部门都有责任维护和保障农民工的合法权益，凡是出现农民工权益受侵害的，将追究职能和主管部门负责人的责任。

（五）鼓励进城务工青年融入社区

河北省是个农业大省，农民人口多，河北省城市化率略低于全国平均水平。融入城市社区，是进城务工青年适应城市社会的有效方式，也是加快河北省城镇化步伐的主要措施和目标，并且有利于建立完善的现代社会治理体系。从进城务工青年的社会关系看，由于这些青年的生活圈子、交际能力、生活习惯等都不可能迅速脱离生活多年的农村模式，因此特别需要社区的积极帮助和有效支持。针对进城青年在融入城市和人际互动过程中遇到的实际困难，要积极发挥城市街道、社区等的作用，引导进城务工青年积极融入城市社区，实现自我教育、自我管理、自我服务。一是要建立社区交流平台，促进社区内进城务工青年的社会融入，逐步培养进城务工青年对社区的归属感。二是要以兴趣爱好、利益需求为纽带，积极推动在进城务工青年中建立文学、书画、棋牌等各类协会、社团或兴趣小组，使进城务工青年在城市生活中拥有多样化、多层次、多角度的组织选择。定期举办音乐舞蹈培训课，举办各种球类比赛、登山联谊等活动，既能满足他们的休闲娱乐需求，又能协助他们扩大交际范围，提升其城市生活适应力。三是鼓励他们在工作的城市社区中有自己的丰富生活。可以通过QQ、微信、微博等为进城务工青年搭建一个可以沟通的平台，帮助他们建立有益于自己工作和生活的“人脉支持网”。四是将进城务工青年纳入社区管理体制，在政府引导下，从社区管理、社区服务、社区保障、社与参与等方面给予全面支持，使进城务工青年能顺利地融入城市社会。

结　语

进城务工青年是中国在由传统农村社会向现代工业社会转型过程中出现的一个特殊群体。随着我国工业化和城市化建设进程的加快，进城务工青年的数量仍将进一步增长，并成为经济建设中的一支主要力量。习近平同志在十九大报告中强调，“中国特色社会主义进入新时代，我国社会主要矛盾已

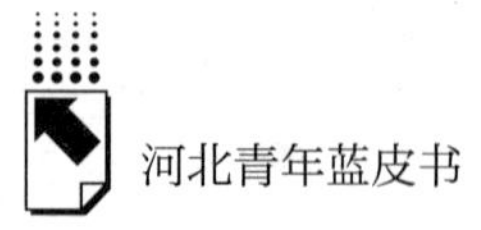

经转化为人民日益增长的美好生活需要和不平衡不充分的发展之间的矛盾”。农村青年进城务工，为城市发展做出了许多贡献，城市的建设与发展，离不开他们的付出。但这些青年尚未能享受到与贡献对等的权利和社会地位，他们游离于城市主流社会，处于城市社会的底层，属于城市社会中的弱势群体。在我国统筹城乡协调发展、全面建成小康社会的新形势下，进城务工青年的生存状况、面临的问题、未来出路等，已成为社会各界青年发展工作的热点和重点。对进城务工青年来说，在全面破除城乡“二元”体制壁垒之前，他们面临的突出问题是工资偏低、劳动强度大、社会保障欠缺等，他们的精神文化需求日益增长，他们对自身素质提高以及对工作、生活环境改善的期望进一步增强。进城务工青年有自己独特的生活形态和时代特征，需要定期调研青年需求，才能为开展服务提供决策依据。进城务工青年工作千头万绪，内容庞杂，涉及的行业广，相关的部门多，是一项复杂的系统工程。因而，需要各部门通过通力合作、整合服务来对进城务工青年进行帮扶。

B.8

河北新兴领域从业青年群体研究报告

韩春秒*

摘　要： 新兴领域从业青年是伴随我国经济社会加速转型而出现的新生青年社会力量。本研究针对河北省新媒体从业青年、归国留学青年、创业青年、网约车司机、快递小哥等新兴领域从业青年展开调查，从思想道德、学习培训、社会融入、权益保障等四个方面进行了分析。调查发现，新兴领域从业青年：思想道德与价值观念趋于多元和现实；知识技能缺口较大，期待的培训务实多样；加入中国共产党/共青团组织的比例有待提升；身心健康情况不容乐观；权益保障情况有待提升。

关键词： 新兴领域从业青年　思想道德　学习培训　社会融入　权益保障

新兴领域从业青年群体是指随着我国经济社会加速转型而出现的新生青年社会力量，主要包括新经济和新社会组织从业青年、新媒体从业青年、自由职业者、网络意见领袖、网络作家、归国留学青年、流浪艺人等。在新形势下，深入研究新兴领域从业青年群体的结构、特征、诉求和发展趋势，并在此基础上开展有针对性的服务和引导工作，具有重要的现实意义。

新兴领域青年群体的出现、成长与发展，离不开经济社会结构的深层

* 韩春秒，河北省社会科学院新闻与传播学研究所副研究员，主要研究方向为受众研究、乡村传播。

次调整，与信息化、网络化的技术变革、社会结构的变迁及国家发展政策的变化息息相关，技术、政策、社会等因素均对新兴领域从业青年群体的发展产生重要影响。本研究重点关注的新兴领域从业青年群体，主要包括以下五个群体："快递小哥"指年龄在35周岁以下的全职快递从业者，不包括以其他职业为主兼职做快递的青年；"网约车司机"指年龄在35周岁以下的全职网约车司机；"归国留学青年"指通过公派或自费等途径出国留学1年（包括1年）以上，年龄低于35周岁的在冀青年，不包括在读学生；"创业青年"指企业在河北省工商管理部门注册时间不超过5年，在河北地区持续经营并完成验照手续，户籍地不限、年龄在35周岁以下的青年企业法人、合伙人和青年个体工商户等；"新媒体从业青年（网络主播/签约作家等）"指年龄在35周岁以下的新媒体从业人员及意见领袖。新媒体中的代表性人士大致分两类：新媒体平台的经营者、新媒体上内容的制造者。

一　河北新兴领域从业青年群体问卷调查情况说明

（一）调查方法及样本分布

针对新媒体从业青年、归国留学青年、创业青年、网约车司机、快递小哥等新兴领域从业青年难以在全省范围内确定准确群体规模数据的客观现实，按照统计学最低代表性样本要求，确定了群体样本量。面向河北省11个地市与辛集市、定州市、雄安新区的新兴领域从业青年共收回有效问卷6930份，各分群体分布情况见表1。

其中，新兴领域从业青年发展状况的研究主要通过滚雪球方法进行，其中：快递小哥计划执行样本量500份，共回收问卷754份，其中有效问卷744份。网约车司机计划执行样本量500份，共回收问卷540份，其中有效问卷506份。归国留学青年计划执行样本量500份，共回收问卷551份，其中有效问卷437份。创业青年计划执行样本量1700份，共回收问卷3341

份，其中有效问卷3311份。新媒体从业青年计划执行样本量1800份，共回收问卷1986份，其中有效问卷1932份。

表1　河北新兴领域从业青年调查样本情况

群体分类	分类样本量(计划/有效样本)	总样本量(计划/有效样本)
快递小哥	500/744	5000/6930
网约车司机	500/506	
归国留学青年	500/437	
创业青年	1700/3311	
新媒体从业青年（网络主播/签约作家等）	1800/1932	

1. 样本地区分布

本次面向全省新兴领域从业青年展开调查，样本地域分布情况如下：保定市719人、沧州市603人、承德市381人、邯郸市663人、衡水市420人、廊坊市455人、秦皇岛市333人、石家庄市915人、唐山市821人、邢台市442人、雄安新区273人、张家口市425人、定州市228人、辛集市252人，总样本量为6930人。

2. 样本就业领域分布

本次调查所涉及的新兴领域从业青年样本就业领域分布情况见图1。

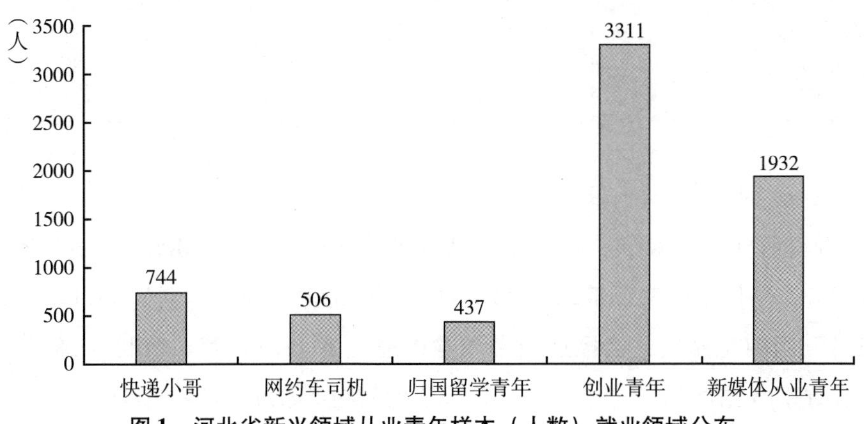

图1　河北省新兴领域从业青年样本（人数）就业领域分布

（二）河北新兴领域从业青年群体结构

1. 年龄结构

本次调查选取的新兴领域从业青年样本年龄分布情况为：年龄跨度为14～35岁，其中14～18岁样本为218人，19～25岁样本为2035人，26～35岁样本为4677人，详见表2。从行业分布来看：归国留学青年三个年龄段样本数分别为11人、113人和313人，网约车司机三个年龄段样本数分别为24人、149人和333人，创业青年三个年龄段样本数分别为59人、735人和2517人，新媒体从业青年三个年龄段样本数分别为113人、931人和888人，快递小哥三个年龄段样本数分别为11人、107人和626人。可见，低龄人群（14～18岁）在新兴领域从业青年样本中主要集中在新媒体从业青年（113人）和创业青年（59人）领域，新兴领域从业青年样本主体集中在26～35岁年龄段，见图2。

表2　河北新兴领域从业青年样本（人数）年龄分布

单位：人

年龄分布	14～18岁	19～25岁	26～35岁
样本总体	218	2035	4677
归国留学青年	11	113	313
网约车司机	24	149	333
创业青年	59	735	2517
新媒体从业青年	113	931	888
快递小哥	11	107	626

2. 政治面貌

调查数据显示，在新兴领域从业青年样本中，中共党员的比例为20.1%，略低于就业青年总体（24.5%），目前团员在册比例为48.1%（包含“我目前是团员，已经递交了入党申请”的19.1%和“我目前是团员，还没递交入党申请”的29.0%），这个比例也与就业青年总体的团员比例（44.8%）基本持平，见表3。

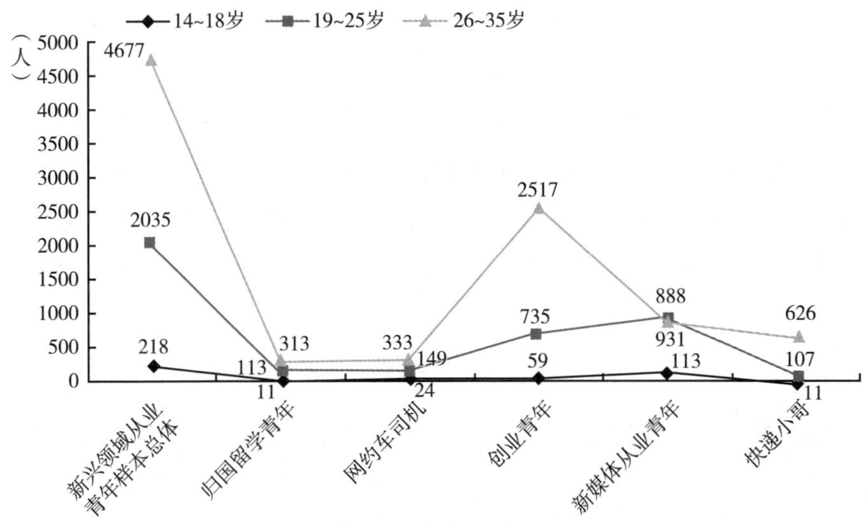

图 2　河北新兴领域从业青年样本（人数）分行业年龄结构

表 3　河北新兴领域从业青年样本与河北就业青年政治面貌

单位：%

政治面貌	归国留学青年	网约车司机	创业青年	新媒体从业青年	快递小哥	新兴领域从业青年总体	就业青年总体
我已经加入中国共产党	34.6	19.4	20.7	17.9	15.3	20.1	24.5
我目前是团员，已经递交了入党申请	17.4	20.9	17.7	24.5	10.5	19.1	17.5
我目前是团员，还没递交入党申请	25.6	29.3	26.3	35.1	27.3	29.0	27.3
我既不是团员，也不是党员	22.4	30.4	35.3	22.5	46.9	31.8	30.7

3. 受教育程度

调查发现，在新兴领域从业青年当中，受教育程度呈现较大差异，见表4。其中，归国留学青年学历均为“高职/大专”以上，并且“大学本科”比例为49.0%，“硕/博研究生”比例为43.7%。新媒体从业青年的学历呈现较为明显的两极分化现象，在受调查新媒体从业青年中，“小学及以下”

学历占比1.9%，“初中”学历占比5.1%，而“高职/大专”占比30.7%，“大学本科”占比43.1%，“硕/博研究生”占比3.3%。网约车司机、创业青年和快递小哥样本中，“小学及以下”占比分别为3.8%、2.6%和3.9%，“高中/职高或中专”学历在各自群体中占比最高，分别为33.0%、28.7%和41.9%。其中，快递小哥的平均学历在新兴领域从业青年中相对较低，以“高中/职高或中专”及以下学历为主，占比约66.2%。

表4 河北新兴领域从业青年样本受教育程度

单位：%

受教育程度	归国留学青年	网约车司机	创业青年	新媒体从业青年	快递小哥
小学及以下	0.0	3.8	2.6	1.9	3.9
初中	0.0	14.6	24.5	5.1	20.4
高中/职高或中专	0.0	33.0	28.7	15.9	41.9
高职/大专	7.3	19.6	22.7	30.7	24.1
大学本科	49.0	25.6	19.8	43.1	9.2
硕/博研究生	43.7	3.4	1.7	3.3	0.5

二 河北新兴领域从业青年群体问卷调查综合分析

（一）思想道德与价值观念分析

1. 新兴领域从业青年对社会主义核心价值观总体认同

价值观是人们认识事物、辨别是非的一种思维或取向，对人们自身行为起着非常重要的定向和调节作用，是社会公众心目中理想社会的图景与标准。社会主义核心价值观作为社会主义核心价值体系的内核，体现出丰富的内涵与实践要求。对社会主义核心价值观的认同程度成为社会群体思想价值观念的重要表征。

新兴领域从业青年对社会主义核心价值观的认同度见图3，分别为：归国留学青年89.5%（非常认同59.7%、比较认同29.8%），网约车司机

84.6%（非常认同53.4%、比较认同31.2%），创业青年90.1%（非常认同58.3%、比较认同31.8%），新媒体从业青年89.4%（非常认同61.9%、比较认同27.5%），快递小哥85.5%（非常认同54.7%、比较认同30.8%），均低于“就业青年”91.0%的认同比例，其中，网约车司机对社会主义核心价值观的认同比例为84.6%，在新兴领域从业青年中属最低，其次是快递小哥，该群体对社会主义核心价值观的认同比例为85.5%。

并且，在新兴领域从业青年群体中，不同群体对社会主义核心价值观的认同程度不尽相同，其中，创业青年认同度最高（90.1%），其次为归国留学青年（89.5%），新媒体从业青年（89.4%）和快递小哥（85.5%），最后是网约车司机（84.6%）。

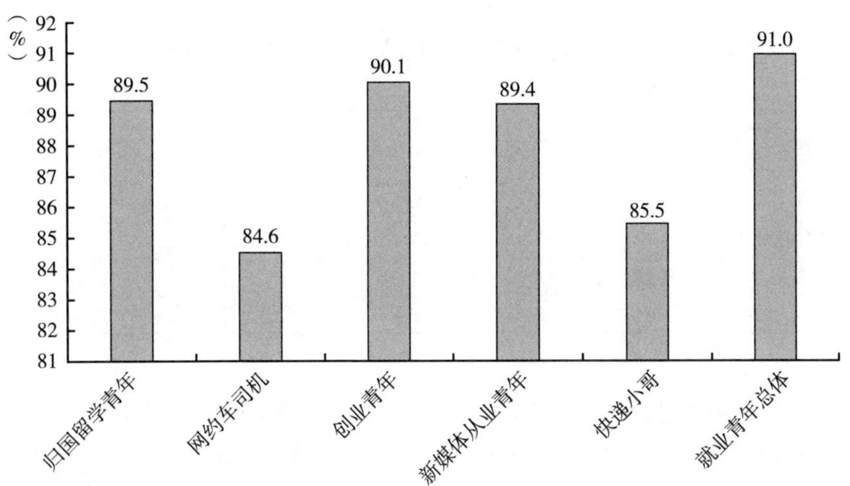

图3 河北新兴领域从业青年与就业青年对社会主义核心价值观的认同程度

2. 新兴领域从业青年对“国家大事”十分关注

新兴领域从业青年对国家大事的关注程度如下：归国留学青年为90.6%（非常关注45.1%、比较关注45.5%），网约车司机为85.8%（非常关注35.4%、比较关注50.4%），创业青年为84.7%（非常关注38%、比较关注46.7%），新媒体从业青年为87.0%（非常关注37.1%、比较关注49.9%），快递小哥为77.7%（非常关注33.9%、比较关注43.8%）。其中，归国留学青年对“国家大事”的关注程度最高，高出就业青年总体该数据6.2个百分点。网约车司机、创业青年对“国家大事”的关注度与就业青年总体基本持平。快递小哥对“国家大事”的关注度最低，低于就业青年总体该数值约6.7个百分点，见表5。

同时，新兴领域从业青年群体对国家大事的不关注程度（不太关注、完全不关注）为：归国留学青年为9.4%（不太关注8.3%、完全不关注1.1%），网约车司机为14.2%（不太关注11.7%、完全不关注2.5%），创业青年为15.3%（不太关注13.5%、完全不关注1.8%），新媒体从业青年为13.0%（不太关注11.4%、完全不关注1.6%），快递小哥为22.3%（不太关注18.7%、完全不关注3.6%），见表5。

表5　河北新兴领域从业青年群体与就业青年对国家大事的关注程度

单位：%

关注程度	归国留学青年	网约车司机	创业青年	新媒体从业青年	快递小哥	就业青年总体
非常关注	45.1	35.4	38.0	37.1	33.9	84.4
比较关注	45.5	50.4	46.7	49.9	43.8	
不太关注	8.3	11.7	13.5	11.4	18.7	15.6
完全不关注	1.1	2.5	1.8	1.6	3.6	

新兴领域从业青年对国家大事（政治、经济、医疗、教育、军事、科技、文化、社会、外交等）的关注，选择最多的是“政治”，这与就业青年整体对“政治”的高关注度一致。其中，归国留学青年、网约车司机、创业青年、新媒体从业青年、快递小哥等在“国家大事”中对“政治”的关注比例分别为64.1%、62.2%、61.4%、63.3%、61.1%，与从业青年对“政治”（63.4%）的总体关注比例基本持平，见表6。

新兴领域从业青年总体除去对国家大事中的“政治”高度关注外，其次是“经济”（51.1%），再次是“教育”（41.0%）、“医疗”（37.1%）、“军事”（34.1%）、“文化”（26.1%）、“科技”（25.7%）、“社会”（25.0%），最后是“外交”（18.7%）。新兴领域从业青年对上述国家大事各领域的关注比例及关注顺序与从业青年总体基本一致。另外，在新兴领域从业青年群体内部，从关注领域来看，归国留学青年与新媒体从业青年对“政治”的关注程度（分别为64.1%、63.3%）最高，对“经济”关注度最高的是快递小哥（53.1%），对“医疗”的关注度超过其他新兴领域从业青年的是网约车司机，新媒体从业青年对“社会”“文化”的关注度超过其他新兴领域从业青年，而归国留学青年在新兴领域从业青年中对“外交”最为关心（22.2%），见表6。

表6　河北新兴领域从业青年对国家大事各领域的关注情况

单位：%

国家大事各领域	归国留学青年	网约车司机	创业青年	新媒体从业青年	快递小哥	新兴领域从业青年总体	新兴领域从业青年排序	从业青年总体	从业青年总体排序
政治	64.1	62.2	61.4	63.3	61.1	62.1	1	63.4	1
经济	52.8	47.5	52.7	48.1	53.1	51.1	2	50.0	2
医疗	36.9	40.8	36.5	36.3	39.8	37.1	4	40.6	4
教育	43.2	40.1	41.2	41.2	38.4	41.0	3	45.0	3
军事	27.3	35.0	34.1	32.3	43.8	34.1	5	31.3	5
科技	23.7	28.6	24.5	26.7	27.2	25.7	7	23.1	8
文化	23.7	26.5	24.1	32.5	18.7	26.1	6	26.2	6
社会	23.2	26.0	24.6	26.4	23.7	25.0	8	24.5	7
外交	22.2	18.2	16.9	21.6	16.3	18.7	9	17.4	9

3. 新兴领域从业青年对国家发展满怀信心

在国家发展信心方面，数据显示，新兴领域从业青年对“我国在未来几十年内会成为世界第一强国”“我国必将完成祖国统一大业”“未来我国将涌现出更多的诺贝尔奖获得者并在科研、人文领域取得世界领军者的地位”“未来我们的社会将更加文明、公正和平等”“未来几十年内，我国人民的生活水平将大幅度提高”“到21世纪中叶，我国将彻底解决看病难、看病贵的问题”“在不久的将来河北省将彻底打赢脱贫攻坚战”“在不久的将来河北省的经济发展、京津冀一体化建设和雄安新区的建设都会得重大进展”“在不久的将来河北省能彻底解决环境污染问题”等9个描述表示有信心的比例分别为82.3%、84.4%、83.6%、82.8%、82.9%、75.3%、76.7%、80.3%、73.4%，见表7。

表7　河北新兴领域从业青年对国家发展的信心指数

单位：%

对国家发展的信心	归国留学青年	网约车司机	创业青年	新媒体从业青年	快递小哥	新兴领域从业青年总体
A	80.3	80.8	84.0	81.1	80.4	82.3
B	81.9	83.0	85.4	84.6	81.3	84.4
C	81.9	80.2	84.7	84.8	79.0	83.6
D	82.4	79.8	83.5	83.6	79.3	82.8
E	82.6	78.1	84.2	83.4	79.4	82.9
F	73.0	73.7	77.0	75.3	69.4	75.3
G	74.8	74.1	78.5	76.9	70.4	76.7
H	79.4	76.7	81.6	81.6	73.8	80.3
I	68.6	71.7	76.0	72.1	69.5	73.4

注：A：我国在未来几十年内会成为世界第一强国。B：我国必将完成祖国统一大业。C：未来我国将涌现出更多的诺贝尔奖获得者并在科研、人文领域取得世界领军者的地位。D：未来我们的社会将更加文明、公正和平等。E：未来几十年内，我国人民的生活水平将大幅度提高。F：到21世纪中叶，我国将彻底解决看病难、看病贵的问题。G：在不久的将来河北省将彻底打赢脱贫攻坚战。H：在不久的将来河北省的经济发展、京津冀一体化建设和雄安新区的建设都会得重大进展。I：在不久的将来河北省能彻底解决环境污染问题。

河北新兴领域从业青年群体对上述9个描述整体呈现乐观积极的态度，尤其对B（我国必将完成祖国统一大业）、C（未来我国将涌现出更多的诺贝尔奖获得者并在科研、人文领域取得世界领军者的地位）、E（未来几十年内，我国人民的生活水平将大幅度提高）和D（未来我们的社会将更加文明、公正和平等）较有信心，信心比例分别为84.4%、83.6%、82.9%和82.8%。其中，创业青年对国家信心指数最高，在9个相关项的选择中，创业青年有7项列新兴领域从业青年最高值。而快递小哥对国家信心指数则偏低，在9个相关项的选择中，快递小哥有6项列新兴领域从业青年最低值。再从新兴领域从业青年总体看，新兴领域从业青年对I（在不久的将来河北省能彻底解决环境污染问题)、F(到21世纪中叶，我国将彻底解决看病难、看病贵的问题)和G(在不久的将来河北省将彻底打赢脱贫攻坚战)信心指数相对偏低，分别为73.4%、75.3%和76.7%。

4. 新兴领域从业青年拥有健康积极的幸福观与价值观

关于河北青年的幸福观，调查数据显示，河北就业青年生活幸福的重要指标前3项是“健康的身体”(81.9%)，“温馨的家庭关系”(53.1%)和“美满的婚姻”(35.0%)。新兴领域从业青年当中，归国留学青年选择上述三个方面的比例分别为69.8%、51.9%和30.0%，网约车司机的比例分别为74.1%、44.1%和36.0%，创业青年的比例分别为81.4%、51.3%和33.6%，新媒体从业青年的比例分别为74.9%、50.6%和29.9%，快递小哥的比例分别为78.5%、50.0%和35.6%，见图4。

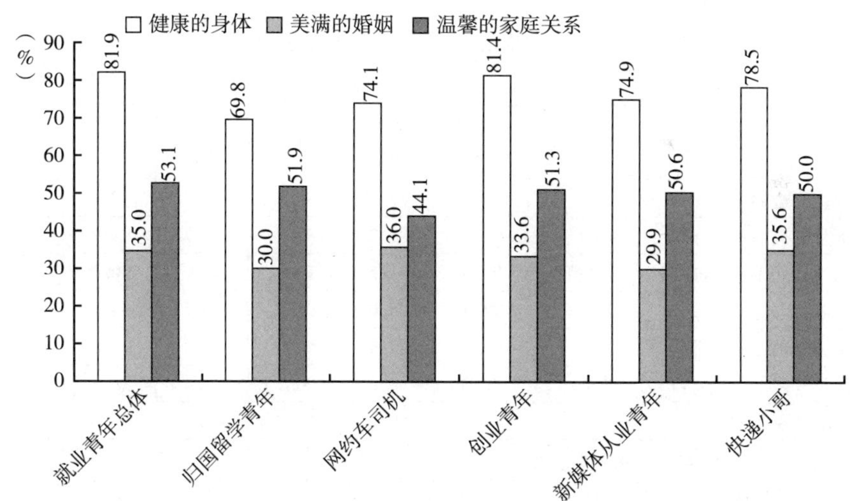

图4　河北新兴领域从业青年与就业青年对生活幸福三项指标的选择

在对“九种描述的赞同比例”的调查中，数据显示，新兴领域从业青年最为赞同的描述分别为“我善待身边的每一个人”(92.2%)、“诚信是做人的基础”(91.4%)和“奋斗成就人生”(90.7%)，最不赞同的三个描述分别为“只要能赚到钱什么都能干”(46.8%)、“人生就是要及时行乐”(66.1%)和“我们社会中每个人都有平等的机会变得富有”(81.3%)。并且，在新兴领域从业青年不同群体之间，也存在一定的价值观的差异。比如，快递小哥最赞同的描述是“诚信是做人的基础”（90.9%）和“现代社会仍需要互助友爱和奉献精神”（90.1%），体现出该群体对诚信的推崇，以及在社会交往中更加注重互助与奉献，这是行业工作性质使然，是社会对快递行业加强规约的体现。另外，对新兴领域从业青年普遍反对的“只要能赚到钱什么都能干”（46.8%），快递小哥和网约车司机的赞同指数却相对较高，分别为54.0%和52.4%，体现出这两类人群为了赚到钱而不辞辛劳的渴望相对更强烈。同时，我们发现，对“我们社会中每个人都有平等的机会变得富有”的描述，创业青年、快递小哥和新媒体从业青年最为赞同，指数分别为82.7%、81.5%和80.6%，而归国留学青年和网约车司机赞同比例偏低，指数分别为76.0%和80.0%，见表8。

表8　河北新兴领域从业青年对九种描述的赞同比例

单位：%

九种描述	归国留学青年	网约车司机	创业青年	新媒体从业青年	快递小哥	总体
我善待身边的每一个人	93.4	88.5	93.5	91.7	89.5	92.2
诚信是做人的基础	92.4	87.2	92.4	90.7	90.9	91.4
现代社会仍需要互助友爱和奉献精神	90.2	85.6	91.4	90.0	90.1	90.4
奋斗成就人生	92.4	85.0	91.8	90.5	88.8	90.7
只要能赚到钱什么都能干	46.0	52.4	46.9	42.8	54.0	46.8
生活条件好了,但节俭仍需要提倡	89.0	86.6	90.5	89.4	88.7	89.6
人生就是要及时行乐	65.7	69.2	64.9	66.3	69.6	66.1
我们社会中每个人都有平等的机会取得学业上的成功	84.7	84.0	86.7	86.2	86.4	86.2
我们社会中每个人都有平等的机会变得富有	76.0	80.0	82.7	80.6	81.5	81.3

（二）知识储备与教育培训状况分析

1. 新兴领域从业青年认同终生学习理念，并期待多方面能力得到提高

在“是否认同终生学习的理念”调查中，新兴领域从业青年群体赞同

比例普遍偏高，分别为：归国留学青年 89.2%、网约车司机 84.0%、创业青年 88.3%、新媒体从业青年 87.2% 和快递小哥 85.9%。在“哪方面培养对个人发展比较重要”的调查中，给出了新兴领域从业青年能力培养的观念和预期。数据显示，新兴领域从业青年最看重的三方面能力分别为：“交往能力”（总体为 40.7%）、“逻辑思维能力”（总体为 35.5%）和“创新能力”（24.7%）。然而，不同群体对各个能力的侧重又体现出一定差异。比如，归国留学青年最看重的三项能力分别为“逻辑思维能力”（45.3%）、“交往能力”（38%）和“外语能力”（35.5%）。网约车司机选择的前三种能力分别为“交往能力”（48%）、“逻辑思维能力”（31.8%）和“口头表达能力”（27.5%）。创业青年选择的前三名是“交往能力”（41.2%）、“逻辑思维能力”（31.4%）和“创新能力”（30.2%）。新媒体从业青年选择的前三项能力是“逻辑思维能力”（42.7%）、“交往能力”（37.0%）和“文字表达能力”（32.7%）。快递小哥选择的前三项能力是“交往能力”（45.4%）、“逻辑思维能力”（30.5%）和“口头表达能力”（28.9%），见表 9。

表 9　哪些能力对河北新兴领域从业青年发展比较重要

单位：%

能力	归国留学青年	网约车司机	创业青年	新媒体从业青年	快递小哥	新兴领域从业青年总体
外语能力	35.5	22.5	17.1	26.0	20.6	21.6
文字表达能力	27.0	23.9	20.1	32.7	19.2	24.3
逻辑思维能力	45.3	31.8	31.4	42.7	30.5	35.5
交往能力	38.0	48.0	41.2	37.0	45.4	40.7
知识储备能力	20.6	22.3	22.6	25.8	22.0	23.3
口头表达能力	16.5	27.5	20.6	19.7	28.9	21.4
创新能力	16.7	15.4	30.2	22.8	15.6	24.7
执行能力	12.8	14.2	12.3	9.1	11.7	11.5
合作能力	8.7	10.3	13.4	6.5	10.3	10.6
应变能力	7.6	18.4	14.0	14.1	17.9	14.3

续表

能力	归国留学青年	网约车司机	创业青年	新媒体从业青年	快递小哥	新兴领域从业青年总体
审美能力	3.4	2.4	1.9	4.2	2.3	2.7
减压调适能力	4.1	1.8	1.6	3.1	3.8	2.4
办公软件实操	2.3	2.2	4.7	4.0	5.9	4.3
专业知识	7.6	12.5	15.3	12.2	14.8	13.6
时间管理能力	6.2	4.3	4.8	4.8	4.4	4.8
快速学习能力	5.3	5.9	6.0	6.4	8.3	6.3
动手实践操作能力	3.2	6.1	5.6	4.6	7.4	5.4

2. 新兴领域从业青年以参加单位组织的现场培训为主，对培训效果评价尚可

为了提高各方面能力，新兴领域从业青年需要参加培训活动。目前，新兴领域从业青年参加培训的组织方主要集中在“单位（学校）”（35.5%）、“社会组织”（16.3%）、“商业机构”（15.8%）、“老师、朋友等”（13.2%）、“本地政府”（9.9%）和“工会、共青团、妇联等人民团体”（9.3%），见表10。

表10　河北新兴领域从业青年参加培训的主要组织方

单位：%

组织方	归国留学青年	网约车司机	创业青年	新媒体从业青年	快递小哥	新兴领域从业青年总体
单位(学校)	32.6	42.2	25.2	45.0	53.6	35.5
本地政府	4.8	10.5	14.5	4.8	6.2	9.9
工会、共青团、妇联等人民团体	14.7	11.4	9.0	8.8	6.4	9.3
社会组织	12.8	18.5	18.5	14.9	11.2	16.3
商业机构	22.9	8.9	18.2	14.9	7.6	15.8
老师、朋友等	12.2	8.5	14.6	11.8	15.0	13.2

那么，新兴领域从业青年参加培训的组织形式如何？数据显示，59.1%新兴领域从业青年主要通过“现场教育”参加培训，40.9%选择“线上教

育”，见表11。他们每周参加培训的时间集中在0～6小时，其中，48.3%的新兴领域从业青年每周参加培训0～3小时（不含0），33.0%的新兴领域从业青年每周培训时间为3～6小时（不含3），见表12。

表11　河北新兴领域从业青年参加培训的组织形式

单位：%

组织形式	归国留学青年	网约车司机	创业青年	新媒体从业青年	快递小哥	均值
线上教育	47.6	38.6	36.7	45.3	45.0	40.9
现场教育	52.4	61.4	63.3	54.7	55.0	59.1

表12　河北新兴领域从业青年每周参加培训的时间

单位：%

时间长度	归国留学青年	网约车司机	创业青年	新媒体从业青年	快递小哥	均值
0～3小时(不含0)	35.7	46.4	50.2	44.0	61.3	48.3
3～6小时(不含3)	37.7	36.4	32.6	34.4	25.6	33.0
6～9小时(不含6)	18.1	11.2	10.4	14.5	8.6	12.0
9小时以上(不含9)	8.5	6.0	6.8	7.1	4.5	6.7

（三）社会参与和社会融入状况分析

1. 政治参与

在关于就业青年是否就政府发布的政策方针公开发表个人意见的调查中，有14.4%的就业青年选择“做过”，85.6%的就业青年选择“没做过”。相对而言，新兴领域从业青年政治参与的比例要高于就业青年的总体情况，数据显示，17.5%的新兴领域从业青年对政府发布的政策方针公开发表过个人看法，高出就业青年3.1个百分点。从新兴领域从业青年内部来看，23.8%的归国留学青年、19.8%的网约车司机、17.4%的新媒体从业青年、17.2%的创业青年和14.1%的快递小哥对政策方针公开发表过个人意见，归国留学青年对政策方针公开发表意见的比例最高，快递小哥最低。见表13。

表 13　河北新兴领域从业青年与就业青年总体就政策方针公开发表看法情况

单位：%

情况	归国留学青年	网约车司机	创业青年	新媒体从业青年	快递小哥	新兴领域从业青年总体	就业青年总体
做过	23.8	19.8	17.2	17.4	14.1	17.5	14.4
没做过	76.2	80.2	82.8	82.6	85.9	82.5	85.6

同样，在关于“你是否通过微博、微信朋友圈等渠道就政府的某些政策方针公开发表自己的看法”的调查中，有约17.9%的就业青年选择“做过”，而新兴领域从业青年选择“做过”的比例是21.3%，高出就业青年均值3.4个百分点，见表14。可见，新兴领域从业青年在网络空间就政府的某些政策方针公开发表自己的看法的总体比例也要高于就业青年总体情况。再从新兴领域从业青年内部看，26.1%的归国留学青年、24.3%的网约车司机、22.1%的新媒体从业青年、21.1%的创业青年和15.2%的快递小哥通过微博、微信朋友圈等渠道就政府的某些政策方针公开发表过自己的看法。归国留学青年通过微博、微信朋友圈就政策方针发表看法的比例最高，快递小哥比例最低。

表 14　河北新兴领域从业青年与就业青年总体通过微博、微信圈讨论政策方针情况

单位：%

情况	归国留学青年	网约车司机	创业青年	新媒体从业青年	快递小哥	新兴领域从业青年总体	就业青年总体
做过	26.1	24.3	21.1	22.1	15.2	21.3	17.9
没做过	73.9	75.7	78.9	77.9	84.8	78.7	82.1

政治参与，除在公开场合发表个人观点之外，更多的是在相对私密、有限的社会关系中发表观点或进行讨论。在关于“你是否与家人、朋友讨论政府的某些政策方针”的调查中，47.4%的就业青年选择“做过”，49.2%的新兴领域从业青年选择“做过”。可见，新兴领域从业青年无论是在公开

场合还是在私密环境中，对政府政策方针发表个人观点的积极性都要稍高于就业青年总体。并且，从新兴领域从业青年内部看，归国留学青年、新媒体从业青年、网约车司机、创业青年、快递小哥在相对私密空间讨论政策方针的比例依次递减，归国留学青年以 54.5% 的比例居第一位，快递小哥以 39.4% 的比例居末位，见表 15。

表 15　河北新兴领域从业青年与就业青年总体与家人朋友讨论政策方针情况

单位：%

情况	归国留学青年	网约车司机	创业青年	新媒体从业青年	快递小哥	新兴领域从业青年总体	就业青年总体
做过	54.5	50.4	48.5	52.8	39.4	49.2	47.4
没做过	45.5	49.6	51.5	47.2	60.6	50.8	52.6

那么，具体到行动层面，关于“你是否拨打过市长热线、监督热线、在政府网站发帖等方式对国家方针政策、社会现象等方面表达自己的意见”的调查中，11.5% 的就业青年选择“做过”，而新兴领域从业青年选择“做过”的比例为 15.1%，高出就业青年总体 3.6 个百分点，见表 16。

表 16　河北新兴领域从业青年与就业青年总体面向政府公开发表看法情况

单位：%

情况	归国留学青年	网约车司机	创业青年	新媒体从业青年	快递小哥	新兴领域从业青年总体	就业青年总体
做过	19.9	21.7	13.9	15.7	11.4	15.1	11.5
没做过	80.1	78.3	86.1	84.3	88.6	84.9	88.5

新兴领域从业青年关注的社会问题主要集中在哪些方面？调查数据显示，在 30 类社会问题中，新兴领域从业青年最为关心的前 11 类社会问题分别为：“贫富分化问题”（33.3%）、“就业问题”（32.9%）、“房价问题”（30.6%）、“反腐败问题”（26.0%）、“社会风气和道德问题”（24.1%）、“社会稳定问题”（21.8%）、医疗体制改革问题（15.6%）、教育体制改革

问题（13.3%）、食品药品安全问题（12.3%）、青少年教育问题（10.4%）和社会保障问题（9.1%）。通过比较发现，就业青年总体对上述问题的关注比例与新兴领域从业青年基本持平，对“贫富分化问题”“社会稳定问题”“反腐败问题”“就业问题”“社会风气和道德问题”等方面，新兴领域从业青年的关注度要稍高于就业青年总体。另外，在新兴领域从业青年内部，快递小哥对“贫富分化问题”“反腐败问题”“房价问题”“就业问题”“医疗制度改革问题”的关注度（分别为40.2%、32.0%、35.5%、34.9%、16.4%）高于新兴领域从业青年总体比例（分别为33.3%、26.0%、30.6%、32.9%、15.6%）。网约车司机对“社会稳定问题”“就业问题”“社会保障问题”等的关注度（分别为26.1%、36.4%和11.3%）高于新兴领域从业青年总体比例（分别为21.8%、32.9%和9.1%）。创业青年对“医疗制度改革问题”（16.4%）、“食品药品安全问题”（13.9%）及“青少年教育问题”（11.6%）等的关注度高于新兴领域从业青年总体比例（分别为15.6%、12.3%和10.4%），见表17。

表17　河北新兴领域从业青年与就业青年总体最为关心的11类社会问题

单位：%

社会问题	归国留学青年	网约车司机	创业青年	新媒体从业青年	快递小哥	新兴领域从业青年总体	就业青年总体
贫富分化问题	26.3	35.6	32.6	33.0	40.2	33.3	32.6
社会稳定问题	22.0	26.1	21.4	22.6	18.8	21.8	21.0
反腐败问题	25.4	29.6	26.3	22.3	32.0	26.0	24.3
就业问题	30.7	36.4	30.3	36.2	34.9	32.9	31.7
社会风气和道德问题	25.2	26.7	23.8	24.8	21.4	24.1	23.0
房价问题	26.5	30.4	30.5	29.7	35.5	30.6	36.3
医疗制度改革问题	14.2	14.4	16.4	14.6	16.4	15.6	17.5
教育体制改革问题	15.8	11.5	12.9	15.4	9.8	13.3	15.6
食品药品安全问题	12.1	10.9	13.9	11.2	9.0	12.3	13.8
社会保障问题	6.6	11.3	9.6	8.4	8.9	9.1	9.6
青少年教育问题	9.2	6.5	11.6	10.4	8.7	10.4	11.1

2. 志愿参与

调查数据显示，就业青年总体愿意参加志愿活动的比例为56.9%。新兴领域从业青年愿意参加志愿活动的情况如下：归国留学青年为57.2%，网约车司机为48.6%，创业青年为56.3%，新媒体从业青年为60.2%，快递小哥为46%。可见，在新兴领域从业青年中，新媒体从业青年参与志愿活动的意愿最高（60.2%），而快递小哥和网约车司机参与志愿活动的意愿较低（分别为46.0%和48.6%）。

在关于“您认为目前开展青年志愿活动面临的困难主要有哪些”的调查中，就业青年总体认为排名前三位的是“志愿者活动宣传力度不够”（29.7%）、“普通群众参与活动的机会较少”（26.6%）和“当地的青年志愿者组织太少”（25.9%）。新兴领域从业青年与就业青年总体的选项存在一定差异：快递小哥认为排名前三的困难是“志愿者活动宣传力度不够”（27.2%）、“普通群众参与活动的机会较少”（24.5%）和“当地的青年志愿者组织太少”（23.4%）；网约车司机认为排名前三的困难是“志愿者活动宣传力度不够”（31.4%）、“志愿者组织缺乏有效的管理”（28.7%）和“政府重视不够”（24.5%）；新媒体从业青年认为排名前三的困难是“志愿者活动宣传力度不够”（30.1%）、“志愿者组织缺乏有效的管理”（27.0%）和“志愿者活动资金不足”（25.5%），见表18。

表18　河北新兴领域从业青年与就业青年总体认为开展志愿活动面临的主要困难

单位：%

开展志愿活动面临的困难	归国留学青年	网约车司机	创业青年	新媒体从业青年	快递小哥	就业青年总体
政府重视不够	19.2	24.5	19.5	18.9	22.6	19.1
志愿者活动宣传力度不够	32.5	31.4	29.4	30.1	27.2	29.7
志愿者组织缺乏有效的管理	26.5	28.7	23.1	27.0	23.1	23.9
志愿者活动内容不贴近生活	16.2	15.0	11.5	13.2	15.1	11.6
志愿者活动资金不足	28.6	23.1	25.6	25.5	21.9	24.6
当地的青年志愿者组织太少	22.4	22.9	26.2	23.6	23.4	25.9
志愿者活动的内容不够丰富	12.6	14.4	11.1	13.3	9.9	11.7

续表

开展志愿活动面临的困难	归国留学青年	网约车司机	创业青年	新媒体从业青年	快递小哥	就业青年总体
普通群众参与活动的机会较少	22.0	24.3	25.3	24.9	24.5	26.6
志愿者活动缺乏完善的激励机制	16.0	13.4	12.2	16.4	10.9	14.2
对国外开展志愿者活动的成功经验介绍得不够	6.6	4.9	5.5	5.5	4.3	4.5
志愿者活动项目缺乏长期的组织和管理	11.9	11.3	10.7	11.2	8.1	10.8
青年参与志愿者活动的意愿较低	8.2	11.1	12.0	11.9	11.0	11.2
社会诚信基础不够，让志愿者活动时常受到人们的质疑	8.7	13.2	13.4	11.4	13.3	12.2
说不清	5.5	8.9	10.6	8.8	16.1	10.6

3. 组织参与情况

在面向就业青年关于组织参与意向的调查中，33.1%选择“公益类（如青年志愿者协会/自然之友）”、26.7%选择“兴趣爱好协会/俱乐部/沙龙（如摄影/书画/体育健身/汽车俱乐部/旅游等）”、10.4%选择“没有（不愿意）参加任何社团组织”。新兴领域从业青年的组织参与情况主要为：归国留学青年选择“公益类”（27.7%）、“兴趣爱好协会/俱乐部/沙龙”（24.1%）和“联谊会”（10.5%）。网约车司机选择“兴趣爱好协会/俱乐部/沙龙”（27.5%）、“公益类”（27.2%）和“没有”（10.9%）。快递小哥选择“公益类”（26.5%）、“兴趣爱好协会/俱乐部/沙龙”（23.4%）和“没有”（15.8%）。可见，在新兴领域从业青年中，新媒体从业青年、归国留学青年参与组织的比例较高，而快递小哥、网约车司机参与组织的比例较低。见表19。

表19　河北新兴领域从业青年与就业青年总体关于组织的参与意向

单位：%

组织参与意向	归国留学青年	网约车司机	创业青年	新媒体从业青年	快递小哥	就业青年总体
没有（不愿意）参加任何社团组织	9.6	10.9	10.4	7.1	15.8	10.4
公益类（如青年志愿者协会/自然之友）	27.7	27.2	33.0	27.9	26.5	33.1

续表

组织参与意向	归国留学青年	网约车司机	创业青年	新媒体从业青年	快递小哥	就业青年总体
兴趣爱好协会/俱乐部/沙龙(如摄影/书画/体育健身/汽车俱乐部/旅游等)	24.1	27.5	22.8	31.9	23.4	26.7
联谊会(如校友会/同乡会/企业家联谊会/女子沙龙等)	10.5	5.3	6.4	5.8	6.2	5.7
行业协会(如律师协会/会计师协会/作家协会)	9.6	4.3	7.9	6.7	5.2	6.0
比较正式和大型的青年组织(如青年联合会/学生联合会)	8.7	7.3	6.9	7.8	6.3	6.7
学术性社团(如经济研究会/青年研究会)	6.9	5.5	4.5	4.7	2.8	4.3
宗教性团体	1.1	1.6	0.9	1.1	1.3	0.9
维权组织(业主/民工等)	1.6	5.7	3.5	2.1	4.8	3.1
网络社区	0.2	4.7	3.7	4.9	7.7	3.1

在面向就业青年进行“加入青年社团能为青年人提供一些什么样的帮助”的调查中，56.4%选择“引导青年人形成积极向上的生活方式”、47.2%选择“开阔青年人的视野，提高青年人的知识技能水平”、31.3%选择“引导青年人开展更多的公益活动”、27.8%选择“帮助青年人结交更多的朋友”、25.1%选择“为青年人的成长和发展提供更多的机会”、20.9%选择“丰富青年人的业余生活”、20.0%选择“缓解青年人在工作和生活中的压力”。而新兴领域从业青年在对青年社团理想功能的认知上，与就业青年整体接近，但各个群体在个别选项上又有所侧重：归国留学青年对“引导青年人形成积极向上的生活方式”（46.2%）较为看重，网约车司机则相对更强调“引导青年人开展更多的公益活动”（37.4%）和“丰富青年的业余生活”（24.3%），创业青年看重的是“为青年人的成长和发展提供更多的机会”（28.2%），新媒体从业青年对“开阔青年人的视野，提高青年人的知识技能水平”（47.2%）较为强调，快递小哥则对“缓解青年人在工作和生活中的压力”（21.4%）和“为青年人提供更多的精神安慰和感情支持”（11.8%）较为看重。见表20。

表 20　河北新兴领域从业青年与就业青年认为青年社团能提供的帮助情况

单位：%

青年社团能提供的帮助	归国留学青年	网约车司机	创业青年	新媒体从业青年	快递小哥	就业青年总体
引导青年人形成积极向上的生活方式	46.2	49.8	56.1	55.4	51.7	56.4
帮助青年人结交更多的朋友	35.9	24.3	26.6	30.6	26.9	27.8
引导青年人开展更多的公益活动	28.4	37.4	31.2	32.1	28.5	31.3
开阔青年人的视野，提高青年人的知识技能水平	43.9	41.5	46.0	47.2	43.0	47.2
丰富青年人的业余生活	19.7	24.3	17.8	23.0	19.8	20.9
为青年人的成长和发展提供更多的机会	22.9	25.5	28.2	25.7	23.3	25.1
缓解青年人在工作和生活中的压力	15.8	20.0	18.1	17.8	21.4	20.0
为青年人提供更多的精神安慰和感情支持	9.4	11.3	10.1	10.8	11.8	9.7
不知道/说不清	3.2	6.7	5.7	4.3	9.3	5.4

4. 健康休闲与生活消费状况分析

在身体状况上，河北从业青年中76.1%的人认为自己身体健康（选择“非常健康”或“比较健康”，下同）。在新兴领域从业青年中，选择自己身体健康的比例分别为：归国留学青年78.1%、网约车司机70.6%、创业青年78.1%、新媒体从业青年75.1%、快递小哥73.9%。可见，新兴领域从业青年身体健康比例与就业青年总体相差无几，其中，归国留学青年和创业青年健康比例最高，网约车司机和快递小哥认为自己身体健康的比例最低。在就业青年中，3.5%的人认为自己身体差（选择“比较差”或“非常差”，下同），而新兴领域从业青年中该项指标分别为：归国留学青年3.6%、网约车司机6.1%、创业青年3.2%、新媒体从业青年4.5%、快递小哥4.3%（见表21）。可见，在新兴领域从业青年中网约车司机、新媒体从业青年和快递小哥的身体健康状况需要格外引起重视。

表 21　河北新兴领域从业青年及就业青年总体对自身健康程度的评价

单位：%

自我评价	归国留学青年	网约车司机	创业青年	新媒体从业青年	快递小哥	就业青年总体
非常健康	34.8	35.6	39.2	31.0	36.7	33.6
比较健康	43.3	35.0	38.9	44.1	37.2	42.5
一般	18.3	23.3	18.7	20.4	21.8	20.4
比较差	3.4	5.1	2.6	3.8	3.8	3.0
非常差	0.2	1.0	0.6	0.7	0.5	0.5

（四）权益保障状况分析

在权益保障方面，河北省新兴领域从业青年内部存在较大差异。归国留学青年群体权益保障情况最为乐观，而快递小哥、创业青年等权益保障明显不足。河北省新兴领域从业青年与河北省就业青年总体相比较，也存在较大差异。并且，在不同权益保障之间，分群体之间表现出较为明显的不均衡状况（见表 22）。

1. 住房公积金权益

在单位的权益保障情况，就业青年总体的 49.5% 拥有“住房公积金”。具体到新兴领域从业青年，权益保障情况存在较大差异。68.4% 归国留学青年拥有“住房公积金”，但快递小哥、创业青年的拥有比例分别仅为 23.1% 和 26.1%。

2. 带薪休假权益

62.3% 的就业青年拥有“带薪休假”。在新兴领域从业青年中，除去归国留学青年的 74.6% 拥有带薪休假外，新兴领域从业青年其他群体都明显低于就业青年总体情况。网约车司机、创业青年、新媒体从业青年、快递小哥拥有该项权益的比例分别为 42.1%、44.0%、52.6% 和 41.9%。

3. 年度员工体检权益

62.3% 的就业青年拥有“年度员工体检”。新兴领域从业青年拥有该项

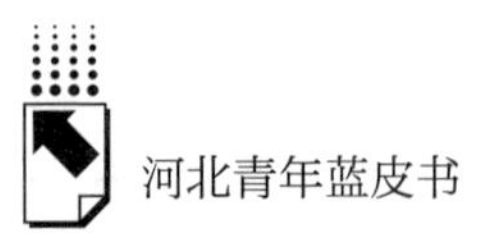

权益的比例分别为：归国留学青年 73.7%、网约车司机 51.8%、创业青年 44.2%、新媒体从业青年 48.6%、快递小哥 48.3%。

4. 正常节假日休息权益

69.2%的就业青年拥有“正常节假日休息”权益。新兴领域从业青年拥有该项权益的比例分别为：归国留学青年 80.8%、网约车司机 56.9%、创业青年 57.4%、新媒体从业青年 69.0%、快递小哥 40.7%。

5. 保险权益

73.3%就业青年拥有“养老、医疗、生育、失业保险”。新兴领域从业青年该项权益拥有情况为：归国留学青年 81.7%、网约车司机 57.5%、创业青年 48.2%、新媒体从业青年 56.2%、快递小哥 57.0%。

6. 劳动合同权益

78.9%的就业青年拥有劳动合同。新兴领域从业青年拥有该项权益的比例分别为：归国留学青年 82.8%、网约车司机 59.9%、创业青年 55.4%、新媒体从业青年 62.5%、快递小哥 75.0%。

表 22　河北新兴领域从业青年与河北就业青年总体权益保障情况

单位：%

权益类型	归国留学青年	网约车司机	创业青年	新媒体从业	快递小哥	就业青年总体
住房公积金	68.4	37.5	26.1	36.2	23.1	49.5
带薪休假	74.6	42.1	44.0	52.6	41.9	62.3
年度员工体检	73.7	51.8	44.2	48.6	48.3	62.3
正常节假日休息	80.8	56.9	57.4	69.0	40.7	69.2
养老、医疗、生育、失业保险	81.7	57.5	48.2	56.2	57.0	73.3
劳动合同	82.8	59.9	55.4	62.5	75.0	78.9

三　河北新兴领域从业青年群体面临的主要问题分析

新兴领域从业青年作为国家建设的新生力量，更是国家大事的密切关注者和祖国未来的坚强拥护者。他们思想积极、观点鲜明，对政治敏感，对国家大事热心关注，对政策宣传有自己的态度与评价。他们立足现实，深刻感知社会律动，对祖国未来的憧憬、对河北明天的期盼具有代表性与方向性，值得全面了解与积极应对。

（一）新兴领域从业青年思想道德与价值观念趋于多元与现实

1. 新兴领域从业青年对社会主义核心价值观比较认同

调查数据显示，新兴领域从业青年群体对社会主义核心价值观的不认同程度（不太认同、非常不认同）为：归国留学青年为 8.9%（不太认同 6.5%、非常不认同 2.4%），网约车司机为 11.7%（不太认同 9%、非常不认同 2.7%），创业青年为 7.2%（不太认同 5.8%、非常不认同 1.4%），新媒体从业青年为 8.7%（不太认同 6.4%、非常不认同 2.3%），快递小哥为 9.0%（不太认同 7.4%、非常不认同 1.6%），均高于就业青年总体 6.0% 的平均值。其中，网约车司机对社会主义核心价值观的不认同程度最高，高出就业青年总体 5.7 个百分点。同时，快递小哥选择“不太认同”和“非常不认同”的比例也偏高，值得重视。见表 23。

表 23　河北新兴领域从业青年群体与就业青年总体对社会主义核心价值观的认同情况

单位：%

认同情况	归国留学青年	网约车司机	创业青年	新媒体从业青年	快递小哥	就业青年总体
非常认同	59.7	53.4	58.2	61.9	54.7	91
比较认同	29.8	31.2	31.8	27.5	30.8	
不太认同	6.5	9.0	5.8	6.4	7.4	6
非常不认同	2.4	2.7	1.4	2.3	1.6	
说不清	1.6	3.7	2.8	1.9	5.5	3

2. 新兴领域从业青年是为了理想而不懈追求的奋斗者，稳定性不足

相对于就业青年总体而言，新兴领域从业青年更富有远大志向与人生目

标。新兴领域从业青年人生追求的关注点在哪里？在关于“最为相符的人生目标”的调查中，似乎得出了答案。46.9%的新兴领域从业青年选择“一份称心如意的工作、一个幸福的家庭，干好本职工作”，35.8%的人选择“追求真理，在为国家和社会贡献中创造出有价值的人生”，12.7%的人选择“生活安乐，与世无争”，2%的人选择“随遇而安，暂时没有固定的信仰和目标”，2.6%的人选择“追求物质享受”。通过比较发现，新兴领域从业青年对“追求真理，在为国家和社会贡献中创造出有价值的人生”的选择比例高出就业青年选择比例（31.3%）4.5个百分点，而对“一份称心如意的工作、一个幸福的家庭，干好本职工作”的人生追求的选择比例则低于从业青年均值（53.3%）6.4个百分点，其他选项差距不大。见表24。可见，新兴领域从业青年较之整个就业青年群体来说，更具有奋斗者的姿态，同时也透露出该群体青年社会动态性偏高、稳定性不足的特征属性。

3. 新兴领域从业青年自我幸福认可度内部差异明显，快递小哥幸福感偏低

关于河北从业青年幸福感调查的数据显示，党政机关和事业单位青年、社会组织从业青年、进城务工青年、企业青年、青年志愿者（就业）、归国留学青年、网约车司机、农村青年、创业青年、大学生村官、新媒体从业青年和快递小哥“认为自己生活幸福”的比例分别是83.9%、81.4%、77.9%、81.4%、84.0%、85.6%、79.1%、82.1%、83.4%、85.0%、80.8%和77.0%，见图6。

表24　河北新兴领域从业青年与就业青年总体对“最为相符的人生目标”的选择

单位：%

“最为幸福的人生目标”选项	归国留学青年	网约车司机	创业青年	新媒体从业青年	快递小哥	新兴领域就业青年总体	就业青年总体
追求真理，在为国家和社会贡献中创造出有价值的人生	35.0	33.0	38.4	33.1	35.2	35.8	31.3
一份称心如意的工作、一个幸福的家庭，干好本职工作	46.0	46.4	46.0	48.7	46.4	46.9	53.3

续表

“最为幸福的人生目标”选项	归国留学青年	网约车司机	创业青年	新媒体从业青年	快递小哥	新兴领域就业青年总体	就业青年总体
生活安乐,与世无争	14.0	14.8	12.1	12.8	12.6	12.7	11.5
追求物质享受	3.6	3.6	1.7	3.6	2.6	2.6	1.9
随遇而安,暂时没有固定的信仰和目标	1.4	2.2	1.8	1.8	3.2	2.0	2.0

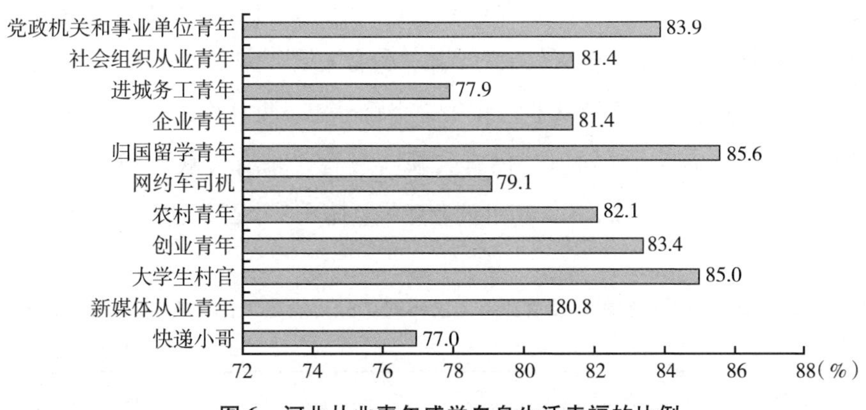

图6　河北从业青年感觉自身生活幸福的比例

可见，在河北从业青年群体中，以快递小哥、网约车司机、新媒体从业青年为代表的新兴领域从业青年群体感觉生活幸福的比例偏低。并且，快递小哥感觉生活幸福的比例在从业青年整体中处于最低位。不容忽视的是，归国留学青年感觉生活幸福的比例处于河北省新兴领域从业青年乃至河北省从业青年的第一位。

（二）新兴领域从业青年知识技能缺口较大，期待培训务实多样

1. 以创业青年为代表的新兴领域从业青年认为自身知识欠缺程度较高

新兴领域从业青年具有典型的成长性特征，他们对知识和技能的要求较高，他们需要不断充电与提升自我来应对职业发展的需要。调查数据显示，在新兴领域从业青年现有知识对工作需要的满足程度中，选择“完全满足”

的比例均值为11.2%，选择“基本满足”的比例均值为33.1%，选择“一般”的比例均值为24.6%，选择“稍有欠缺”的比例均值为21.2%，选择“欠缺较大”的比例均值为9.9%。综合来看，在新兴领域从业青年当中，认为自身现有知识能够“满足”（含“完全满足”和“基本满足”）工作需要的比例为44.3%，而31.1%的人觉得现有知识应对（未来）工作仍有欠缺（含“稍有欠缺”和“欠缺较大”）。对比就业青年总体来看，就业青年认为自身现有知识能够“满足”（含“完全满足”和“基本满足”）工作需要的比例为45.6%，高出新兴领域从业青年1.3个百分点，就业青年认为自身现有知识应对（未来）工作“仍有欠缺”（含“稍有欠缺”和“欠缺较大”）的比例是29.7%，低于新兴领域从业青年1.4个百分点。再从新兴领域从业青年内部来看，创业青年认为知识“仍有欠缺”（含“稍有欠缺”和“欠缺较大”）的比例最高，为36.2%，高出就业青年总体6.5个百分点，见表25。

表25　河北新兴领域从业青年及就业青年总体对“知识满足工作需要”程度的选择

单位：%

程度	归国留学青年	网约车司机	创业青年	新媒体从业青年	快递小哥	新兴领域从业青年总体	就业青年总体
完全满足	18.7	14.6	8.5	12.1	14.3	11.2	11.0
基本满足	45.8	34.0	31.6	33.7	29.4	33.1	34.6
一般	19.7	25.1	23.7	25.9	28.6	24.6	24.7
稍有欠缺	13.5	18.8	23.6	20.5	17.8	21.2	20.3
欠缺较大	2.3	7.5	12.6	7.8	9.9	9.9	9.4

2. 新兴领域从业青年认为培训达到预期的比例相对较低

新兴领域从业青年对现有培训的满意度如何？调查数据显示，10.2%的新兴领域从业青年认为“完全能达到”，49.4%选择“基本能达到”，35.8%选择“一般”，3.9%选择“基本不能达到”，0.7%选择“完全无法达到”。虽然新兴领域从业青年中59.6%选择“完全能达到”或“基本能达到”，但其中前者占比偏低。将新兴领域从业青年与就业青年总体数据进行比较发现，就业青年认为培训能够达到预期（含“完全能达到”和“基本能达到”）比例为61.0%，高出新兴领域从业青年1.4个百分点。并且，就业青年认为培训不能达到预期（含“基本不能达到”和“完全无法达到”）的比例为3.9%，而4.6%的新兴领域从业青年认为培训不能达到预期。另外，创业青年和新媒体从业青年认为培训满足预期（含“完全能达到”和“基本能达到”）的比值最低，分别为57.9%和60.9%。快递小哥和新媒体从业青年认为培训无法达到预期（含“基本不能达到”和“完全无法达到”预期）的比例最高，分别为5.3%和4.8%。而归国留学青年认为培训能达到预期（含“完全能达到”和“基本能达到”）的比例最高，为65.7%，见表26。

表26　河北新兴领域从业青年参加培训达到预期目的的情况

单位：%

达到预期目的的程度	归国留学青年	网约车司机	创业青年	新媒体从业青年	快递小哥	新兴领域从业青年总体	就业青年总体
完全能达到	12.1	11.6	9.1	9.9	14.0	10.2	9.7
基本能达到	53.6	50.2	48.8	51.0	44.3	49.4	51.3
一般	30.0	34.4	37.7	34.3	36.4	35.8	35.1
基本不能达到	3.6	3.1	3.7	4.2	4.3	3.9	3.3
完全无法达到	0.7	0.7	0.7	0.6	1.0	0.7	0.6

（三）新兴领域从业青年加入中国共产党/共青团组织的比例有待提升

1. 新兴领域从业青年对中国共产党/共青团组织的印象总体良好，有待再提升

关于“您对中国共产党/共青团组织的印象”的单选题，六个选项可大致分为三类：“印象好”（含“印象非常好”和“印象比较好”）、中间态（含“印象一般”和“没什么印象”）和“印象不好”（含“印象不太好”和“印象非常不好”）。就业青年总体选择“印象好”的比例为80.4%，包

含55.2%的“印象非常好”和25.2%的“印象比较好”。就业青年总体选择“印象不好”的比例为2.8%，包含2.0%的“印象不太好”和0.8%的“印象非常不好”。在新兴领域从业青年中：归国留学青年选择“印象好”的比例为74.3%，选择“印象不好”的比例为5.5%。网约车司机选择“印象好”的比例为74.5%，选择“印象不好”的比例为6.3%。创业青年选择“印象好”的比例为78.6%，选择“印象不好”的比例为3.1%。新媒体从业青年选择“印象好”的比例为81.8%，选择“印象不好”的比例为3.8%。快递小哥选择“印象好”的比例为69.3%，选择“印象不好”的比例为4.9%。可见，新兴领域从业青年对中国共产党/共青团组织的“印象好”比例总体低于就业青年比例，仅新媒体从业青年的“印象好”比例高于就业青年总体的比例。在新兴领域从业青年中快递小哥对中国共产党/共青团组织“印象好”的比例相对较低，归国留学青年、网约车司机对中国共产党/共青团组织“印象好”的比例也比较低。创业青年和新媒体从业青年选择“印象好”的比例与就业青年总体基本持平。见表27。

表27　河北省新兴领域从业青年对中国共产党/共青团组织的印象

单位：%

印象	归国留学青年	网约车司机	创业青年	新媒体从业青年	快递小哥	就业青年总体
印象非常好	49.8	46.0	54.2	55.6	46.3	55.2
印象比较好	24.5	28.5	24.4	26.2	23.0	25.2
印象一般	18.1	15.8	15.1	12.2	20.0	14.0
印象不太好	3.7	4.5	2.4	3.0	3.4	2.0
印象非常不好	1.8	1.8	0.7	0.8	1.5	0.8
没什么印象	2.1	3.4	3.2	2.2	5.8	2.8

2. 新兴领域从业青年入党入团率偏低，加入意愿较为强烈

在关于新兴领域青年加入中国共产党/共青团情况的调查中，可以发现，新兴领域从业青年入党率为20.1%，低于就业青年4.4个百分点。而新兴领域从业青年选择“我既不是团员，也不是党员”的比例为31.8%，高出

就业青年1.1个百分点。新兴领域从业青年中，团员比例要高出就业青年总体数据3.3个百分点，见表28。

表28　河北新兴领域从业青年与就业青年总体加入共产党/共青团的情况

单位：%

加入共产党/共青团情况	归国留学青年	网约车司机	创业青年	新媒体从业青年	快递小哥	就业青年均值	新兴领域从业青年均值
我已经加入中国共产党	34.6	19.4	20.7	17.9	15.3	24.5	20.1
我目前是团员，已经递交了入党申请	17.4	20.9	17.7	24.5	10.5	17.5	19.1
我目前是团员，还没递交入党申请	25.6	29.2	26.3	35.1	27.3	27.3	29.0
我既不是团员，也不是党员	22.4	30.5	35.3	22.5	46.9	30.7	31.8

在未来1~2年是否愿意加入中国共产党的调查中，67.4%的新兴领域从业青年表示“非常愿意”，22.4%的表示“比较愿意”，选择“不太愿意”、“非常不愿意”和“说不清”的比例分别为2.9%、0.1%和7.2%。就业青年总体的新兴领域从业青年计划未来1~2年加入共产党的比例基本持平。另外，新兴领域从业青年内部差异较大，其中创业青年、快递小哥、网约车司机、新媒体从业青年未来1~2年入党意愿都较高（64%以上），仅有49.2%的归国留学青年选择“非常愿意”未来1~2年入党，入党意愿相对较低。见表29。

表29　河北新兴领域从业青年与就业青年总体未来1~2年入党意愿

单位：%

意愿	归国留学青年	网约车司机	创业青年	新媒体从业青年	快递小哥	新兴领域从业青年总体	就业青年总体
非常愿意	49.2	65.0	70.7	64.1	69.7	67.4	65.8
比较愿意	34.1	23.8	20.4	25.0	19.2	22.4	24.1
不太愿意	4.5	4.0	2.1	3.8	3.4	2.9	2.5
非常不愿意	0.0	0.4	0.0	0.1	0.2	0.1	0.1
说不清	12.2	6.8	6.8	7.0	7.5	7.2	7.5

3. 新兴领域从业青年入党原因较为集中

在“您想要加入中国共产党的原因是什么”的调查中，71.3%的新兴领域从业青年选择“实现社会理想，服务社会和人民”，36.8%的选择“我信仰马列主义理论，认同党的纲领”，24.1%的选择“个人感兴趣考虑，有归属感”，18.4%的选择“出于工作晋升等方面的实际需要”，见表30。

表30　河北新兴领域从业青年选择加入党组织的主要原因

单位：%

主要原因	归国留学青年	网约车司机	创业青年	新媒体从业青年	快递小哥	新兴领域从业青年总体
实现社会理想，服务社会和人民	56.4	69.0	75.3	68.2	69.3	71.3
我信仰马列主义理论，认同党的纲领	27.4	37.2	36.8	39.4	34.9	36.8
出于工作晋升等方面的实际需要	24.6	24.2	15.2	20.6	20.8	18.4
入党是对我个人能力的肯定，我感到很有面子	12.3	19.1	12.8	16.1	15.8	14.5
个人感兴趣，有归属感	29.6	28.9	21.0	26.7	26.1	24.1
家人强烈要求	5.0	7.9	2.3	3.7	3.4	3.4
大家都在争取加入，我也申请加入	7.3	11.9	6.7	5.5	7.6	6.9
说不清	8.4	5.4	6.3	7.4	7.8	6.8

（四）新兴领域从业青年身心健康情况不容乐观，快递小哥、网约车司机问题最为集中

1. 新兴领域从业青年更换工作频率偏高，流动性强

新兴领域从业青年流动性强，工作不稳定状况较为突出。在关于“在做目前这份工作之前，您换过几次工作或单位”的调查中，新兴领域从业青年更换工作的频率明显高于就业青年总体情况。就业青年选择“这是第一份工作，未换过”的比例为31.0%，这个比例高于新兴领域从业青年群

体，尤其快递小哥仅有 8.6% 选择“未换过”。除此之外，快递小哥、网约车司机选择“3 次及以上”的比例最高，分别为 34.4% 和 22.7%，而仅有 14.7% 的就业青年选择“3 次及以上”，差距明显。同时，有 36.4% 的快递小哥、35.4% 的创业青年、33.4% 的归国留学青年、32.6% 的网约车司机和 29.7% 的新媒体从业青年选择“2 次”，均高于就业青年 28.3% 的总体情况，见表 31。

表 31　河北新兴领域从业青年及就业青年总体更换工作的频率

单位：%

更换工作频率	归国留学青年	网约车司机	创业青年	新媒体从业青年	快递小哥	就业青年总体
1 次	24.8	24.5	26.2	25.0	20.6	26.0
2 次	33.4	32.6	35.4	29.7	36.4	28.3
3 次及以上	11.4	22.7	20.6	14.6	34.4	14.7
这是第一份工作，未换过	30.4	20.2	17.8	30.7	8.6	31.0

2. 新兴领域从业青年对未来的忧虑感参差不齐，快递小哥对未来最担心、工作时间最长

在关于“你对自己未来的事业发展前景是否感到担心”的调查中，就业青年选择“担心”（含“非常担心”和“比较担心”，下同）的比例为 77.6%，可见，就业青年对未来的忧虑比较普遍。再聚焦新兴领域从业青年，归国留学青年选择“担心”的比例为 72.8%，网约车司机为 83.0%，创业青年为 76.5%，新媒体从业青年为 81.4%，快递小哥为 78.7%。可见网约车司机、新媒体从业青年及快递小哥对未来的忧虑感更加强烈。并且，在新兴领域从业青年内部，除归国留学青年及创业青年外，其他群体选择“非常担心”的比例均高于就业青年总体数值，分别为网约车司机为 29.8%、新媒体从业青年为 25.7% 和快递小哥为 31.4%。快递小哥是新兴领域从业青年中对未来最为担心的群体，“非常担心”的指数（31.4%）超过就业青年相关指数（25.0%）6.4 个百分点，见表 32。

表 32　河北新兴领域从业青年对未来事业发展前景的担心情况

单位：%

担心程度	归国留学青年	网约车司机	创业青年	新媒体从业青年	快递小哥	就业青年总体
非常担心	24.1	29.8	24.9	25.7	31.4	25.0
比较担心	48.7	53.2	51.6	55.7	47.3	52.6
不太担心	23.8	14.2	19.4	16.3	17.3	19.7
完全不担心	3.4	2.8	4.1	2.3	4.0	2.7

除了对未来的担忧外，新兴领域从业青年工作时长总体偏长，尤其是快递小哥工作日工作时间超长十分明显。在关于工作日平均每天工作时长的调查中，71.6%的就业青年工作日工作时长在7~10小时（含“7~8小时”44.2%和“9~10小时”27.4%），6.9%的就业青年工作11~12小时，4.1%的就业青年选择“12小时以上”。30.0%的归国留学青年工作日工作时长在“9~10小时”，高出就业青年总体2.6个百分点。11.7%的网约车司机工作时长在“11~12小时”，就业青年总体对该项的选择比例为6.9%，网约车司机该工作时长的比例高出就业青年近5个百分点。更值得关注的是，20.4%的快递小哥工作日时长为“11~12小时”，超过新兴领域从业青年其他群体，并且有15.9%的快递小哥工作日工作时长为“12小时以上”，仅有4.1%的就业青年拥有同样的工作时长。见表33。

表 33　河北新兴领域从业青年与就业青年工作日工作时长情况

单位：%

工作日工作时长	归国留学青年	网约车司机	创业青年	新媒体从业青年	快递小哥	就业青年总体
不工作	2.1	2.8	2.0	4.0	1.9	3.1
4小时以下	2.5	4.7	4.3	5.4	2.0	3.1
5~6小时	13.7	9.1	6.6	13.1	3.0	6.3
7~8小时	41.0	36.2	38.0	40.6	21.0	44.2
9~10小时	30.0	21.7	27.5	23.9	31.3	27.4
11~12小时	4.6	11.7	8.5	5.0	20.4	6.9
12小时以上	3.4	7.5	5.9	3.0	15.9	4.1
没有固定时间	2.7	6.3	7.2	5.0	4.5	4.9

3. 新兴领域从业青年身心健康状况堪忧

迫于生存压力与事业理想，频繁更换工作、对未来非常担心、工作时间长等因素，导致新兴领域从业青年身心方面出现一系列健康问题。在21项健康问题的具体调查中，所有就业青年选择最多的均为“近视”，24.2%的就业青年对“近视”选择“较为严重”，新媒体从业青年选择“较为严重”的比例高达32.5%。18.1%的就业青年身体“肥胖”问题较为严重，而归国留学青年肥胖问题严重的比例为20.8%，新媒体从业青年为20.2%，快递小哥为21%。5.5%的就业青年皮肤病较为严重，新媒体从业青年该比例为7.6%。18.6%的就业青年“睡眠质量不佳”，新媒体从业青年该比例为21.3%。另外，在“抑郁”“焦虑”选项中，新媒体从业青年的选择率分别为10.3%和14.5%，分别高出就业青年总体3.2个和3.5个百分点。再有，问题比较突出的是网约车司机，该群体存在“内脏疾病”“营养不良”“抑郁”“高血压、高血脂或高血糖”“重感冒及系列症状”“呼吸系统疾病”“心脏病、心律失常”“肝脏病”“脾胃疾病，如消化不良等”“肾脏疾病，如肾功能不全等”“风湿、四肢关节性疾病”“血液疾病，如贫血、紫癜等”“口腔类疾病，如口腔溃疡”等问题的比例均高于新兴领域从业青年内其他群体及就业青年总体。归国留学青年“脱发、掉发”“脾胃疾病，如消化不良等”“腰椎、颈椎等处疾病”“血液疾病，如贫血、紫癜等”也比较突出，见表34。

表34　河北新兴领域从业青年过去一年健康问题较为严重的情况

单位：%

健康问题	就业青年总体	归国留学青年	网约车司机	创业青年	新媒体从业青年	快递小哥
近视	24.2	28.4	24.7	17.6	32.5	21.2
肥胖	18.1	20.8	18.2	16.8	20.2	21.0
皮肤病	5.5	6.2	7.1	5.0	7.6	5.0
睡眠质量不佳	18.6	17.4	19.8	17.1	21.3	19.2
牙痛、龋齿	12.9	9.2	15.2	10.9	13.7	12.5

续表

健康问题	就业青年总体	归国留学青年	网约车司机	创业青年	新媒体从业青年	快递小哥
内脏疾病	4.2	4.6	8.1	4.1	4.6	3.5
营养不良	4.7	4.3	7.9	4.4	6.3	5.9
抑郁	7.1	8.2	10.3	6.1	10.3	8.1
焦虑	11.0	13.5	12.1	8.4	14.5	11.0
脱发、掉发	14.9	16.9	13.8	12.0	16.8	12.9
高血压、高血脂或血糖高	5.1	5.5	8.7	4.7	5.3	6.7
重感冒及系列症状	6.0	7.6	8.7	4.8	7.8	6.2
呼吸系统疾病	3.9	5.5	7.1	3.7	5.5	4.2
心脏病、心律失常	3.5	4.6	6.5	3.5	4.1	3.5
肝脏病	3.1	5.7	7.1	2.7	4.0	3.5
脾胃疾病，如消化不良等	6.9	8.7	9.7	5.6	8.1	7.8
肾脏疾病，如肾功能不全等	2.5	2.5	4.9	2.6	3.5	3.9
风湿、四肢关节性疾病	3.4	3.2	7.3	3.3	4.1	4.2
腰椎、颈椎等处疾病	10.4	14.2	12.5	8.4	11.4	9.8
血液疾病，如贫血、紫癜等	2.6	4.6	5.9	2.1	3.7	2.4
口腔类疾病，如口腔溃疡	4.3	6.4	7.7	3.4	5.1	3.4

在关于“过去一年，您每周锻炼的时间”的调查中，就业青年一周之内锻炼身体的时间主要集中在“1～2小时”（19.3%）“半小时到1小时”（19.0%）和“半小时以内”（18.8%），见表35。归国留学青年、网约车司机、创业青年及新媒体从业青年的选择比例前三名与就业青年总体基本持平。值得注意的是，快递小哥则表现出较为明显的两极分化，一方面，19.5%的快递小哥选择“我从不锻炼”，明显高于新兴领域从业青年中的其他群体，甚至高于就业青年总体的比值。另一方面，12.8%的快递小哥选择“5小时及以上”，高于新兴领域从业青年中其他群体及就业青年总体的选择比例。在对快递小哥进行深入访谈得知，快递小哥由于工作时间长、体力劳动强度大，几乎没有时间去专门锻炼身体，他们姑且将运送快递当作锻炼身体。

表 35　河北新兴领域从业青年及就业青年每周锻炼身体的时间

单位：%

每周锻炼身体的时间	归国留学青年	网约车司机	创业青年	新媒体从业青年	快递小哥	就业青年总体
从不锻炼	6.6	10.5	10.4	9.3	19.5	11.1
半小时以内	11.4	16.2	17.7	18.4	19.4	18.8
半小时到 1 小时	19.3	20.0	18.2	20.5	18.1	19.0
1～2 小时	22.0	20.8	19.7	19.2	16.3	19.3
2～3 小时	12.1	11.1	10.9	12.2	7.7	10.6
3～4 小时	8.9	6.7	5.8	7.0	3.9	6.6
4～5 小时	7.1	3.8	4.6	4.4	2.3	4.1
5 小时及以上	12.6	10.9	12.7	9.0	12.8	10.5

（五）新兴领域从业青年权益保障情况总体不乐观

在单位的权益保障情况，就业青年总体 49.5% 拥有“住房公积金”，在新兴领域从业青年中，归国留学青年、网约车司机、创业青年、新媒体从业青年、快递小哥拥有“住房公积金”的比例分别为 68.4%、37.5%、26.1%、36.2%、23.1%；就业青年有 62.3% 拥有“带薪休假”，在新兴领域从业青年中，归国留学青年、网约车司机、创业青年、新媒体从业青年、快递小哥“带薪休假”的比例分别为 74.6%、42.1%、44.0%、52.6% 和 41.9%；就业青年总体 62.3% 拥有“年度员工体检”，在新兴领域从业青年中，归国留学青年、网约车司机、创业青年、新媒体从业青年、快递小哥拥有“年度员工体检”的比例分别为 73.7%、51.8%、44.2%、48.6% 和 48.3%；就业青年总体 69.2% 拥有“正常节假日休息”，在新兴领域从业青年中，归国留学青年、网约车司机、创业青年、新媒体从业青年、快递小哥拥有“正常节假日休息”的比例分别为 80.8%、56.9%、57.4%、69.0% 和 40.7%。就业青年总体 73.3% 拥有“养老、医疗、生育、失业、保险”，在新兴领域从业青年中，归国留学青年、网约车司机、创业青年、新媒体从业青年、快递小哥拥有“养老医疗生育失业保险”的比例分别为：81.7%、

57.5%、48.2%、56.2%和57.0%；就业青年总体78.9%拥有“劳动合同”，在新兴领域从业青年中，归国留学青年、网约车司机、创业青年、新媒体从业青年、快递小哥拥有“劳动合同”的比例分别为82.8%、59.9%、55.4%、62.5%和75.0%，见图7。

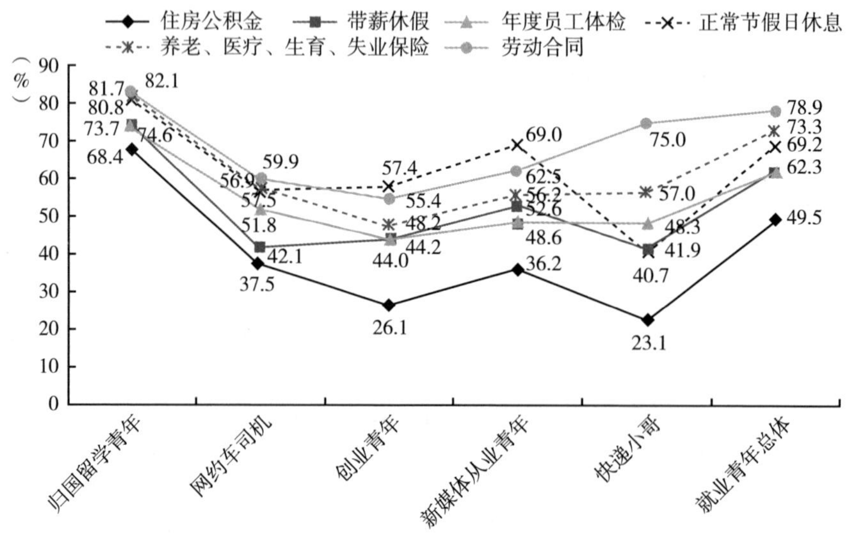

图7　河北新兴领域从业青年与就业青年总体权益保障情况

透过新兴领域从业青年六大权益保障情况分布图，可以清晰地看到在新兴领域从业青年群体内部，权益保障存在较大的不平衡，其中，归国留学青年各项权益保障指标均高于新兴领域从业青年中其他群体，并且高于就业青年总体数据。然而，网约车司机、创业青年、新媒体从业青年和快递小哥等群体的六大权益保障水平，却又明显低于就业青年总体数据。其中最为明显的权益缺失体现在“住房公积金”上，49.5%的就业青年拥有该权益，而快递小哥、创业青年的该项权益拥有率仅分别为23.1%和26.1%。一个值得注意的现象是：快递小哥、创业青年、网约车司机的权益保障水平普遍低于其他群体，尤其，仅有40.7%的快递小哥享有“正常节假日休息”权益，而快递小哥享有“带薪休假”权益的比例也仅为41.9%。

四　思考与建议

根据中共中央、国务院印发的《中长期青年发展规划（2016～2025年）》的指示和要求，整合各方资源，帮助新兴领域青年群体解决重点、实际困难，从而增进其社会认同与社会参与。那么，如何进一步面向广大新兴领域从业青年开展行之有效的工作，以急新兴青年之所急、满足新兴青年之所需？基于调研数据及陆续开展的深入访谈，提出如下思路与建议。

（一）深化改革创新，切实将共青团建设得更加坚强有力

一要突出问题导向，着眼增强政治性、先进性、群众性，加强系统谋划，下大力气解决"机关化、行政化、贵族化、娱乐化"问题，使团干部都成为"青年友"，不做"青年官"，使团组织成为联系、服务、引导新兴领域从业青年的坚强堡垒、温暖家庭、有力平台。二要创新工作体制机制，整合基层团组织工作职能，以组织效能为评价标准，调整组织设置、隶属关系和力量配备，推行一体化、扁平化管理，提升共青团工作的科学性、规范化、制度化水平。三要统筹利用资源，打破行政化，探索联动发展。尤其在新兴领域从业青年集中的"两新组织"、非公企业等，健全开放共享的资源整合机制，完善资源项目交流、共享、互助机制，推动团组织资源跨层级、跨地域、跨领域配置和使用，促进协同配合、优势互补，增强工作实效性。

（二）推进组织覆盖，根据新兴领域从业青年实际建组织

如何使私营企业、民营企业、外资企业及个体工商等领域的从业青年找到组织，接受组织的领导与管理，一直是团建工作的重点和难点。一要建组织，明确新兴领域建团的重要性与必要性。当前，新兴领域从业青年流动日益加剧，工作生活地点频繁改动，导致青年无法参加原团支部活动，非公企业团组织建设的重要性日益凸显。应根据企业实际情况和青年的现实需求，

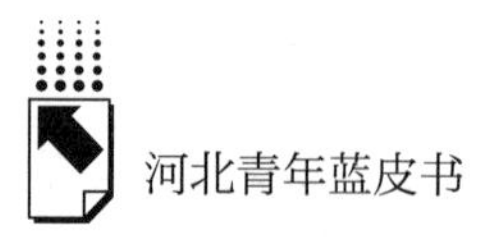

加快步伐建立非公企业团支部或企业联合团支部，做到有青年的地方就有团组织，形成团组织促进青年成长、青年促进企业发展、企业促进团建工作的良好互动氛围。二要结合行业发展与需求建组织，在实际工作中将思想问题与解决实际问题结合起来。比如在快递业、大型商贸公司等建团组织，建立起联系人制度。要紧扣新兴领域从业青年发展需求，围绕提高青年的能力与素质开展工作，如：快递小哥离开快递业之后如何发展，农村新媒体从业青年从事社交电商急需哪些技能培训，如何为大学毕业生创业青年提供资源对接的平台等等，围绕新兴领域从业青年创业创新中的诉求开展工作，真正促进新兴领域从业青年的成长成才。

（三）加强组织建设，打造新兴领域从业青年的坚强堡垒

团的基层组织是团的全部工作和战斗力的基础，必须树立大抓基层的鲜明导向，不断巩固和扩大党执政的青年群众基础。一要扩大团组织的有效覆盖面，做到哪里有青年团员哪里就有团组织，特别是推动团的工作深入包括新兴领域从业青年在内的各类群体的青年之中。比如，通过组织快递业务员职业技能大赛，吸引快递员群体踊跃参与，提高共青团在新兴行业青年中的认可度与感召力，真正拉近团组织与新兴青年的距离，想方设法走进青年、吸引青年、团结青年、服务青年。二要创新服务内容，以真正贴近新兴领域从业青年实际需求与偏好的活动，吸引大家积极支持和广泛参与。比如，面对社会普遍存在的“剩男”“剩女”现象，组织新兴领域从业青年相亲联谊活动，团县委、乡镇团干部等要勇于做“红娘”，做服务于广大团员青年的知心人。三要强化联系功能，通过网络平台、微信群、云社区等平台，健全直接联系新兴领域从业青年的制度，多为新兴领域青年做好事、解难事、办实事，使他们实实在在感受到党的温暖、组织的关怀。

（四）为青年鼓与呼，为新兴领域从业青年提供服务、争取权益

调查数据显示，快递小哥、网约车司机等新兴领域从业青年，均存在工作时间长、劳动强度大、身体健康问题频出等现象。为了为快递小哥提

供方便及时的服务，目前，国内已经有北京、浙江湖州、山东青岛、江苏无锡、山东乐陵、河南信阳、广东湛江、湖南龙山等地纷纷为包括快递小哥在内的户外劳动者在街角提供了方便进入的“休息驿站”“爱心驿站”“小蜜蜂”驿站等，这些休息室里多配有舒适座椅、饮用水等，为快递小哥提供免费充电、无线网络、娱乐休闲等服务，可供短暂休息。除了为快递小哥、网约车司机等新兴领域从业青年提供便捷服务外，更应为新兴领域从业青年群体的权益保障积极呼吁，率先在新兴领域组织建设健全齐备、行业秩序良好的市区或单位等设立为新兴青年“赋权”的试点。比如保障快递小哥或网约车司机等享有住房公积金权益，保障其带薪休假权益、正常节假日休息权益等。

结　语

引导与助力新兴领域从业青年健康发展，不仅需要从组织与活动的层面改善该群体从业生态秩序，还需要从意义和价值的层面塑造新兴领域从业青年的心态秩序，尤其要为保障新兴领域从业青年各项权益而呼吁与努力，从而真正触及快节奏的、新型城镇化时代新兴领域从业青年的工作与生活，真正增强团组织在新兴领域从业青年中的认同感与凝聚力。

专题报告

Special Reports

B.9 河北青年的意识形态研究报告

任 娜*

摘　要： 本报告首先介绍了河北青年入党、团的情况，然后着重分析了他们对社会主义核心价值观的认知和认同、对中国和河北省未来发展的信心和满意度、对中国共产党领导的信心，以及国家自豪感等政治信念。在此基础上总结了河北青年意识形态方面的特点：热爱祖国、对祖国怀有强烈的自豪感，拥护党的领导、人品端正。但也存在不同群体差异显著、部分青年有物质主义倾向、马克思主义信仰不够坚定等问题。最后针对这些问题提出建议。

关键词： 意识形态　核心价值观　马克思主义信仰　物质主义

* 任娜，理学博士，河北省社会科学院哲学研究所副研究员，主要研究方向为社会心理学。

一　河北青年的组织信念和政治信念基本情况

（一）入党入团情况

1. 就业青年和大学生

总体来看，本次调查的成年人样本包括大学生和就业青年合计70637人，党员的比例达到23.2%，申请入党的团员占20.6%，未申请入党的团员28.3%，另外的27.9%既非党员也非团员。大学生样本入党、团情况见表1。截至2018年底，中国共产党党员总数为9059.4万①，根据2018年国民经济和社会发展统计公报，全国16岁以上人口115028万人②，因此在16岁以上人口中，党员的比例为7.9%。

表1　大学生入党、团情况

单位：%

大学生入党、团选项	大专生	本科生	硕士生	博士生	总体
已经加入中国共产党	6.7	9.4	25.9	71.0	11.3
目前是团员，已经递交了入党申请	47.7	49.7	56.8	14.0	48.4
目前是团员，还没递交入党申请	38.9	39.3	15.7	6.3	37.0
既不是团员，也不是党员	6.7	1.6	1.6	8.7	3.3
合计占比	100.0	100.0	100.0	100.0	100.0
样本数合计	2076	4393	370	150	7046

就业青年群体包括党政机关和事业单位青年、进城务工青年、企业青年、归国留学青年、网约车司机、农村青年、创业青年、大学生村官、新媒体从业青年、快递小哥等。这个样本总体的前两项（党员和递交入党申请

① 2018年中国共产党党内统计公报，http://www.gov.cn/xinwen/2019-06/30/content_5404597.htm，最后检索时间：2020年4月20日。

② 2018年国民经济和社会发展统计公报，http://www.gov.cn/xinwen/2019-02/28/content_5369270.htm，最后检索时间：2020年4月20日。

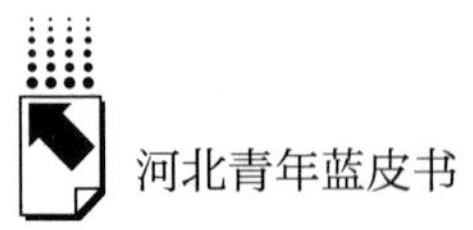

的团员）比例之和为42.0%，其中大学生村官（92.3%）、归国留学青年（51.9%）、党政机关和事业单位青年（50.9%），是比例最高的三个群体。党员和有入党意愿比例最低的群体是快递小哥（25.8%）、进城务工青年（34.0%）和创业青年（38.4%）。有趣的是，大学生样本中女性已经入党和要求入党的比例（62.3%）高于男性（56.7%），而在就业青年群体中，已经入党和要求入党的男性比例（44.7%）高于女性（39.2%）。学历越高，党员的比例也越高，21.1%的高职/大专学历青年、35.8%的本科学历青年、56.9%的硕/博研究生学历青年是党员。从户籍的角度看，河北省非农户籍就业青年党员比例是最高的，达到33.7%，其次是外省非农户籍青年（25.2%），河北省和外省的农业户籍党员比例都低于20.0%。总之，非农户口青年入党的比例更高。

没有递交入党申请的青年占比58.0%，其中75.9%选择了未来“有机会一定加入”。在没有入党的受访者中，未来入党倾向最低的就业青年群体有归国留学青年、硕/博研究生，以及小学及以下文化程度受访者。值得关注的是新媒体从业青年，他们的入党比例（42.4%）不高，同时未来有入党倾向的比例也较低（71.2%）。

入党原因一共有8个选项，受访者最多可以选三项。其中71.2%的有入党意向就业青年的选择包括“实现社会理想，服务社会和人民”，37.8%的青年选择“信仰马列主义理论，认同党的纲领”，22.8%的青年选择“个人感兴趣，有归属感”。大学生群体选择这些原因的比例更高，分别为75.9%、47.4%和26.1%。把这三项作为入党的内在原因，对这些原因做出最多选择的群体除了大学生以外还有党政机关和事业单位青年和大学生村官。把“出于工作晋升等方面的实际需要”“家人强烈要求”“大家都在争取加入，我也申请加入”作为入党的外在原因，选择比例最高的群体有网约车司机、归国留学青年和快递小哥。

2. 中学生

中学生样本量13671人，其中41.9%已经入团，18.1%申请入团，40.0%未申请。中学生随着年级的上升，团员的比例稳步提高，女生比例略高于男生。有趣的是，家庭孩子数量越少，团员的比例越高（在父母有1个、2个、3个和4个及以上孩子情况下，受访者入团的比例分别为46.3%、41.3%、38.8%和37.0%）。城乡差异非常明显，地级市/市辖区、县级市/县城、农村入团比例递减（分别为48.9%、44.1%和27.4%）。各地区中沧州（55.0%）、辛集（51.0%）的中学生选择学校“经常有共青团知识的学习培训或共青团组织的活动”的比例最高，而雄安新区（13.4%）、邢台（19.8%）、承德（21.5%）中学生选择此项的比例最低，同时这三个城市“没有申请”入团的学生比例也最高。

表2　不同地域中学生入团情况

单位：%，人

入团情况	总体	地级市/市辖区	县级市/县城	农村
申请了，加入了	41.9	48.9	44.1	27.4
申请了，还没加入	18.1	17.0	18.5	19.0
没有申请	40.0	34.1	37.4	53.6
样本数	13671	4921	5505	3245

（二）社会主义核心价值观认知和认同

在我们的全部样本中，中学生对社会主义核心价值观的记忆最佳（见图1），总体来看，受访者随着年龄的增加，对社会主义核心价值观的记忆递减——中学生样本中能完整说出核心价值观的比例是79.6%，而在就业青年样本中，14～18岁，19～25岁和26～35岁三个群体的这一比例分别为52.5%、37.3%和31.%。对核心价值观的认同比例随着学历层次的上升有升高的趋势：小学及以下学历者、初中学历者、高中/中职或中专学历者、高职/大专学历者、大学本科学历者和硕/博研究生学历者认同社会主义核心价值观的比例依次为75.8%、84.8%、89.4%、92.3%、95.6%、93.45%。

91.0%的就业青年非常认同或比较认同社会主义核心价值观，随着年龄的增长，认同比例有增加的趋势。河北省农业户籍和非农业户籍青年认同比

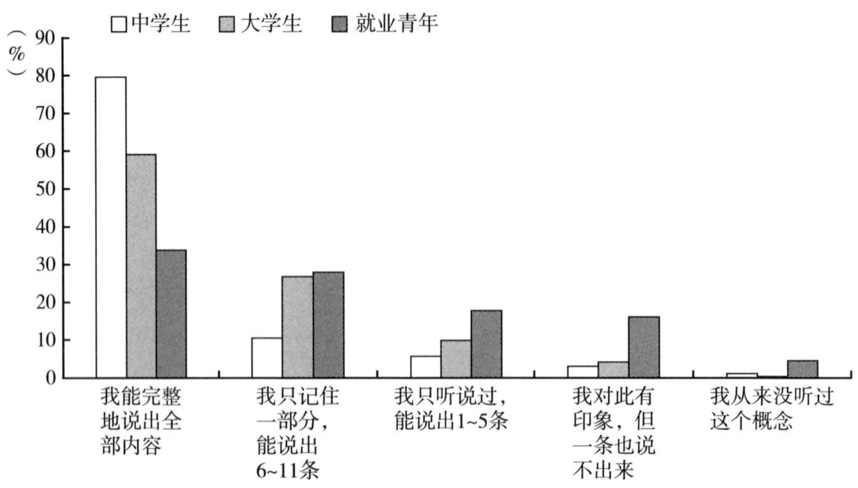

图1　青年对核心价值观的记忆

例（91.1%、93.1%）高于外省户籍青年（84.5%、74.0%），同时非农业户籍青年认同比例（92.3%）高于农业户籍青年（90.9%）。不同收入的群体中，认同比例呈枣核形分布：低收入、中收入、高收入和无固定收入就业青年认同社会主义核心价值观的比例依次为85.2%、92.9%、89.7%、90.1%。女性对核心价值观的认同比例（91.9%）略高于男性（90.0%）。大学生村官（96.3%）、党政机关和事业单位青年（95.3%）认同核心价值观的比例最高，网约车司机（84.6%）和快递小哥（85.4%）最低。非党员、团员认同核心价值观比例最低（88.4%）。

大学生比就业青年更加认同核心价值观，非常认同和比较认同的比例之和达到94.9%。中学生对核心价值观的认同程度与大学生差不多，非常认同和比较认同的比例之和为93.9%。其中初中生和高中生非常接近，显著高于中职生（89.3%）；女生（95.2%）高于男生（92.7%）。

核心价值观所表达的理念非常积极，绝大多数人非常认可。假设真正认同中国特色社会主义、认同中国共产党领导的人会认真地把它们记在心里，在工作、生活中践行这些价值理念的人也会把它们牢记在心，因此，可把人们对核心价值观的记忆程度作为人们意识形态的代表指标进一步分析。假定人们的年龄、性别、学历、户籍、收入水平、是否入党团、是否愿意参与志愿者活动、工作中与领导和同事的关系、所在单位是否有完善的社会保险、对政府和官方媒体的信任程度，以及对政府在民生方面工作的满意程度，会对受访者记忆核心价值观的效果有影响，使用这些因素对核心价值观的记忆进行回归分析。结果发现回归方程非常显著，F = 729.5，Sig = .000，残差 1.61，相关系数 R = 0.42，判定系数 R^2 = 0.18，调整判定系数 R = 0.18。这说明这些因素与人们对核心价值观的记忆相关，甚至可以产生一定程度的影响。核心价值观记忆程度与这些因素的 Pearson 相关系数见图 2，数值越高说明关系越密切。只有性别、收入的相关程度很低，显著性水平没有达到 0.05。入党团情况、学历、对政府和相关媒体的信任，以及对政府民生工作的满意程度都与受访者对核心价值观的记忆相关度较高。

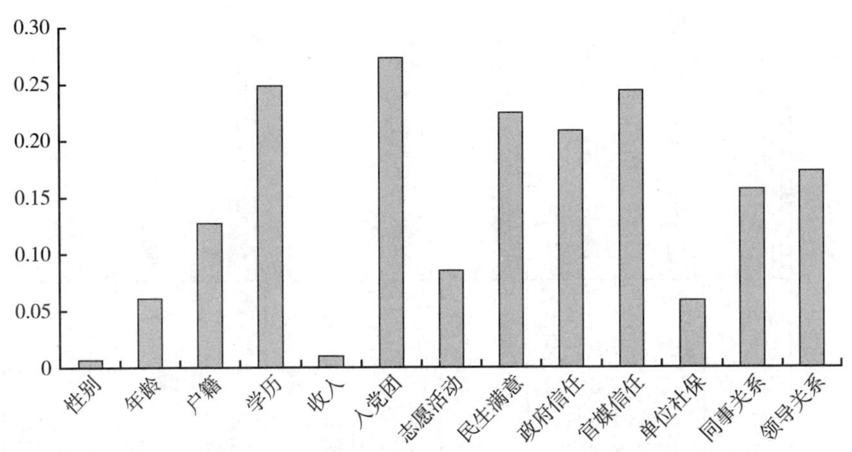

图 2　不同因素与核心价值观记忆情况的相关系数

（三）对国家和河北省未来发展的信心和满意度

1. 发展信心

本次调查设置了 9 个问题测量受访者对中国和河北未来发展的信心，分别是“我国在未来几十年内会成为世界第一强国”“我国必将完成祖国统一大业”“未来我国将涌现出更多的诺贝尔奖获得者，我国将在科研、人文领域取得世界领军者的地位”“未来我们的社会将更加文明、公正和平等”“未来几十年内，我国人民的生活水平将大幅度提高”“到21世纪中叶，我国将彻底解决看病难、看病贵的问题”“在不久的将来河北省将彻底打赢脱贫攻坚战”“我认为在不久的将来，河北省的经济发展、京津冀协同发展和雄安新区的建设都会取得重大进展”以及“在不久的将来河北省能彻底解决环境污染问题”。受访者可以选择“非常有信心”、“比较有信心”、“一般”、“不太有信心”和“完全没有信心”。在就业青年、大学生和中学生样本中，选择比较有代表性的“非常有信心”和“不太有信心”数据绘制图3。

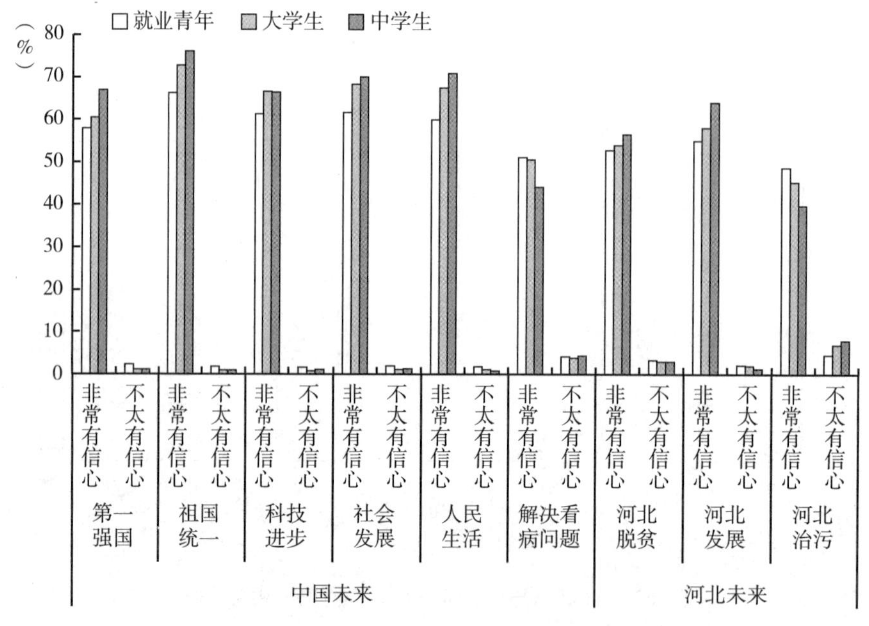

图3　河北青年对中国和河北未来发展有无信心的比例

从图3中可以看出，绝大多数受访者对祖国和河北的各项发展充满信心，不太有信心的比例极低。除此之外，还看到这样几个趋势，除解决看病问题、科技进步和河北治污外，中学生对中国和河北的未来信心最高，其次是大学生，就业青年的信心最低。相对于河北省的未来发展，受访青年对中国未来发展的信心更强。另外，相对于国家社会的宏观发展，受访青年对“治理污染”、解决“看病难、看病贵”问题、“脱贫”这样具体问题的信心更低。总体来说，受访者对中国和河北未来的发展充满信心。约88%的受访者在对中国未来发展的信心中选择了“非常有信心”和“比较有信心”，对河北未来发展的两个选择比例之和约为80%。

从受访者对祖国和河北发展的各项信心均值来看，就业青年样本中，中等收入群体信心最高，对中国和河北未来各项发展信心的均值分别为85.5%和79.6%，高收入群体略低（84.4%、78.1%），最低的是低收入群体（76.9%、73.3%）。大学生村官在所有的项目中都是信心最高的群体（89.3%、86.6%），党政机关和事业单位青年次之（87.7%、81.9%）。快递小哥在所有的项目里都是信心最低的群体（78.1%、71.2%），其他信心较低的群体有归国留学青年（80.4%、74.3%）和网约车司机（79.3%、74.2%）。河北省农业户籍青年（84.3%、78.9%）和非农户籍青年（84.3%、78.4%）的信心都较高，外省农业户籍青年的信心较低（77.0%、69.7%），外省非农户籍青年的信心最低（66.6%、64.0%）。

计算大学生样本中选择“非常有信心”和“比较有信心”的比例之和，以其为信心指标进行比较。总体趋势是，专科生和硕士生的信心比较接近，都是较高的，博士生的信心最低，本科生的信心也整体较高。整体而言女生的信心比男生略高。大学志愿者和贫困大学生的信心整体而言高于一般大学生。河北省农业户籍和非农户籍大学生的信心整体而言高于外省农业和非农业户籍大学生的信心，详见表3。

表3　大学生对国家和河北未来发展的信心

单位：%

信心选项	总体	男	女	专科生	本科生	硕士生	博士生	河北户籍	外省户籍	一般大学生	大学志愿者	贫困大学生
第一强国	91.7	91.5	92.0	92.6	91.4	92.7	88.4	92.1	90.2	91.3	91.7	92.9
祖国统一	93.2	92.6	93.8	92.9	93.2	95.9	92.3	93.7	91.4	92.3	93.8	94.3
科技进步	92.2	91.7	92.6	91.6	92.7	92.2	86.5	92.4	91.3	90.6	93.4	93.2

续表

信心选项	总体	男	女	专科生	本科生	硕士生	博士生	河北户籍	外省户籍	一般大学生	大学志愿者	贫困大学生
社会发展	91.3	90.3	92.0	90.5	91.7	92.2	87.4	91.7	89.5	89.7	92.8	91.5
人民生活	92.0	91.0	92.9	91.3	92.6	92.7	85.5	92.4	90.6	90.5	93.1	93.4
解决看病问题	80.5	81.4	79.8	84.2	79.2	80.5	69.6	81.0	78.1	79.9	81.7	79.1
河北脱贫	82.3	81.4	83.0	85.6	80.8	85.4	74.4	82.9	79.6	82.4	82.6	81.1
河北发展	87.6	86.5	88.5	88.7	87.2	88.9	82.6	88.3	84.5	86.8	88.4	87.7
河北治污	73.5	74.5	72.7	79.8	70.9	74.3	65.2	74.3	70.0	74.3	73.6	71.3
各项均值	87.1	86.8	87.5	88.6	86.6	88.3	81.3	87.6	85.0	86.4	87.9	87.2

以同样的方法比较中学生数据：初中生的信心最高（88.7%），其次是高中生的信心（85.8%），中职生的信心最低（83.2%）。男生的信心（87.7%）略高于女生（86.6%）。河北省非农业户籍和农业户籍中学生的信心（分别为87.6%、87.1%）高于外省非农业户籍和农业户籍中学生的信心（分别为85.5%、85.2%）。农村中学生的信心最高（87.7%），其次是县级市（87.6%），地级市的中学生信心最低（86.3%）。地区差异比较明显，辛集、沧州最高（分别为91.9%、90.6%），邢台最低（84.2%）。

2. 满意度

本次调查分别询问了受访者对中国和河北省在以下七个方面发展的满意程度：经济建设，文化建设，民主建设，法治建设，生态文明建设，社会建设和国际地位，受访者可以在“非常满意”、“比较满意”、“不太满意”、“非常不满意”和“说不清”中做出选择。把受访者选择“非常满意”和“比较满意”的比例之和作为满意度指标进行比较。

受访青年样本总体对中国这些领域的建设满意度很高，平均比例达到87.9%。其中女性满意比例（88.8%）高于男性（87.0%）。大学本科学历青年满意比例最高（92.4%），其次是硕/博研究生（88.4%）和高中/高职或中专学历青年（86.7%），小学及以下学历受访者满意比例最低，只有76.6%。中等收入青年满意比例最高（89.7%），其次是高收入青年（86.6%）和无固定收入青年（85.2%），低收入青年满意比例最低

（83.7%）。大学生村官和大学生受访者满意比例很高，都超过了90.0%，满意比例最低的群体分别是快递小哥（81.6%）和网约车司机（82.3%）。横向来看，河北省青年对经济建设满意比例最高（89.8%），其次是国际地位（89.3%）和社会建设（88.4%），满意比例最低的是生态文明建设（86.2%）和民主建设（86.7%）。

受访青年对河北省的社会和经济建设的满意比例最高，分别是86.4%和86.2%，对文化建设的满意比例次之（85.3%），满意比例最低的是生态建设83.7%。四者均值为85.4%——这可以代表受访青年对河北省总体发展的满意比例。女青年在这四个方面的满意比例都略高于男青年。从收入的角度看，满意比例还是呈枣核形分布，中等收入青年对河北建设四个方面的满意比例都是最高的（86.9%），无固定收入青年次之（83.2%），满意比例最低的是低收入青年（82.6%）和高收入青年（82.4%）。大学生村官（92.6%）、党政机关和事业单位青年（88.0%）对河北建设的满意比例都很高，归国留学青年（79.0%）和快递小哥（80.7%）的满意比例最低。学历方面，依然是本科学历青年满意度最高88.2%，其次是高职/大专学历青年86.8%，高中/职高或中专学历青年满意度第三（85.1%），初中和硕/博研究生学历青年满意比例都只有81.0%左右，是最低的。

去掉在满意度调查中选择“说不清”的受访者数据，他们对国家经济建设、文化建设、生态文明建设和社会建设的满意度均值分别为3.50（SD =0.65）、3.45（SD =0.69）、3.41（SD =0.71）、3.46（SD =0.67），对河北省这四项工作的满意度均值分别为3.40（SD = 0.70）、3.37（SD = 0.72）、3.33（SD =0.75）、3.38（SD =0.70）。受访者对河北省每项工作的评价都略低于对国家的评价，平均数检验结果都有显著差异，也就是说在受访者心目中，对河北省各项工作的满意度确实低于国家。有学者提出中国受访者对各级政府“差序信任”[①] 现象：人们最信任中央政府，其次是省政

① Li，Lianjiang，“Reassessing Trust in the Central Government：Evidence from Five National Surveys，” *The China Quarterly*，225（2016）：pp. 100 – 121.

府，对基层地方政府的信任程度最低。从本次调查的未来发展信心和各项工作满意度数据来看，也呈现对国家发展的信心和满意度普遍高于河北省的趋势。这说明在受访者心目中河北省的各项工作还有待提升，为基层工作提出警示。

（四）对中国共产党领导的信心和认可

本次调查询问了就业青年和大学生受访者对中国共产党领导社会主义市场经济能力、发展社会主义民主政治的能力、建设社会主义先进文化的能力、社会治理的能力、应对国际形势和处理国际事务的能力，以及全面从严治党的能力是否有信心。受访者可以在“非常有信心”“比较有信心”“一般”“不太有信心”“完全没有信心”和“说不清”中做出符合自己认知的选择。这些题目反映了受访者对中国共产党领导能力的信心和认可。此外前一题目中询问受访者是否同意“坚持中国特色社会主义，必须坚持党的领导”，这不仅反映了河北青年对中国共产党领导的认可，同时反映了他们对党领导的支持程度，因此放在一起进行比较。统计受访者选择“非常有信心”和“比较有信心”的比例之和以及“非常同意”和“比较同意”的比例之和。

总体来看，河北青年对中国共产党领导中国各方面发展建设的能力信心很高，并且非常拥护党的领导。受访样本总体支持拥护中国共产党领导的比例为91.9%，对党领导中国各项事业发展能力有信心的比例非常接近，都在89.0%左右，其中信心最高的是党领导社会主义市场经济建设的能力（89.7%），受访者对党社会治理能力的信心次之（89.6%）。受访者信心最低的是党发展民主政治的能力，但也达到了88.8%。

分群体看，大学本科学历受访者对中国共产党领导中国发展的各项能力信心最高，也最为支持党的领导，有信心和支持党领导的比例都超过了94.0%；其次是硕/博研究生、高职/大专和高中/职高或中专学历受访者，有信心和支持的比例在90.0%左右；有信心比例最低的是初中和小学及以下学历受访者，分别只有83.2%和75.3%。不同收入群体在这个项目上的分布依然是中等收入青年最高，达到91.2%，高收入群体为91.1%，低收入群体有信心和支持的比例最低，只有 83.8% 和 86.1% 。不同的职业群体在这两个项目中的选择比例见图 4，按照比例均值由高到低从左到右排列。

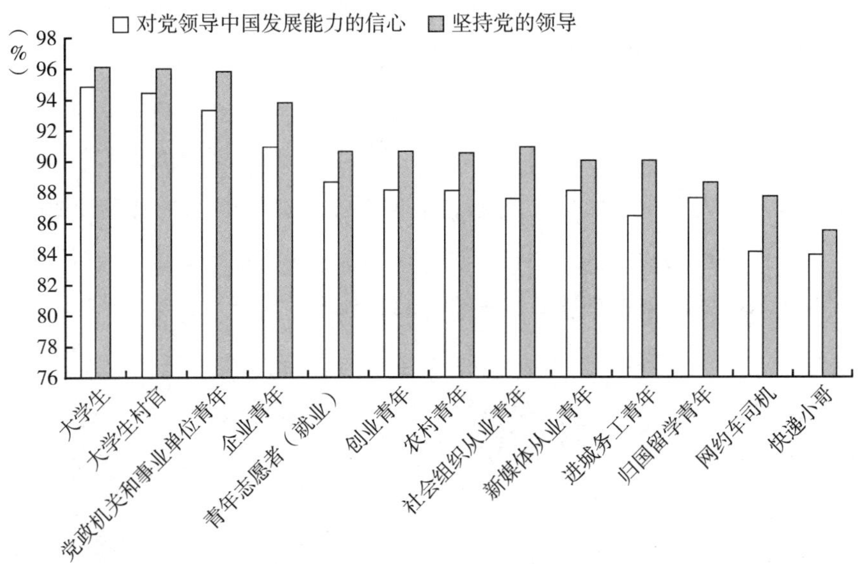

图 4　河北青年对党领导中国发展能力有信心和坚持党的领导比例

在大学生群体内部，女大学生对中国共产党领导中国发展的各项能力的信心和坚持党的领导（97.0%）的比例高于男生（95.0%）。硕士阶段的学生对中国共产党领导中国发展的各项能力的信心最高，其次是专科生和本科生，博士生的信心最低。但博士生选择支持党的领导比例最高（97.5%）；其次是硕士生（97.0%）和专科生（96.6%）；本科生支持党的领导比例最低，但也达到了 95.8% 。值得关注的是，外省非农户籍大学生对党领导的信心和支持比例最低，其他户籍学生比较接近。邢台、秦皇岛和保定大学生对党领导能力的信心和支持的比例（分别为 98.5% 、97.9% 和 97.2）都是最高的。

（五）国家自豪感

河北青年对祖国有强烈的自豪感。数据显示，受访的就业青年对“我作为一个中国人感到非常自豪”“听到国歌时，我的内心会感到自豪和激动”表示同意（受访者选择“非常同意”和“比较同意”的比例之和）的比例分别为93.4%和93.3%——计算这二者选择同意的比例均值作为国家自豪感指标进行比较。女青年对国家的自豪感（94.3%）略高于男青年（92.5%）。大学本科学历青年的国家自豪感是最高的（96.5%）；其次是硕/博士研究生（94.5%）和高职/大专学历青年（94.3%）；小学及以下学历青年的国家自豪感最低，只有81.0%。国家自豪感最高的是党政机关和事业单位青年、大学生和大学生村官，他们对祖国感到自豪的比例都超过了95.0%，网约车司机和快递小哥最低，都在91.0%以下，其他群体居中。不同收入群体的国家自豪感呈枣核形分布，如图5所示。

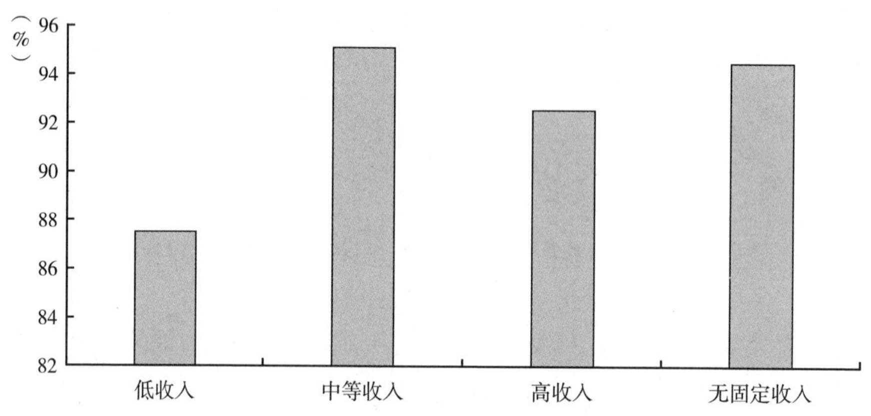

图5　不同收入群体青年的国家自豪感比例

大学生对祖国同样非常自豪，约96.7%的受访者认同“作为中国人感到自豪”“听到国歌时内心会感到自豪和激动”。河北省农业户籍和非农业户籍学生以及外省农业户籍学生认同以上两种说法的比例都超过了96.0%，外省非农户籍学生认同比例较低（93.4%）。邢台、保定和秦皇岛受访者对祖国感觉自豪的比例最高，都超过了98.0%。

（六）道德观价值观

1. 幸福观

本次调查询问了受访者衡量生活幸福的指标，每位受访者限选三项他们认为的最重要指标。样本总体把“健康的身体”、“温馨的家庭关系”和“美满的婚姻”作为幸福最重要的三个指标的比例分别为81.9%、53.1%和35.0%。不同的群体排序比较相似，但是也能发现一些微妙的差异，如成年人中最重视和最不重视身体健康和家庭关系的群体都分别是党政机关和事业单位青年（90.3%）和网约车司机（74.1%），大学生重视甜蜜的爱情的比例（26.3%）和中学生重视学业有成的比例（22.7%）都是最高的。企业青年（16.0%）和网约车司机（17.0%）都比其他群体更重视“收入丰厚”。创业青年（27.8%）和大学生村官（27.3%）是最渴望事业有成的群体。

此外，“温馨的家庭关系”“美满的婚姻”“和谐的人际关系”“甜蜜的爱情”“真挚的友情”都反映了人们对各种美好人际关系的渴望，因此把这些比例合并计算为“人际关系”指标。“事业有成”“知识丰富”和“学业有成”反映了青年对未来工作、学习的期待，因此合并计算为“学业事业”指标。“有权有势”和“社会地位高”反映了青年对权力地位的追求，因此合并计算为“权力地位”指标。比较不同群体在这些指标上的值可以看出，大学生、党政机关和事业单位青年和大学生村官是最重视人际关系的群体（五个人际关系选项占比合计分别为145.5%、140.5%和135.9%）；最看重学业事业的群体是中学生（三个学业事业选项占比合计56.0%）、创业青年（36.2%）和大学生村官（35.6%）。最渴望权力地位的群体是归国留学青年（两个权力地位选项占比合计9.2%）、网约车司机（7.3%）和中学生（7.4%）。

2. 社会平等公平

考虑到对青年人来说最重要的是未来的发展，本次调查考察了青年对未来发展机会是否平等的感知。为此设置了两个项目“我们生活中每个人都有平等的机会取得学业上的成功”和“我们社会中每个人都有平等的机会变得富有”。图6是不同群体在这两个平等项目上的选择比例，按二者平均由高至低从左向右排列。绝大多数河北青年可以感知到学业和富有方面的平等，在所有的群体中只有中学生对“每个人都有平等的机会变得富有”的感知略低于80.0%。总体上有这样几个趋势，女性对平等的感知（两个选项平均85.0%）高于男性（82.8%），河北省本省青年对平等的感知（农业户籍和非农业户籍青年分别为84.8%、83.6%）高于外省青年（78.2%、72.5%），受访就业青年对“学业成功”的平等感知（86.4%）高于“富有”（81.4%）。还有几个趋势值得关注，从学历和收入视角看就业青年的平等感知，都呈枣核形分布，高职/大专学历青年（85.1%）和本科学历青年（85.1%），以及中等收入青年（84.8%）感知平等的比例最高。

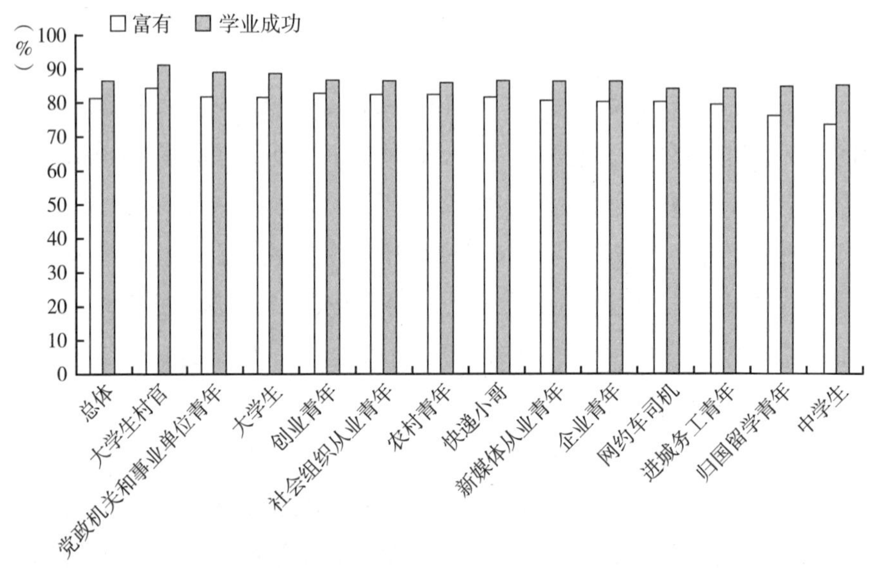

图6 不同群体青年的平等发展机会感知

3. 友善利他

本次调查设置了四个项目以探究受访者的利他价值观，分别是“我善待身边的每一个人”“现代社会仍需要互助友爱和奉献精神”“乘坐公交遇到需要帮助的人，我会主动让座”“遇到在马路上摔倒的老人或小孩，我会主动帮忙扶起”，其中前二者是观念，请受访者选择同意的程度，后两者是行为，请受访者选择这种描述符合自己情况的程度。基于每个项目计算受访者选择“非常同意”“比较同意”和“非常符合”“比较符合”的比例之和。

河北省就业青年、大学生和中学生都回答了这些问题，对互助友爱价值观表示认可的受访者超过90.0%，但是具体到行为，选择帮忙扶起摔倒的老人或小孩的受访者比例低于85.0%。分析受访者的选择比例可以发现这样几个趋势。首先是女性对友爱价值观的认可和有助人行为的比例更高（就业青年、大学生和中学生男女两性的四个选项均值分别为88.9%、91.2%；92.2%、93.8%；86.8%、90.5%）。助人价值观和行为的选择比例在三个群体中都是随着年龄的升高而升高，以就业青年为例，14~18岁、19~25岁和26~35岁三个年龄群体的四个选项均值分别为86.4%、89.6%和90.4%。河北户籍的就业青年和大学生受访者友爱互助价值观和助人行为选择比例（90.6%、93.5%）高于外省青年（79.7%、91.4%）。从收入和学历的角度看，就业青年选择友爱互助价值观和行为的比例呈现枣核形分布，低收入、中等收入、高收入青年的选择比例分别是85.7%、91.6%、89.0%。图7是不同学历的群体在友爱互助价值观和行为的四个项目上的选择比例。小学学历受访者选择比例最低，学历增加比例也随之增加，峰值出现在大学本科学历青年的选择比例上，硕/博士研究生学历青年选择比例略低于本科学历青年。从群体看，大学生村官、党政机关和事业单位青年选择比例最高（94.3%、93.3%），快递小哥和网约车司机群体选择友爱互助价值观和行为的比例最低（87.4%、86.0%）。

4. 物质主义

物质主义价值观是一种强调物质拥有和财富积累重要性的个体价值观念。高物质主义者具有的特征：认为物质拥有和财富获得是生活的核心内容；相信通过物质拥有和财富获得能收获快乐；用一个人拥有物质和财富的数量和质量来界定个人成功①。本次调查设置了两个项目测量受访者的物质主义程度：询问受访者是否同意“为了赚到钱什么都可以干”，统计选择“非常同意”和“比较同意”的比例；以及请受访者选择他们认为的生活幸福最重要的三项指标，统计选择“收入丰厚”的比例。图8是不同群体在这两个问题上的回答情况，按二者之和从高到低由左向右排列。

① 王俊秀等主编《中国社会心态研究报告（2015）》，社会科学文献出版社，2015，第176页。

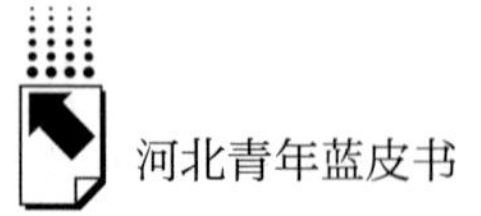

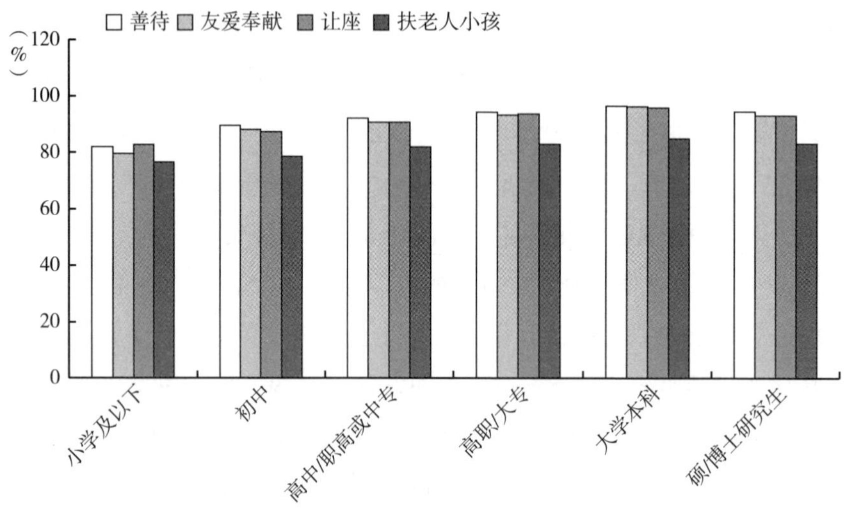

图 7　不同学历青年的友爱互助价值观和行为

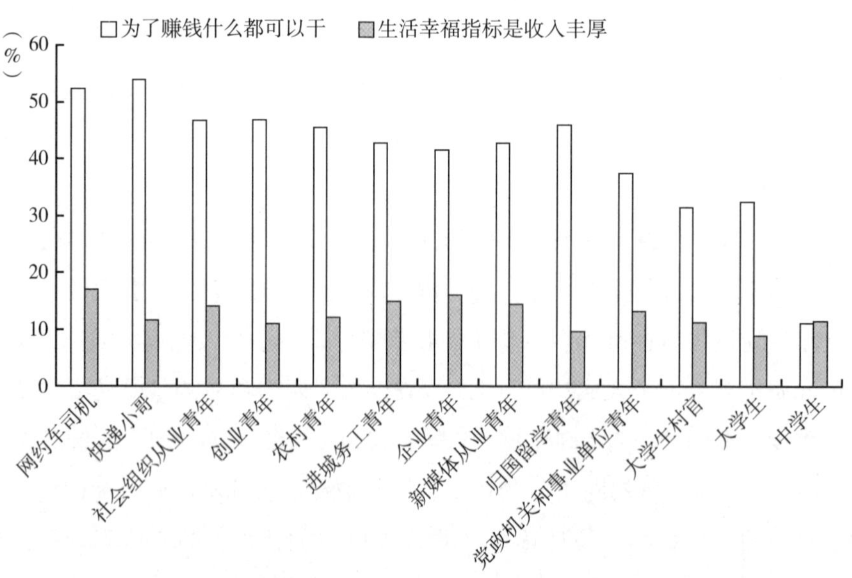

图 8　不同群体认同物质主义的比例

总体来看，河北省 35 岁以下青年群体中存在重视物质、相信获取财富就可以得到幸福生活的观念。在所有的群体中，女性选择物质主义价值观的比例明显低于男性，就业青年、大学生和中学生三个群体男女两性做出物质主义选择的比例分别为 30.2%、26.7%，39.6%、26.5% 和 12.9%、9.6%。外省户籍物质主义价值观选择比例略高于本省户籍受访者，就业青年、大学生和中学生三个群体河北省内和河北省外户籍受访者做出物质主义选择的比例分别为 28.4%、30.5%，33.0%、37.6% 和 11.4%、14.9%。物质主义价值观的选择比例在就业青年不同收入的群体中呈现马鞍形分布，低收入群体最高（32.0%），中等收入群体较低（27.9%），高收入群体略高（28.8%）。随着就业青年受教育程度的提高，物质主义倾向稳定下降，小学及以下、初中、高中/职高或中专、高职/大专、大学本科和硕/博士研究生学历受访者物质主义价值观的选择比例分别为 36.7%、29.4%、29.6%、28.9%、26.3% 和 24.3%。需要关注的青年群体依然是快递小哥和网约车司机（分别为 32.8% 和 34.7%）。中学生和大学生没有独立生活，没有赚取收入养家糊口的迫切压力，因此在这两个选项上表现出的物质主义倾向非常低，但这并不能说明他们认为物质不重要，更不能忽略对他们进行正确人生观、世界观引导。

二　河北青年意识形态方面的特点及分析

首先，河北青年最突出的特点是在政治上非常可靠。绝大多数河北青年热爱祖国，对祖国近几十年来的发展感到满意，对祖国怀有强烈的自豪感。同时对祖国未来发展充满信心，非常认可中国特色社会主义道路。河北青年对中国共产党领导中国进行各方面建设的能力非常有信心，坚定拥护中国共产的领导。此外他们对党、团组织有非常积极的感情，向党、团组织靠拢的意愿比较强烈。可以说河北青年对祖国怀有赤诚、朴素的热爱之情，坚定地支持中国共产党领导，是一群政治上非常可靠的中国特色社会主义建设生力军。

其次，河北青年人品端正。他们拥有非常积极的道德观和价值观。他们对社会主义核心价值观的认知程度很高，并且非常认可核心价值观所表达的理念。他们非常友善，愿意帮助别人，认可奉献、互助、友爱的价值观。

最后，河北青年有事业心。受访中学生和大学生普遍重视学业，就业青年有志追求事业，渴望在工作上做出成就。同时河北青年非常重视家庭和爱情，渴望拥有幸福美满的家庭生活。

除此之外，河北青年在意识形态方面还具有以下几个特点。

（一）不同职业群体意识形态有明显差距

通过对本次调查数据的梳理和对比，可以发现不同青年群体之间存在一些比较鲜明的特点和趋势。一方面，大学生村官、党政机关和事业单位青年和大学生群体在意识形态各方面的表现都比较突出。特别是大学生村官群体，入党入团的比例最高，对中国共产党领导各方面发展能力的信心、对社会主义核心价值观的认知和认同、对中国和河北未来发展的信心、国家自豪感和道德等方面的积极选择比例都是最高的。与大学生村官形成鲜明对照的是以快递小哥、网约车司机为代表的新兴职业群体，以及归国留学青年、进城务工青年在以上方面暴露出一些问题，比如认同西方政治理念和物质主义的比例较高，对祖国有自豪感的比例较低，需要重点关注。

大学生村官表现突出的原因一方面在于选拔严格，他们一般是全日制本科及以上的学生党员或优秀学生干部，招聘的时候通常被要求“思想政治素质好，作风踏实，吃苦耐劳，组织纪律观念强，有志于新农村建设，具备组织协调能力……”；另一方面，愿意报考大学生村官这样远离都市繁华、条件通常比较艰苦的岗位，确实需要奉献精神，需要那些真心实意用自己的所学所能为建设新农村贡献力量的有理想、有情怀的毕业生。因此，可以说大学生村官是思想意识优秀的毕业生；也可以说，是思想意识更先进的青年选择了大学生村官作为职业。

相对于经历过严格选拔的大学生村官，快递小哥和网约车司机这样的职业门槛低，很多从业者没有受过良好的教育，因此他们通过学校接受的积极政治信念、价值观教育比较少。同时，他们工作压力很大，计件工资的收入也不稳定。一方面，他们通常都是“孤军作战”，缺乏同事之间的配合与协作，很难产生传统行业同事之间的社会支持、互动和友谊；另一方面，顾客都是随机分配的，不会建立固定的服务关系，服务时间也非常短暂，缺乏传统行业那种基于人与人频繁接触而自然产生的服务者与服务对象之间的情感联系。此外他们的服务对象素质也参差不齐，很容易遇到素质低、态度消极的顾客，一个无端差评就能让他们的业绩受到很大影响。这些因素决定了他们对社会、对周围的人可能会有比较消极的感受。

（二）青年受访者意识形态受到学历、户籍、社会心态等因素的影响

综合从学历、收入、性别和户籍角度看调查数据，可以发现很多指标都符合同样的趋势。首先是在学历和收入上的枣核形分布。比如对核心价值观的认同、助人行为、对党领导各方面建设的能力信心、对祖国的自豪感、对国家各方面建设的满意程度等指标，都是本科学历青年和中等收入青年最积极。本次调查的数据分析显示，受教育程度与核心价值观的记忆效果的相关系数仅次于受访者的党员团员身份，收入与意识形态的关系还需进一步探索。同时在这些指标上，通常女青年比男青年积极程度略高。而对于西方价值观和物质主义的选择，本科学历青年和中等收入青年的比例都比较低，呈马鞍形分布。

总体来看，河北省农业户籍青年的意识形态与非农户籍青年差别不大，有些表现更优秀。户籍对意识形态的影响主要体现在进城务工青年和外省户籍青年中。河北省作为地域发展极其不平衡的人口大省，还存在很多经济和教育相对落后的地区。河北青年，特别是农业户籍青年受教育和未来职业发展的机遇还存在一定程度的不公平。当农业户籍青年来到城市工作，感受到故乡各方面的差距，发现自己苦苦奋斗才能得到的东西，这里的年轻人轻轻松松就能拥有，会产生更强烈的不平等感受，这种“相对剥夺感”极易引发心理失衡，造成他们在思想道德和意识形态方面与故乡和本地同龄人的差异。此外，他们一方面远离亲友的社会支持，承受情感孤独；另一方面，他们也远离户籍所在地的党团组织，调查显示快递小哥、进城务工青年、网约车司机对党团组织活动采取“局外者”和“旁观者”态度的比例高于总体

均值。有研究显示他们不仅脱离了故乡的社会支持和党团组织的影响，而且城市社区居委会在举办文化活动、促进进城务工人员与城市居民的交流方面还未形成常态化机制，没有使他们产生城市认同感和归属感。不仅如此，在日常的社区管理中这一群体常常受到歧视，被当作治安防范的重点对象，这既挫伤了他们的自尊心，也人为造成了他们与当地人的隔阂①。总之，城乡二元户籍制度本质上产生了两种居民巨大的利益差距，非农户籍往往意味着教育、社会保障、就业、政治权利等各方面的优惠待遇，而农业户籍青年即使生活在同样的地区，从事同样的工作，也有很大的利益隔阂，不只他们自身，甚至下一代还有可能继续承受这种不公平。

这种社会不公必然对他们的社会感知、思想观念造成负面影响。调查数据也表明受访者对官方媒体和公务人员的信任程度、对河北政府在民生方面工作的满意程度、就业单位是否为受访者提供完善的医疗和养老保险等社会保障、受访者与同事和领导的关系都会影响到人们对社会氛围的感受，间接影响人们对党领导能力和中国未来发展的信心，影响人们对中国共产党所代表的意识形态的接受程度。

此外，人们有更多社会参与，对社会做出更多贡献，也会影响他们的意识形态。这是因为根据费斯廷格的“认知不协调”理论，当人们对某一事物有很多精力、时间或者金钱的投入，却没有相应的回报，就会产生强烈的不协调感受。这种感受令人不适，人们有强烈的驱动力去调整自己原有认知，使自己的信念体系重新达到协调状态。在本次调查中，人们对志愿者活动的参与情况与核心价值观的记忆有一定程度的相关性。这是因为根据这个理论，人们付出时间和精力，参与更多公益性、没有物质回报的活动后，就会产生不协调的感觉，为了消除这种感觉，人们会告诉自己，“我参与这些活动，是因为我热爱社会，因为真正关心那个我为之服务的弱势群体”。也就是说，人们对一个群体投入很多，就会说服自己真的喜爱这个群体。

① 李洁：《新生代农民工政治认同研究》，西安理工大学博士学位论文，2019。

（三）部分河北青年存在物质主义倾向

物质主义价值观不像社会主义核心价值观和社会思潮那样“明显”或者“外化”，如果没有刻意反思，人们很难意识到它的存在，甚至不愿意承认自己“更看重物质”。但它一直存在于人们意识和内心深处，并潜移默化地影响人们的言语、思想和行为方式。一定的物质是维持人们生存必要的条件，人们对此有所重视、追求非常正常，但高物质主义者的特点是，把获取财富当作生活的核心目标，认为拥有物质才是幸福快乐的源泉，并且把拥有财富的数量作为衡量成功的标准。

很多研究证实了物质主义对个人和社会造成的消极影响：最新的国内学者研究发现，物质主义价值观与青少年的自尊和幸福感呈显著负相关，也就是说，物质主义价值观程度越高的青少年，自尊和幸福感水平越低①。除此之外，国外学者发现高物质主义群体的生活满意度、安全感更低，心理紧张程度更高，而且他们在追求财富的过程中会产生忽视他人、社会隔离等问题②。物质主义不仅影响了人们自身的心理健康，对社会也有负面影响。研究发现高物质主义群体关注社会的程度和社会卷入的程度都比较低，因此他们的慈善捐赠行为较少，并且这种价值观还让人们减少了陪伴家人的时间③。国内研究者古典、王鲁晓等发现，物质主义影响人们的亲环境态度和行为，也就是说高物质主义群体对环境的态度不友好，不关注环境问题，这也意味着他们的资源回收、节约能源、绿色消费行为更少④。

---

① 郭博达、张立新、张镇：《青少年物质主义和幸福感：自尊的中介作用》，《心理与行为研究》2019 年第 1 期。

② Jamie Arndt, Sheldon Solomon, Tim Kasser , Kennon M. Sheldon: “The Urge to Splurge: A Terror Management Account of Materialism and Consumer Behavior,” *Journal of Consumer Psychology* 3 (2004): 198 – 212.

③ James A. Roberts, Aimee Clement, “Materialism and Satisfaction with Over-All Quality of Life and Eight Life Domains,” *Social Indicators Research* 1 (2007): 79 – 92.

④ 古典、王鲁晓、蒋奖、孙颖、张玥：《物欲之蔽：物质主义对亲环境态度及行为的影响》，《心理科学》2018 年第 4 期。

物质主义的成因比较复杂，学者们的观点不一致，但是以下三方面的因素得到的认可比较多①。首先，物质主义部分源于不安全感。当人们内心的需求无法得到满足，他们就倾向于把物质财富作为补偿，希望减轻不安全感带来的困扰。导致物质主义的不安全感可以分为经济不安全感、人际不安全感、身份不安全感，以及对死亡的恐惧带来的不安全感。如果儿童在成长过程中经历过贫困、饥饿、被剥夺感，他们就会把这些消极的感受内化，形成经济不安全感。即使成年后环境改变、生活富足，这种不安全感依然存在并持续作用，让他们具有物质主义者特征②。导致物质主义的人际不安全感通常指的是家庭环境、亲子关系和父母养育方式给儿童带来的消极影响。研究发现如果儿童经历过家庭破碎、父母冲突，或者父母对子女的养育方式是冷漠、控制型的，儿童成年后就会倾向于更加看重经济上的成就，轻视其他更积极的价值观③。Christopher、Morgan 和 Marek 等研究者发现，当实验参与者体验逢迎和恳求，也就是对自己的身份感到不安全的时候，他们的物质主义倾向会短暂升高。因为他们感到软弱无助，需要借助积累财富消除这种不安全感。在他们心目中，物质财富可以强化他们的身份，他们希望通过增加自己的财富来提升自我形象④。死亡是人类所要面对的最大未知，每个人对此都怀有深深的焦虑和恐惧。如果人们感到自己的生活有意义，拥有独特的价值，可以为家庭、社会贡献力量，那么对死亡的焦虑和恐惧就不会造成严重的困扰；反之，就会通过对物质财富的追逐和攫取缓解这种对死亡的消极感受。

其次，成长环境也会导致物质主义。这种环境主要是指家庭成员、同伴

---

① 李静、郭永玉：《物质主义及其相关研究》，《心理科学进展》2008 年第 4 期。

② Ahuvia, Aaron C., Wong, Nancy Y., "Personality and Values based Materialism: Their Relationship and Origins," *Journal of Consumer Psychology 4* (2002): 389 -402.

③ Kasser, T., Ryan, R. M., Zax, M., Sameroff, A. J., "The Relations of Maternal and Social Environments to Late Adolescents: Materialistic and Prosocial Values," *Developmental Psychology 6* (1995): 907 -914.

④ Christopher, A. N., Morgan, R. D., Marek, P., Keller, M., Drummond, K., "Materialism and Self-presentational Styles," *Personality & Individual Differences 1* (2005): 137 -149.

所表达的物质主义倾向。一方面，儿童会习得父母的价值观；另一方面，对青春期儿童来说得到小伙伴的认可至关重要，他们会相互模仿，形成对某些事物的默契看法。导致青少年物质主义的第三个因素是媒体的作用。媒体通过电视广告、影视剧情所表达的价值观对青少年产生潜移默化的影响。特别是现在随着智能手机的普及，青少年与各种广告接触得更加频繁，而这些广告很多都出自素质参差不齐的自媒体，其所表达的价值观有很多负面的成分，已经有研究证实智能手机成瘾水平与青少年物质主义之间存在显著正相关①。

（四）马克思主义信仰教育有待加强

许多河北青年怀着一颗热诚的赤子之心奔向党的怀抱，投入社会主义建设事业，但是他们缺乏对马克思主义理论的深入理解，未能把满腔热情上升到信念、信仰的高度。因此他们选择入党的最主要原因是“实现社会理想，服务社会和人民”，而不是出于对“马克思主义的信仰”。此外调查中还有少部分青年认同西方政治理念，认为西方选举制度更适合中国。这说明一些青年存在模糊、脆弱的思想观念，“道路自信”“制度自信”“理论自信”还不够坚定。褚照楠和林希玲针对大学生的最新研究也发现了类似的问题，虽然绝大多数大学生认可马克思主义对中国的指导作用，认同中国共产党的领导，但依然有一多半的学生表示自己“没有信仰”或者“说不清楚”，有信仰的大学生中把马克思主义当作信仰的也不足一半，其他受访者信奉个人主义、实用主义、各种宗教或者其他②。

部分青年受访者马克思主义信仰弱化主要有以下三方面原因。

首先，很多青年对马克思主义认识不足。河北省青少年从高中政治思想课程开始接触马克思主义，高中阶段传授的内容非常浅显，到了高等教育阶段，才会有课程对马克思主义进行深入系统的讲授。可以说，如果青年缺乏

---

① 王鹏程、雷雳、P. Wang、J. Nie、X. Wang、Y. Wang、F. Zhao、X. Xie、M. Ouyang：《智能手机成瘾可预测青少年的物质主义倾向》《基础教育参考》2018 年第 23 期。

② 褚照楠、林希玲：《当代大学生信仰教育的现状及策略分析》，《社科纵横》2019 年第 8 期。

对哲学的强烈兴趣，不主动购买相关书籍阅读学习；或如果他们没有强烈的入党意愿，没有经历过入党前的教育培训，那么这些没有受过高等教育的青年普遍不了解马克思主义。

其次，马克思主义信仰教育手段应更好地结合社会现实。马克思主义信仰教育目前主要依靠大专院校课堂传授，而世俗的道德观念、西方价值观和政治理念随着新兴媒体迅速传播，花样翻新、潜移默化地影响青年的思想意识。即使在高等教育阶段，马克思主义信仰教育内容陈旧，没有紧密结合当前国家发展实践，脱离日新月异的社会形势，不仅不能诠释各种社会现象、社会问题，也不能帮助青年解决他们工作中、生活中出现的各种问题，因此完全无法与迅猛发展的网络娱乐争夺青年的“眼球”。

最后，社会环境的变化。近三四十年我国经济发展迅速，市场经济影响了人们的思想观念，部分青年中出现了“金钱至上”的物质主义价值观。一些青年完全不了解马克思主义，缺乏正确的思想和价值观引领，不能抵御网络媒体传播的参差不齐的观念，很容易被西方影视作品宣扬的资本主义的“自由”“平等”“人权”观念所迷惑。此外，经济、社会的迅速发展也带来一些管理上的问题，如食品安全、环境污染、“官二代”和“富二代”现象等都会影响当代青年的正确价值判断，减弱人们对中国特色社会主义道路的信心，干扰青年对马克思主义的信仰。

三　建议

构建青少年积极向上的中国特色社会主义意识形态是一个综合、宏大、立体的社会工程。虽然这个工程非常复杂，但也可以解构为对象、内容和方式三个方面。

首先，就对象而言，青少年在不同的成长阶段有不同的兴趣、认知、情感特征和需要，一定时期的教育必须是有针对性的，在生理和心理上适合这个阶段青少年的大脑发育和理解水平，并且与他们的社会发展需求相吻合。这就决定了意识形态教育必须在中国特色社会主义理论框架内，遵循青少年身心发展规律，遵循教育规律，同时也应符合不同民族、群体、地域青少年群体的特征。具体来看，小学阶段的主要任务是树立学生积极向上的价值观。初中阶段在继续强化人生观、价值观的同时，重点培养学生对马克思主义理论的好感和兴趣，消除青少年对哲学的疏离感、畏惧感，让他们养成运用正确价值观和朴素的辩证唯物主义视角分析问题的初步能力。这样在义务教育阶段就为绝大多数青少年种下了中国特色社会主义意识形态的种子。高中或职业高中阶段应该继续更加深入地传播马克思主义理论和价值观。

大学生作为社会主义建设的重要力量，必须系统学习、深入理解马克思主义，熟练掌握以辩证唯物主义看待问题、分析问题的立场、观点和方法。强化他们走中国特色社会主义道路的自觉性和坚定性。总之，马克思主义理论应该成为受过高等教育群体的知识框架的重要组成部分。

青年党员干部必须坚定信仰马克思主义。中国特色社会主义理想信念和马克思主义信仰教育应该贯穿在党员干部选拔、培训、任用、考核、提升的全过程。他们应该有更高尚的思想觉悟、更坚定的政治信仰和投身中国特色社会主义建设事业的决心，在深刻理解马克思主义原理方法的基础上，结合实践进行创新和发展，达到新一代社会主义建设理论的崭新高度。本次调查中，大学生村官在政治上的表现非常出色，说明这一政策在选拔、培养青年干部方面很成功。应该进一步强化大学生村官相关政策，给这一群体更多任务，给他们更好的锻炼机会和成长空间。

其次，意识形态教育内容必须具有实践性和实效性。核心价值观和马克思主义理论教育内容应紧跟社会发展、与时俱进，能够在理论上正确解读社会现象和社会问题，增强理论对现实的影响力。马克思主义理论教育内容必须结合社会现实，回答困扰当代青年的各种问题，让青年群众感受到科学的理论确实可以“治疗”他们在工作、生活、社交、思想上的“疑难杂症”。在这一过程中帮助青年全面接受、深入理解马克思主义立场、观点、方法——只有这样才能铸就坚定的马克思主义信仰。

事实上，很多即时的社会事件、舆情需要正确的价值观、哲学理论来诠

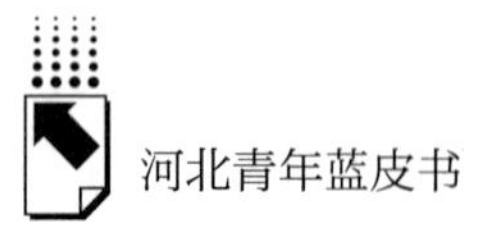

释和引导，如果官方主流价值观保持沉默，民间参差不齐的世俗舆论，甚至不怀好意的西方势力攻击炒作就会甚嚣尘上。例如 2006 年的“南京彭宇案”，以及近几年个别教育部门、医疗管理部门对部分突发事件处理不够妥当，造成了一些不良影响。实际上，这些事件发生的时候，都是运用马克思主义理论和社会主义核心价值观分析问题、引导社会舆论、纠正不良社会风气的机遇。如果主流媒体在这样的关键点缺位，错失发声机遇，就有可能引发深远消极的社会影响。本次调查中，绝大多数受访者非常认同友善助人的价值观，可是在具体的扶老人、儿童的行为上，却表现出一定程度的犹豫——这就是在负面舆情出现时缺失主流价值观引导的最好例证。如果把这些紧密结合社会实践的内容增加到学校课程教育中，一方面可提升理论和价值观的活力和影响力，另一方面可增强青少年学习理论的兴趣和积极性。

最后，创新马克思主义信仰宣传方式方法。相对书本和课堂上的理论说教，层出不穷的西方影视作品、自媒体、网络大 V、新生代偶像等无疑对青少年的吸引力更大，这些媒体并不直接输出价值观，可是价值观潜移默化的影响在新媒体里无处不在。其中不仅有西方宗教、政治理念，拜金主义、享乐主义、自由主义等消极观念也在其中暗流涌动。因此，中国特色社会主义信仰和意识形态培育方式到了必须强化、必须创新、必须与时俱进的关键时刻。主流媒体应深入研究，把握青少年的兴趣点和认知特点，借助他们喜爱的偶像，使用他们关注的媒介，将核心价值观融入影视作品、流行音乐、网络文学、广告等青少年喜闻乐见的传播方式和载体当中，让中国特色社会主义信仰教育更加形象，更有感染力、说服力。

除此之外，从本次调查数据来看，对部分群体应予重点关注。主要是以快递小哥、网约车司机为代表的新兴行业青年、进城务工青年，以及外省农业户籍和非农户籍青年群体，他们大多没有良好的教育背景，工作繁重，收入不稳定，相当一部分人来自贫困地区，为了建设河北背井离乡。同时，受访者对政府民生工作的满意程度、对政府公务人员的信任程度、在工作单位是否有完善的社保、与领导同事关系是否融洽都与他们对核心价值观的记忆程度相关。因此应该密切关注这些群体在就业、培训、社交、社保、婚恋、理财、维权等各方面的需要，不同部门联合协作，为他们量身定做政策咨询、教育培训、法律援助等解决实际问题的支持和服务，缓解他们身在异乡的焦虑不安，帮助他们更好地融入本地社会，提升其职业技能，增加其收入，让他们踏踏实实地工作、安家落户。让他们充分体验到来自河北省委、省政府的温暖和关爱。

总之，意识形态无论在中国特色社会主义事业的建设中，还是在青年的成长发展过程中，都有非常重要的作用。河北省委、省政府出台的河北省历史上第一个中长期青年发展规划把青年思想道德放在“十大领域”的首位并提出了具体的发展措施，为河北青年意识形态引导和教育提供了重要契机。这是一项长期而艰巨的工作，需要许多部门共同努力、做好整体规划和协作。

B.10 河北省青年就业创业发展状况研究报告

张齐超 *

摘　要： 本报告分别就青年群体的就业观念、就业行为、创业观念、创业行为进行研究，归纳出青年就业和创业的一些特点：青年的就业观呈现追求高回报、凸显自我、安全稳定的三维特点，偏爱体制内、稳定、收入高的工作单位，更换工作已成为多数青年职业生涯的必经阶段；青年的创业意愿较强烈，创业者的初创实力较弱、规模较小，多为单干、缺少合伙人，创业资金和场地对家庭的依赖极大；青年最倾向的创业领域是互联网产业、教育培训业和住宿餐饮业。针对青年就业创业存在的问题，本报告建议：进一步完善积极就业政策，形成统一、完整、系统的政策清单，为农村青年、进城务工青年等群体提供有针对性的就业服务；完善青年创业服务体系建设，尤其要加大创业培训力度，搭建各类青年创业孵化平台、增强现有创业服务机构的服务能力。

关键词： 就业观念　就业行为　创业观念　创业行为

一　引言

在经济新常态下，我国就业形势面临新的变化：经济增速放缓、新增就

* 张齐超，博士，河北省社会科学院社会发展研究所助理研究员，研究方向为城乡社区治理、社会政策。

业岗位难度加大、劳动力市场竞争加剧、失业风险放大等。这些新变化给青年就业提出新的挑战，尤其在高校毕业生人数不断增加的背景下，青年群体面临更加激烈的就业竞争。另外，互联网时代到来，引发产业结构升级、商业模式创新，提供了更多的创业机会，给青年群体带来更多的就业机会和选择。我国持续数年的创业创新政策进一步活跃了整个社会的创业氛围，必然在就业创业的观念及行为等方面产生深远影响。

2017 年 4 月，中共中央、国务院印发了《中长期青年发展规划（2016 ~ 2025 年）》，这是我国第一个青年发展规划，并将“青年就业创业列为十大发展领域之一，在国家整体就业创业政策体系中，凸显了青年就业创业政策的独特地位”。[①] 研究青年就业创业观念和行为的特征和变化，对于青年就业创业政策的完善具有重要意义。本报告通过对抽样调查数据的分析，对河北省青年群体的就业观念、就业行为、创业观念、创业行为进行专题研究，意在挖掘就业创业的突出特征和存在的问题，并对更好地促进青年就业创业提出一些建议。

二　青年就业行为特征与存在的问题

（一）青年在寻找工作时主要考虑收入、工作安全性及个人价值实现

人们寻找工作时考虑的因素能够反映出他们的就业观念。本次调查发现，“高收入”“良好的工作安全性”“能实现个人的价值”是受访青年考虑最多的三个因素。其次，“能发挥自己的能力”“稳定”“没有太大的压力”也是青年寻找工作时考虑较多的因素。47.4% 的青年将“高收入”列为寻找工作时考虑的因素，33.7% 的青年选择“能实现个人的价值”，33.8% 的青年选择“良好的工作安全性”。除此之外，工作对个人能力的发

① 桑伟林、蔡智：《改革开放 40 年来青年就业创业政策演进及其优化研究》，《中国青年研究》2018 年第 10 期。

挥或提升也是青年寻找工作时着重考虑的，24.6%的青年选择“能发挥自己的能力”，17.5%的青年看重工作“能提升能力”。工作稳定性和压力强度也在较大程度上影响青年寻找工作，21.8%的青年将“稳定”列为寻找工作时重要的考虑因素，21.0%的青年较为看重工作“没有太大的压力”。相对而言，“时间安排灵活”（16.3%）、“职业声望好受人尊敬”（11.2%）、“能够积累经验”（11.4%）、“工作氛围”（9%）、“符合个人兴趣”（10.6%）、“地理位置便利”（4.7%）等因素在青年寻找工作时并不是重要影响因素。这反映出当前青年的就业观念呈现三维特点：追求高回报、凸显自我、安全稳定。

不同年龄的青年在寻找工作时考虑的因素会有所差异。将19～25岁和26～35岁两个年龄组进行比较，发现收入、个人价值实现和工作安全性仍然是两个年龄组青年最主要的考虑因素。但在其他因素方面，19～25岁年龄组青年更为看重工作“能够提升能力”（19.3%）、“能够积累经验”（12.8%）、“工作没有太大压力”（21.9%），分别高出26～35岁年龄组青年2.4个、2.1个和1.5个百分点。而26～35岁年龄组青年更为看重“稳定”（22.1%）、“能实现个人的价值”（34.3%），比19～25岁年龄组青年分别高1.6个和1.5个百分点。

表1　青年选择工作时考虑因素

单位：%

择业因素	总体	年龄组		性别	
		19～25岁	26～35岁	男	女
高收入	47.4	47.4	47.9	49.9	44.8
没有太大的压力	21.0	21.9	20.4	19.9	22.1
良好的工作安全性	33.8	33.3	33.7	32.0	35.6
职业声望好受人尊敬	11.2	12.3	10.8	12.1	10.3
时间安排灵活	16.3	17.0	16.2	15.7	17.0
能实现个人的价值	33.7	32.7	34.3	33.2	34.3
稳定	21.8	20.3	22.1	21.4	22.3
能发挥自己的能力	24.6	23.4	24.6	25.7	23.4
能提升能力	17.5	19.3	16.9	16.6	18.5

续表

择业因素	总体	年龄组		性别	
		19～25 岁	26～35 岁	男	女
能够积累经验	11.4	12.8	10.7	10.9	11.8
地理位置便利	4.7	4.3	4.9	4.4	5.0
工作氛围	9.0	8.8	9.3	7.7	10.4
符合个人兴趣	10.6	11.2	10.1	9.9	11.2

男女青年寻找工作时考虑的因素存在一定的差异。比较发现，男青年更注重“高收入”（49.9%）、“能发挥自己的能力”（25.7%），分别比女青年高 5.1 个、2.3 个百分点。女青年则更注重“良好的工作安全性”（35.6%）、“没有太大的压力”（22.1%），分别比男青年高 3.6 个、2.2 个百分点。

表 2　不同户籍青年择业因素对比

单位：%

择业因素	河北省非农户籍	河北省农业户籍	外省农业户籍	外省非农户籍
高收入	49.5	46.6	52.2	39.9
没有太大的压力	22.8	20.1	19.5	19.5
良好的工作安全性	32.4	35.0	31.3	27.1
职业声望好受人尊敬	12.5	10.2	12.5	16.5
时间安排灵活	16.3	16.3	16.6	18.2
能实现个人的价值	35.3	33.3	32.2	28.5
稳定	21.1	22.3	21.1	19.6
能发挥自己的能力	23.8	25.3	21.4	20.7
能提升能力	16.9	17.9	18.9	15.0
能够积累经验	9.5	12.3	12.1	11.1
地理位置便利	4.8	4.6	4.6	5.7
工作氛围	10.3	8.3	9.6	8.3
符合个人兴趣	10.0	11.1	8.8	7.4

对比河北省非农户籍和农业户籍青年在寻找工作时考虑的因素，发现非农户籍青年更多考虑“高收入”“没有太大的压力”等因素，分别比农业户籍青年高 2.9 个和 2.7 个百分点。而农业户籍青年则更多考虑“良好的工作

安全性”“能提升能力”“能够积累经验”等因素，分别比非农业户籍青年高2.6个、1.0个和2.8个百分点（见表2）。

表3　不同教育背景和收入水平青年择业因素对比

单位：%

择业因素	教育背景						收入水平			
	小学及以下	初中	高中/职高或中专	高职/大专	大学本科	硕/博士研究生	低收入	中等收入	高收入	无固定收入
高收入	47.9	42.0	44.1	49.0	51.7	52.6	41.5	49.4	52.0	45.0
没有太大的压力	25.3	21.1	21.1	19.4	21.8	21.0	23.0	20.6	17.2	19.8
良好的工作安全性	28.0	36.6	36.1	32.8	32.1	27.2	34.2	33.8	28.4	35.8
职业声望好受人尊敬	11.4	9.0	10.3	10.0	13.8	15.8	11.6	11.2	16.1	8.0
时间安排灵活	14.6	17.0	16.7	16.5	16.0	13.5	18.9	15.6	13.7	17.5
能实现个人的价值	16.5	25.3	30.5	35.4	40.6	43.8	26.1	36.0	42.4	30.9
稳定	19.5	25.6	23.4	22.4	18.6	15.4	23.4	21.4	13.9	24.5
能发挥自己的能力	13.8	23.8	25.4	24.7	25.0	25.3	21.5	24.9	29.2	26.8
能提升能力	10.6	14.8	16.7	20.1	18.2	19.1	15.5	18.1	18.7	17.6
能够积累经验	6.6	12.2	12.1	12.8	9.6	8.3	11.3	11.1	10.5	12.9
地理位置便利	3.8	4.6	4.5	4.7	4.9	5.3	4.6	4.9	4.3	3.9
工作氛围	5.1	7.1	7.8	10.3	10.4	9.7	7.3	9.8	7.9	6.9
符合个人兴趣	8.8	12.2	10.4	9.4	10.9	10.0	9.8	9.8	9.2	15.5

不同学历青年在寻找工作时考虑的因素存在差异，并呈现某种趋势，表现在：高收入、职业声望、实现个人价值的重要性随着学历提升而增加，良好的工作安全性、积累经验、稳定的重要性却随着学历提升而降低。收入水平对青年寻找工作时考虑的因素也具有较强的影响。对比低收入、中等收入、高收入三类青年在找工作时考虑的主要因素，发现影响因素的重要性随收入高低呈现一定的线性趋势：收入越高的青年越是注重考虑“高收入”“能实现个人价值”“能发挥自己的能力”等因素，而“没有太大的压力”

“良好的工作安全性”“时间安排灵活”“稳定”等因素的重要性则随收入层次的提升而降低。

（二）近七成青年有过工作更换经历，新型职业青年群体更换工作频率最高

工作更换频次是反映工作稳定性的重要指标，本次调查显示近七成青年有过更换工作的经历，31.0%的青年目前从事的工作是第一份工作，26.0%的青年在从事目前工作之前更换过1次工作，28.3%的青年更换过2次工作，14.7%的青年则更换过3次及以上次工作。这表明近七成青年有过工作更换经历，也在一定程度上表明青年工作的流动性较大。随着年龄增长、工作时间增长，更换工作的可能性也逐渐增加，26～35岁年龄组中26.5%的青年目前从事的工作仍是第一份工作，而19～25岁年龄组中高达38.8%的青年仍从事第一份工作。

表4　青年更换工作的次数与性别及年龄组交互情况

单位：%

更换工作次数	总体	性别		年龄组		
		男	女	14～18岁	19～25岁	26～35岁
1次	26.0	25.8	26.3	18.9	26.3	26.4
2次	28.3	29.2	27.4	12.1	24.9	30.4
3次及以上	14.7	17.1	12.1	5.1	10.0	16.7
这是第一份工作，未换过	31.0	27.9	34.2	63.9	38.8	26.5

女性青年工作稳定性更强。对比男女青年工作更换情况，女青年中目前仍从事第一份工作、未换过工作的占34.2%，而男青年中从未换过工作的占27.9%；女青年中更换工作3次及以上的占12.1%，低于男青年的17.1%。

河北省内农业户籍青年的工作更换更加频繁，工作稳定性明显不如省内非农业户籍青年。河北农业户籍青年中从未换过工作的仅占28.6%，而非农业户籍青年中，这一比例高达35.8%；更换工作1次的，二者大体相当；

农业户籍青年中29.6%的人更换过2次工作，高于非农业户籍青年4.1个百分点；农业户籍青年中16.1%的人更换过3次及以上次工作，高于非农业户籍青年4.1个百分点。

表5　青年更换工作的次数与户籍交互情况

单位：%

更换工作次数	河北省非农户籍	外省非农户籍	河北省农业户籍	外省农业户籍
1次	26.7	26.3	25.7	24.4
2次	25.5	34.0	29.6	25.8
3次及以上	12.0	13.8	16.1	16.8
这是第一份工作	35.8	25.9	28.6	33.0

表6　青年更换工作的次数与教育背景交互情况

单位：%

更换工作次数	小学及以下	初中	高中/职高或中专	高职/大专	大学本科	硕/博士研究生
1次	40.7	24.5	25.3	27.0	26.0	22.5
2次	25.2	31.4	31.9	31.4	22.2	17.2
3次及以上	16.9	23.4	17.1	14.9	7.8	6.0
这是第一份工作	17.2	20.7	25.7	26.7	44.0	54.3

学历越高的青年工作稳定性越强，更换工作的频率越低。统计发现，初中学历青年中仅有20.7%的人从未换过工作，而大学本科学历青年中从未换过工作的占44.0%，硕/博士研究生学历青年中这一比例则高达54.3%。更换工作1次、2次、3次及以上的统计结果基本呈现随学历提升换工作比例下降的趋势。这一下降趋势在高职/大专和大学本科之间形成一个明显的拐点，表明学历越低的青年工作稳定性较差，频繁地更换工作对其生活和职业发展产生较大影响。

高收入青年工作稳定性比中等收入和低收入青年更强。高收入青年中，目前所从事的工作为第一份工作、从未换过工作的占比30.4%，与中等收入青年相同，而低收入青年中为24.0%，这说明收入越低更换工作的概率就越高。从更换工作1次、2次的对比来看，大体仍然呈现随收入层次提高频率递减的趋势，进一步表明低收入群体工作稳定性较差，工作变动频繁。

表7　青年更换工作的次数与收入水平交互情况

单位：%

更换工作次数	低收入	中等收入	高收入	无固定收入
1次	30.5	25.8	25.5	20.9
2次	31.0	29.0	28.2	22.5
3次及以上	14.5	14.8	15.9	17.9
这是第一份工作	24.0	30.4	30.4	38.7

表8　更换工作的次数与青年群体交互情况

单位：%

群体类型	1次	2次	3次及以上	这是第一份工作
党政机关和事业单位青年	28.1	23.0	10.4	38.5
社会组织从业青年	27.3	34.5	19.6	18.6
进城务工青年	23.8	33.7	20.1	22.4
企业青年	25.0	28.3	13.6	33.1
归国留学青年	24.7	33.4	11.5	30.4
网约车司机	24.5	32.6	22.7	20.2
农村青年	26.9	27.6	14.6	30.9
创业青年	26.2	35.4	20.6	17.8
大学生村官	23.4	12.3	4.3	60.0
新媒体从业青年	25.0	29.7	14.6	30.7
快递小哥	20.6	36.4	34.4	8.6

不同群体青年的工作稳定性存在较大差别。整体来看，快递小哥群体的工作更换最为频繁，仅8.6%的快递小哥第一份工作就是快递，同时有34.4%的快递小哥更换3次及以上工作后才从事当前的快递工作，这个比例在各群体中是最高的。创业青年、社会组织从业青年、网约车司机、进城务工青年的工作更换也较为频繁，从未换过工作的比例分别为17.8%、18.6%、20.2%和22.4%，同时，更换工作在3次及以上的比例分别为

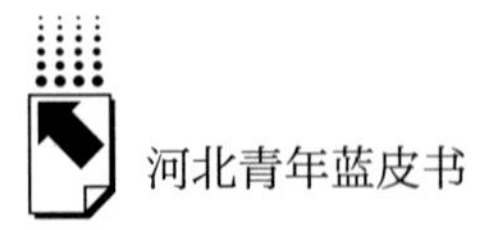

20.6%、19.6%、22.7%和20.1%。与之形成对比的是，大学生村官、党政机关和事业单位青年的工作稳定性较高，其中60.0%的大学生村官第一份工作就是村官，党政机关和事业单位青年中38.5%的人从未换过工作。究其原因，一方面是村官、党政机关和事业单位的工作存在一定的筛选机制和定向选择机制，另一方面这类工作的稳定性较高。

（三）工作变动的最主要因素是找到更理想的工作和收入太低

导致工作变动的影响因素有多种，最主要因素是不满意所从事工作，有25.7%的青年出于“找到更理想的工作”的原因而更换工作。第二个因素是收入，有26.3%的青年将“收入太少”列为更换工作的原因。“学不到技术”和“工作不稳定”也是更换工作的重要原因，分别有11.3%和12.0%的青年将其列为更换工作的原因。其他更换工作的原因包括“受到不公正待遇和限制”（7.0%）、“单位破产/倒闭”（4.7%）、“工作太累或太危险”（6.9%）、“工作环境差”（6.1%）。

表9　青年离开上份工作的原因

单位：%

更换工作原因	总体	性别		年龄组		
		男	女	14~18岁	19~25岁	26~35岁
收入太少	26.3	29.6	22.5	22.3	23.9	27.0
工作太累或太危险	6.9	7.3	6.4	8.8	7.9	6.6
学不到技术	11.3	11.6	11.0	17.6	14.8	10.3
工作环境差	6.1	6.8	5.4	10.0	7.2	5.7
工作不稳定	12.0	11.3	12.8	14.8	12.2	11.9
受到不公正待遇和限制	7.0	7.1	6.8	7.9	7.4	6.8
单位破产/倒闭	4.7	4.6	4.8	2.6	3.1	5.2
找到更理想的工作	25.7	21.7	30.3	16.0	23.5	26.5

男女青年更换工作原因存在一些差异。男青年更换工作主要原因是“收入太少”（29.6%），女青年中出于这一原因更换工作的比例仅为

22.5%；女青年更换工作最主要的原因是想“找到更理想的工作”（30.3%），男青年中因这一原因更换工作的比例仅为21.7%。

表10　青年离开上份工作的原因与教育背景交互情况

单位：%

更换工作原因	小学及以下	初中	高中/职高或中专	高职/大专	大学本科	硕/博士研究生
收入太少	45.6	35.5	28.4	22.6	18.2	17.9
工作太累或太危险	10.1	7.9	7.7	6.1	5.6	5.8
学不到技术	10.6	10.7	11.9	12.0	10.6	10.8
工作环境差	8.0	6.6	6.4	5.7	5.4	9.0
工作不稳定	10.4	11.1	11.9	12.3	12.9	11.4
受到不公正待遇和限制	5.5	5.8	6.5	7.9	7.7	8.0
单位破产/倒闭	2.2	4.9	5.8	5.0	3.4	2.7
找到更理想的工作	7.6	17.5	21.4	28.4	36.2	34.4

学历高的青年离职原因主要是对工作不满意，想“找到更理想的工作”，而学历低的青年离职原因最主要的是收入太少。

表11　青年离开上份工作的原因与青年群体交互情况

单位：%

群体类型	收入太少	工作太累或太危险	学不到技术	工作环境差	工作不稳定	受到不公正待遇和限制	单位破产/倒闭	找到更理想的工作
党政机关和事业单位青年	18.4	5.9	7.8	4.4	12.8	7.0	3.6	40.1
社会组织从业青年	24.1	6.1	11.9	6.9	13.3	6.8	5.9	25.0
进城务工青年	31.2	7.8	10.6	6.7	11.2	7.1	5.1	20.3
企业青年	23.3	5.7	11.7	5.5	11.3	8.2	5.9	28.4
归国留学青年	13.2	5.9	12.2	10.5	13.5	10.2	3.9	30.6
网约车司机	29.7	6.7	10.9	9.1	12.4	9.4	6.7	15.1
农村青年	30.4	7.9	11.7	6.3	12.4	6.0	4.0	21.3
创业青年	25.7	6.1	13.4	6.4	10.2	6.1	5.0	27.1
大学生村官	15.2	4.1	8.7	8.6	14.4	4.1	2.1	42.8
新媒体从业青年	20.4	7.7	13.1	8.1	12.5	8.3	4.4	25.5
快递小哥	34.0	6.2	8.8	6.0	11.8	8.7	8.5	16.0

但是不同青年群体的离职原因差别较大。“收入太少”是造成快递小哥、农村青年、网约车司机、进城务工青年群体更换工作的最主要原因，“找到更理想的工作”是造成党政机关和事业单位青年、归国留学青年、大学生村官更换工作的最主要原因，而对社会组织从业青年、企业青年、创业青年和新媒体从业青年来说，“收入太少”“找到更理想的工作”一同构成其更换工作的主要原因。

（四）近七成青年对目前工作较为满意，新兴职业青年及流动青年群体满意度低

调查结果表明，23.1%的青年对目前工作非常满意，43.6%的青年对目前工作比较满意，就是说66.7%的青年对工作较为满意，可以推测在一个时期内这部分青年的工作稳定性较强。另有27.9%的青年对目前工作满意度一般，推测他们存在一定的更换工作的可能性，只有5.4%的青年对目前工作不太满意或者非常不满意。

不同青年群体的工作满意度存在较大差别。我们将各组青年对目前工作的“非常满意”和“比较满意”的比例加总，然后进行对比，发现党政机关和事业单位青年的工作满意度最高，为76.7%；其次为大学生村官、创业青年、新媒体从业青年、企业青年和归国留学青年，这几类青年的工作满意度均在70%或以上；而农村青年的工作满意度最低，仅59.9%的农村青年对目前工作表示较为满意；快递小哥、网约车司机、进城务工青年群体的工作满意度偏低，对目前工作满意的比重分别为62.3%、63.4%和62.6%。

表12　不同职业群体对当前工作满意度

单位：%

群体类型	非常满意	比较满意	一般	不太满意	非常不满意
党政机关和事业单位青年	30.0	46.7	19.5	2.8	1.0
社会组织从业青年	22.3	45.7	26.8	4.4	0.8
进城务工青年	18.4	44.2	31.1	4.9	1.4

续表

群体类型	非常满意	比较满意	一般	不太满意	非常不满意
企业青年	23.0	47.5	24.7	3.9	0.9
归国留学青年	23.1	46.9	24.5	4.4	1.1
网约车司机	21.1	42.3	30.8	3.8	2.0
农村青年	20.2	39.7	33.7	5.1	1.3
创业青年	28.4	42.8	24.7	3.5	0.6
大学生村官	25.2	47.8	21.8	4.4	0.8
新媒体从业青年	26.3	44.9	23.8	3.8	1.2
快递小哥	23.2	39.1	32.0	4.2	1.5

升迁是职业发展的重要一步，影响升迁的因素有很多。当问及影响工作升迁最主要的三个因素有哪些时，有64.8%的青年将工作能力作为影响工作升迁的最主要因素，其次为学历因素（45.7%）、人际关系因素（33.6%）、机遇因素（29.3%）和个人品质（23.0%）。以上认知反映出，在就业青年看来，个人的能力（包括工作能力、学历及品质）在工作升迁中处于最重要的位置，偶然的因素（如机遇）和个人之外的因素（如人际关系、家庭背景）尽管也会影响工作升迁，但并不起决定性作用。换言之，就业青年秉持一种能力取向的职位升迁观念。

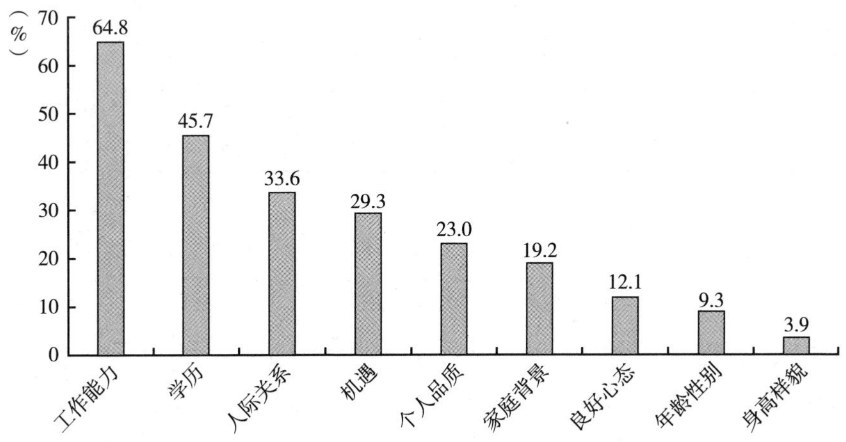

图1　影响工作升迁的最主要因素

（五）多数青年工作时长符合8小时规定，新兴职业群体加班情况严重

多数就业青年每天工作时长集中在7～8小时和9～10小时两个时段，其中44.1%的青年每天工作时长为7～8小时，27.4%的青年工作时长为9～10小时，6.9%的青年每天工作时长在11～12小时，还有4.1%的青年每天工作时长在12小时以上，也就是有11.0%的青年工作时长超过11小时，加班情况较为严重。也有9.5%的青年每天工作时长在6小时以下（不含不工作的情况）。

表13　青年每天工作时间长度

单位：%

工作时长	总体	性别		年龄组		
		男	女	14～18岁	19～25岁	26～35岁
不工作	3.1	3.0	3.2	18.5	3.7	2.0
4小时以下	3.1	3.5	2.8	6.5	4.1	2.6
5～6小时	6.4	6.1	6.6	11.1	8.3	5.5
7～8小时	44.1	38.2	50.3	30.4	45.9	44.3
9～10小时	27.4	29.6	25.1	15.3	23.4	29.4
11～12小时	6.9	8.8	4.9	4.6	6.5	7.2
12小时以上	4.1	5.5	2.6	2.8	3.4	4.4
没有固定时间	4.9	5.3	4.5	10.8	4.7	4.6

从年龄组比较来看，26～35岁青年工作时长在9～10小时的占29.4%，19～25岁青年中每天工作时长9～10小时的占23.4%，在二者7～8小时工作时长占比相当的情况下，可以认为26～35岁青年的工作时间比19～25岁青年更长。从性别比较看，男青年每天工作时长长于女青年，对比可以看出，每天工作时间在9～10小时、11～12小时、12小时以上的男青年比重都高于同时段女青年的比重。

表 14　青年每天工作时长与教育背景交互情况

单位：%

工作时长	小学及以下	初中	高中/职高或中专	高职/大专	大学本科	硕/博士研究生
不工作	15.8	4.3	4.4	1.6	1.6	2.2
4 小时以下	9.7	4.0	4.0	2.3	2.2	2.5
5～6 小时	9.3	6.6	7.0	5.8	6.0	5.8
7～8 小时	20.9	33.2	40.2	49.6	51.1	44.7
9～10 小时	21.9	28.6	25.8	26.3	28.9	31.8
11～12 小时	7.0	8.9	7.7	6.9	5.0	6.2
12 小时以上	6.9	4.9	4.7	4.1	2.9	4.3
没有固定时间	8.5	9.5	6.2	3.4	2.3	2.5

对比 7 小时以上工作时间，7～8 小时、9～10 小时总体呈现占比随学历提升而提升，11～12 小时、12 小时以上占比则大致随学历提升而降低，这表明相比学历低的青年，更高学历青年工作时长在法定工作时长内，而较低学历青年的过度加班情况更突出。不过，需要指出的是，学历最高的硕/博士研究生青年的工作时间较长，其每天工作 9～10 小时的比例是各学历青年中最高的。

表 15　青年每天工作时长与收入水平交互情况

单位：%

工作时长	低收入	中等收入	高收入	无固定收入
不工作	5.8	1.1	2.7	8.9
4 小时以下	6.4	2.1	3.1	3.9
5～6 小时	9.6	5.1	7.5	7.2
7～8 小时	42.9	47.3	31.1	28.5
9～10 小时	21.0	30.1	32.6	21.8
11～12 小时	5.6	7.3	10.3	5.8
12 小时以上	3.5	4.1	8.2	4.6
没有固定时间	5.2	2.9	4.5	19.3

对比不同收入层次青年的工作时长，可以清楚地发现，短工作时间段，较低收入青年占比高于较高收入青年；反过来，长工作时间段，较低收入青年占比低于较高收入青年，也就是说高收入青年每天平均工作时长要长于低收入青年。具体而言，工作时间在 7 ~ 8 小时的，低收入青年中占比 42.9%，中等收入青年中占比 47.3%，而高收入青年中仅占 31.1%；工作时间在 9 ~ 10 小时的，高收入青年中占比达到 32.6%，而低收入青年中仅占 21.0%，中等收入青年中占比 30.1%；11 ~ 12 小时以及 12 小时以上时间段，高收入青年占比均高于中等收入和低收入青年占比，高收入青年加班情况更加普遍。

表 16　青年每天工作时长与青年群体交互情况

单位：%

群体类型	不工作	4 小时以下	5 ~ 6 小时	7 ~ 8 小时	9 ~ 10 小时	11 ~ 12 小时	12 小时以上	没有固定时间
党政机关和事业单位青年	0.8	1.0	4.7	52.4	27.8	6.1	4.1	3.1
社会组织从业青年	1.7	3.5	6.9	46.8	26.8	6.9	3.8	3.6
进城务工青年	1.6	2.1	4.3	42.1	31.8	9.5	5.3	3.3
企业青年	1.0	1.8	4.1	48.5	30.7	7.6	4.2	2.1
归国留学青年	2.1	2.5	13.7	41.0	30.0	4.6	3.4	2.7
网约车司机	2.8	4.7	9.1	36.2	21.7	11.7	7.5	6.3
农村青年	5.7	4.4	7.7	40.1	25.3	5.7	3.4	7.7
创业青年	2.0	4.3	6.6	38.0	27.5	8.4	5.9	7.3
大学生村官	0.5	2.8	7.4	57.7	23.7	4.1	1.7	2.1
新媒体从业青年	4.0	5.4	13.1	40.6	23.9	5.0	3.0	5.0
快递小哥	1.9	2	3.0	21.0	31.3	20.4	15.8	4.6

对比各组青年工作时长，快递小哥工作时间是最长的，尤其是工作时长超过 11 小时的比例远远高于其他青年群体，20.4% 的快递小哥工作日工作时长在 11 ~ 12 小时，高于其他青年群体 8.7 ~ 16.3 个百分点，15.8% 的快递小哥工作时长在 12 小时以上，高于其他青年群体 8.3 ~ 12.8 个百分点。除快递小哥外，网约车司机、进城务工青年、创业青年的工作时长也较长。

相比之下，大学生村官、归国留学青年等群体的工作时长较短，工作时长超过11小时的比例较小，说明加班情况并不严重。

（六）具有体制内、稳定、收入高等特征的单位最受青年青睐

当问及如果可以选择，最愿意进入的工作单位是什么时，事业单位、党政机关、国有企业成为最受企业青年青睐的三类工作单位，分别有50.1%、48.3%、48.2%的青年将其选定为最愿意进入的单位。这三类工作单位具有体制内、稳定、收入高等特征，这一比例显著高于选择其他工作单位的比例。对比男青年和女青年选择最愿意进入的工作单位，尽管都将党政机关、事业单位、国有企业列为首选，但仍存在一些差别，男青年较女青年更愿意进入民营企业和自主创业，而女青年较男青年更愿意进入事业单位，进入中小学和各高等院校的比例也高于男青年。

表17　青年最想要去的工作单位

单位：%

单位类型	总体	性别	
		男	女
党政机关	48.3	51.3	45.3
事业单位	50.1	47.3	53.0
国有企业	48.2	49.9	46.3
各类社会组织	7.5	7.8	7.1
民营企业	11.4	13.3	9.4
混合所有制企业	4.2	5.0	3.4
农、林、牧、渔业	6.7	8.2	5.1
外资企业	12.0	11.5	12.6
各高等院校	14.0	11.5	16.7
中小学	11.2	6.5	16.1
自主创业	26.4	28.6	24.0
自由职业（如自由撰稿人等）	11.1	9.9	12.3
新兴职业（如网络主播等）	4.1	4.4	3.7

自主创业是企业青年较为关注的选择项，有 26.4% 的青年将其列为愿意从事的工作。各高等院校、外企、民营企业等获得少部分青年的青睐，其中选择愿意进入各高等院校的占 14.0%、进入外资企业的占 12.0%、进入民营企业的占 11.4%、进入中小学的占 11.2%。愿意进入新兴职业，混合所有制企业，农、林、牧、渔业，各类社会组织，自由职业等的占比较低。以上工作单位的选择反映出企业青年的职业价值观，体制内、有保障、工作稳定、收入较高是主要偏好，另外自主性也在青年的职业价值中逐渐占有一定的位置。

表 18　青年最想要去的工作单位与教育背景交互情况

单位：%

单位类型	小学及以下	初中	高中/职高或中专	高职/大专	大学本科	硕/博士研究生
党政机关	39.7	39.4	47.1	49.4	54.4	51.2
事业单位	35.0	39.9	47.0	57.0	55.1	44.0
国有企业	37.3	47.2	49.8	49.6	47.2	45.3
各类社会组织	10.8	8.4	8.5	7.1	6.2	6.5
民营企业	14.2	15.8	12.9	10.6	8.1	10.0
混合所有制企业	7.7	5.1	4.3	4.0	3.5	5.0
农、林、牧、渔业	11.8	11.4	8.0	5.6	3.5	3.9
外资企业	9.1	9.9	11.9	11.6	13.4	17.7
各高等院校	7.1	7.0	9.4	12.2	21.8	38.5
中小学	7.6	7.8	8.8	12.5	15.0	8.9
自主创业	21.9	33.2	28.6	26.7	21.3	17.8
自由职业（如自由撰稿人等）	10.5	13.3	10.7	9.9	11.2	10.7
新兴职业（如网络主播等）	4.3	4.6	4.8	3.5	3.7	2.9

学历对于能够进入的单位性质有着较大影响，不同学历青年的选择存在较大差异。初中学历青年愿意进行自主创业的比重在各学历青年中是最高的（33.2%），同时这一比重随着学历提高而降低，具有硕/博士研究生学历的青年是各学历青年中最不愿意进行自主创业的。高等院校的进入门槛较高，

拥有硕/博士研究生学历的青年愿意进入高校的比重是最高的（38.5%），同时选择这一单位的比重随学历降低而降低。选择民营企业，混合所有制企业，农、林、牧、渔业，各类社会组织的比例大体呈现随学历升高而下降的趋势，也就是说学历越高的青年越不倾向于选择这几个行业就业。

表 19　青年最想要去的工作单位与青年群体交互情况

单位：%

单位类型	党政机关和事业单位青年	社会组织从业青年	进城务工青年	企业青年	归国留学青年	网约车司机	农村青年	创业青年	大学生村官	新媒体从业青年	快递小哥
党政机关	60.8	43.6	43.3	46.7	33.2	44.7	47.9	43.9	78.6	39.9	42.7
事业单位	60.1	51.5	51.1	55.3	31.1	48.6	45.7	40.4	49.8	43.5	46.5
国有企业	44.0	45.1	52.4	53.8	39.4	47.4	46.9	40.7	37.7	42.4	48.2
各类社会组织	4.8	11.8	7.5	6.1	12.8	9.7	8.2	8.5	5.1	9.3	9.7
民营企业	6.0	13.3	12.8	12.1	14.6	16.8	11.9	14.0	4.3	12.1	14.7
混合所有制企业	1.8	4.4	4.8	4.2	6.4	9.1	4.6	4.7	2.1	5.6	5.4
农业	3.7	6.2	6.8	4.5	5.7	8.3	9.1	8.1	4.8	4.8	9.8
外资企业	10.3	12.6	11.3	14.6	24.7	12.6	10.7	11.2	9.4	14.2	11.7
各高等院校	19.9	13.2	10.9	16.6	22.7	12.8	10.9	9.6	25.2	17.3	8.5
中小学	15.1	11.6	9.0	10.6	8.0	7.7	11.7	6.1	10.4	11.4	7.4
自主创业	22.4	25.6	27.1	26.5	29.7	26.5	25.6	41.5	16.8	27.0	34.6
自由职业（如自由撰稿人等）	10.5	9.5	9.9	9.9	13.7	12.6	11.4	13.0	9.7	21.1	11.1
新兴职业（如网络主播等）	3.3	3.0	4.0	3.2	6.4	4.7	4.1	5.1	2.5	12.5	6.1

本身已经在党政机关和事业单位工作的青年中，有高达 60.8% 和 60.1% 的人仍将党政机关和事业单位列为最想工作的单位，这既表明这类青年群体对工作单位的认同，也反映出党政机关和事业单位强大的吸引力。归国留学青年在选择青睐单位时，尽管党政机关、事业单位和国有企业的被选比例在各单位中最高，但较其他各组青年来说，这一比例要低很多，同时外

资企业、各高等院校的被选比重明显较其他组青年高，说明这两类单位对归国留学青年有较强吸引力。值得注意的是，自主创业显示出较强的吸引力，有 26.4% 的青年将自主创业作为工作意愿，有 41.5% 的创业青年仍选择自主创业，34.6% 的快递小哥也选择自主创业，这都说明当前大众创业、万众创新的大背景下，青年对自主创业的热情相当高。

（七）约七成的青年有较清晰的奋斗目标

统计显示，约七成的青年有较清晰的奋斗目标，其中 24.6% 的青年“有清晰而长远的目标（长期奋斗的人生目标）”，45.3% 的青年“有清晰但比较短期的目标（3 ~5 年的阶段性目标）”，但也有 25.5% 的青年表示“目标模糊，没有仔细考虑过”，还有 4.6% 的青年“从来没想过相关问题”。男青年中“有清晰而长远的目标”的比例为 27.2%，较女青年高 5.3 个百分点。女青年中“目标模糊，没有仔细考虑过”的比例为 27.8%，高于男青年 4.5 个百分点，以上表明在未来规划方面，男青年比女青年更清晰和长远。

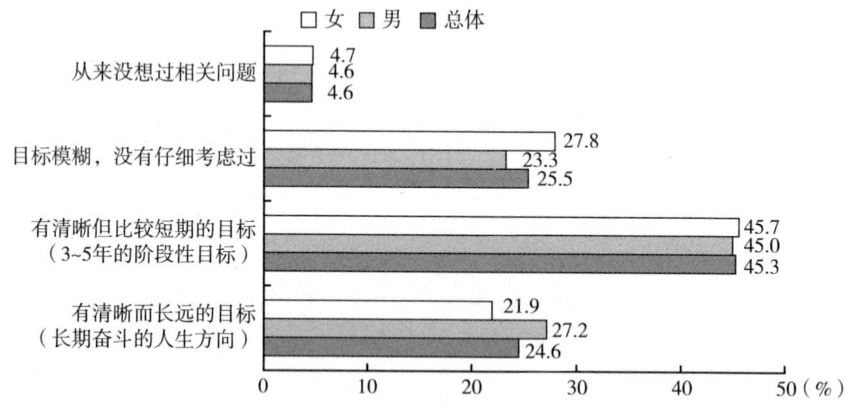

图 2　青年对未来的目录规划

对比不同学历青年的未来规划目标，可以发现一些线性特征：不同学历青年中“有清晰而长远的目标”的比例随学历提高而降低，但“有清晰但比较短期的目标”的比例却随学历升高而大幅提升，这表明更高学历的青年对短期的目标更加清晰，而较低学历的青年则对长远的目标考虑得更多一些。另外，“目标模糊，没有仔细考虑过”“从来没有想过相关问题”的比例则随学历提升而降低，说明学历越高的青年对未来目标考虑得更多也更仔细，更加注重较短时期内的阶段性目标。对比不同收入青年的未来目标规划可以发现，高收入青年在长远目标的清晰性上要强于低收入青年和中等收入青年。在短期目标清晰性的对比方面，中等收入和高收入青年也显著高于低收入和无固定收入青年。

表 20 青年对未来的目标规划与教育背景与收入水平交互情况

单位：%

教育背景与收入水平		有清晰而长远的目标	有清晰但比较短期的目标	目标模糊，没有仔细考虑过	从来没想过相关问题
教育背景	小学及以下	36.6	26.9	25.3	11.2
	初中	28.4	32.0	30.4	9.2
	高中、职高或中专	27.3	40.6	27.0	5.1
	高职/大专	21.2	49.9	25.6	3.3
	大学本科	21.7	54.3	21.7	2.3
	硕/博研究生	25.0	54.1	18.8	2.1
收入水平	低收入	27.6	37.7	28.3	6.4
	中等收入	22.9	48.5	24.8	3.8
	高收入	37.0	47.1	14.0	1.9
	无固定收入	26.5	37.1	29.4	7.0

三 青年创业行为的总体特征

本部分所采用的数据是调查问卷中有关青年创业观念的数据，以及农村青年调查问卷中有关创业的少量数据，反映的是青年群体整体的创业特征。而下文中“创业青年创业活动的特征与面临问题”，将利用创业青年群体的调查数据，更加深入地揭示创业青年群体的创业观念与行为。

（一）青年的创业意愿较强烈，经济原因是最主要创业动因

调查显示 49.4% 的青年“考虑过，一直有这个打算，时机成熟时会付诸行动”，25.8% 的青年“考虑过，但不知道怎么操作，不再考虑了”，17% 的青年“没有考虑过，觉得还是就业比较稳妥、踏实”。男青年较女青年的创业意愿更为强烈，53.0% 的男青年“考虑过创业，一直有这个打算，待时机成熟时会付诸实施”，女青年中有这种想法的占 45.5%，较男青年低 7.5 个百分点。

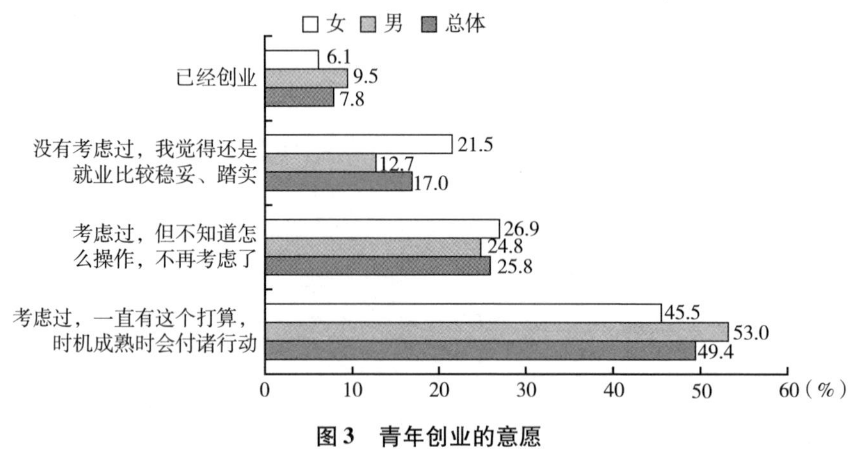

图 3　青年创业的意愿

不同学历背景青年的创业意愿呈现一种梯度分布趋势，小学及以下学历青年的创业意愿最为强烈，创业意愿随学历提升而略有下降，但在大学本科学历形成拐点，大学本科和硕/博研究生学历青年创业意愿显著低于其他较低学历青年。硕/博研究生学历青年创业意愿仅有 38.4%，较高中/职高或中专学历青年低 14.9 个百分点。而已经创业的比例也随学历提升而降低，初中学历青年中创业比例最高，达到 12.2%，硕/博研究生学历青年，仅为 4.8%。

不同收入青年的创业意愿较为接近，但以低收入、无固定收入青年的创业意愿最为强烈，有创业意愿的达到甚至超过 50.0%。但高收入青年中已经创业的比例远高于中、低收入青年，达到 20.9%，其次为无固定收入青年，已经创业比例达到 14.7%。

表 21　青年创业意愿与教育背景及收入水平交互情况

单位：%

教育背景与收入水平		考虑过，一直有这个打算，时机成熟时会付诸行动	考虑过，但不知道怎么操作，不再考虑了	没有考虑过，我觉得还是就业比较稳妥、踏实	已经创业
教育背景	小学及以下	55.7	22.4	12.6	9.3
	初中	53.2	21.4	13.2	12.2
	高中/职高或中专	53.3	23.9	13.6	9.2
	高职/大专	51.0	26.3	15.7	7.0
	大学本科	42.7	29.7	22.6	4.9
	硕/博研究生	38.4	29.6	27.2	4.8
收入水平	低收入	51.9	26.4	14.9	6.8
	中等收入	48.9	26.7	17.7	6.7
	高收入	47.6	19.8	11.7	20.9
	无固定收入	50.0	20.2	15.1	14.7

表 22　青年创业意愿与青年群体交互情况

单位：%

群体类型	考虑过，一直有这个打算，时机成熟时会付诸行动	考虑过，但不知道怎么操作，不再考虑了	没有考虑过，我觉得还是就业比较稳妥、踏实	已经创业
党政机关和事业单位青年	45.7	27.9	25.2	1.2
社会组织从业青年	54.2	26.2	16.2	3.4
进城务工青年	54.2	28.4	15.6	1.8
企业青年	50.5	29.1	18.7	1.7
归国留学青年	49.4	27.5	11.4	11.7
网约车司机	58.3	28.4	10.5	2.8
农村青年	54.3	25.3	16.5	3.9
创业青年	0	0	0	100
大学生村官	43.3	31.3	23.4	2.0
新媒体从业青年	52.7	28.7	14.7	3.9
快递小哥	63.5	23.1	9.4	4.0

自主创业青年仍为少数，但半数青年有创业意愿。尽管本次调查有专门针对创业青年的问卷调查，但其他被调查青年群体中也有已经在创业的，不过自主创业青年所占比重较小，归国留学青年群体中 11.7% 的青年表示已经在创业，其他各青年群体中已经创业的比重均未超过 4.0%。

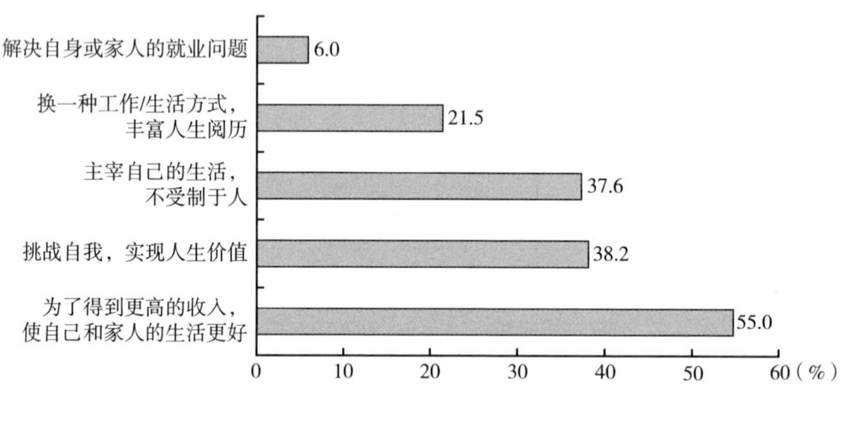

图 4　青年创业的原因

经济原因是推动青年自主创业的最主要原因，有 55.0% 的青年想自己创业的原因是“为了得到更高的收入，使自己和家人的生活更好”。获得自主性、实现个人价值是推动青年自己创业的重要原因，有 38.2% 的青年表示想创业的原因是“挑战自我，实现人生价值”，“主宰自己的生活，不受制于人”是 37.6% 的青年想创业的重要原因。另外有 21.5% 的青年自主创业是为了“换一种工作/生活方式，丰富人生阅历”。

（二）大多数青年感受到较大的就业/创业压力，对事业未来发展前景较为担忧

九成青年感受到较大的就业/创业压力，近八成青年对未来事业发展前景较为担心。调查表明，47.8% 的青年认为目前整个青年群体面临的就业/创业压力非常大，43.0% 的青年认为压力比较大，二者合计达到 90.8%。

表 23　不同群体青年对事业发展和就业/创业压力的感知

单位：%

群体类型	未来的事业发展前景				就业/创业压力			
	非常担心	比较担心	不太担心	完全不担心	压力非常大	压力比较大	压力不太大	完全没压力
总体	25.0	52.6	19.7	2.7	47.8	43.0	7.9	1.3
党政机关和事业单位青年	20.2	48.8	27.3	3.7	52.9	41.6	4.7	0.8
社会组织从业青年	25.5	50.1	21.1	3.3	47.2	42.5	8.7	1.6
进城务工青年	26.4	52.5	18.6	2.5	49.0	41.3	8.2	1.5
企业青年	22.9	54.7	20.1	2.3	50.7	42.1	6.3	0.9
归国留学青年	24.0	48.8	23.8	3.4	42.1	47.1	9.2	1.6
网约车司机	29.8	53.2	14.2	2.8	48.4	37.5	12.3	1.8
农村青年	27.2	52.7	17.6	2.5	44.9	43.9	9.5	1.7
创业青年	24.9	51.6	19.4	4.1	47.5	42.6	8.6	1.3
大学生村官	18.3	51.4	28.0	2.3	47.3	46.0	5.9	0.8
新媒体从业青年	25.7	55.7	16.3	2.3	43.1	48.1	7.5	1.3
快递小哥	31.3	47.3	17.4	4.0	50.8	38.0	9.0	2.2

25.0%的青年表示“非常担心”自己未来事业发展的前景，52.6%的青年表示对自己未来事业发展前景“比较担心”。其中，进城务工青年、快递小哥、网约车司机、农村青年、新媒体从业青年等对自己未来事业发展前景的担忧更为强烈。

（三）创业意愿选择存在行业集中的现象

互联网产业是青年最倾向的创业领域，有创业意愿的青年中，19.2%的人将其作为愿意创业的行业。其次，教育培训业和住宿餐饮业也是青年较为偏重的创业领域，分别有11.7%和10.7%的青年将这两个行业列为创业选项。再次，有8.4%的青年选择农业为愿意创业的行业，有7.5%的青年选择国内零售、批发行业为愿意创业的行业。除此之外，其他行业所占比例都较低。以上表明，目前青年创业意愿存在行业集中的现象。

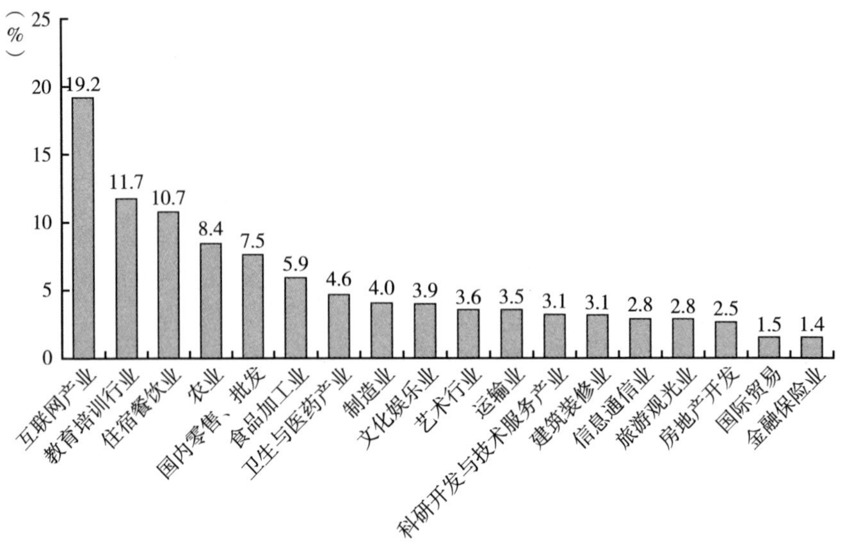

图 5　打算在哪个行业进行创业

（四）就业创业帮助机构对于促进就业、助推创业作用不明显

就业创业帮助机构对于促进就业、助推创业具有重要作用，调查显示这类机构发挥的作用并不理想。仅有 19.8% 的青年认为所在单位（村/社区）的就业创业帮助机构带来的帮助很大，24.4% 的青年认为它们起到了一些帮助作用，16.8% 的青年认为这些机构帮助作用不太大，6.5% 的青年认为这类机构形同虚设、没有作用，甚至还有 14.7% 的青年不知道所在单位（村/社区）有没有就业创业帮助机构，这从一定意义上说明这些机构的存在感较差。还有 17.8% 的青年所在单位（村/社区）没有帮助就业创业的机构。

（五）农村青年创业意愿强，主要困难是资金短缺和缺乏创业指导

本次调查除了专门针对创业青年群体进行创业活动的调查外，还对农村

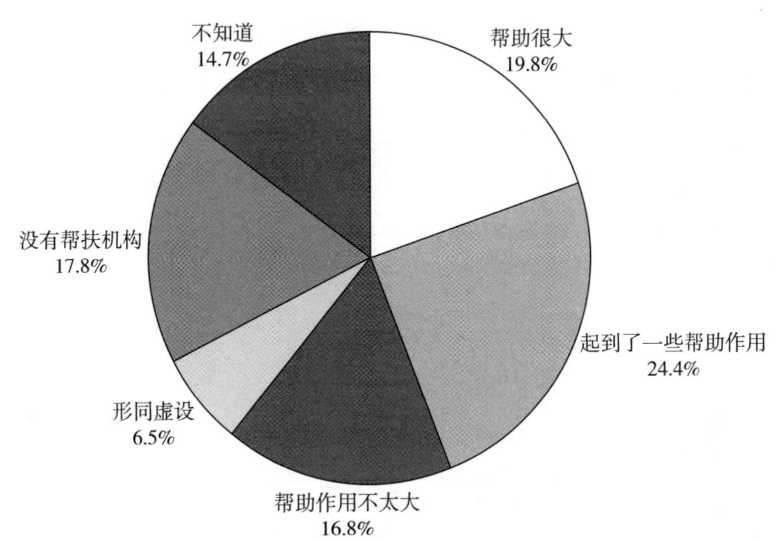

图6　就业创业帮助机构的帮助作用

青年群体的创业行为进行了调查，本部分利用农村青年群体数据简要概括其创业行为特征。

表24　农村青年创业意愿及创业经历

单位：%

创业意愿	有,但没有行动	49.6
	正在筹划	17.9
	正在创业	11.7
	没有考虑	20.8
创业经历	没有	67.3
	1~2次	26.1
	3~4次	5.3
	5次及以上	1.3

约八成农村青年有创业打算或创业行动，三成多农村青年有创业经历。调查发现农村青年的创业意愿是十分强烈的，有11.7%的农村青年

表示自己正在创业，17.9%的农村青年表示正在筹划创业，还有高达49.6%的农村青年表示有创业打算，但还没有行动，而完全没有考虑创业的占比为20.8%。强烈的创业意愿必然带动创业行动，统计表明有过创业经历的青年占比达到32.7%，其中26.1%的青年有过1～2次创业经历，5.3%的青年有过3～4次创业经历，1.3%的青年有超过5次的创业经历。

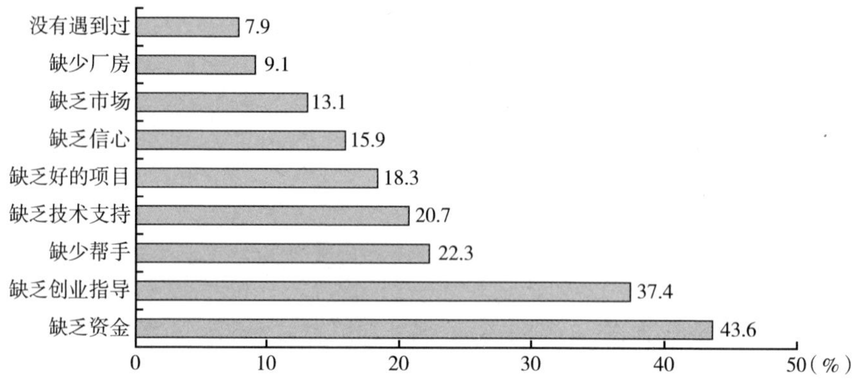

图7　农村创业青年创业遇到的困难

对有创业经历的农村青年进一步的调查显示，农村青年创业最主要的困难是缺乏资金，有43.6%的人遇到这一困难；其次是缺乏创业指导，有37.4%的青年遇到这一困难；另外缺少帮手（22.3%）、缺乏技术支持（20.7%）、缺乏好的项目（18.3%）、缺乏市场（13.1%）也是不少青年创业中遇到的困难。而缺少厂房问题（9.1%）反而并不是农村青年遇到的主要问题，不过值得注意的是，有15.9%的青年表示遇到的困难是缺乏信心，这可能意味着创业指导和帮助是必需的。

农村青年的技能培训对于提高青年素质是非常重要的，培训方式对于效果会产生重要影响。调查表明，农村青年认为效果最好的培训方式是“组织到农业现代化水平高的地方参观学习”（占比43.0%），其次为“开展科技培训、指导、服务”（占比42.5%）。

表 25　农村青年对培训方式效果排序

单位：%

组织到农业现代化水平高的地方参观学习	43.0
开展科技培训、指导、服务	42.5
到省市定点培训机构接受高水平培训	23.4
邀请高校或农业领域专家深入农村举办培训	22.5
组织技术人员进村开展实用技术培训	28.2
组织与创业典型人物交流	14.2

四　创业青年创业活动的特征与面临问题

（一）创业青年的基本特征

本次调查共访问 3311 位创业青年，其中男性占比 60.5%，女性占比 39.5%。户籍方面，受调查的创业青年群体以农业户籍为主，其中河北省农业户籍的占 65.9%，河北省非农户籍占 27.6%，外省农业户籍的占 2.5%，外省非农户籍的占 4.0%。从教育背景来看，创业青年群体以“高中/职高或中专”学历占比最高，为 28.7%；其次为初中学历，占比 24.5%；高职/大专学历占比 22.7%；大学本科学历占比 19.8%；硕/博研究生学历、小学及以下学历占比很小，分别为 1.7% 和 2.6%。

表 26　创业青年群体收入水平及分层

单位：%

月收入水平	占比	收入分层	占比
500 元及以下	3.3	低收入	18.4
501～1000 元	4.5		
1001～2000 元	10.6		
2001～3000 元	19.6	中等收入	56.7
3001～5000 元	25.3		
5001～8000 元	11.8		

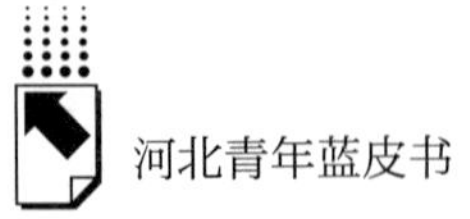

续表

<table>
<tr><th>月收入水平</th><th>占比</th><th>收入分层</th><th>占比</th></tr>
<tr><td>8001～15000 元</td><td>5.0</td><td rowspan="2">高收入</td><td rowspan="2">8.5</td></tr>
<tr><td>15001 元及以上</td><td>3.5</td></tr>
<tr><td>无固定收入</td><td>10.7</td><td>无固定收入</td><td>10.7</td></tr>
<tr><td>拒答</td><td>5.7</td><td>拒答</td><td>5.7</td></tr>
</table>

从收入水平来看，受调查的创业青年以中等收入为主，即月收入在2001～8000 元，占比 56.7%；其次为低收入（2000 元及以下），占比18.4%；高收入（8001 元及以上）占比为 8.5%，还有 10.7% 的创业青年为无固定收入。若以更细化的月收入来看，创业青年月收入主要分布在3001～5000 元和 2001～3000 元两个收入区间，分别占比 25.3% 和 19.6%。

（二）半数以上青年是第一次创业，半数青年缺少创业伙伴

创业青年中，67.4% 的青年是在毕业积累几年工作经验后开始创业。14.9% 的青年是在读期间就开始创业的，17.7% 的青年是一毕业就开始创业。

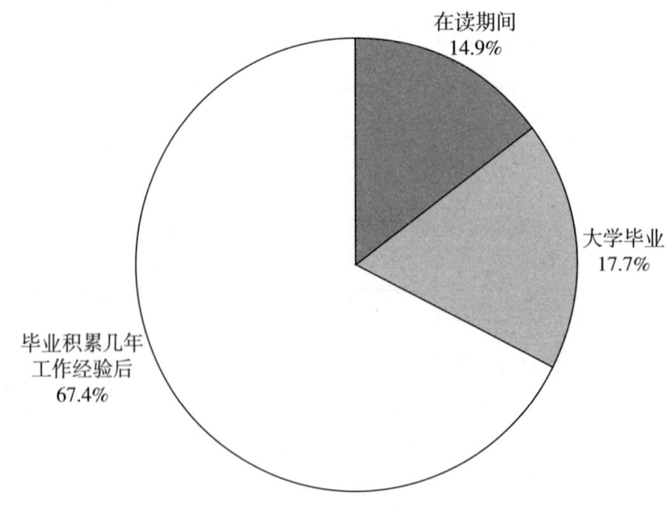

图 8　创业时期

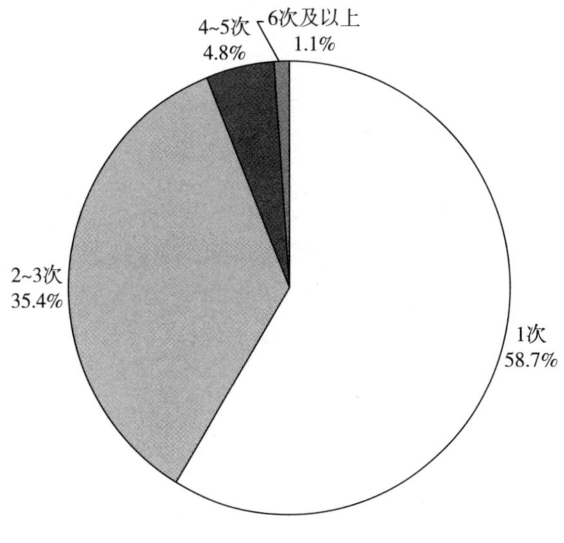

图 9　创业次数

半数以上青年是第一次创业。统计显示，58.7%的青年是第1次创业，35.4%的青年是第2~3次创业，第4~5次创业的占4.8%，6次及以上创业的仅占1.1%，这也反映出多数青年是缺乏创业经验的。

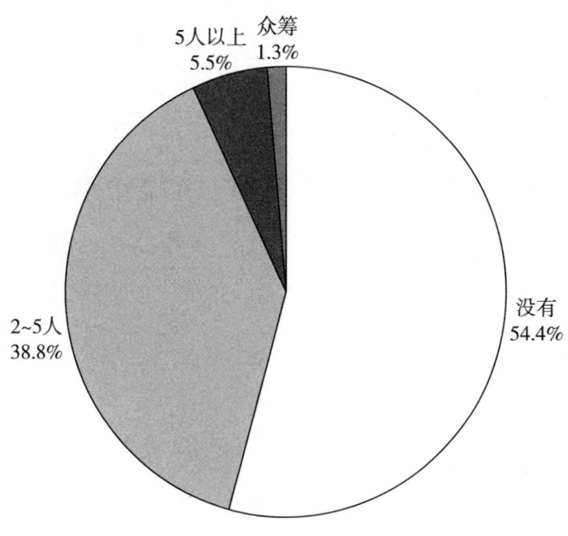

图 10　创业伙伴数量

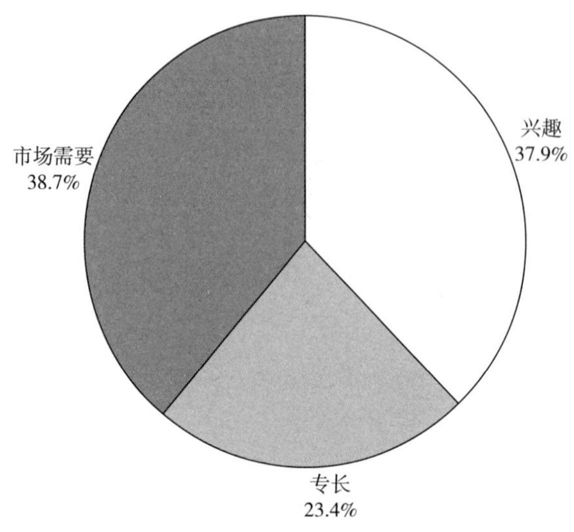

图 11　创业选择的根据

半数创业青年独自创业，缺少合伙人，极少采用众筹方式。54.4% 的创业青年没有合伙人，38.8% 的创业青年有 2 ~5 位合伙人，拥有 5 人以上合伙人的创业青年占 5.5%，通过众筹方式进行创业的仅占 1.3%。

选择创业领域主要出于市场需求和创业者兴趣。统计结果显示，38.7% 的青年在选择创业领域时主要基于“市场需要”，37.9% 的青年基于“兴趣”选择创业领域，而从自身“专长”出发选择创业领域的仅占 23.4%。

进一步对创业青年的创业领域进行分析，可以看到创业领域集中在服务业，其中 23.2% 的青年创业领域是在“居民服务和其他服务业”，15.2% 的青年创业领域是“批发和零售业”，11.3% 的青年创业领域是“文化、体育和娱乐业”。选择在制造业领域创业的仅占 9.2%，在“信息传输、计算机服务和软件业”创业的占 7.4%。实际创业领域的分布与意愿创业领域的分布存在较大差异，尤其是计算机软件业的差别较大，可以认为尽管当前互联网行业发展迅猛，商机、创业风口多，但进入的门槛较高，因此这一行业虽然比较吸引人，但实际创业的青年并不多。

表 27　创业所涉及的行业

单位：%

行业类型	总体	创业时期		
		在读期间	大学毕业	毕业积累几年工作经验后
居民服务和其他服务业	23.2	28.3	18.5	23.3
科学研究、技术服务和地质勘查业	5.6	8.7	10.5	3.6
交通运输、仓储和邮政业	7.9	9.9	10.5	6.8
文化、体育和娱乐业	11.3	14.2	17.3	9.1
租赁和商务服务业	3.2	2.5	4.1	3.1
信息传输、计算机服务和软件业	7.4	10.5	7.9	6.5
金融业	2.8	4.1	5.0	2.0
房地产业	1.5	0.8	2.1	1.5
批发和零售业	15.2	7.0	11.1	18.1
建筑业	4.8	4.6	2.3	5.5
住宿和餐饮业	7.9	4.7	5.7	9.2
制造业	9.2	4.7	5.0	11.3

同时，创业时期与创业领域选择存在一定关联。尽管不同创业时期的创业领域仍以“居民服务和其他服务业”为主，但差异性显现，在读期间创业的青年大比例集中选择“居民服务和其他服务业”（占比 28.3%）；大学毕业后开始创业的青年则有相当部分将目光集中到“文化、体育和娱乐业”（占比 17.3%），而毕业积累几年工作经验后开始创业的，其创业领域选择更多元，不仅注重“批发零售业”（占比 18.1%），也注重“住宿和餐饮业”（占比 9.2%）和“制造业”（占比 11.3%）。

（三）创业规模小，创业意愿萌生和启动资金支持主要来自父母

40.9% 的创业青年认为萌生创业想法的过程中，父母、亲戚的影响最大；16.0% 的青年认为有过创业经历的熟人对自己影响最大；15.6% 的青年认为自己萌生创业想法过程中，受到同学、朋友的影响最大；还有 14.7% 的青年是出于自己的判断而萌生创业想法、开始创业的。总体看来，创业青年萌生创业想法主要受较为亲近的家人、朋友和熟人的影响。

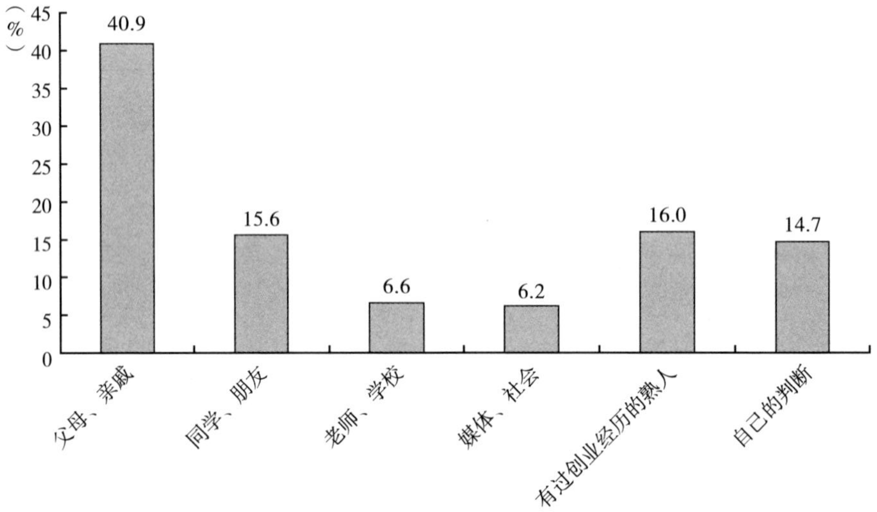

图 12　萌生创业想法过程中最大的影响来源

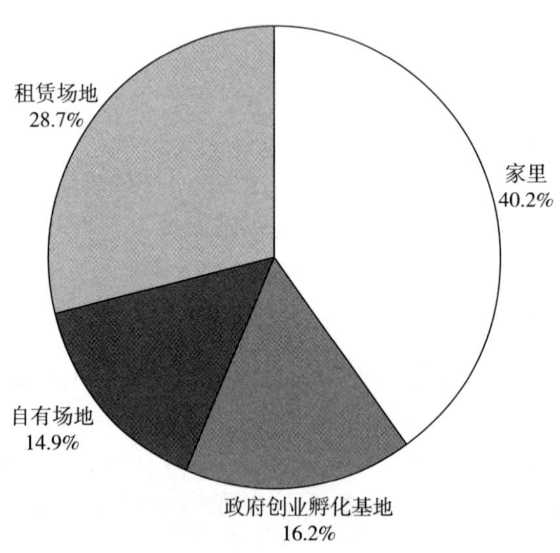

图 13　创业初期的场地来源

创业初期的场地和启动资金对于创业者来说非常重要，本次调查发现，40.2%的青年创业初期场地选择在家里，14.9%的青年将自有场地作为创业初期场地，在租赁场地进行创业的占28.7%，利用“政府创业孵化基地”进行创业的仅占16.2%。换言之，多数青年通过利用自有资源来降低创业成本。

创业启动资金可以说是创业的基础。调查发现，65.4%的创业青年进行创业的启动资金在10万元以下，启动资金在10万～30万的也仅占19.1%，这表明创业者的初创实力较弱，创业规模也较小。不过创业次数越多的创业青年获得的启动资金规模越大。

表28　创业启动资金量与创业次数交互情况

单位：%

创业启动资金量	总体	创业次数			
		1次	2～3次	4～5次	6次及以上
10万元以下	65.4	71.3	60.1	38.5	38.9
10万～30万元	19.1	17.6	21.8	19.2	8.3
30万～50万元	7.9	5.8	10.2	15.4	13.9
50万～70万元	3.4	2.1	3.0	19.9	19.4
70万～100万元	1.8	1.3	2.1	5.1	5.6
100万元以上	2.4	1.9	2.8	1.9	13.9

将创业次数和启动资金进行交互分析，可以看出无论是第几次创业，启动资金的规模仍以10万元以下为主，资金规模较小。其中第1次创业的青年中启动资金在10万元以下的占71.3%，这一比例随着创业次数增多而减小，6次及以上创业青年中这一比例就只有38.9%；另外，较大规模启动资金的占比随着创业次数增多而提高，对比启动资金量在50万～70万元的占比，创业次数为4～5次的青年中该资金量占比达到19.9%，创业6次及以上的青年中这一比例也达到19.4%，而创业3次及以下的青年中，该比例均未超过3%，差距显著。进一步对比启动资金100万元及以上的占比，创业次数6次及以上的青年中，有13.9%的人获得如此规模的资金量，这一比例远远高于其他各组青年。

创业青年主要依靠社会网络获取启动资金，父母支持是资金的最主要来源。父母、亲友、同学是青年重要的社会关系网络，也是获取创业启动资金的重要途径。我们发现48.0%的创业青年通过父母支持获得启动资金，

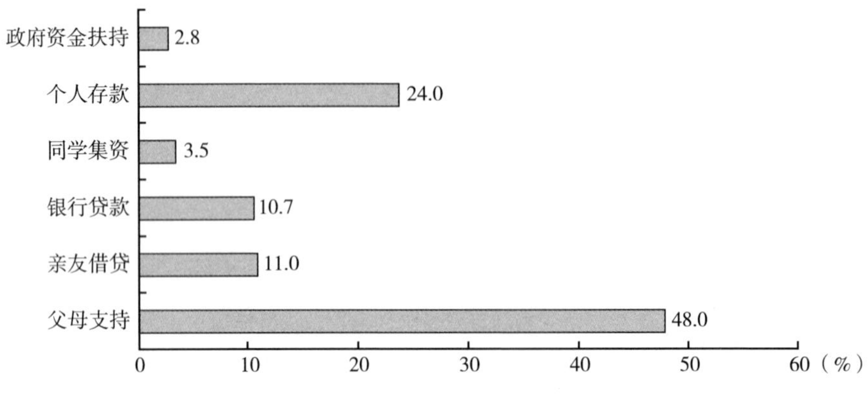

图14　创业资金来源

11.0%的创业青年依靠亲友借贷，还有3.5%的青年通过同学集资获得创业启动资金。个人存款是第二大资金来源，有24.0%的创业青年利用个人存款获取启动资金。利用银行贷款取得创业启动资金的仅占创业青年的10.7%，不过创业次数多的青年借助银行贷款渠道实现融资的比例更高，4～5次创业的青年中利用银行贷款的比例为25.0%，显著高于1次创业青年的8.9%和2～3次创业青年的11.7%。创业青年利用政府资金扶持的仅占2.8%，同时各组青年利用政府支持进行融资的比例都较低且不存在较大差异，当前政府已经出台不少支持创业的金融政策，但利用政府支持实现融资的比例相当低，利用银行贷款的比例也不高，其中原因值得进一步探讨。

表29　创业资金来源与创业时期和创业次数交互情况

单位：%

创业资金来源	创业时期			创业次数			
	在读期间	大学毕业	毕业积累几年工作经验后	1次	2～3次	4～5次	6次及以上
父母支持	51.1	46.3	47.8	53.6	42.4	25.6	27.8
亲友借贷	10.7	10.5	11.2	8.8	13.5	16.7	25.0
银行贷款	8.3	17.5	9.4	8.9	11.7	25.0	11.1
同学集资	5.8	6.9	2.1	2.1	4.0	14.7	13.9
个人存款	18.1	15.5	27.5	22.9	26.9	16.7	19.4
政府资金扶持	6.0	3.3	2.0	3.7	1.5	1.3	2.8

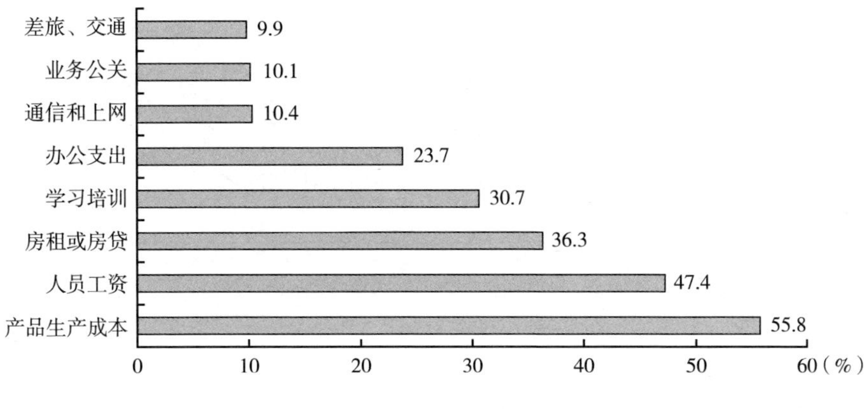

图 15　创业过程中最大的支出费用来源

（四）产品生产成本支出是最大资金消耗项，创业经历深刻影响创业成败认知

创业是资金消耗较大的活动，本次调查请创业青年将支出费用进行排序，统计发现“产品生产成本”是最大支出项目，55.8%的创业者将其列为主要支出费用，其次是“人员工资”，47.4%的创业者将其列为主要支出费用。另外“房租或房贷”“学习培训”“办公支出”也是较为重要的支出项目，分别有36.3%、30.7%和23.7%的创业者将其列为重要支出费用。其他如“通信和上网”“差旅、交通”“业务公关”等支出费用占比较小。

创业初期的高投入低回报和波动难测的市场因素是创业风险的主要来源。45.0%的创业青年将“创业初期投入大、回报低”列为创业的最主要风险，27.0%的创业青年将“市场因素的不可预期性”列为创业风险的主要来源。少量创业青年认为创业风险来源于“经营的长期成本高”“政策的不确定性”和“行业行为不规范”。

不同时期开始创业的创业青年对风险来源的认知有所不同，相比毕业积累几年工作经验后开始创业的青年来说，在读期间开始创业和大学毕业后开始创业的青年对“政策的不确定性”“经营的长期成本高”的担心更多，却较少担心“市场因素的不可预期性”带来的风险。在一定程度上，可以认为工作经验和创业经验的积累让创业者更从容地面对政策环境和经营过程，同时提高对市场不可预测性的警惕程度，这或许有助于提高创业成功率。

表 30　创业风险来源的认知与创业时期交互情况

单位：%

创业风险来源	总体	创业时期		
		在读期间	大学毕业	毕业积累几年工作经验后
创业初期投入大、回报低	45.0	43.3	41.8	46.2
政策的不确定性	9.6	13.4	12.1	8.0
经营的长期成本高	11.7	16.9	15.7	9.5
行业行为不规范	6.7	7.4	9.0	6.0
市场因素的不可预期性	27.0	19.0	21.4	30.3

表 31　创业成功因素认知与创业时期交互情况

单位：%

创业成功因素	总体	创业时期		
		在读期间	大学毕业	毕业积累几年工作经验后
家庭环境	37.3	42.1	32.8	37.5
健康状况	24.5	26.0	24.0	24.3
受教育程度	30.0	31.3	37.0	27.9
工作(实习)经历	47.6	37.5	46.8	50.1
专业背景	25.5	20.2	22.8	27.4
个人性格	23.2	22.5	20.7	24.0
政治面貌	6.1	8.0	4.7	6.1
户籍	1.5	1.6	1.6	1.4

成功创业的影响因素有很多，但在创业者看来，最重要的影响因素是工作（实习）经历，47.6% 的创业青年认为这种经历对创业成功影响很大，其次是家庭环境（37.5%）和受教育程度（30.0%）。除此之外，专业背景、健康状况、个人性格在创业青年看来也是影响成功创业的重要因素。政治面貌和户籍则不被认为对创业有重要影响。不同时期开始创业的青年对这

些影响因素的注重程度是不同的，在读期间开始创业的青年更为看重家庭环境，这或许与其创业时需要家庭大力支持有关。大学毕业后开始创业的青年更为看重工作（实习）经历和受教育程度的作用，而毕业积累几年工作经验后才开始创业的青年则最为注重工作（实习）经历。

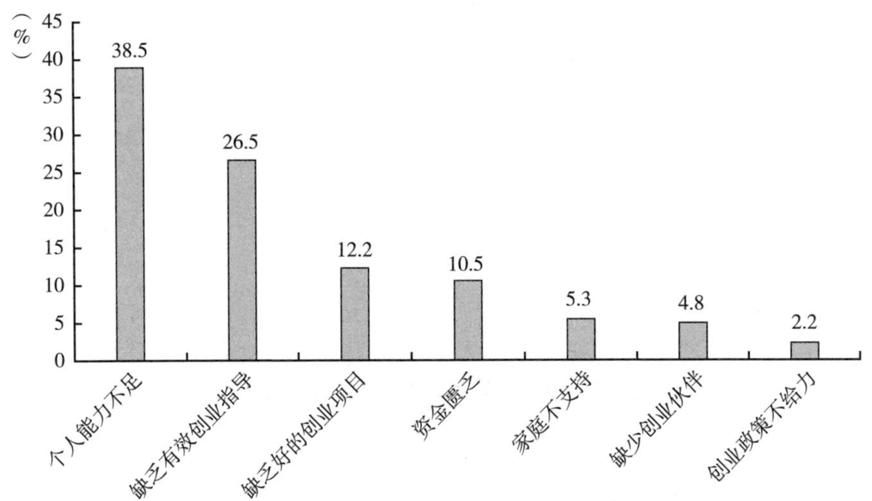

图 16　创业青年对创业失败的归因

个人能力不足和缺乏有效创业指导被认为是创业失败的主要因素。本次调查请创业青年对自己经历的或身边经历过的创业失败进行归因，38.5%的人将失败原因归结为“个人能力不足”，26.5%的人将失败原因归结为“缺乏有效创业指导”，这两个因素被认为是导致创业失败的最主要因素。有12.2%的青年认为失败的原因是缺乏好的创业项目，10.5%的青年认为主要原因是遭遇“资金匮乏”。而家庭因素、缺少创业伙伴、创业政策因素等并不被创业青年归为造成创业失败的重要原因。

（五）半数创业青年认为河北省创业环境一般，但创业信心和前景相当乐观

半数创业青年认为河北省创业环境一般，最不满意的是“缺乏创业指

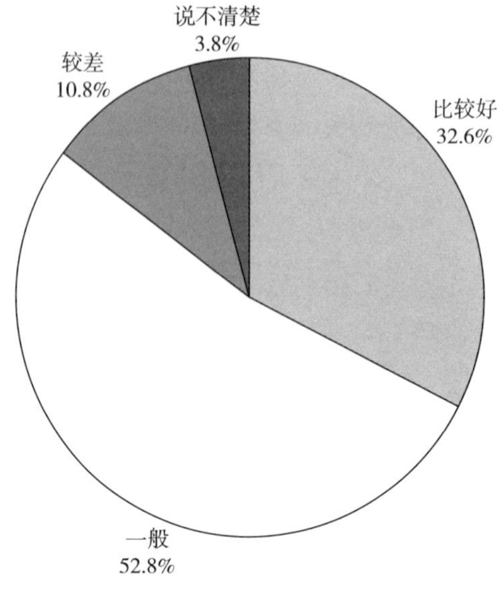

图 17　创业青年对河北省创业环境评价

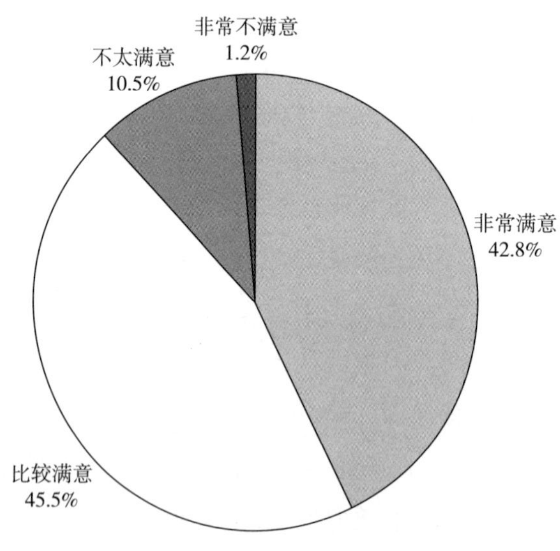

图 18　创业青年对河北省打造良好营商环境满意度

导”和“贷款难”。创业环境对创业活动的影响巨大，接受调查的创业青年中，52.8%的人认为河北省创业环境“一般”，有10.8%的青年认为创业环境较差，有 32.6% 的创业青年认为“比较好”，总体来说，创业青年对创业环境满意度并不高。而令创业青年感到不满意的方面，是针对创业的管理服务和金融财税政策。管理服务方面，有 45.2% 的创业青年对“缺乏创业指导”感到不满意，这也是创业青年最不满意的一面。与之相关，38.3% 的创业青年感到不满意的是职能部门服务效率不高，还有 19.1% 的青年认为“创业孵化园等创服机构没能发挥应有作用”，并对此感到不满。金融财税方面，让创业青年感到不满意的方面是“贷款难”，有 41.2% 的人选择此项；25.2% 的创业青年对“税费政策不够优惠”感到不满意。这一发现的政策意义在于，下一步政府需要针对创业的放管服环节和创业支持政策等方面深化改革，优化服务管理，加大支出力度。另外有 10.4% 的青年对“河北人对创业不感兴趣”不满意，换言之，这部分创业青年不满意创业氛围，因此需要政府进一步营造和活跃创业氛围。

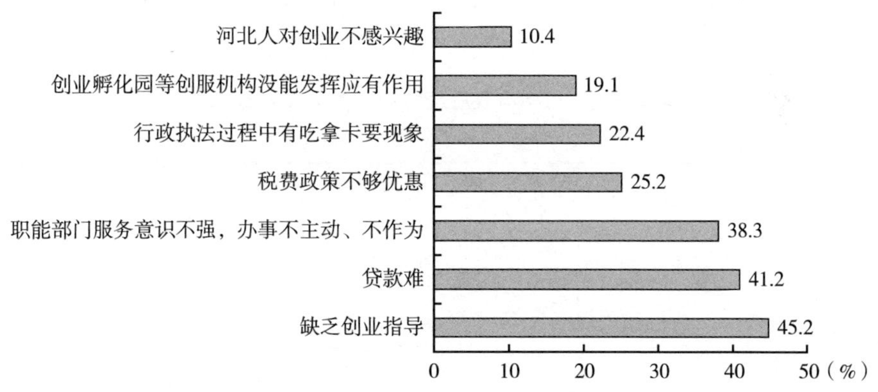

图 19　创业青年对创业环境不满意的方面

近九成创业青年对河北省贯彻中央双创政策、打造营商环境的工作较为满意。32.3% 的创业青年认为河北省与创业环境最好省份的差距很大，34.3% 创业青年认为差距不大，33.4% 的创业青年认为没有明显差距。

针对创业环境存在的问题，本次调查中，创业青年分别给创服机构、政府、共青团组织提出相关建议。创业青年认为创服机构应主要在“工商注册

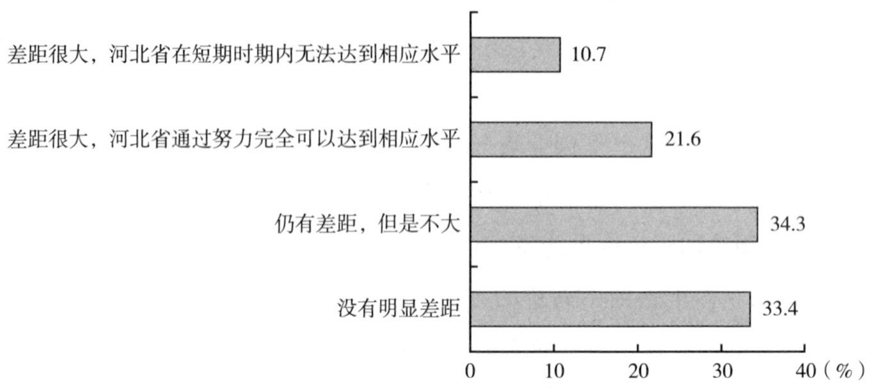

图 20　河北省与创业环境最好省份的差距

咨询”“办公场地”“投融资渠道”“财税处理”等方面提供具体便利；除此之外，在“人才落户”“法律咨询”方面也应提供具体便利。创业青年期待政府要在“创业贷款”“企业税收”“人才引进”“创业培训”等方面加大扶持力度。

表 32　创服机构与政府应为创业青年提供的便利

单位：%

服务项目	创业孵化园区	政府
工商注册咨询	39. 0	13. 6
财税处理	27. 9	9. 7
办公场地	34. 9	26. 5
投融资渠道	29. 3	13. 2
人才落户	21. 0	7. 3
产学研转化	13. 5	12. 6
法律咨询	20. 3	3. 2
心理辅导	9. 3	7. 5
不清楚	18. 3	6. 5

创业青年最期待共青团组织在“创业培训”“青年小额担保贷款”两方面给予支持，另外也期待共青团组织通过设立“青年创业奖”、“帮助入驻孵化基地”、“创业导师帮扶”等方面给予支持。

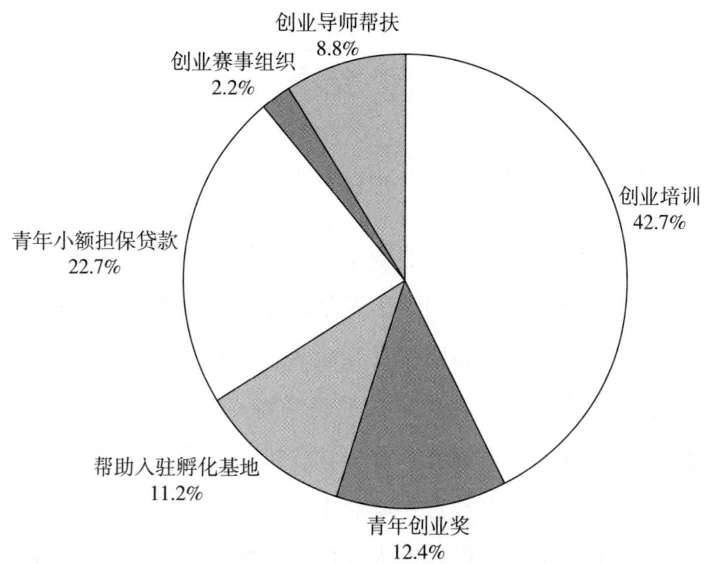

图 21　期待共青团组织在创业方面给予的支持

表 33　创业青年对影响企业经营的因素的评价

单位：%

评价等级	国家政策与经济形势	行业景气度与市场需求情况	企业自身管理水平和发展状况
非常好	44.6	37.0	34.9
比较好	30.7	30.5	31.5
一般	21.6	27.9	30.2
不太好	2.5	3.5	2.8
非常不好	0.6	1.1	0.6

信心对于创业非常重要，调查显示，创业青年对影响企业经营的三大要素发展现状较为满意，创业者信心较高。44.6%的创业青年认为国家政策与经济形势非常好，30.7%的创业青年认为比较好。37.0%的创业青年认为行业景气度与市场需求情况非常好，30.5%的创业青年认为比较好。多数创业青年对企业自身管理水平和发展状况较为满意。

五 结语

（一）青年群体的基本特点和存在问题

本报告分别就青年群体的就业观念、就业行为、创业观念、创业行为进行研究，综合以上分析，可以归纳出青年就业和创业的一些特点。

青年的就业观呈现追求高回报（高收入）、凸显自我（个人价值实现）、强调安全稳定（工作安全性和稳定）的三维特点，具有体制内、稳定性强、收入高等特征的事业单位、国有企业、党政机关成为最受青年青睐的三个工作单位。更换工作已成为多数青年职业生涯的必经阶段，而造成离职的主要因素是对所从事工作不满意以及收入太低。多数青年工作日工作时长符合法定 8 小时工作时长的规定，但短时间加班情况较为常见，11.0% 的青年加班情况严重。

性别和年龄等生理差异对青年就业行为产生一定影响。总体来说，年纪小（19～25 岁）的青年择业时更多考虑工作能不能提升能力，而年纪大（26～35 岁）的青年考虑更多的是工作够不够稳定。男青年择业时更看重收入和能力发挥，女青年则更注重工作的安全性。男青年比女青年更换工作的频率更高，每天工作时间也更长。在理想的工作单位方面，男青年更乐意进入民营企业，而女青年更愿意进入事业单位，尤其是中小学和高等院校。

户籍、学历、收入水平等社会经济差异通过不同方式影响青年的就业行为。户籍对青年就业行为的影响主要表现在就业观念和工作稳定性上，比较而言，非农户籍青年在择业时更看重“高收入”“没有太大的压力”的工作，而农业户籍青年考虑更多的是工作要具备“良好的安全性”“提升能力”“能够积累经验”等条件。工作稳定性方面，农业户籍青年的工作更换更加频繁，工作稳定性明显不如非农业户籍青年。

学历背景在多层面影响青年就业行为。就业观念方面，学历越高的青年在择业时更加注重“高收入”“职业声望”“实现个人价值”等因素，而

“良好的工作安全性”“积累经验”“稳定”的重要性却随着学历降低而提升。更换工作的频率会随着学历降低而提升，并且在大学本科学历青年形成一个明显的拐点，即大学本科以下学历青年的工作更换频率显著提升，表明学历越低的青年工作稳定性越差。学历高的青年离职原因主要是对工作不满意，想“找到更理想的工作”，而学历低的青年离职原因主要是收入太少。收入差异对就业行为的影响方式与学历背景的影响方式有相似之处。收入越高的青年越是注重考虑“高收入”“能实现个人价值”“能发挥自己的能力”等因素，而“没有太大压力”“良好的工作安全性”“时间安排灵活”“稳定”等因素的重要性则随收入层次提升而降低，同时高收入青年的工作稳定性比中等收入和低收入青年更强。

不同职业群体的就业行为呈现较大差异。工作稳定性方面，在获得本次工作之前，快递小哥群体的工作更换最为频繁，创业青年、社会组织从业青年、网约车司机、进城务工青年的工作更换也较为频繁，而大学生村官、党政机关和事业单位青年的工作稳定性较高。工作满意度方面，党政机关和事业单位青年的工作满意度最高，大学生村官、创业青年、新媒体从业者、企业青年和归国青年群体也相对较高，快递小哥、网约车司机、进城务工青年群体的工作满意度相对较低，而农村青年的工作满意度最低。每天工作时长方面，快递小哥工作时间是最长的，尤其是工作时长超过 11 小时的比例远远高于其他青年群体，其他群体中网约车司机、进城务工青年、创业青年的工作时长较长，大学生村官、归国留学青年群体的工作时长较短。

在大众创业、万众创新的背景下，青年的创业意愿较强烈，半数青年有创业打算，获得自主性、实现个人价值是推动青年自己创业的重要原因，但最主要的创业动因是得到更好的收入，使自己和家人的生活更好。强烈的创业意愿之下，是较大的就业创业压力，九成青年感受到较大的就业/创业压力，近八成青年对未来事业发展前景较为担心，进城务工青年、快递小哥、网约车司机、农村青年、新媒体从业青年对自己未来事业发展前景的担忧更为强烈。

创业意愿存在明显的群体差异。男青年较女青年的创业意愿更为强烈；

创业意愿随学历背景呈现一种梯度分布趋势，即小学及以下学历青年的创业意愿最为强烈，且创业意愿随学历提升而略有下降，并在大学本科青年中快速下降，换言之，大学本科和硕/博研究生学历青年创业意愿显著低于其他较低学历青年；不同收入青年的创业意愿较为接近，但在实际创业比例方面，高收入青年远高于中、低收入青年；农村青年创业意愿相当强烈，八成农村青年表示有创业打算或创业行动。在创业领域上，互联网产业是青年最倾向的创业领域，教育培训业和住宿餐饮业也受青年青睐。但在实际创业领域方面，居民服务和其他服务业，批发和零售业，文化、体育和娱乐业位居前三，而创业青年的创业领域选择主要出于市场需求和创业者兴趣，创业想法的萌生受父母、亲戚的影响最大。

创业者的初创实力较弱，规模也较小。创业青年通常是独自创业，缺少合伙人，对家庭的依赖极大，超过四成青年最初是在家里创业，通过利用自有资源来降低创业成本。创业启动资金主要依靠社会网络，父母支持是资金的最主要来源，资金规模多数在 10 万元以下。不过创业次数越多的创业青年获得的启动资金规模越大。当前政府已经出台不少支持创业的金融政策，但创业青年利用政府支持、银行贷款实现融资的比例相当低，并且创业青年对创业环境最不满意的地方就是“缺乏创业指导”和“贷款难”，其中原因值得进一步探讨。

（二）推动企业青年更好发展的建议

进一步完善积极就业政策，促进青年就业创业。充分发挥就业优先政策的宏观调控作用，加大政策和资金供给、落实力度，建立健全产业、财政、金融、保险等政策与就业政策的联动机制。进一步梳理各部门制定出台的就业促进政策，形成统一、完整、系统的政策清单，加强政策清单宣传，提高就业政策的知晓率和享受率。社会保障领域，当前创业青年、新兴职业等青年群体具有就业灵活性强、流动性大的特点，但这几个群体在医疗、养老等社会保障方面存在参保难、覆盖率低的问题，人社部门要主动适应青年群体的新特点，加强针对性政策的制定，解决青年群体参保难的问题。

加强青年就业服务，尤其是对一些特殊群体进行有针对性的就业服务，对进城务工青年提供职业技能培训、职业指导、就业帮扶，提高就业能力，增强工作稳定性，对农村青年开展就业技能培训和创业培训，积极引导和鼓励有创业意愿的农村青年进行创业。进一步加强青年劳动权益监督，减少过度加班现象，维护青年身心健康和权益保障。

进一步完善青年创业服务体系建设。进一步加大创业培训力度，积极开展多种形式的创业培训活动，组建青年创业导师团队，提高创业培训普及度，加强创业导师“一对一”辅导，帮助青年增强创业意识、提升创业能力。搭建各类青年创业孵化平台、增强现有创业服务机构的服务能力，完善工商注册咨询、办公场地提供、投融资渠道、财税处理、法律咨询等方面服务功能。完善和细化创业金融政策，推动创业金融服务落地，支持青年创业担保贷款发展，解决好青年创业融资难问题。

B.11
河北农村视频媒体从业青年的网络生活

韩春秒 *

摘　要： 新媒体是时代的产物，新媒体从业者以青年为绝对主体，成为推动社会发展的重要力量。本研究在对河北省新媒体从业青年进行基本画像的基础上，重点聚焦河北省农村地区视频媒体从业青年，在进行归因探讨、历程梳理、特征总结的基础上，揭示出农村视频媒体从业青年所面临的视野局限、定位浮泛、专业性弱、跨界艰难、资源不足等发展困境，并从党媒关注、官方赋能、组织关怀、资源保障等方面提出扶持、引导其健康发展的对策建议。

关键词： 农村青年　视频媒体从业青年　就业　创业

新媒体与互联网技术、移动智能载体等要素的深度融合，具有不同寻常的辐射力、传播力和号召力，甚至成为影响社会治理与国家安全不容忽视的重要因素。新媒体是时代的产物，新媒体从业者以青年为绝对主体，成为推动社会发展的重要力量。2017 年 4 月 13 日，中共中央、国务院颁布的《中长期青年发展规划（2016 ~ 2025 年）》指出，要增进新媒体从业人员的政治认同和社会参与。2019 年 1 月 21 日，习近平总书记在省部级主要领导干部坚持底线思维、着力防范化解重大风险专题研讨班上，特别突出强调了

---

* 韩春秒，河北省社会科学院新闻与传播学研究所副研究员，主要研究方向为受众研究、乡村传播。

“青年”和“网络”这两个关键词。新媒体从业青年的网络生活值得我们深度关注。同时，新媒体的多元、海量、瞬息万变等特征，造成了新媒体从业青年群体从业生态的芜杂、丰富与动态。在移动视频成为最具渗透性传媒手段的今天，本研究在对河北省新媒体从业青年进行基本画像的基础上，从代表性、影响力、覆盖面等角度出发，重点聚焦河北省农村地区视频媒体从业青年，深描他们的网络生活，进行归因探讨、历程梳理、特征总结与困境分析，并在此基础上围绕农村视频媒体从业青年如何更好地发展尝试性提出思路与对策。

一　河北省新媒体从业青年基本画像

新媒体从业青年（网络主播/签约作家等）指年龄在35周岁以下的新媒体从业人员及网络意见领袖，大致可分为两类：新媒体平台的经营者与内容的制造者。本次调查共回收问卷1986份，有效问卷1932份，来自“网络主播”（24.2%）、“网络签约作家”（23.2%）和“其他新媒体从业青年”（52.6%）。

（一）性别构成情况：女性占比略高于男性

从性别构成看，在河北省新媒体从业青年当中，男性占比45.6%，女性占比54.4%，女性占比高出男性8.8个百分点。而在河北就业青年总体中，男性占比为51.3%，女性占比为48.7%，女性从业者占比低于男性2.6个百分点。可见，河北省新媒体行业属于女性偏多的行业，女性占比略高于男性。

（二）户籍及地域分布情况：覆盖全省各地市，河北省农业户籍近一半

新媒体从业青年以本省户籍为主，农业户籍占比较高。新媒体从业青年中，“河北省非农业户籍”占比42.2%、“河北省农业户籍”占比48.9%、“外省非农户籍”占比5.4%、“外省农业户籍”占比3.5%（见图1）。

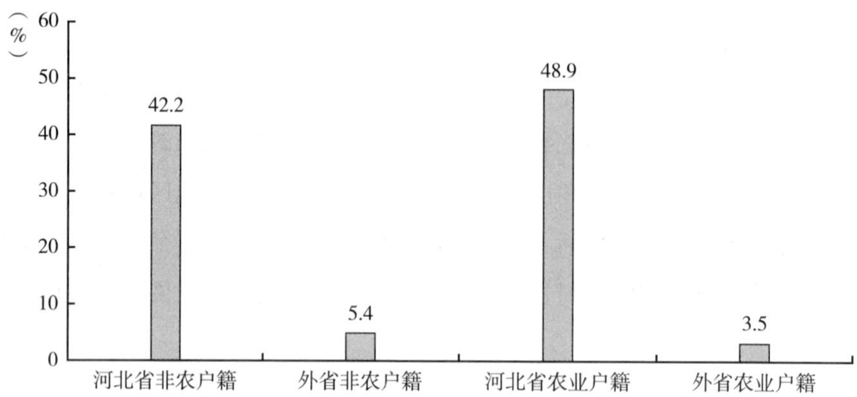

图1　河北省新媒体从业青年户籍分布情况

调查数据显示，新媒体从业青年样本覆盖河北省11个地市及定州市、辛集市和雄安新区。其中唐山市、石家庄市样本占比最高，分别为11.7%和11.6%，衡水市、雄安新区及定州市样本占比最低，分别为3.7%、4.6%、4.6%（见图2）。

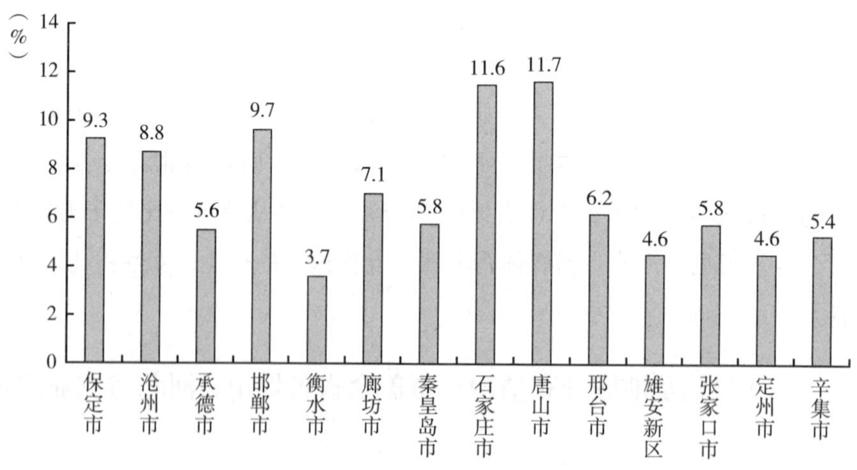

图2　河北省新媒体从业青年的地域分布情况

（三）媒体责任观情况：超七成新媒体从业青年媒体责任意识强

调查数据显示，新媒体从业青年对“新媒体从业人员应坚持正确的舆论导向”的同意比例为85.7%。82.9%新媒体从业人员对“新媒体从业人员有义务维护健康有序的互联网环境”表示“同意”。在“新媒体从业人员是社会进步推动者，应匡扶正义、扶危助困”问卷调查中，有78.6%新媒体从业青年选择“同意”，18.3%选择“一般”，3.1%选择“不同意”。总体来看，河北省新媒体从业青年对坚持正确舆论导向、维护健康有序的互联网环境、推动社会进步等有总体积极、正向的认识，媒体责任观念强。

（四）网络内容生产情况：新媒体从业青年高度重视网络点击率

新媒体从业青年网络内容生产情况，是对新媒体从业青年媒体责任观念的进一步反映。调查数据显示，关于“吸引眼球是最重要的，其次才是信息的真实”的问卷，有33.7%的河北省新媒体从业青年选择“同意”（含16.4%“非常同意”和17.3%“比较同意”）、20.1%新媒体从业青年选择“一般”、46.1%选择“不同意”（含23.6%“不太同意”和22.5%“很不同意”）。在关于“受众喜欢看什么，我们就提供什么内容”的调查中，41.6%新媒体从业者选择“同意”（含16.2%“非常同意”和25.4%“比较同意”），30.3%选择“一般”，28.0%选择“不同意”（含17.3%“不太同意”和10.7%“非常不同意”）。可见，新媒体从业青年对网络内容的播放量、点击率等非常重视，为了吸引眼球和满足受众收视诉求，有约三成的新媒体从业青年视“信息的真实性”为第二追求（“吸引眼球”是第一追求），只要“受众喜欢看”便有超过四成的新媒体从业青年会竭尽全力去投其所好。

可见，河北省新媒体从业青年作为思维活跃的网络内容生产者或新媒体平台的运营者，虽然在观念上有着总体积极、正向的媒体人责任意识，但是在现实操作层面，又对网络内容的点击率所带来的市场效益过于看重。如何

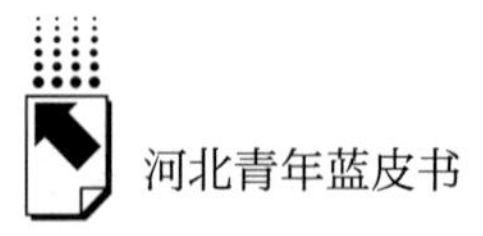

去深入把握新媒体从业青年的网络内容生产或运营行为？他们面临哪些具体的困难与需求？如何去引导新媒体从业青年为建设风清气正的互联网环境而积极努力？如何去不断增进新媒体从业人员的政治认同和社会参与？下文将重点面向河北省新媒体从业青年中非常具有代表性的农村视频媒体从业青年展开重点聚焦与深度分析。

二　聚焦河北省农村视频媒体从业青年的诞生与发展

（一）界定：农村视频媒体从业青年群体

当前，以短视频、网络直播为主要特色的移动视频传播，向广大农村居民抛来橄榄枝，乡土场域的新鲜感为诸多农村视频自媒体人开启了酝酿网络“超级个体”的加速度，一大批拥有几十万、上百万甚至上千万关注者的农村视频自媒体脱颖而出、遍布南北。涉县“农村阿凯”、卢龙县“农村小鹏的生活”、新乐“农民小天天”、邢台“乡野农哥”、邯郸“农村小爽”、张家口“张家口人”、大名县“姚三马”、邢台“小彪美食”、武安“河北静静”等众多高传播力河北农村视频媒体从业青年所创办的账号，正与全国各地农村视频自媒体人一道，用乡土原创短视频书写着新时代的农民网络生活，记录着全民奔小康路上农民阶层的火热实践。

农村视频媒体从业青年的大量涌现，既是信息传播革命的结果，也是大众期盼的结果，具有多方面的现实意义与深远影响。农村视频媒体从业青年依托网络视频，既可以帮助城乡网民很好地认识火热的乡村现实生活，又能唤醒传者与观者个体生命的责任与良知，还能够拉近心灵与心灵之间的距离、促进城乡沟通，并为广大农村开辟农产品上行网络、地方资源享誉世界的新的可能。农村视频媒体从业青年就如同桥梁与纽带，建立起新时代农村与城市、农民与市民、农民之间的全新的连接关系，对城乡社会均产生着显在而深远的影响。

那么，究竟应如何界定农村视频媒体从业青年？界定农村视频媒体从业青年，可以从一个概念、五个方面展开。一个概念：农村视频媒体从业青年是掌握现代移动视频拍摄和剪辑技术并在网络平台运营自媒体账号的返乡农民工、“农二代”大学生或土生土长的农民个体或自组织（团队或公司）。五个方面：一是视频内容，农村视频媒体从业青年生产的网络内容是以乡村为本体、以农民为主体的行进式的农民劳作与生活日常；二是形式体裁，农村视频媒体从业青年的网络内容生产主要依托时长几秒至几分钟的网络短视频或视频；三是传播流程，农村视频媒体从业青年在自主创作或吸收社会观点之后所拍摄的视频通过个人自媒体账号上传平台，经由平台方（今日头条、百度、快手、抖音、好看视频等）审核后，向网络空间公开发布；四是更新频率，农村视频媒体从业青年的网络内容更新存在不稳定性，以每日一更或多更为主；五是营收模式，农村视频媒体从业青年以网络流量分成、电商变现和品牌代言等实现盈利。

（二）归因：农村视频媒体从业青年群体大量涌现的理论与现实原因

农村视频新媒体从业青年的大规模涌现，是视频社交时代的产物，是传统的信息传播结构被打破的表现，更是“隐私资本化”的生动例证。关于资本，政治经济学里曾指出：“资本不是靠保存，而是靠不断再生产积累起来的。”① 在这里，隐私作为资本的生产要素准确地切合了政治经济学的生产原理。在注意力经济时代，隐私资本化最早的实践者集中在演艺界、影视界的明星身上，之后是草根、素人的盛行。隐私之所以能成为资本，归根结底在于隐私的稀缺性，其中既包含隐私归属者身份的特殊性，也包含隐私内容的稀缺性。农村自媒体短视频隐私归属者以农村青年为主，网民通过他们拍摄的视频来走进乡村、一再窥探乡土世界神秘的不为人知的一切，这个创作者群体在千百年来传播者队伍中是稀缺的、特殊的，他们的隐私的价值是显在的。农村自媒体短视频内容的稀缺性，缘于它以去意识形态化的乡村生

① 吴锡平：《作为隐私的资本》，《深圳特区报》2011 年 10 月 25 日第 B11 版。

活为蓝本，展现给网民的是相对原汁原味的、更加真实全面的、不断更新的、可感可互动的活生生的乡村日常。这相对于专业团队拍摄的农村题材影视剧、主流媒体进行的“三农”报道，乃至官方推出的“三农”题材文艺作品等来说，存在内容上的巨大差异，因而稀缺性十足。正是基于隐私归属者身份及隐私内容的双重稀缺性，乡村自媒体短视频得以在中国乃至世界网络流行文化传播中风生水起、高歌猛进，农村视频媒体从业青年得以涌现。

然而，农村视频媒体从业青年对于隐私资本化的运用并非有意为之，而是网络平台方、社会方与创作者等多方因素互为作用下的结果。

平台方：商业网站以追求利益为根本。在底层战略的驱动下，在经过一段时间的“三农”自媒体培育与用户积累之后，各大商业平台对以农民自媒体为代表的“三农”视频流量的扶持力度大幅减弱。以今日头条为例，2016～2019 年对自媒体视频 1 万播放量的补贴，以每年递减 10 元的平均速度从约 50 元跌至 12 元甚至更低的补贴标准[①]。除此之外，平台对一些题材无新意或非重点扶持的自媒体视频在大数据推送方面也不再倾斜。二者夹击，直接后果即自媒体人在保持原有视频更新速度与品质的基础上，收入势必降低。市场理性会促使农村视频媒体从业青年通过多拍视频、拍好视频来保持收益。尤其，当各大平台引入电商后，一大批农村视频媒体从业青年拥有了开创网络商铺的机会，社交电商成为各大平台扶持重点。在这种情况下，农村视频媒体从业青年要想获得持续向好的收益，只得将自己的视频题材与电商有机结合，这样才能够在保证视频流量收益的同时，拓展自己的电商收入。而要将流量收益与电商收益有机挂钩，就需要媒体从业青年们用尽浑身解数去挖掘、聚拢社会资本，于是，越来越多的乡民出现在视频里，越来越多的隐私被公之于众，越来越密集的视频更新充斥网络平台，越来越多的原本碎片化的乡村题材短视频从故事的延续性、人物的丰富性、空间的交错性、主题的一致与灵活性等方面串联起来，形成一部部南北东西、特色各

① 网络平台对自媒体的流量补贴属于商业机密，没有官方数据。该统计结果，来自笔者对多名今日头条签约“三农”领域创作者的私人采访。

异、热气腾腾的乡土连续剧。不得不说，网络平台的底层发展战略与 UGC 补贴策略调整，对农村视频媒体从业青年群体的出现与规模化发展起到关键作用。

社会方：自 2016 年以来，大批土味视频涌现视频网站。最初，当广大网友怀着好奇、猎奇乃至审丑的心态观看土味视频时，即使是一餐饭、一处景、一曲乡音等均能够得到非常可观的网络点击量，成就了一个个乡村视频自媒体流量神话。但是，随着大量农民自媒体的加入，大批乡土题材短视频“狂轰滥炸”，造成社会需求方最初的新鲜感、美感逐渐下降，于是一批最初的视频关注者离开，留下的忠实关注者或粉丝往往与乡村有着或多或少的联系，他们或许是进城农民工，或许是“农二代”大学生或广大的农村用户，他们渴望通过乡村原创短视频，满足网络乡愁、实现家园梦想、构建乡土认同，他们不再满足于碎片化的乡村原创短视频，而是渴望了解更全面、原生态的乡村生活，期待了解某些农村青年网红方方面面的生活，不断窥视他（她）的隐私，包含家庭、亲人、社会关系、出行轨迹、衣食起居等。为了满足粉丝需求、维持粉丝黏性、保持竞争优势，农村视频媒体从业青年只得不断地通过拍摄视频、进行直播、回复留言等方式去满足网民的需求，于是一部部乡土社会广泛参与的乡村全景生活剧轮番上演。可以说，在农村视频媒体从业青年的出现与发展中，社会方起到推波助澜的催化作用。这既是网络传播规律使然，也是当代网民精神追求的映射。

创作方：农村视频媒体从业青年从事短视频创作的最主要动机是获取收益。但农村视频媒体从业者多属于“半路出家”，从事视频媒体传播的知识技能储备极其有限。比如：邯郸“农村小爽”主创人李爽，之前在县城夜市摆地摊、打零工，她的丈夫吴庆伟则是保安。涉县“农村阿凯”主创人刘志凯在从事自媒体之前在天津做电焊工。新乐“农民小天天”在与今日头条签约做视频媒体之前，从事天然气管道铺设及收废品等工作。当平台流量补贴越来越少，新媒体从业青年们在不断思考，不断寻求粉丝的支援，不断绞尽脑汁发掘短视频题材。创作者们从自身可利用的社会资源分析，发现只有乡土资源才是相对得心应手、丰富的、免费的甚至能够实现价值的资源。比如，有的农村青年自媒体人最初只做乡村美食类视频，最终拓展到了广泛的乡村生活。再比如，一个农村视频自媒体账号最初可能只有一两个人（如夫妻档）在做，后来全家老小乃至七大姑八大姨都加入了农村原创短视频的创作团队。再比如，一开始农村短视频自媒体人对某些隐私很在意，不愿把所有的事情都呈现在视频里，但是随着视频创收的需要、粉丝的一再追问或迫于网络舆论压力等，农村视频媒体从业青年的隐私越来越少，越来越像个透明人。他们发现，越是与用户分享隐私，越能赢得他们的信任，越能够建立亲密关系，在后续的社交电商经营中才越能更快、更顺利地卖货或打广告，于是农村自媒体从业青年纷纷将自己的生活搬上互联网，越来越透明地将喜怒哀乐呈现在乡村自媒体短视频里。可见，农村视频媒体从业青年群体的涌现以及迅速发展，更多是农村青年在利弊权衡与外界压力之下完成的职业定位、转型及发展。

（三）农村视频媒体从业青年的发展历程

在对农村视频媒体从业青年群体诞生的理论与现实原因进行分析之后，有必要再对其发展历程进行简单梳理，来对理论归因与现实诱因进行印证与总结。从发展阶段看，农村视频媒体从业青年经历了“玩一玩”“兼职”到“专职来做”的职业孕育期，走过连续刷新、长时间在线直播的“中原逐鹿”职业激烈竞争期，目前已进入依托“乡土短视频连续剧”品牌的职业化稳定发展阶段。当然，这个阶段判定紧紧附着于网络平台、网民社会与视频媒体从业青年的利益共同体之上，不具有绝对性和不可逆性，伴随平台战略调整或资本的投入或撤离，上述阶段划分可能会出现反复与交替。

第一阶段：农村视频媒体从业青年职业孕育期。伴随商业平台与视频网站 UGC 的模式开启，2016 年至 2017 年是农村视频媒体从业青年的风口机遇期。该阶段也是农村青年由简单地对视频媒体“玩一玩”，到“兼职”做视频媒体，最后专职从事视频媒体创作的职业化孕育期。该阶段农村视频呈现的是碎片化的乡村生活，如日常起居、衣食住行、乡风民俗、农忙农闲、一日三餐等。这个时期的农村视频媒体从业青年还不太适应镜头，试图以

“转播者”的身份来展现乡村，视频“演员”基本固定且数量有限，主题单一，这是农村视频媒体从业青年职业产品的“母本”。该阶段的农村青年视频传播者们迅速成长，成为乡村视频自媒体第一批风口淘金者，代表人物为涉县“农村阿凯”。

今日头条“三农达人团成员”“农村阿凯”，创办人刘志凯，男，1991年生，河北邯郸涉县井店镇刘家村人，初中学历，从事短视频拍摄之前在天津打工。2017 年 4 月 30 日在今日头条注册账号，并发布了第一条乡村原创视频，截至 2019 年 10 月 15 日，该账号在今日头条拥有粉丝 167 万、获点赞 511 万。“农村阿凯”是诸多网络视频关注者心目中北方农村青年的优秀代表。2018 年 7 月，“农村阿凯”受邀参加了今日头条在广西组织的第一届“三农”创作者大会，2018 年 9 月受邀参加第一届“中国农民丰收节”内蒙古乌兰浩特市的宣传推广活动，2018 年 10 月赴北京参加西瓜视频嘉年华活动。“农村阿凯”拍摄的视频主题突出、技法讲究、画面真实自然，是河北省不可多得的、实力型农村视频原创作者。2018 年 5 月，刘志凯取材家乡变化拍摄的原创视频《厉害了，我的国》，在央视财经频道《第一时间》栏目播出。2018 年 9 月，刘志凯又以《有山有水好风光，阿凯家乡太漂亮了，你想来吗?》的原创视频，获得由中央广播电视台央广中国乡村之声联合今日头条、西瓜视频发起的“站在潮头看振兴”有奖征文活动视频榜二等奖。

第二阶段：农村视频媒体从业青年职业养成期。2018 年国庆节前后，各大平台农村视频自媒体广泛开启“电商”模式。该阶段是典型的短视频媒体角力期与快速吸纳粉丝的黄金期。为了赢得粉丝、销售农产品，一大批农村视频媒体从业青年不舍昼夜拍视频、进行大时段网络直播、忙于卖货—打包—发货等。在巨大的商机面前，这些农村青年的创造力、动员力及拼搏精神被充分激活。在平台鼓励直播、不断加大电商扶持力度的发展策略刺激下，农村视频媒体从业青年不断发动亲朋好友加入直播队伍、进入视频画面、频繁切换乡村场景等，一个个乡村生产生活的长镜头被生产，一位位乡村视频自媒体人得到锻炼，为树立农村视频媒体从业青年的内容 IP 奠定了基础，为农村视频媒体从业青年在网络视频行业站稳脚跟提供了一定保障。

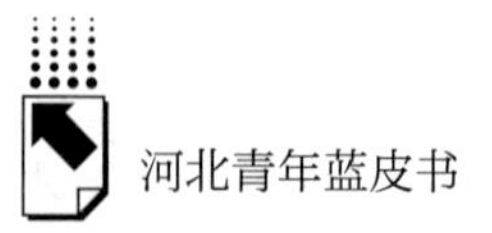

代表人物邯郸“农村小爽”。

今日头条“三农达人团成员”“农村小爽”，创办人李爽，女，河北邯郸馆陶县寿山寺乡南辛头村人，1992 年生，小学学历，是两个孩子的母亲。李爽与丈夫吴庆伟 2018 年 3 月 22 日在今日头条发布了第一条原创视频，截至 2019 年 10 月 15 日，“农村小爽”在今日头条拥有粉丝 62.2 万、获点赞 129 万。“农村小爽”视频的核心主题是“家庭”，涉及成员有父母、公婆、丈夫、两个女儿、妹妹、弟弟等，描述了这个普通农村大家庭的日常，她通过镜头传递了农民阶层勤劳、乐观、朴实、友善、慷慨的优良品质，尤其小爽本人对父母、公婆的孝敬非常真实与感人，她不怕吃苦、不服输，有韧劲、有干劲、有巧劲，阳光又热情，她对和睦家庭氛围的积极、巧妙营造，更是折服了大量网友。这些原创视频塑造了小爽的网络人格，网友肯定她、喜欢她、支持她，再加上当地粮食作物多样、棉花资源丰富等地缘优势，这使她的电商运营虽起步较晚，但后来居上。

第三阶段：农村视频媒体从业青年职业化发展期。当前，基于亲缘、血缘、地缘的农村视频自媒体关系网初步形成，自组织的、数量众多的自媒体矩阵初具规模，于是一批批的农村青年网红活跃于农村原创短视频里，他（她）们除了将小生活的柴米油盐、喜怒哀乐自如展演外，还将越来越多的城乡居民、风物特色、乡村仪式、传统技艺等融入视频，农村原创视频内容 IP 的品牌效应逐渐显现。较之上述两个发展阶段农村视频媒体从业青年的职业选择与确定，该阶段的农村视频媒体从业青年进入职业化常态发展阶段。较之前两个阶段，第三阶段的农村视频媒体从业青年经历了四个标志性蜕变。一是职业定位愈发清晰。农村视频媒体从业青年的视频拍摄内容由碎片零星的短视频演化为主题连贯、“演员”数量不断增加的大“连续剧”，农民阶层对美好生活的向往成为短视频的主题与主线。二是职业空间不断拓大。伴随农村视频题材从一家一户的私人圈子向公共领域日益拓展，视频渗透到越来越立体的乡村空间。三是职业联合成为趋势。该阶段，农村视频媒体从业青年联合扩展与规模化、专业化发展加速，一批自组织的或资本操纵的乡村视频自媒体账号矩阵初见规模。四是职业资本初步形成。伴随成功的农村视频媒体从业青年的社会空间的不断突破与活动场域的频繁交替，视频作品逐渐具备了“随我一起创业”“随我一起生活”的网民规模、黏性与市场影响力。代表人物新乐“农民小天天”。

今日头条“三农达人团成员”“农民小天天”，创办人杜超，男，1988年生，高中学历。“农民小天天”自2017年拍摄视频，一开始兼职做视频，他一边在张家口打工，一边拍摄。2018年5月，“农民小天天”告别了张家口打工工地，回到自己的家乡河北省新乐市承安镇西五楼村，做起了收废品的生意，边收废品，边拍视频，但视频收益渐渐成为家庭收入的重要来源。截至2019年10月15日，“农民小天天”账号在今日头条拥有粉丝83万，获点赞184万。杜超在收废品、送废品、干农活、亲情往来等过程中，将每日所见所闻、所思所想用视频记录下来，较为丰富的社会阅历使他成为农民视频媒体从业青年中少有的“思想者”与“善于表达者”，他的视频不仅记录了乡村生活、农村人、农村事，更渗透着他积极向上的世界观、人生观、价值观，是拥有一定思想深度的、严肃纪实主义的农村视频媒体从业青年的优秀代表。尤其在2019年“农民小天天”与今日头条签约后，逐渐将视频主题拉回了细密、连续的农村生活，以“连续剧”的形式记录了新时代的农民与社会互动、家庭与村庄发展，伴随“农民小天天”视频中主要“演员”的基本稳定与周边“配角”的不断扩充，一出生动的“乡土短视频连续剧”逐渐拉开帷幕。

三　河北农村视频媒体从业青年面临困境分析

农村短视频的崛起与繁荣，是无数名农村视频媒体从业青年不舍昼夜、挖空心思、加班加点辛勤劳动与勇于创新的结果，然而，同其他网络流行文化类似的是，农村短视频不可避免地存在它的局限性与不足，农村视频媒体从业青年面临诸多发展瓶颈。

（一）视野追求的局限

逐利性是农村视频媒体从业青年的主要追求与最大现实，“物质乡村”

是农村题材原创短视频的最鲜明符号，围绕衣食住行游乐娱而展开的物质生活是农村短视频的主旋律。有不少农村视频媒体从业青年曾怀揣梦想、肩负使命感，希望通过自己的努力传播家乡文化。如涉县“农村阿凯”，几次将镜头对准家乡涉县的红色文化，通过拍摄烈士陵墓、探访老英雄等视频来弘扬革命精神、致敬英烈，然而视频播放量一路走低，无奈之下，为了维持收益他只得继续拍摄网友喜欢看的“做饭吃饭”。“农民小天天”曾重点关注农村教育、农民养老、粮食价格等主题，引来不少网友关注留言，但总体播放量却不理想，出于现实考虑，他只得更多去拍摄“讨好”网友的热点题材，比如农村夫妻吵架、奇闻怪事、收废品见闻等，使得农村短视频更加停留在物质的、被消费的层面，很难扎根并有机进化，对精神之乡村的呈现举步维艰，农村视频媒体从业青年存在比较普遍的视野局限。

（二）职业定位的浮泛

生活流水账是网民对农村原创短视频的主要印象，通俗而泛化的视频媒体定位成为制约农村视频媒体向精深发展的最大障碍。那么，农村视频媒体从业青年能否将以家庭情景剧、一日三餐、田间劳动为主打的自媒体，在既有内容定位上向深、精、特色、独家继续发展，成功者如“李子柒”呢？对于绝大多数农村视频媒体青年从业者来说，由于人、财、物等的普遍缺乏，精耕细作便可望而不可即。并且，某些以拍摄农村婚礼、家庭养殖、乡下孤寡老人、扶贫、民俗、美食制作等专一领域的农村短视频，在经过一段时间内容持续挖掘后，纷纷进行调整，逐渐从单一内容主题向综合性内容定位转型。如头条号“西北小强”从“西北美食”转向“真实的西北农村生活”，头条号“晋北”也由“晋北美食”转向“原生态晋北农村生活”。对于农村视频媒体从业青年来说，单一精深的视频题材往往难以为继，选取广而泛的题材成为支撑账号日日更新的权宜之举。视频主题的同质化与浅尝辄止，严重困扰着农村视频媒体从业青年的职业发展。

（三）专业功底的缺失

农村视频媒体从业青年对当地的非物质文化遗产、风土人情、节庆民俗、古建筑等乡土文化一直很关注，但在对其进行简单视觉展演、转播、记录之后，解读缺失或过于浅表等的职业功底的缺失，致使宝贵而稀缺的、原生态的地方文化资源在一阵喧嚣过后仍然被忽略。2019 年元宵节期间，邯郸武安农村视频媒体从业青年，通过账号“河北静静”对家乡舞龙游村活动进行了长时间直播，但只是画面转播，介绍偏少、采访不足，具体到文化精髓的挖掘与展示、舞龙游村活动的农民参与及感想等几乎无涉猎。舞龙游村是农民在展演、农民在传播，但缺少农民的表达，缺少农民以亲历者的角度去细致入微、生动感人地独家解读和呈现，网民看过之后即忘记。不妨对比下旅游领域自媒体“彩云拾影”拍摄的地方文化展演类视频，2019 年 2 月 18～20 日，头条号“彩云拾影”拍摄了 3 条记录“宝鸡陇县社火巡游”的短视频，其中“巡游演员们一晚上不睡觉化妆打扮”“场面震撼，大爷打鼓真带劲”“扮演芯子的小孩子都困了”等几个细节很是打动人，使社火巡游这一地方文化一下子活了起来，给人留下深刻印象。地方文化之于农村视频媒体青年从业者是浸润其中的，但在视觉展演之后，怎样专业化地、故事化地传播出去？如何将乡村故事讲生动，做活、做透家乡技艺独家挖掘？怎样将乡土生活的质感、趣味、深度与智慧等创新性地传播出去？农村视频媒体青年从业者面临巨大考验。

（四）跨界融合的艰难

河北省乃至全国各地的农村视频媒体青年者，多为半路出家、“自学成才”。虽从业者中不乏返乡创业大学生（如“乡村小乔”“草园印象锡林郭勒”“乡妹小北”等）、体制内人士兼职创作者（如“付老师种植技术团队”“阿兮随笔”“我爱种菜”等），更有数不清的学者、知识分子加入“三农”创作者队伍，但在“三农”视频自媒体中，青年农民或返乡农民工等仍占据主流。这个创作主体持续做强做大视频自媒体的能力与资源是有限的，即使有的农村视频媒体从业青年已经组建了团队、成立了公司，但尚处起步与摸索阶段。如邯郸大名县头条号“姚三马”（创办人为“90 后”）组建了公司，并从所在乡镇邯郸大名县金滩镇周边招工十几人，但由于创作者队伍人才缺乏，内容生产较难突破、公司业绩平平，虽账号在今日头条已拥有160多万粉丝，目前仅惨淡维持。可见，农村视频媒体从业青年与非农机构或个人的跨界融合十分缺少，其发展面临人才储备欠缺、外援力量不足等一系列问题。

（五）经费技能等的不足

农村视频媒体从业青年在视频拍摄、电商运营过程中，面临不断更换设备、装修办公场地、收购打包农产品等各种经费支出与运营考验，普遍面临较大的周转资金缺口及专业技能的缺失。在调研中，涉县“农村阿凯”创办人刘志凯表示，网络平台并未将账户电商销售所得及时回流给账户，而是有几个月的周期，由于资金不足，难以大规模上架新产品，这也成为制约他职业发展的最大瓶颈。同时，秦皇岛卢龙县账号“农村小鹏的生活”创办人王鹏在接受课题组采访时反映，希望在收入、培训、推介等方面能获得更多的帮助与支持，希望相关部门扶持他做地方特色产品的代理商并进行网络销售，他希望通过开公司或办合作社的方式，让更多人从中获益。新乐“农民小天天”账号创办人杜超对电商销售的担心集中在产品认可度上，由于农村地区农产品加工工艺的不足，很多原生态的好产品卖不动、不被认可。他渴望家乡农产品能够在加工工艺与标准化方面得到提升。邯郸“农村小爽”创办人李爽表示，在视频拍摄、剪辑及电商运营方面，一切都是自学，摸着石头过河，如何打包棉被、打包挂面等，都要反复实验，希望能得到这方面的培训与辅导。她还希望提升在棉花规模化加工方面的能力。

四　结论与建议

农村视频媒体青年从业者们，已将网络视频变成新的“农具”，悉心耕耘着新时代广大农民阶层新的“希望的田野”。涉县“农村阿凯”创办人刘志凯，是热爱自己的小生活，又热心为乡民发布“寻人启事”、为受灾农民筹款、为迎接新中国成立70周年联手天南海北网友表白祖国的乡村青年优秀代表；邯郸“农村小爽”创办人李爽，是为了美好生活而任劳任怨、勤劳付出、不服输、有闯劲的“90后”农村女青年的优秀代表；新乐“农民小天天”创办人杜超，是社会转型期不甘寂寞、勤劳踏实、积极向上、不断打拼与思考的城乡青年的优秀代表……这些农村视频媒体从业青年所拍摄的乡村题材短视频，具有农民命运的普遍性和乡村命运共同体的相通性，他们能够在一定程度上代表中国城乡社会中不同奋斗阶段、年龄层次、不同地域环境中的农民阶层，成为参照系、村镇电商致富带头人，甚至农民阶层地域代言人等，这是其视频作品富有巨大影响力的根本原因所在。

农村视频媒体从业青年的发展，需要基于他们对用户需求及市场规律的深度把握，以对口的、成长性的内容、产品与服务满足用户持续的需要。要引导并助力河北省农村视频媒体从业青年更好发展，在借鉴外省先进做法的同时，笔者尝试性提出如下建议。

（一）党媒关注，为农村视频媒体从业青年更好发展积极助力

当原生态的、基于“新鲜感”的批量视频生产的审美被掏空时，就需要农村视频媒体从业青年不断提升素养、拓展眼界、储备知识，多方位提升乡村自媒体短视频的精彩度，这离不开官方的关注与助力。央媒、河南籍、内蒙古籍党媒对农村视频媒体从业青年均有过报道，甚至做过专题节目，如：2019年9月，河南新农村频道在《我的故事我的家》推出关注本省多名农村视频媒体从业青年的系列采访①：《老白、小芳和泥土的清香》《农村小夫妻，感到幸福我就拍拍拍》《瞧这一家子——和谐婆婆和快乐妯娌》《走在乡间的小路上》《为你讲述我的365天》和《在互联网上“种地的新农人”》等，党媒对农村视频媒体从业青年的关注与报道，无形中增加了农村视频媒体从业青年的社会资本，同时也增强了他们的自我认同与发展信心。

（二）官方赋能，为农村视频媒体从业青年更好发展提供机会

官方文化机构、宣传管理部门、党媒、社会各界等，应深切领悟总书记

① 详情见：河南广播电视台新农村频道官方账号、头条号“河南新农村频道”2019年9月10日、19日、20日、21日的视频推送。

在2019年1月25日中共中央政治局第十二次集体学习时提出的“大宣传”工作理念和“四全媒体”判断，并在实际的宣传报道、地方推介、乡村文化建设、社会动员等方面积极吸纳优秀的农村视频媒体从业青年加入，为他们提供文化支持、人才支持、技能培训、参观学习机会等。尤其在县级融媒体与新时代文化实践中心建设过程中，要跳出之前媒介融合与基层文化建设的理念，树立社会融合的观念，将吸纳各方智慧与力量的传播队伍建设提上日程，这将是一个农村视频媒体从业青年与县级融媒体、新时代文化实践中心互惠互利的过程，也将是一个双赢乃至多赢的过程。

（三）组织关怀，为农村视频媒体从业青年更好发展提供援助

农村视频媒体从业青年多为“90后”，调查发现，在河北省有影响力的农村视频从业青年当中，入党入团的比例偏低，仅涉县“农村阿凯”被涉县新的社会阶层人士联合会（新联会）吸纳，其他人尚未得到地方政府或组织的关怀。然而，对比外省情况看，“巧妇9妹”创办人张阳城与甘友琴，均已提交了入党申请书，广西钦州市及灵山县妇联组织也向“巧妇9妹”抛来橄榄枝；河南许昌“高峰拍摄”创办人高峰，成为所在乡镇电子商务中心的骨干……江苏“乡村小乔”创办人王小乔、内蒙古“草原印象锡林郭勒”创办人乌音嘎、四川“型男行走乡村”创办人袁勇等纷纷得到组织赋能，其积极效果正在不断显现。

（四）资源支撑，为农村视频媒体从业青年更好发展提供动力保障

2019年9月19日，中国农业农村部官网发布《2019年中国丰收节系列“十大”征集推选活动入围名单出炉》①，在“十大农产品网络销售达人”中有三位来自乡村的视频自媒体人，其中对“林区大雷”的介绍是“东北

① 中华人民共和国农业农村部：《2019年中国农民丰收节系列“十大”征集推选活动入围名单出炉》，2019年9月19日，http：//nmfsj. moa. gov. cn/xwzx_ 25646/ywjj/201909/t20190919_ 6328331. htm。

小伙，记录朴实的东北林区生活，通过内容电商月销百万农产品”。对“巧妇9妹”的介绍是“80后土生土长的广西农民，全网视频播放量超过5个亿，曾一夜售出15万斤滞销芒果”。可见，农村视频媒体从业青年通过视频带动乡村致富的潜力非常巨大。当前，视频电商在经历了定价自主权带来的收益猛增之后，伴随自媒体社交电商的大规模铺开，竞争日趋激烈，在农产品品质未得到根本提升的基础上，农村自媒体社交电商深耕经营前路艰难。因此，农村视频媒体从业青年要想依托网络视频在农村大有作为，实现文化意义和经济意义的双丰收，需要高品质农产品或地方特色商品、旅游资源等与之配套、相辅相成。仅以地方高品质农产品为例，特色农产品的种植、采摘、加工、销售、品牌化打造等，离不开乡土资源的整合、社会资本的聚合及广泛社会连接的建立，并以组建扎根乡土的农民合作社为可能出路。而这一系列的实践也将为农村视频媒体从业青年的视频拍摄提供更有吸引力的主线索与更多变现通道。

致　谢

河北省中长期青年发展规划联席会议办公室启动河北省首次青年发展状况调查，省市县三级共青团干部混编建立专项工作督导组全程跟进，历时 3 个月，覆盖全省 20 类青年群体 8.5 万人，为本书研创提供了真实有效的基础数据支持。本书编委会广泛征求了国内知名专家、共青团河北省委员会、河北省青年联合会、河北省学生联合会等各方面意见，共吸纳意见建议 800 余条，最终完成本书研创工作。

在此期间，本书研创得到国内青年发展研究领域专家学者郗杰英、廉思等同志的大力支持和指导；河北省社会科学院、河北省统计局、北京零点远景网络科技有限公司等单位对本次河北青年发展状况调查统计工作给予了大力支持；王素君、王丽涛、孙贺、王志亮等同志从书稿结构、政治导向、价值观导向等方面提出指导意见，张文阁、黄树辉、刘玉军、李晋、马征、郭荣辉、李永红、周游、夏少鹏、赵景涛、丁小健、李峥、侯树林、杜玉波、刘景等同志从书稿内容覆盖面、研究深度、文字规范表述等方面提出修改意见，李明明、马玉千、傅唯佳、蔡智杰、李梅、焦明月、韩天齐、连凯宇、韩琰琰、李佩等同志从文字校对方面提出建议。在此对以上单位及个人表达最诚挚的谢意！

本书编委会
2020 年 5 月

S 基本子库
UB DATABASE

中国社会发展数据库（下设 12 个子库）

整合国内外中国社会发展研究成果，汇聚独家统计数据、深度分析报告，涉及社会、人口、政治、教育、法律等 12 个领域，为了解中国社会发展动态、跟踪社会核心热点、分析社会发展趋势提供一站式资源搜索和数据服务。

中国经济发展数据库（下设 12 个子库）

围绕国内外中国经济发展主题研究报告、学术资讯、基础数据等资料构建，内容涵盖宏观经济、农业经济、工业经济、产业经济等 12 个重点经济领域，为实时掌控经济运行态势、把握经济发展规律、洞察经济形势、进行经济决策提供参考和依据。

中国行业发展数据库（下设 17 个子库）

以中国国民经济行业分类为依据，覆盖金融业、旅游、医疗卫生、交通运输、能源矿产等 100 多个行业，跟踪分析国民经济相关行业市场运行状况和政策导向，汇集行业发展前沿资讯，为投资、从业及各种经济决策提供理论基础和实践指导。

中国区域发展数据库（下设 6 个子库）

对中国特定区域内的经济、社会、文化等领域现状与发展情况进行深度分析和预测，研究层级至县及县以下行政区，涉及地区、区域经济体、城市、农村等不同维度，为地方经济社会宏观态势研究、发展经验研究、案例分析提供数据服务。

中国文化传媒数据库（下设 18 个子库）

汇聚文化传媒领域专家观点、热点资讯，梳理国内外中国文化发展相关学术研究成果、一手统计数据，涵盖文化产业、新闻传播、电影娱乐、文学艺术、群众文化等 18 个重点研究领域。为文化传媒研究提供相关数据、研究报告和综合分析服务。

世界经济与国际关系数据库（下设 6 个子库）

立足“皮书系列”世界经济、国际关系相关学术资源，整合世界经济、国际政治、世界文化与科技、全球性问题、国际组织与国际法、区域研究 6 大领域研究成果，为世界经济与国际关系研究提供全方位数据分析，为决策和形势研判提供参考。

法律声明

“皮书系列”（含蓝皮书、绿皮书、黄皮书）之品牌由社会科学文献出版社最早使用并持续至今，现已被中国图书市场所熟知。“皮书系列”的相关商标已在中华人民共和国国家工商行政管理总局商标局注册，如LOGO（ ）、皮书、Pishu、经济蓝皮书、社会蓝皮书等。“皮书系列”图书的注册商标专用权及封面设计、版式设计的著作权均为社会科学文献出版社所有。未经社会科学文献出版社书面授权许可，任何使用与“皮书系列”图书注册商标、封面设计、版式设计相同或者近似的文字、图形或其组合的行为均系侵权行为。

经作者授权，本书的专有出版权及信息网络传播权等为社会科学文献出版社享有。未经社会科学文献出版社书面授权许可，任何就本书内容的复制、发行或以数字形式进行网络传播的行为均系侵权行为。

社会科学文献出版社将通过法律途径追究上述侵权行为的法律责任，维护自身合法权益。

欢迎社会各界人士对侵犯社会科学文献出版社上述权利的侵权行为进行举报。电话：010-59367121，电子邮箱：fawubu@ssap.cn。

社会科学文献出版社